权威·前沿·原创

皮书系列为
"十二五""十三五""十四五"时期国家重点出版物出版专项规划项目

BLUE BOOK

智库成果出版与传播平台

集体经济蓝皮书

BLUE BOOK OF COLLECTIVE ECONOMY

中国农村集体经济发展报告
（2023~2024）

ANNUAL REPORT ON DEVELOPMENT OF RURAL
COLLECTIVE ECONOMY IN CHINA (2023-2024)

农业新质生产力：目标、路径与组织结构

陈雪原　孙梦洁　王　哲 等／著

社会科学文献出版社
SOCIAL SCIENCES ACADEMIC PRESS (CHINA)

图书在版编目(CIP)数据

中国农村集体经济发展报告.2023~2024：农业新质生产力：目标、路径与组织结构／陈雪原，孙梦洁，王哲等著.--北京：社会科学文献出版社，2024.9.
（集体经济蓝皮书）.--ISBN 978-7-5228-3921-9
Ⅰ.F320.3
中国国家版本馆CIP数据核字第2024P4K065号

集体经济蓝皮书
中国农村集体经济发展报告（2023~2024）
——农业新质生产力：目标、路径与组织结构

著　　者／陈雪原　孙梦洁　王　哲　等

出 版 人／冀祥德
责任编辑／高　雁　贾立平
责任印制／王京美

出　　版／社会科学文献出版社·经济与管理分社（010）59367226
　　　　　地址：北京市北三环中路甲29号院华龙大厦　邮编：100029
　　　　　网址：www.ssap.com.cn
发　　行／社会科学文献出版社（010）59367028
印　　装／天津千鹤文化传播有限公司
规　　格／开本：787mm×1092mm　1/16
　　　　　印　张：25.5　字　数：385千字
版　　次／2024年9月第1版　2024年9月第1次印刷
书　　号／ISBN 978-7-5228-3921-9
定　　价／148.00元

读者服务电话：4008918866

▲ 版权所有 翻印必究

"集体经济蓝皮书"
编委会成员

杨　琦	北京市农村经济研究中心主任
赵邦宏	河北农业大学副校长
李晚霞	河北省农村合作经济总站站长
邵红宁	江苏省农村经济研究中心主任
刘文锋	东莞市农村集体资产管理办公室主任
金文成	农业农村部农村经济研究中心主任
魏后凯	中国社会科学院农村发展研究所所长
孔祥智	中国人民大学农业与农村发展学院教授
李成贵	北京市政协农业和农村委主任委员
邵　峰	浙江省人大农业农村委副主任委员
方志权	上海市农业农村委员会二级巡视员
彭荣君	北大荒农垦集团北安分公司总经理
余　葵	中国合作经济学会集体经济委员会副主任委员
姚杰章	中国合作经济学会副会长
刘洪林	中国合作经济学会副会长
吴志强	北京市农村经济研究中心副主任
张英洪	北京市农村经济研究中心副主任
陈奕捷	北京市农村经济研究中心副主任

沈　杰	北京市财政局农业农村处处长
曹　洁	北京市农业农村局合作经济指导处处长
徐国彬	江苏省农村经济研究中心副主任
应凤其	浙江省农业农村厅政策与改革处处长
李振航	浙江省农业农村厅政策与改革处副处长
李　群	陕西省农业农村厅政策与改革处处长
耿献辉	南京农业大学经管学院副院长
王　哲	河北农业大学经济管理学院教授
王　蕾	中国社会科学院工业经济研究所副研究员
赵丽佳	湖北省社会科学院副研究员
黄松涛	北大荒集团北安分公司合规风控部部长
潘新伟	北大荒农服集团农地事业部部长
裴文国	北京市海淀区农经站站长
潘佳瑭	北京市朝阳区经管站三级调研员
侯晓博	玉渊潭股份经济合作社监事长
陈雪原	北京市农村经济研究中心总经济师
刘瑞乾	北京市农村经济研究中心计财处处长
李　尧	北京乡村休闲旅游发展促进会理事长
刘馨蕊	中国合作经济学会技术专业委员会副秘书长
段书贵	北京市农村经济研究中心城乡发展处二级调研员
孙梦洁	北京市农村经济研究中心城乡发展处副处长

主编简介

陈雪原 经济学博士，毕业于中国社会科学院研究生院人口与劳动经济系，北京市农村经济研究中心总经济师，主要从事城镇化、集体经济治理与集体土地改革等领域理论与政策研究、改革试验示范工作。2014年中国社会科学院理论经济学专业博士后出站。出版专著《村富论：1978—2006年北京郊区40个村庄调查》《乡镇统筹》，合著2020~2022年度《集体经济蓝皮书：中国农村集体经济发展报告》。发表《关于"双刘易斯二元模型"假说的理论与实证分析》等论文多篇。主持北京市"三统筹"改革试验示范项目（2021~2025年）、北京市100个村集体经济运行状况跟踪监测点项目，受邀指导京郊乡村两级集体产权制度改革、集体土地改革、乡村振兴示范区建设等相关工作，调研报告多次获得省部级以上领导批示。获中国农业经济学年会年度优秀论文奖1次、农业农村部农村政策与改革系统优秀调研报告奖3次、中国社会科学院优秀对策信息奖1次、"优秀皮书报告奖"2次、北京市委市政府优秀调研成果奖2次。

孙梦洁 管理学博士，毕业于中国农业大学经济管理学院，北京市农村经济研究中心城乡发展处副处长。2013年北京大学经济学院理论经济学专业博士后出站。主要从事集体产权制度改革、集体经济评价、农户经济行为等研究。合著2020~2022年度《集体经济蓝皮书：中国农村集体经济发展报告》。在《经济科学》《经济评论》《经济问题探索》等核心期刊上发表学术论文10余篇。主持"中国博士后科学基金第五十批面上资助项目"和

"2013年度教育部人文社会科学研究青年基金"等项目。获"优秀皮书报告奖"2次、北京财政学会优秀科研成果奖1次。

王　哲　河北农业大学经济管理学院教授、管理学博士、博士生导师，国家特色蔬菜产业技术体系产业经济岗位科学家、河北省薯类产业技术体系产业经济岗位专家、河北省优秀教师、河北省高等学校百名优秀创新人才、河北农业大学高峰人才。主要从事农业社会化服务、农村产业经济等研究。先后主持国家社科基金项目、农业农村部项目等省部级项目多项，在《农业经济问题》《农业技术经济》《河北日报》等报刊上发表学术论文60余篇，出版专著10余部，获河北省社科优秀成果奖一等奖1次、二等奖2次，主笔完成《河北省"十四五"推进农业农村现代化规划》等发展战略报告，多次得到省委省政府领导批示。

摘 要

工业革命爆发以来，农业逐渐由原始农业、传统农业进入现代农业发展阶段，并在随后的不同历史时期受到工业革命进程的深刻影响而引发了农业生产方式"质态"（类似一系列基要的"生产函数"）由低向高的不断跃升，如蒸汽机、生物育种、数字技术等在农业领域的应用。2023年9月，习近平总书记在黑龙江省考察时首次提出"新质生产力"的概念，要求"加快形成新质生产力，增强发展新动能"，并提出以发展现代化大农业为主攻方向，建设农业大基地、大企业、大产业。农业新质生产力的实质是生产方式的改变，即从传统农业向现代化大农业的转型。《中国农村集体经济发展报告（2023~2024）》围绕现代化大农业，从"超小农户"与"超小农服"的逻辑原点出发，研究加快形成农业新质生产力的目标、实施路径及主体，揭示农村集体经济组织的功能定位和重要作用。

本报告包括总报告、北大荒篇、农业服务篇、农业模式篇、探索篇和案例篇六个部分。

发展农业新质生产力，受到诸如农业先进生产要素的导入、要素组合的优化以及农业产业组织体系培育等因素的影响，这些均与农业社会化服务发展水平密切相关。总报告对于我国农业社会化服务体系发展现状与趋势特征进行了专题分析，主要发现：农业生产托管服务发展迅速；中部地区规模最大，豫、鲁、苏、湘四省数量占四成；面向小农户的服务体系日益健全；农业服务专业户持续发挥农业社会化服务主力军的作用；专业合作社吸纳就业能力强、服务覆盖面广；服务型企业单体服务带动能力最强；集体经济组织

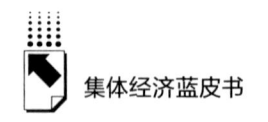

服务小农户数量增速最快。对此，报告建议：大力发展托管服务推动农业生产适度规模经营；激活乡村两级集体经济统筹力量，提高社会化服务的组织化程度；充分发挥龙头企业引领带动作用，构建农业社会化服务产业生态；以数字赋能驱动农业社会化服务提质升级。

"超小农户"与"超小农服"条件下形成的技术进步转化的"最后一公里"阻碍是当前发展农业新质生产力面临的主要矛盾，需要切实扩大经营规模，打造技术应用的有效场景。北大荒篇通过解析北大荒农垦集团典型经验，有力揭示了发展农业新质生产力的目标：实现由"超小农"经济向现代化大农业生产方式的转型。在"超小农"的条件下，很难自下而上形成规模经营，需要激发龙头企业的"高位势能"作用，自上而下构建"大企业、大产业、大基地"。由此，提出"'大三级'套'小三级'"的农业新质生产力的主体与组织结构：集团层级构建"大企业"；下属产业公司（或区域分公司）层级发展全产业链经营的"大产业"；县联社（或涉农国企）、乡镇联合社、村集体经济组织构成的"小三级"经营体制培育农地规模经营的"大基地"。由此，构建起国有经济、集体经济、合作经济、民营经济和家庭经济"五位一体"的中国特色社会主义农业经济体系，是贯彻落实党的二十届三中全会关于"促进各种所有制经济优势互补，共同发展"要求的生动实践。此外，对"伊川模式"、格田改造以及区域农服效率对比等进行了专题分析。

农业服务篇，围绕"打造现代化为农服务体系"这一核心主题，分别从构建生产、供销、信用"三位一体"新型农村合作体系，"农服组织+职业农民+村集体"、农业生产托管服务等角度介绍了浙江省，山东省汶上县、河北省定州市、衡水市等地的组织体制改革经验。

农业模式篇，针对"谁来种地，如何种好地"的问题，基于江苏省苏南、苏中、苏北9个涉农县的调查分析，提出保障粮食安全的对策建议：优化种粮队伍年龄结构；推进农业适度规模经营；保障种粮农民收益。同时，介绍了河北省推进农业适度规模经营情况与故城县"党支部+集体经济合作社+农户+银行+保险"的"五位一体"经营模式。

摘 要

探索篇，就特大都市地区新型集体经济高质量发展、镇联社、集体产业项目落地、数智乡村建设、农民共同富裕、宅基地改革等不同领域和视角，发展壮大新型农村集体经济，分别介绍了上海市，北京市平谷区、朝阳区，浙江省嘉兴市、宁波市江北区，江苏省无锡市、张家港市、常州市武进区等地的实践经验。其中，通过解析北京市平谷区镇罗营镇国家乡村振兴示范区典型案例，阐述和论证了镇联社促进乡村全面振兴中特殊的功能和作用。

案例篇总结了江苏省南京市、湖北省广水市、广东省东莞市发展壮大新型农村集体经济的典型经验。其中，东莞市在镇村集体经济高质量发展、股权投资、镇域经济、组级集体经济等不同层面的创新实践，具有重要的引领和借鉴价值。

关键词： 农业新质生产力　现代化大农业　农业社会化服务　集体经济

目 录

Ⅰ 总报告

B.1 中国农业社会化服务的趋势、特点及对策建议
　　………………………………………………… 余君军　王洪雨 / 001

Ⅱ 北大荒篇

B.2 农业新质生产力：目标、路径与本质特征…… 陈雪原　黄松涛 / 012

B.3 "'大三级'套'小三级'"：现代化大农业的主体与组织结构
　　………………………… 陈雪原　王哲　赵邦宏　刘瑞乾 / 036

B.4 谁来种地：构建中国特色新型农业经济体系
　　……………………………………………………………… 陈雪原 / 065

B.5 北大荒农业社会化服务"伊川模式"调研报告
　　………………… 河北农业大学　北京市农研中心联合课题组 / 084

B.6 建三江七星农场格田改造调研报告………… 刘瑞乾　陈雪原 / 097

B.7 北大荒陕甘宁区域农服中心探索"央企+民企"合作新机制
　　………………… 河北农业大学　北京市农研中心联合课题组 / 103

001

B.8 "区域农服+机手组织+小农户"
　　——以北大荒农业科技区域农服中心为例
　　………………… 河北农业大学　北京市农研中心联合课题组 / 112

B.9 北大荒区域农服农业绿色生产效率及区域差异研究
　　……………………………………… 李泽媛　孙梦洁　陈雪原 / 118

Ⅲ　农业服务篇

B.10 打造现代化为农服务体系
　　——浙江省农村"三位一体"改革的调研报告
　　………………………………………………… 邵　峰　陈国彪 / 134

B.11 "农服组织+职业农民+村集体"
　　——基于山东省汶上"合伙种粮"模式的调研
　　………………… 河北农业大学　北京市农研中心联合课题组 / 145

B.12 创新经营　强化托管
　　——农业社会化服务的定州实践 ………………… 闫淑敬 / 162

B.13 衡水市农业社会化服务发展情况调查报告 ………… 韩志杰 / 170

Ⅳ　农业模式篇

B.14 河北省推进农业适度规模经营情况调查报告 ………… 靖海锋 / 180

B.15 "党支部+集体经济合作社+农户+银行+保险"
　　——故城县"五位一体"模式调研报告 ………… 靖海锋 / 190

B.16 江苏粮食种植情况的调研
　　——基于苏南、苏中、苏北9个涉农县的调查分析
　　………………………………………… 聂　哲　后丽丽　赵江宁 / 198

Ⅴ 探索篇

B.17 上海发展壮大新型农村集体经济的探索与实践 ………… 方志权 / 207

B.18 镇联社何以促进乡村全面振兴
　　——北京市平谷区镇罗营镇国家乡村振兴示范区跟踪调查
　　……………………………………………………… 陈雪原 / 214

B.19 北京市朝阳区农村集体产业项目落地难制约因素与对策研究
　　……………………………………………………… 潘佳瑭 / 238

B.20 嘉兴市深化新型农村集体经济发展路径研究
　　………………………… 贺学明　冯　涛　杨霞菲　张文怡 / 248

B.21 数字赋能新型集体经济发展
　　——宁波市江北区构建农村集体资产"智管家"监管平台
　　………………………… 王君波　朱　芸　钱　力　张兆康 / 260

B.22 无锡市发展壮大新型集体经济　促进农民农村共同富裕
　　………………………… 范展智　华宇峰　黄翔宇　徐国彬 / 269

B.23 强化要素保障　因村制宜推动多元发展
　　——张家港市发展新型农村集体经济的实践探索
　　………………………………………… 王奕毅　郭晋媛 / 278

B.24 常州市武进区探索建立宅基地农户资格权保障机制
　　………………………………………… 李治国　张新卫 / 284

Ⅵ 案例篇

B.25 湖北省广水市乡村合作公司发展现状及对策分析
　　………………………………………… 赵丽佳　谭秀露 / 292

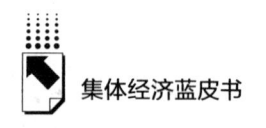

B.26 关于"推动镇村集体经济高质量发展"专题议政报告
………………………… 东莞市政协农业和农村委员会课题组 / 302

B.27 东莞市组级经济优发展、强监管的调研报告
………………………… 东莞市农村集体资产管理办公室调研组 / 313

B.28 东莞市村组开展股权投资的调研报告
………………………… 东莞市农村集体资产管理办公室调研组 / 323

B.29 城镇化进程中大都市郊区新型农村集体经济发展的路径
——基于南京市的案例调查
………………… 耿献辉　周恩泽　汪博文　闫　琦　董雯怡 / 333

B.30 以城镇化推动农村集体经济转型发展的镇域实践
——以东莞市清溪镇为例
……… 东莞市清溪镇农村集体资产管理工作领导小组办公室 / 346

Abstract ………………………………………………………………… / 356
Contents ………………………………………………………………… / 360

皮书数据库阅读使用指南

总报告

B.1
中国农业社会化服务的趋势、特点及对策建议

余君军 王洪雨[*]

摘 要： 我国当前农业社会化服务体系呈现明显的趋势性特征：全国农业社会化服务组织稳步发展，特别是农业生产托管服务发展迅速，中部地区规模最大，豫、鲁、苏、湘四省数量占四成；面向小农户的服务体系日益健全；农业服务专业户持续发挥农业社会化服务主力军的作用；专业合作社吸纳就业能力强、服务覆盖面广；服务型企业单体服务带动能力最强；集体经济组织服务小农户数量增速最高等。基于以上分析，本报告就加快构建现代化农业社会化服务体系提出了四点建议：（1）大力发展托管服务推动农业生产适度规模经营；（2）激活乡村两级集体经济统筹力量，提高社会化服务的组织化程度；（3）充分发挥龙头企业引领带动作用，健全农业社会化服务产业生态；（4）以数字赋能驱动农业社会化服务提质升级。

---

[*] 余君军，北京市农村经济研究中心社会处一级主任科员，研究方向为互助养老、新型农业经营主体；王洪雨，北京市农村经济研究中心调研综合处副处长，研究方向为集体建设用地集约利用、新型农业经营主体。

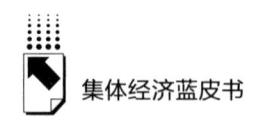

关键词： 农业社会化服务　生产托管　合作经济　集体经济　供销合作社

2024年"中央一号文件"提出要构建现代农业经营体系，以小农户为基础、新型农业经营主体为重点、社会化服务①为支撑，加快打造适应现代农业发展的高素质生产经营队伍。本报告基于农业农村部统计公报数据，对近年来我国农业社会化服务进展情况②进行了专题分析。研究发现，农业社会化服务组织继续保持蓬勃发展态势，在促进农业经营节本增效、实现小农户与现代农业发展有机衔接等方面发挥了重要作用。

一　全国农业社会化服务稳步发展

（一）服务组织持续壮大

2020~2022年，全国农业社会化服务组织快速发展。一是规模逐步扩大。截至2022年底，全国共有农业社会化服务组织107.0万个，较2020年增长12.05%，年均增速5.86%；从业人员792.81万人，服务营业收入总额1833.91亿元，服务对象1.07亿个（户），较2020年年均增长分别为3.96%、5.96%和6.69%（见表1）。

表1　2020~2022年全国农业社会化服务组织变化情况

	2022年	2020年	年均增速（%）
服务组织数量（万个）	107.00	95.49	5.86
从业人员数（万人）	792.81	733.56	3.96
服务营业收入（亿元）	1833.91	1633.55	5.96

---

① 农业社会化服务指各类市场化服务主体为农业生产经营主体提供的覆盖农业生产作业产前、产中、产后全过程的各类经营性服务。
② 农业农村部农村合作经济指导司编《中国农村合作经济统计年报》（2020~2022年），中国农业出版社。数据不包括西藏及港澳台地区。

续表

	2022年	2020年	年均增速（%）
服务对象数量[亿个(户)]	1.07	0.94	6.69
农业生产托管服务面积(亿亩次)	19.74	16.06	10.87
其中:服务粮食作物面积(亿亩次)	14.69	10.61	17.67

二是农业生产托管服务持续增长。我国家庭承包耕地土地经营权流转总面积在波动中缓慢增长，徘徊在5.5亿亩左右，相比之下全国农业生产托管服务总面积持续增长，2020~2022年增速分别为10.27%、16.59%、5.43%（见图1）。2022年，全国农业生产托管服务总面积为19.74亿亩次，其中服务粮食作物面积为14.69亿亩次，有效保障了国家粮食和重要农产品的供给。

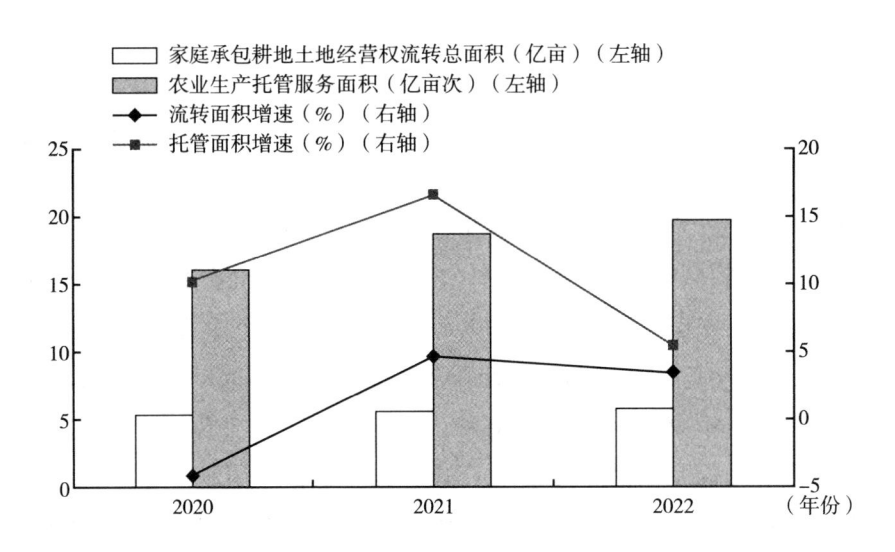

图1 2020~2022年全国土地流转及农业生产托管服务变化情况

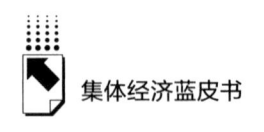

（二）中部地区规模最大，豫、鲁、苏、湘四省数量占四成

分中部、东部、西部和东北地区[①]对比来看，中部地区农业社会化服务规模最大，2022年共有服务组织38.46万个，从业人员324.91万人，营业收入689.98亿元，服务对象4439.27万个（户），农业生产托管服务面积7.47亿亩次（见表2）。东北地区服务小农户营业收入88.59亿元，占全部服务营业收入的70.04%，远高于东部（53.81%）、中部（53.47%）、西部（57.27%）地区。西部地区在农业生产托管服务中服务粮食作物面积仅占63.80%，低于东部（76.90%）、中部（75.71%）、东北（78.29%）地区。

表2　2022年全国四类地区农业社会化服务组织情况

区域	组织数量（万个）	从业人员（万人）	营业收入（亿元）	服务对象数量〔万个（户）〕	农业生产托管服务面积（亿亩次）
中部	38.46	324.91	689.98	4439.27	7.47
东部	35.31	233.84	605.97	3434.22	6.13
西部	22.93	186.80	411.48	2364.42	3.34
东北	10.30	47.26	126.48	449.43	2.80

具体到省份，河南、山东、江苏、湖南4省服务组织数量最多，依次为12.71万个、12.41万个、9.01万个和9.01万个，占全国社会化服务组织总量的比重依次是11.88%、11.59%、8.42%和8.42%，总计占40.31%；北京在全国列第27位，共有服务组织4222个，从业人员1.50万人，服务营业收入总额14.46亿元，服务对象总计18.13万个（户）。安徽、山东、河北、河南、黑龙江和山西6省生产托管服务面积均超过1亿亩次，共计11.73亿亩次，占全国总托管服务面积的59.42%（见图2），其中黑龙江、

---

① 东部地区包括北京、天津、河北、上海、江苏、浙江、福建、山东、广东、海南10个省份；中部地区包括山西、安徽、江西、河南、湖北、湖南6个省份；西部地区包括内蒙古、广西、重庆、四川、贵州、云南、西藏、陕西、甘肃、青海、宁夏、新疆12个省份，因农业农村部数据不含西藏，本报告数据为其他11个省份数据；东北地区包括辽宁、吉林、黑龙江3个省份。

安徽、山东、河南 4 省作为粮食主产地，粮食作物托管服务面积占比均超过八成，分别为 86.63%、82.25%、81.66% 和 80.47%。

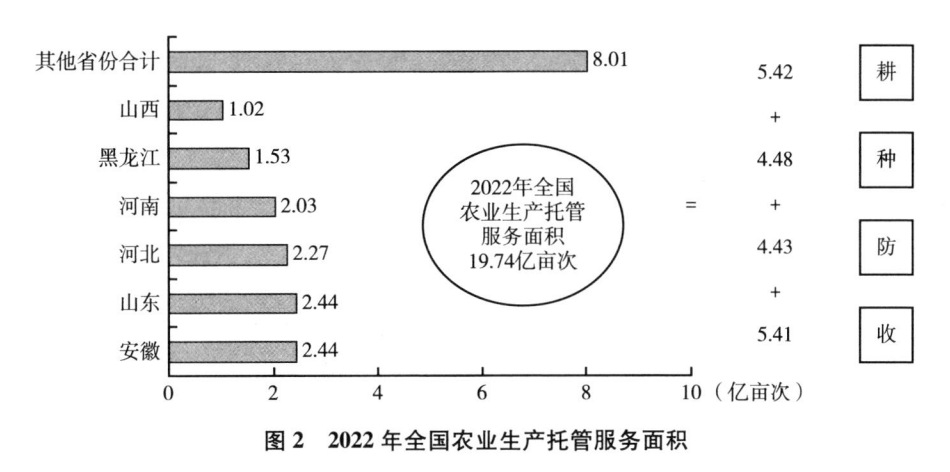

```
其他省份合计  ████████████ 8.01        5.42    耕
山西          █ 1.02                    +
黑龙江        █ 1.53        2022年全国   4.48   种
河南          ██ 2.03      农业生产托管  =  +
河北          ██ 2.27      服务面积     4.43   防
山东          ██ 2.44      19.74亿亩次   +
安徽          ██ 2.44                   5.41   收
              0  2  4  6  8  10（亿亩次）
```

图 2　2022 年全国农业生产托管服务面积

（三）面向小农户的服务体系日益健全

我国农业社会化服务组织服务对象数量稳步上升，并持续将小农户作为服务重点。一是小农户占八成以上。2020~2022 年，服务对象总数由 9377.30 万个（户）上升到 10687.35 万个（户），年均增速 6.76%，其中服务小农户数量从 7804.70 万户增长至 9156.35 万户，年均增速 8.31%，占全部服务对象的比重从 83.23% 提高到 85.68%；服务小农户占全国农户的比重从 28.60% 提高至 33.67%（见图 3）。

二是小农户托管面积占比超七成。2020~2022 年，全国农业生产托管面积由 16.06 亿亩次提高到 19.74 亿亩次，年均增速 10.87%，其中小农户托管面积由 10.74 亿亩次提高到 13.28 亿亩次，年均增速 11.20%；小农户托管面积占全国托管面积的比重从 66.89% 提高到 67.28%。2022 年小农户托管面积占全国托管面积的比重较 2020 年除耕环节下降 2.10 个百分点外，种、防、收三个环节分别上升 2.08 个、0.06 个和 1.93 个百分点（见图 4）。

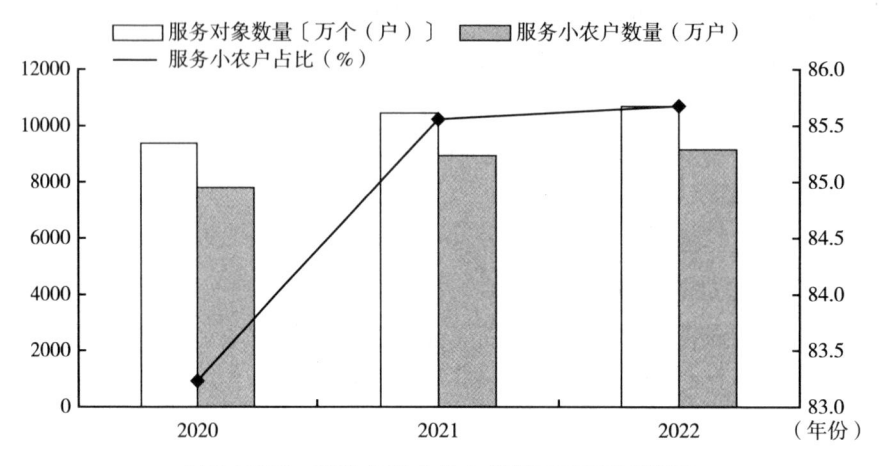

图3 2020~2022年农业社会化服务对象变化情况

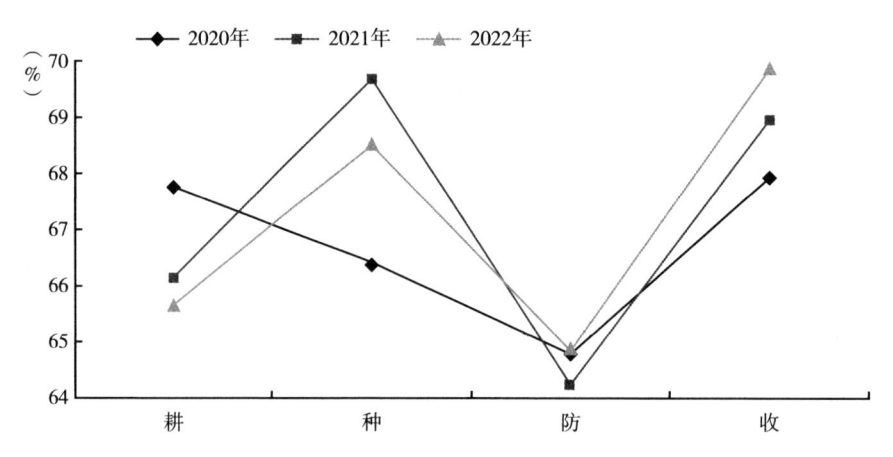

图4 2020~2022年农业生产托管各环节中小农户托管面积比例变化

二 各类服务主体优势互补，协同发展

在全国农业社会化服务整体规模不断扩大的同时，各类服务主体发挥各自优势，加快壮大、共同发展。

(一）服务专业户快速发展，数量占比超五成

农业服务专业户持续发挥农业社会化服务主力军的作用。一是总量占比高。2022年，全国农业服务专业户共计56.16万个（户）、占比52.49%。二是发展速度快。2022年，服务对象数量、从业人员数量和服务营业收入较2020年年均增速分别为10.63%、20.22%、11.63%，在各类服务组织中均居首位（见表3）。三是服务小农户有优势。服务对象总计2451.10万个（户），其中服务小农户2149.07万户，占全部服务对象的87.68%，略高于其他组织。山东、江苏、河南3省农业服务专业户数量全国领先。

表3　2022年全国农业社会化服务组织主要指标及较2020年年均增速情况

类型	服务对象数量 2022年[万个（户）]	年均增速（%）	从业人员数量 2022年（万人）	年均增速（%）	服务营业收入 2022年（亿元）	年均增速（%）
农业服务专业户	56.16	10.63	151.17	20.22	331.58	11.63
农民专业合作社	33.63	3.67	414.92	4.76	799.82	6.50
农村集体经济组织	7.50	8.58	132.94	-2.40	89.42	11.34
企业	4.22	8.17	69.07	-4.53	520.22	0.65
其他	5.49	-18.89	24.71	-16.62	92.87	—

（二）专业合作社吸纳就业能力强、服务覆盖面广

一是从业人员占比超五成。2022年，全国社会化服务组织中农民专业合作社共计33.63万个，吸纳从业人员414.92万人，占比52.34%，较2020年增长9.74%，年均增速4.76%。二是服务对象数量最多，营业收入最高。2022年，农民专业合作社实现服务营业收入799.82亿元、占比43.61%；服务对象总计4444.68万个（户），占全国总数的41.59%，其中服务小农户数量最多，共计3839.61万户，占全国总数的41.93%（见图5）。专业合作社数量全国排名前三的省份依次为河南、山东、湖南。

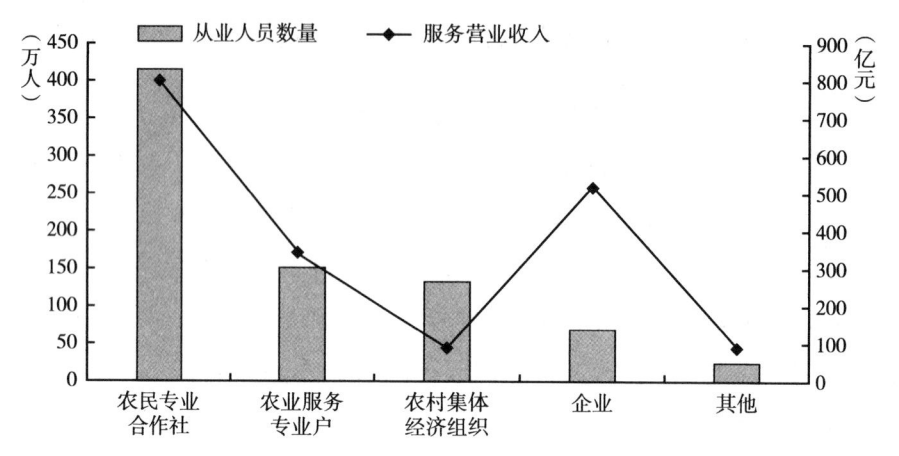

图 5　2022 年全国农业社会化服务主体从业人员数量、服务营业收入情况

（三）服务型企业单体服务带动能力最强

2022 年，全国农业社会化服务型企业 4.22 万个，在全国服务组织中仅占 3.95%，但平均单体服务营业收入、平均单体服务对象数量远高于其他主体类型，分别达到 123.23 万元、466.54 个（户），其中平均单体服务小农户营业收入、平均单体服务小农户数量分别为 54.01 万元、389.55 户；平均单体从业人员 16.36 人，低于农村集体经济组织的 17.73 人，在各类服务组织中位列第二（见图 6）。服务型企业数量全国排名前三的省份依次为河南、湖南、山东。

（四）集体经济组织带动作用明显增强

2022 年全国社会化服务组织中农村集体经济组织 7.50 万个，服务对象从 2020 年的 905.23 万个（户）增加至 1093.38 万个（户），年均增长 9.90%，其中，服务小农户数量从 708.67 万户增加至 894.05 万户，年均增长 12.32%，增速在各类主体中最高（见图 7）。服务型农村集体经济组织数量全国排名前三的省份依次为河南、山东、湖南。

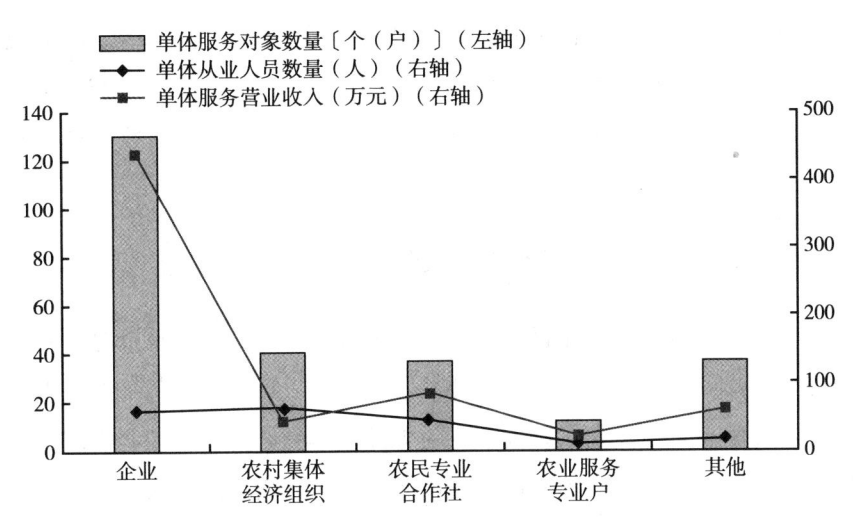

图6 2022年全国农业社会化服务组织单体服务能力情况

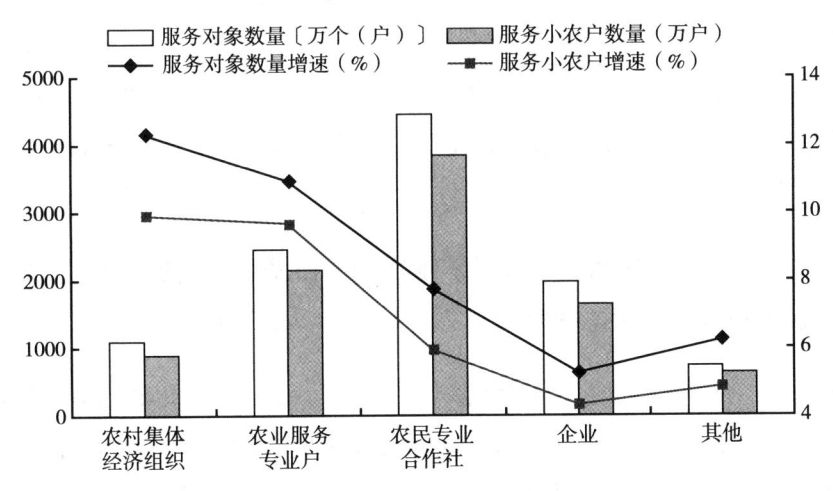

图7 2022年全国农业社会化服务组织服务对象数量及2020~2022年年均增长情况

三 加快构建现代化农业社会化服务体系的建议

根据农业农村部统计数据，2022年我国经营耕地规模在30亩以下的农户共计2.61亿户，占汇总农户的95.8%，"超小农户"占据主体地位。小

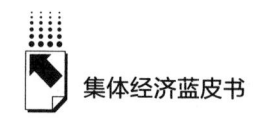

农经济的资源禀赋结构短时间内难以改变。农业社会化服务不依赖土地流转,服务组织通过提供专业服务可以让小农户在不改变土地经营权的情况下成为农业发展规模化、组织化、标准化、集约化、生态化和数字化的参与者和受益人。

(一)大力发展托管服务推动农业生产适度规模经营

一要加大对农业生产托管服务的财税金融支持力度。财政资金对农业项目的扶持方式可由补贴经营主体、补贴农机装备采购向直接奖补符合条件的服务主体转变;完善税收优惠政策,为服务主体释放更多的利润空间,如对农机作业、病虫害防治及相关技术培训业务实行减免税等;鼓励金融保险机构创设专门针对托管服务的融资贷款和农业保险产品。二要因地制宜,以差异化发展方式提升服务供给的精准性,如东部、东北部平原地带,土地集中连片,可重点开展整合产业链的全过程托管服务;中部丘陵地区,服务对象分散、土地面积小,可推广"订单式"的重点环节托管服务模式;西部可结合山区的林药、林蜂产业,以及高原地区的畜牧养殖产业,开展特色农业托管服务。

(二)强化乡村两级集体经济组织和区镇两级政府的统筹力量,提高社会化服务的组织化程度

一要强化乡村两级集体经济统筹。重点是要发挥乡镇级和村级集体经济组织的居间服务作用。村级服务组织利用自身熟悉村情、与农户联系紧密的优势,着力推进土地统筹使用,可组织动员小农户通过合作和联合实现土地集中连片,或是引入社会资本或利用政府补贴资金在对土地进行整治整合后由服务主体开展统一的服务,以更好地在农户与服务组织之间建立互信互利的合作关系。二是强化政府统筹,推进区域性平台搭建。乡镇政府、县政府编制区域性农业综合服务发展规划,推进农技农机、生产加工、物流仓储、集采集配等现代重点产业配套设施的统筹布局,为大力发展代耕代种、代管代收、产加销一体化全链条服务提供配套设施支持。

（三）充分发挥龙头企业引领带动作用，构建农业社会化服务产业生态

一是推动服务内容标准化。作为农业社会化服务的排头兵，龙头企业要充分发挥人才优势、技术优势、创新优势，着力解决产业关键共性问题，并结合实际建立一套标准化的作业内容、操作规范和管理流程，引领行业发展。二是推动服务领域多元化。服务领域从产前、产中不断向产品加工销售多环节延伸，覆盖生产经营环节的同时，延伸开展政策法律咨询、财务管理、技术培训、金融保险对接等各类服务，提供多元化、多层次、多类型的农业社会化服务。三是推动服务主体联合化。支持龙头企业以资金、技术、服务为纽带联合合作社、专业户、农村集体经济组织及其他从事研发创新、仓储销售等相关业务的各类主体，完善联结机制，牵引带动建设一批农业社会化服务联合体，以促进行业集聚发展。

（四）以数字农服平台赋能农业社会化服务提质升级

数字农服平台可以整合各个服务单位和各项服务内容，有利于农业社会化服务全部在平台上体现。其功能主要包括：进行农地流转信息撮合；促进种子、肥料、农药等国内投入品企业整合；创建农业服务专家库；推进技术应用，提供农机作业调度等生产过程服务；提供围绕农业经营开展的信息化、教育培训、金融保险等综合服务；提供粮食经营服务；等等。

北大荒篇

B.2
农业新质生产力：目标、路径与本质特征

陈雪原　黄松涛*

摘　要： 把农业建设成为大产业是当前培育农业新质生产力的基本内涵和目标任务。本报告基于北大荒农垦集团北安分公司的典型经验，提出"大企业-大产业-大基地"的分析框架，跳出以小农户为逻辑原点的由下而上培育农业经营主体的路径，从产业化大农业的农业"新质态"高度出发，通过自上而下的全产业链顶层设计，为培育农业新质生产力指出现实路径：(1) 构建"龙头"引领的"集团公司+产业公司+农场（国有或集体）"的大企业，由集团层面负责统筹资源和战略布局，作为投资中心，实施资本经营；(2) 打造全产业链的大产业，集团下属产业公司负责整合北大荒农垦系统产业体系（包括数字平台企业），作为利润中心，实施产业经营；(3)

---

* 陈雪原，北京市农村经济研究中心总经济师、经济学博士，研究方向为城镇化、集体经济治理与集体土地改革，电子邮箱：chenxueyuan2012@126.com；黄松涛，北大荒农垦集团北安分公司合规风控部部长，研究方向为农地运营、农业社会化服务。感谢北大荒农垦集团北安分公司总经理彭荣君指导、支持和评论。当然，文责自负。

整合形成实施土地规模经营的农场大基地，主要通过委托经营、全程托管方式整合农地资源，加大农业科技投入，作为成本中心，实施生产经营。基于此，本报告提出发展农业新质生产力的一般条件，即本质特征：组织集成、技术集成、全产业链、委托经营、监管风控、数字赋能等，并在实际操作层面从区、镇、村三个层级提出了培育农业新质生产力的对策建议。

关键词： 农业新质生产力　现代化大农业　国有经济　集体经济　数字农服

一　跨越超小农户与超小农服的"双重障碍"

2023年9月，习近平总书记在黑龙江省考察时首次提出"新质生产力"的概念，指出"积极培育新能源、新材料、先进制造、电子信息等战略性新兴产业，积极培育未来产业，加快形成新质生产力，增强发展新动能"[1]。同时，提出以发展现代化大农业为主攻方向，加快推进农业农村现代化。[2] 同年10月，习近平总书记在江西考察时再次提出要坚持产业兴农、质量兴农、绿色兴农，把农业建设成为大产业[3]。同年12月召开的中央经济工作会议，提出要以科技创新推动产业创新，特别是以颠覆性技术和前沿技术催生新产业、新模式、新动能，发展新质生产力，并要求树立大农业观、大食物观，把农业建成现代化大产业。[4] 而早在2013年的中央

---

[1] 《我国加快推动形成新质生产力》，光明网，2024年1月30日，https://baijiahao.baidu.com/s? id=1789470007062892435&wfr=spider&for=pc。

[2] 《推动东北全面振兴，习近平总书记作出新部署》，光明网，2023年9月10日，https://baijiahao.baidu.com/s? id=1776607477581467513&wfr=spider&for=pc。

[3] 《把农业建设成为大产业》，《人民日报》2023年10月29日，https://www.gov.cn/yaowen/liebiao/202310/content_6912557.htm。

[4] 《中央经济工作会议在北京举行，习近平出席会议并发表重要讲话》，新华社，2023年12月12日，https://baijiahao.baidu.com/s? id=1785081360536380482&wfr=spider&for=pc。

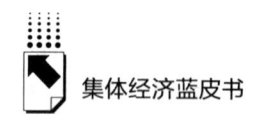

农村工作会议上，习近平总书记就指出怎么做强农业、让农业有吸引力是一个大课题。[1] 加快形成农业领域新质生产力，实质就是要发展现代化大农业，完成生产方式的深刻变革。

改革开放以来，农村地区形成了家庭承包经营为基础、统分结合的双层经营体制，确立了农户的市场主体地位。由此，政策制定者以及"三农"学者习惯在以"小农户"为逻辑原点的分析框架下，沿着扩大农地经营规模、提高农户组织化程度的路线，培育新型农业经营主体，推动农业现代化进程。20世纪90年代山东省率先发展以"公司+农户"为主要形式的农业产业化。由于农户与公司利益关系不紧密，容易形成二者互伤的"负和博弈"。2007年，《农民专业合作社法》颁布，农民专业合作社快速发展，但大多类似"放大了的小农户"，仍然存在规模不经济、机械设备不配套、种植品种不统一、空壳社等问题，甚至一些地方还出现了套取国家优惠现象。[2] 基于40多年来的农村改革实践，我们认为，发展农业新质生产力，要破除"两个障碍"。

（一）"超小型农户"障碍

1. 土地碎片化

当下，在农业领域，小农经济仍占较大比例，而且户均耕地面积还在进一步萎缩。截至2022年，全国农户承包经营耕地面积15.7亿亩，汇总农户2.72亿户10.1亿人，户均耕地仅为5.8亩，比2020年户均耕地6.5亩下降了10.8%[3]，且远低于关于小农经营面积30亩的下限规定，只能算作"超小型农户"。[4]

---

[1] 习近平：《在中央农村工作会议上的讲话（二〇一三年十二月二十三日）》，载《论"三农"工作》，中央文献出版社，2022。

[2] 胡联、卢杨、张小雨、王唤明：《新形势下我国农民专业合作社外部监管完善的必要性》，《农业经济问题》2000年第3期。

[3] 引自农业农村部政策与改革司编历年《中国农村政策与改革统计年报》（中国农业出版社）。

[4] 曹斌：《日本农业》，中国农业出版社，2021。

2. 农户兼业化

2022年，经营耕地规模在30亩以下的农户数占比为81.4%，经营规模在10亩以下的农户占比为70.9%。[①] 兼业经营导致农地利用粗放，农业技术有效需求不足，农产品商品化水平较低，势必制约农业规模化、机械化、标准化、集约化水平的提升，企业化运营模式也会水土不服。

（二）"超小型农服"障碍

1983年"中央一号文件"首次提出了"社会化服务"的概念，指出"诸如供销、加工、贮藏、运输、技术、信息、信贷等各方面的服务，已逐渐成为广大农业生产者的迫切需要"。1990年12月，中共中央、国务院在《关于一九九一年农业和农村工作》的通知中首次提出"农业社会化服务体系"的概念，以农业技术推广为主的农业服务时代来临。

2017年，中央印发《关于加快构建政策体系培育新型农业经营主体的意见》，要求探索以农户家庭经营为基础、合作与联合为纽带、社会化服务为支撑的立体式复合型现代农业经营体系。2022年，全国农民专业合作社、服务型企业、集体经济组织、农业服务专业户、供销社等全国各类社会化服务组织107万个，服务营业收入总额1820.3亿元，均值仅为17.1万元/个。其中，服务型企业平均营业收入相对较大一些，也仅有123.2万元/个。[②] 为此，需要一个规模性的龙头企业，形成纵向与横向的整合效应，实现资本经营、产业经营与生产经营的功能和主体之间的有效分工。

（三）以北大荒为代表的农垦系统的异军突起

2015年，《中共中央 国务院关于进一步推进农垦改革发展的意见》提

[①] 此处不包含未经营耕地的农户数。引自农业农村部政策与改革司编《中国农村政策与改革统计年报（2022年）》，中国农业出版社，2023。

[②] 农业农村部农村合作经济指导司编：《2022年中国农村合作经济统计年报》，中国农业出版社，2024。

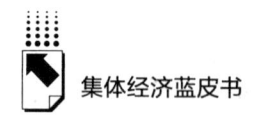

出"农垦与农村集体经济、农户家庭经济、农民合作经济等共同构成中国特色农业经济体系",示范带动地方实现农业现代化一直是农垦系统的重要职责。2022年,全国农垦系统粮食产量769.7亿斤,占全国粮食产量的5.6%。其中,北大荒农垦集团粮食产量451.3亿斤,占全国粮食产量的3.3%,商品化率达到95%。在70余年的农业现代化探索过程中,相比于一般农区,北大荒农垦形成了强大的组织、技术与产业高位势能,开展"双控一服务"①,推进垦区实施"大企业、大产业、大基地"建设,与农村集体经济组织合作,推进农村地区农业现代化进程,构建了中国特色社会主义农业经济体系。2011年,北大荒垦区粮食单产达到989.7斤/亩,就已经开始超过英国、德国、美国等国家的单产水平。②

北大荒集团下辖企业、农场众多,在培育农业新质生产力、新动能的过程中,不同类型组织之间分工日益明确,不断确定各自的功能定位,积累了宝贵经验,具体来说,主要是从三个层级推进。

1. 建设规模化的生产基地,实施生产经营

如北安分公司,在具体实践中,职工家庭农场彼此联合形成规模家庭农场,生产功能由原来的职工家庭集中到北安分公司下属的15个农场,由农场下设的农业科技服务中心和管理区负责具体农业生产和服务活动,生产效率大大提高。2022年,北安分公司组建了511个规模家庭农场,耕地425万亩,占分公司总耕地面积的78%。平均每个规模家庭农场托管职工家庭农场土地8317亩,比美国一般家庭农场规模高2.47倍,比职工家庭农场平均经营规模扩大了50多倍。同年,北安分公司15个农场大豆平均亩产390.3斤,是全国平均水平的1.5倍;玉米平均亩产1385.4斤,是全国平均水平的1.6倍。③ 2023年,实施全程托管的近400万亩耕地,大豆平均亩

---

① 控前端,实现农业投入品统供;中端服务,打造数字化农服;控后端,实现农产品统营。
② 2011年,英国粮食亩产931.3斤、法国920.2斤、德国860.9斤、美国、日本、意大利以及加拿大等国均在800斤以下。
③ 2022年,全国大豆平均亩产264斤,玉米平均亩产858斤。大豆与玉米平均亩产计算中使用的播种面积、产量数据来自《中国统计年鉴(2023)》(中国统计出版社,2023)。

产达到 401.5 斤，比非托管地块平均增产 30 斤；玉米平均亩产达到 1481.5 斤，比非托管地块平均增产 151 斤。

2. 推进产业公司与基地实现一体化运营，实施产业经营

以产业公司为主，负责实施产业链组合与优化产业结构布局。（1）打造产业公司与农场一体化经营的"产业公司+农场"模式，比如薯业集团与克山农场实现一体化经营，以农场全域 42 万亩耕地保障马铃薯原料生产；米业集团与肇源农场建设全域有机水稻农场；北大荒牧业公司与四个农场共同出资，通过产权联结的方式建立畜牧产业基地；（2）打造产业集团与区域分公司共同建设基地的"产业公司+分公司"模式，如九三粮油工业集团与北安分公司共建有机可追溯基地，实现了大豆生产加工全生命周期可追溯管理；丰缘集团与九三分公司就小麦等原粮收购、仓储、贸易等业务开展合作；商贸集团与东部四个分公司开展产地库建设等；（3）打造产业公司通过订单实行利益联结的"产业公司+分公司+农场基地"模式，如食品集团与各分公司合作，与农场签订高蛋白大豆种植、毛豆种植、蔬菜种植、鲜食玉米种植、特色水稻种植等协议。

3. 推进农垦体制改革，实施资本经营

集团层面负责制定发展战略、投资布局与资本运营，培育新经济增长点。2020 年 12 月，集团在完成"农垦集团化，农场公司化"的农垦体制改革基础上，通过资本重组，成立北大荒农业服务集团公司（简称农服集团公司）。2021 年，农服集团公司与北大荒集团分公司分别成立股份制的北大荒区域农业服务公司，在垦区内为农村地区提供农业社会化服务。

北大荒农垦现代化大农业的建成，揭示了生产力质变的本质，即通过要素及其组合的变化引起生产方式（劳动方式）发生根本变化，并推动和加快新的生产关系和生活方式的形成。[①] 这一系列实践为当前发展农业新质生产力提供了有益的启示。

---

① 方敏、杨虎涛：《政治经济学视域下的新质生产力及其形成发展》，《经济研究》2024 年第 3 期。

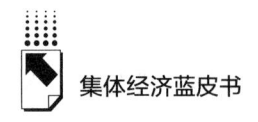

本报告以北大荒农垦集团北安分公司为例，提出发展农业新质生产力，要跳出以"超小农户"为逻辑原点的由下而上渐进改革的思维，树立全产业链的思维和理念，从龙头企业到产业公司，再回到乡村两级集体经济组织带动下的超小农户，构建"大企业—大产业—大基地"的三维框架，找到发展农业新质生产力的现实路径和一般条件，为把农业建设成为现代化大产业提供有力的理论引导和支撑。

二 理论框架与研究方法

（一）理论框架："大企业—大产业—大基地"

早在2000多年前的中国先秦诸子时代，就对分工思想进行了清晰的阐释。针对农学家许行关于"君民并耕"说，孟子提出"劳心者治人，劳力者治于人；治于人者食人，治人者食于人"的专业化分工思想。伴随着工业革命的爆发，亚当·斯密在《国富论》中着重阐述了社会专业分工促进经济发展的核心思想，标志着现代经济学的开端。

社会分工成为社会进步的重要标志，除了产业体系演化的日益精细化、空间功能的日益专业化，还主要体现在组织体系的进化，反映了社会生产力"质态"的进步。如工业革命初期，出现了被称为"包出制"的专门负责纺棉线或织布等生产环节的家庭作坊。[1] 同理，农户家庭经营向农业企业化经营转变，实质是用工商业的头脑与精神来经营和管理农场，是经济发展到一定阶段后的一种必然发生的现象。[2]

随着农业产业组织体系功能分工的进一步清晰化，专业化的功能分工格局也自然形成，主要有三个中心，分别是：把控战略方向和占领产业链制高点的投资中心；为产业运营提供原料产品的成本中心；既关注成本又对利润

---

[1] 徐奇渊、东艳：《全球产业链重塑——中国的选择》，中国人民大学出版社，2022。
[2] 江荣吉：《农企业的发展与农业推广》，摘自台湾农业经营管理学会编印《江荣吉教授纪念文集》，2008。

负责的产业链运营的利润中心。结合北大荒农垦的实践经验，我们认为把农业建设成为大产业，加快形成农业新质生产力，需要完成三个基本层级的建设任务，如图1所示。

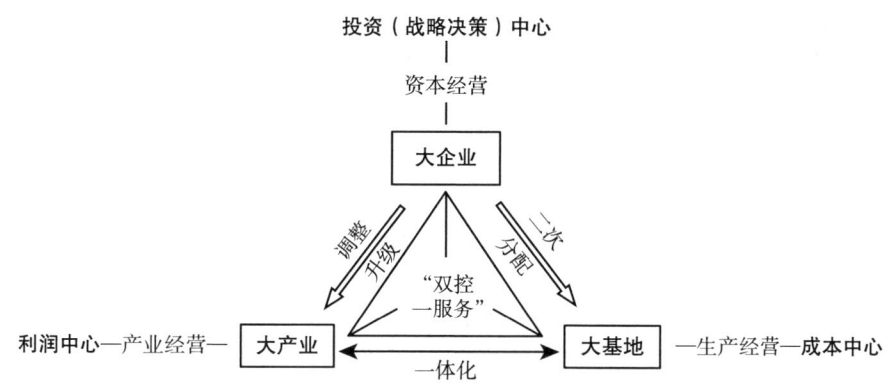

图1　农业新质生产力的分析框架："大企业—大产业—大基地"

"大企业—大产业—大基地"这一农业新质生产力的分析框架，揭示了不同层次之间的相互关系，有利于我们找到培育农业新质生产力的路径及其一般条件。

1. 大企业、大产业的关系：调整优化投资方向，促进产业转型升级

大企业是指要建立适应现代化大农业的经营组织体制，主要包括"集团公司+分公司（产业集团）+农场（生产基地）"三个层级。集团层面代表顶层的"统"，主要负责制定宏观经营决策和进行资本（资产）投资经营，并通过中层的产业公司，采用新科技，拓展新领域，完善组织结构和运行机制，力求始终占据产业发展的制高点，引领产业结构的升级方向和把握目标。大产业主要指的是在集团总部下属的产业公司开展农业全产业链运营，为大企业（集团总部）创造最大化利润。主要是围绕农业产前、产中及产后三个环节，如"供、耕、种、防、收、储、运、加、销"等，打造以农业生产、仓储物流、加工制造、市场营销、社会化服务、金融资本等为核心的全产业链，促进各产业板块在相互融合、协同发展中优化升级。

2. 大产业、大基地的关系：供产销一体化

大基地是指由垦区内的农场、管理区以及家庭农场或农村地区的广大小

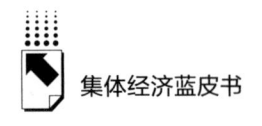

农户构成的农业生产经营的空间单元,类似整个产业组织体系的"根",与负责产前、产中、产后的各类产业公司同呼吸、共命运,不断夯实大产业与大基地之间的关系,实现一体化,核心任务是控制生产成本,具体如图2所示。

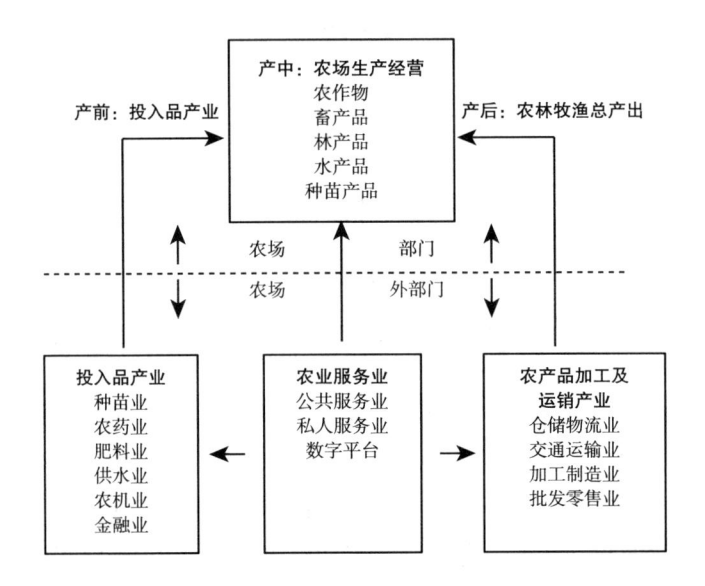

图2 农业全产业链经营示意

资料来源:江荣吉(2008)。

3. 大企业、大基地的关系:培优培强企业发展的根基

大基地是落实大企业发展战略的基础部门,主要功能是开展生产经营,控制生产成本,保障初级供应链的安全。原则上,大基地利润相对较低,大企业可以对大基地进行收益的二次返还,从而保障大企业、大产业及大基地三个层级之间发展的相对均衡和可持续。

(二)研究方法

1. 研究方法选择

本报告的核心问题是探索培育农业新质生产力的现实路径与一般条件。对于在"大国超小农"资源禀赋条件下建成现代化大农业,成熟的理论储备尚付阙如。为此,本着"问题导向"和"实践是检验真理的唯一标准"

的原则，本报告采取单项案例解析的研究方法，通过案例对象的发展及具体做法，提炼结构化要素，回答发展农业新质生产力的现实路径"是什么"的问题。同时，通过具体的细节与数据，揭示不同环节、领域之间的内在逻辑联系，找到培育农业新质生产力的一般条件。

2. 案例选择和简要介绍

北安分公司下辖15个农场有限公司，分布在黑河市辖属的北安、五大连池、孙吴、逊克、爱辉5个县（市）区，户籍人口17.8万人。辖区总面积1343.4万亩，其中耕地544.3万亩、林地470.7万亩、湿地132.42万亩，草原148.6万亩，其他46.31万亩。选择北大荒农垦集团北安分公司作为案例有如下原因。一是案例具有典型性。北安分公司依托集团战略与统筹，与集团龙头企业发挥各自优势，已经构建起了"龙头+产业公司+基地"一体化运营模式，在农业经营体系、农业全产业链建设等领域具有典型性和引领示范价值。复制推广北安"双控一服务"模式对保障国家粮食安全具有重要的现实意义。二是北安分公司的发展具有阶段动态递进特征，符合分析农业新质生产力质态跃变的基本要求。考察北安分公司建设现代化大农业三个阶段的发展过程，可以追踪生产力、生产方式以及生产关系的历史性变化，从而发现一般规律。

3. 资料搜集与整理

课题组分别于2022年7月、2023年8月两次赴北大荒农垦集团北安分公司进行专题调研。通过与当地政府工作人员，分公司、区域农服中心和农场、管理区及规模家庭农场主要负责人，村支书及负责专业合作社、财务管理等人员进行访谈，在管理区、田间等现场进行参与式观察获得田野资料，搜集北安模式，专题介绍、工作流程、政策文件等资料。同时，搜集了公众号、新闻报道、农场志、北安及部分同级分公司年鉴等资料。2023年11月，在北京市延庆区召开了推广复制北安模式对接交流座谈会并进行实地踏勘交流。综合以上考虑，黑龙江北大荒农垦集团北安分公司在加快形成农业新质生产力方面，具有先进性和代表性。本报告尝试以北安分公司为案例，研究探讨在超小农户基础上建成现代化大产业"新质态"的实际步骤，探索培育农业新质生产力新动能的现实路径与一般条件。

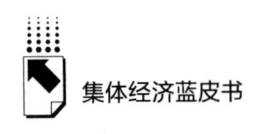

三 北安模式：加快形成农业新质生产力的三个递进式阶段

习近平总书记在2016年视察黑龙江时，强调指出"要深化国有农垦体制改革，以垦区集团化、农场企业化为主线，推动资源资产整合、产业优化升级，建设现代农业大基地、大企业、大产业，努力形成农业领域航母"[1]。2021年6月，北大荒农垦集团主要领导在赵光农场调研时，针对北安分公司创新统分结合双层经营体制、突出规模家庭农场作用、平稳落地集团"双控一服务"战略的经验做法，首次提出了"北安模式"。改革激发了农业生产新动能，北安分公司的人均可支配收入在北大荒农垦集团9个分子公司中，从2019年的第5位攀升至2022年的第1位。北安模式的核心是建设"大企业—大产业—大基地"的现代化大农业，对于我国发展农业新质生产力具有重要借鉴意义。北安分公司依据不同时期工作重点，形成了递进式的三个阶段。

（一）在垦区内建成现代化大农业

1985年开始，黑龙江垦区开始大量兴办职工家庭农场，逐步建立起以职工家庭农场为基础、大农场套小农场、统分结合的双层经营体制。1995年，实现了"两自理、四到户"[2]。

1. 推进农垦体制改革，构建"大企业"

近年来，为解决分散经营和土地碎片化问题，北安分公司先后推行了规模家庭农场和"垦区集团化、农场企业化"两次改革，构建了高度组织化、集团化、规模化的新型统分结合的农垦经营体制，"集团公司+北安分公司（或产业公司）+农场（生产基地）"三个层级分工明确，垦区农业经营体系的现代化转型已经完成。

---

[1] 《北大荒简史》编纂委员会编《北大荒简史》（内部资料），2021年10月。
[2] 指生活费自理、生产费用自理、土地承包到户、核算到户、风险到户、盈亏到户。

2. 整合农业产前、产中、产后环节，构建"大产业"

北安分公司通过与集团龙头企业成立"目标公司"，构建"龙头企业+产业公司+基地企业"合作发展模式。北安分公司所属15个农场有限公司占股49%，产业公司占股51%，利润分成各占50%，双方按照出资比例承担风险，如与北大荒农服集团成立北安区域农服中心（见图3）、与九三工业集团成立北大荒九三大豆供应链管理（北安）有限公司、与北大荒垦丰种业股份有限公司成立北大荒集团黑龙江垦丰赵光种业有限公司等。

大产业的运营模式，可以实施"双控一服务"，产业链条之间实现了有效衔接，快速扩大了产业规模，实现了节本、提质与增收。一是提高了农业投入品统供率。2023年，肥料集团化运营13.47万吨，玉米、大豆种子1.85万吨，农药（含叶面肥）1623.40吨，分别占分公司农业生产需求总量的98.5%、91%和85%。二是提高了粮食统营率。引入"订单+保险+期货""基差+点价""企业贸易"等经营模式，提高创业议价能力，规避市场风险。2023年，统营农产品165万吨，统营率93%，利润3000万元。三是将数字化应用场景贯穿农业生产全过程。利用电子农情监测、传感和数据分析等智能手段进行科学决策，运用农业综合技术，实现农业投入品精确投放、生产过程精准控制和全环节精益管理，在标准化生产、集约化经营和资源高效利用等方面取得较大成效。

3. 创办规模家庭农场，构建"大基地"

北安分公司在册农业从业人员9.22万人，实际农业从业人员3.85万人，转移劳动力5.37万人。北安分公司采取委托经营方式，下大力度培育和扩大规模家庭农场规模。2022年，规模家庭农场压缩到511个，覆盖耕地425万亩，平均规模提高到8317亩，比2021年扩大了28.3%。[①] 2023年，进一步压缩到438个，覆盖耕地394.5万亩，平均规模提高到9006亩，增幅进一步扩大到39%。此外，大基地也成为农业科技支撑体系运行的物

---

① 2021年，组建642个规模家庭农场，覆盖耕地近80%，平均每个规模家庭农场托管面积6480亩，比职工家庭农场平均经营规模扩大了31倍。

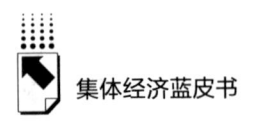

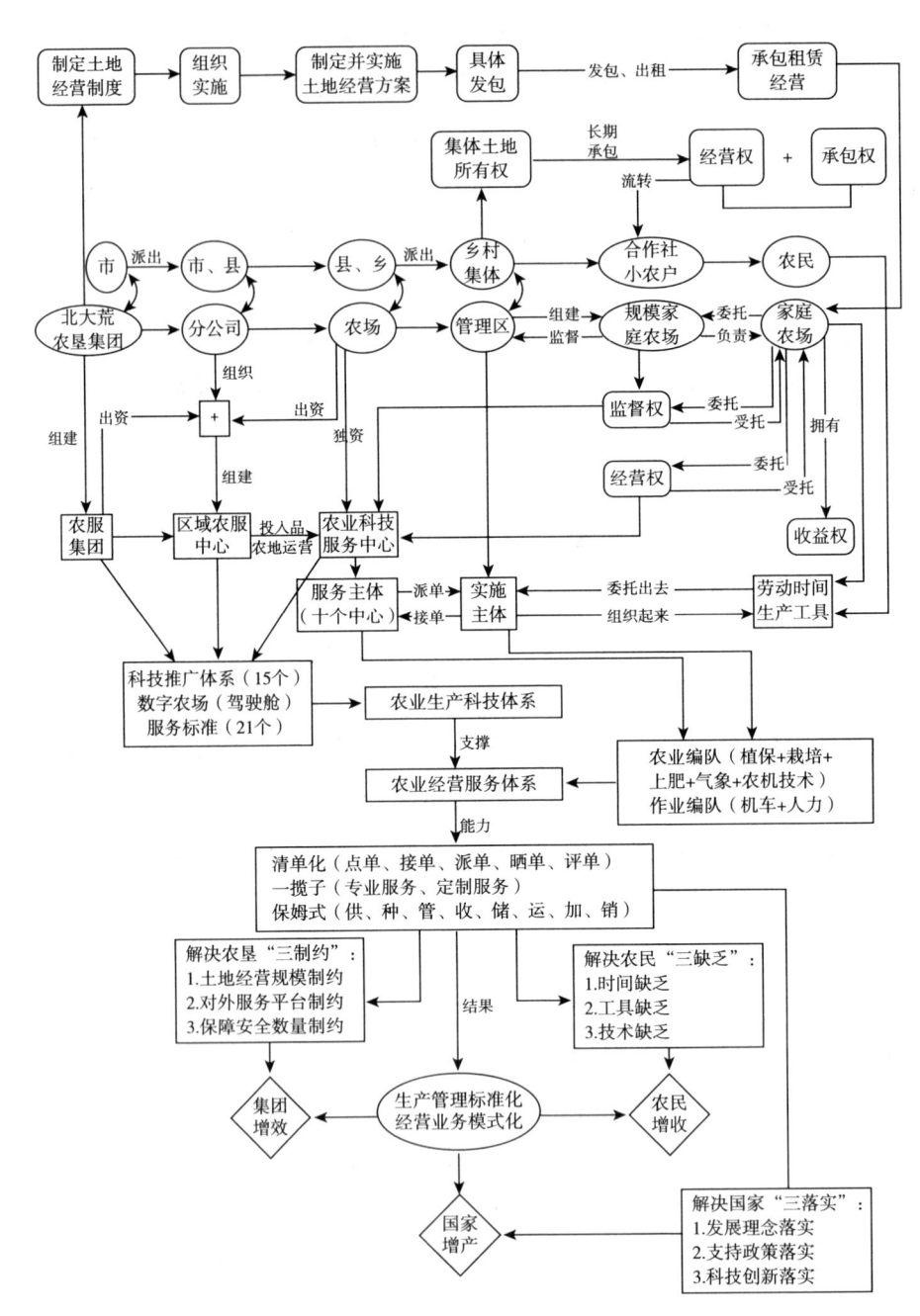

图3 北安模式：农业新质生产力的建构及运行机制

理空间和有效载体，逐步建成了从农业科技试验示范区到农业产业示范园再到农业基地的农业技术推广体系。

（二）引领农村地区建设现代化大农业

由于缺乏规模性农服主体示范带动，北安分公司周边的农村地区农业经营普遍存在以下突出问题，如种植户种植思维固化，未进行精确成本核算；土地基础薄弱，地块分布散；自有机械不足；等等。垦区与农区之间形成了典型的农业生产方式的二元结构。

1. 整村推进

2021 年，北安区域农服中心首先在赵光镇赵光村实现了整村推进。北安分公司与赵光村制定了《农业社会化服务整村推进实施办法》，坚持以党建为引领，明确各方任务，坚持农垦标准、保留当地机械力量、突出农民权益、全面开展全过程技术服务的基本原则，确定了由村集体牵头实施土地托管、种植大户领办"集体农场"，由区域农服中心整合资源、承接全过程技术服务，由农场科技服务中心负责具体实施，切实保护农民权益不受侵害的互利共通、融合发展的模式。

作为土地托管的主体，赵光村集体经济组织主导完成了 2.43 万亩耕地连片，并委托北安区域农服中心经营，其中 2.1 万亩的规模连片耕地全程托管；1100 亩有合作社机车作业耕地实施环节托管；而针对零散的小块、低洼易涝的 2200 亩耕地提供技术服务。同时，赵光镇成立了以主管农业的副镇长为组长、村主任为副组长、合作社理事长及种植户代表共 7 人的农业生产监管小组，并将农户组织起来组建 7 个"集体农场"，97 户农民自愿加入"集体农场"，规模经营耕地面积达 1.52 万亩。

2. 扩大基地范围

北大荒集团北安分公司，2023 年玉米平均亩产 1323.5 斤，大豆平均亩产 384.7 斤；而周边农村地区，玉米平均亩产 1012 斤，大豆平均亩产 332 斤。2023 年对外提供农业社会化服务面积 503.82 万亩，其中全程托管 20.9 万亩、环节托管 320.62 万亩、技术服务 162.3 万亩，辐射 13 个市县、49 个

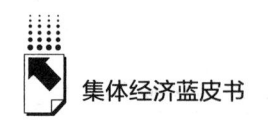

乡镇、86个村屯，使农民土地增产16.7%。

3. 落地"双控一服务"

无差别复制平移北安模式农艺技术措施，2023年通过技术服务、土地托管，辐射化肥、农药等投入品1.82万吨，改变农民耕种习惯和种植标准。托管大豆平均亩产388斤，比周边农民自耕高56斤，亩均收益提高80.81元。玉米平均亩产1217斤，比周边农民自耕高204斤，亩均收益提高182.94元，得到了市县政府及农户的高度认可。

（三）向数字平台企业转型

近年来，北安分公司在组织化农业、标准化农业方面取得长足进步。为进一步提升现代化大农业建设水平，北安分公司在精准农业、数字农业，乃至智慧农业上发力，持续利用数字赋能现代化大农业。

1. 数据采集终端

打造"一站式"数字农服平台，提供农业一体化服务。2021年开始，北安分公司将农服App逐渐推广到整个北大荒垦区。2022年，"北大荒农服"App注册用户已经达到55.86万人，功能涵盖土地承包、农贷助手、农机服务、农地托管、农产品电商、投入品运营等10大板块。贷款金额达到43.4亿元、农机调度完成作业面积5440.4万亩（次）。

2. 数据加工整合

通过应用终端软件，会逐渐形成来自不同渠道的大数据。北安分公司的综合业务管理系统由资源资产、经营管理、农业生产三个方面、16个业务软件系统构成。通过物联网设备，可以提取农机作业、农作物生长、自然环境数据，开展土壤化验、肥料检测、谷物分析形成化验、检测、分析数据。同时，可以对气象、实验等历史数据进行收集、整理和录入。

3. 数据输出应用

不断积累的数据流量，为实施农业生产全过程智能化管理提供了必要条件。当下，生长感知系统和利用大数据的智能近控系统研发已经启动。北安分公司及农场有限公司已展开各类环境数据的收集、整理、分析工作，同时开展了多场次无人驾驶作业试验，包括无人农机播种、中耕、收获、秋整地等。

四 农业新质生产力的本质特征

北安分公司引领农村地区建设现代化大农业取得成功的经验，既可以为全国农村地区向现代化大农业"新质态"跃进提供借鉴，也可以说是提炼出了一般条件，具体如图3所示。

（一）组织集成：农业经营服务体系，构建"新型"的统分结合双层经营体制

培育农业全产业链，必须要有与之相适应的现代农业产业组织体系，包括龙头企业、产业公司与农地经营主体等。就大基地一个层级而言，在"超小农户"条件下，需要复杂、精细的组织结构支撑才有望实现，并为第二层级的全产业链公司发展提供依托。组织集成的实质是构建更高水平、更大范围的"新型"的统分结合双层经营体制。

以垦区为例，建设大基地主要涉及六个主体：农场、管理区、农业科技服务中心、（规模）家庭农场、区域农服中心与农机组织。从系统角度看，需要达成契约、互相授权，不同类型的主体承担不同的职能。具体职能定位如下：农场是建设大基地的主体；管理区属于农场的派出机构，是农业社会化服务的实施主体；农业科技服务中心是农场的内设机构，接受家庭农场的托管委托，是农业社会化服务的承接主体；区域农服中心是落实集团"双控一服务"战略的重要载体，是联结龙头企业、产业公司与大基地的重要平台；农机组织在管理区的统筹组织下完成具体农机作业。如投入品采购过程，先由规模家庭农场或种植户提出采购、认购计划，管理区汇总上报给农业科技服务中心、农业发展部，农场审核后再逐级上报北安分公司、北安区域农服中心、农服集团相关产业公司。

农村地区在实现社会化服务的过程中，土地托管的主体是农村集体经济

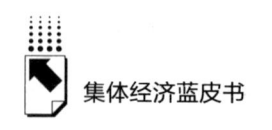

组织，由其负责整合土地资源。技术服务的承接主体是区域农服中心。实施主体是乡镇联社下的农服公司，类似垦区农场内部的农业科技服务中心，负责组织农村管理区。农村管理区主要负责组织规模集体农场、农机存放、整合与调度等。其中，建立规模集体农场，整合土地资源是第一步。一般可采取村集体领办土地股份合作社的形式。

由此，可以形成"新型"的统分结合双层经营体制。首先，基于产权主体的"统分结合"。一方面，耕地分田到户，通过委托经营方式在土地的所有权、使用权、承包经营权"三权分置"条件下将承包经营权进一步细分为决策权、监督权、收益权。主体的细分使其权责利更明晰，专业分工更精准，促进"分"的层次提高。另一方面，技术服务和土地托管的实施完善了"统筹"功能，实现投入品统一供应、农作物统一种植、作物种植新技术统一推广应用、机车统一调度作业、产出品统一经营。其次，服务内容的"统分结合"。投入品、产出品、中间的科技创新、测土配方、自然灾害干预等科技服务、机械化程度较高的环节完全实施社会化服务，形成高层次的"统"。劳动密集型环节、以适度规模经营为主的家庭经营，实现合理的"分"。最后，经营主体的"统分结合"。在农村地区，除了国家、集体和农户传统主体外，鉴于专业合作社、涉农服务企业、供销社等农业社会化专业服务主体具有多样化特性，这些主体在服务过程中可基于效率公平的原则统一合作服务，分阶段分权责提供服务。

（二）技术集成：农业科技服务体系

北大荒农垦集团粮食单产能够超过一些欧美发达国家水平，主要原因在于其构建了一整套先进的农业科技服务体系，这与我国一般农村地区相比具有更为明显的优势。北安分公司的农业生产科技体系主要包括：作物种植采用标准成本与标准种植技术；建立科技园区、科技示范带及展开科技研发；构建稳定的基层人才队伍（经营队伍、生产队伍、科技队伍）；建设农机组织和实施农机作业管理；构建有机产业和有机基地；打造数字农业和开展数字农服业务等。因此，发展农业新质生产力，不能仅聚焦单一技术，而应该努力实现技术集成。通过对垦区与农区的农业科技进行对比，可以找到当前农村地区加快推进科技进步的着力点。

第一，栽培模式方面：垦区种植模式统一。

第二，农机配备方面：垦区农机配备齐全，全部按照一定比例配备标准机型，农机相互配套。

第三，品种使用方面：垦区实施同地块、同品种生产，并且所选品种适应生产区域，具备成熟的安全性和品质的一致性。

第四，肥料使用方面：垦区依据区域土壤养分特点，定量定位分层深施肥，同时充分应用测土配方结果，总体使用量低。

第五，农时控制方面：垦区播期根据各作物、品种对环境、积温需求等因素影响，以气象数据为依据实施播种作业，播在高产期、安全期。

第六，整地方面：垦区实施大部分秸秆还田、高标准秋整地、秋起垄，实施联合整地，打破犁底层。

（三）全产业链："双控一服务"

长期以来，由于缺乏"龙头"的引领和推动，农村多数地区仍处于"村自为战、户自为战"的分散状态，产业链条难以形成。北大荒农垦在全产业链体系已经基本建成的条件下，通过"双控一服务"，依托以技术服务和土地托管为主要抓手的区域农服平台，把产前的种、药、肥供应，产中的耕、种、防、收，以及产后的储、运、加、销结合在一起，使不同主体能够共同经营，快速有效地解决了农村地区农业发展"小、散、低"以及"碎片化"的难题。

"双控一服务"在构建农业全产业链方面，具有一般性意义，反映了产业化大农业发展的客观规律。控制前端可以为农民提供农业投入品，降低成本；控制后端开展订单农业，建设深加工基地，构建全产业链，可以扩大经营规模，提高销售价格；同时强化数字农服全程渗透。

加快形成农村地区的农业新质生产力，关键点在区（县）一级。要以区（县）为单位成立区域综合服务中心，下设若干生产单元，组建农村管

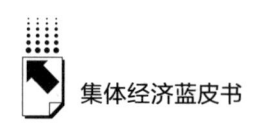

理区，整合传统的农业社会化服务体系，构建"统供+统销+数字服务"的"双控一服务"运行机制。

（四）委托经营：跳出农地流转的固化思维，探索最优农地利用制度

长期以来，基于农地产权的"三权分置"，不想种地且不想保留土地经营权的农户将农地流转后可以实现农地适度经营规模。其合理性在于：地权稳定，便于持续投资，可以集成技术培育核心示范区；农地经营收入占农户收入比重较低，经济发达地区的农村劳动力完成了大规模非农化转移。但是，也存在流转价格过高、农地流转接盘动力明显弱化的情况，亟待探索实现农地规模经营的新模式。委托经营模式可以建立利益共同体，具有更为广阔的发展空间。

不想种地又想保留土地承包经营权的农户，可采取全程托管的方式。村集体组织农户联合成立集体农场或土地合作社，农村集体持有土地所有权、农户拥有承包权，区域农服中心接受村集体委托拥有经营权。农户保留对农业耕、种、防、收等各作业环节的决策权、监督权和收益权，从而切实形成利益均衡、目标一致的农地共营制。

还想种地的农户，可以采取单环节或多环节托管形式，附加农业订单等不同手段或方式，将农服机构的种植技术逐步植入地方。

（五）有效监督：健全风控机制

随着更高水平"统"的体制的建立，监督的任务和重要性也不断凸显。北安分公司下辖15个农场的管理区，在提供土地托管服务的过程中，明确了四类监督任务，即组织监督、服务对象监督、纪律监督、平台监督，保证各经营主体履职尽责，按农艺操作流程规范作业，各地块标准一致，杜绝"跑冒滴漏"现象，增强职工的信任度。此上措施为农村地区建设现代化大农业提供了重要借鉴。

1. 组织监督

分公司、农场有限公司以及管理区自身对托管服务进行全程监督，形成

分公司包农场、部门包行业、农场包管理区的体制，将服务能力、服务质量列入干部考核范围。同时，经民主决策后规模家庭农场场长代表其成员，按照种植结构、品种结构、作业标准，与管理区共同监管种、管、收各环节的作业质量，按程序采购投入品，听取家庭成员意见建议，参与生产经营活动。

2. 服务对象监督

服务对象对管理区托管服务进行监督，生资订购、接收、出入库、生产、粮食销售等环节必须有规模家庭农场参与决策和相关人确认签字。特别是规模家庭农场场长代表其成员，具有生产监督权：管理区落实土地发包、资源管理、社会管理等职责，各项农艺措施推进，本单位统一购买的种子、化肥、农药等生产物资的价格、质量和使用，农业生产过程中涉及的机车作业质量、面积、标准、作业费用核算等。同时，民主推选的质量监督员可以监督规模家庭农场生产经营情况。

3. 纪律监督

纪委、合规、审计等部门对托管服务投入品订购、土地发包、生资使用、农产品销售、惠农补贴、阳光保险、财务核算等环节进行重点监督。

4. 平台监督

应用数据平台，在土地承包、缴费、生资使用、机械作业、粮食销售等环节实时应用农服平台和北大荒农服 App 等。

（六）数字赋能：向平台企业转型

实现农业社会化服务的数字化转型，需要打造平台经营服务模式，将所有服务项目纳入数字平台管理，有效解决信息不对称问题。

首先，完善综合服务功能。具体包括以下方面：农地流转信息撮合；种子、肥料、农药等国内投入品企业整合；完善农业服务专家库；提供技术推广、农机作业调度等生产过程服务；围绕农业经营开展信息化、教育培训、金融保险等综合服务；提供粮食经营服务等，以高效、便捷、优质的高黏性平台化服务打造农服运营新模式。

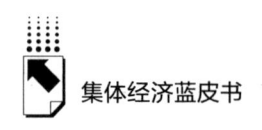

其次，提升工作效率和管理水平。通过应用现代农业服务平台系统和农服 App，构建指挥系统、专家系统、农机系统三大系统，提供农资、农技、农机、农金、农品等线上服务，将农村土地、合同、人员、机械等信息纳入数字化平台，实现数据收集、录入、分析、应用等一体化操作。

最后，加速前、中、后端全产业链融合。推进投入品集团化运营、新型农民队伍培养、农机统一调度平台化管理等，提高粮食产量，为农户创造更高的土地产出附加值，使农户真正受益。

五 几点结论与对策建议

（一）结论

第一，在"超小农户"条件下，仅由农户由下而上联合难以形成现代农业产业组织体系。因此，有必要发挥"龙头"企业的作用，由上而下按照全产业链要求配置资源，建立投资中心，实施资本经营，建立更大范围、更高水平的统分结合双层经营体制，形成"大企业"。

第二，农业规模经营的重点是基于土地规模经营基础上的产业经营规模，将农业建设为"大产业"。可以建立利润中心，实施全产业链经营，获取规模经济效益。

第三，培育土地规模经营的"大基地"，更多发挥农业社会化服务体系的作用。在土地流转价格较高、流转增速趋缓的情况下，可以利用委托经营模式整合农地资源，并建立成本中心，实施生产经营。

第四，注意农业新质生产力形成需要的一般条件。关键是要实施统供、统销运营数字化农服，即"双控一服务"是贯通"大企业、大产业、大基地"三个层级，实现联动运行的"筋"，反映了工业革命以来人类社会化大生产的一般性规律。

第五，加强数字赋能，促进区域农服平台向数字平台企业转型，逐渐向现代化大农业的发展方向迈进。

（二）进一步探讨

第一，以县域为单元设立农业科技服务中心。区（县）层级可以由县联社或涉农国企成立农业科技服务中心，作为农业社会化服务承接主体，委托各乡镇联社及下属农服产业公司具体实施。县联社或涉农国企对接乡联社，发挥好农地、农服经营主体作用；乡联社建立管理区，对农机实施统一存放管理，发挥好农业社会化服务实施主体作用；村集体经济组织或若干个村集体经济组织发挥农地资源整合主体作用，扩大农地经营规模，同时发挥好居间服务功能和作用。

第二，以乡镇为单元成立管理区，农服中心与乡镇联合社农服公司对接。按照农户家庭人口统计，全国大部分地区人均耕地规模为1.55亩，远低于黑龙江省人均7.96亩的水平。因此，在全国建设区域农业社会化服务平台，难以照搬北安分公司下属农场与村集体直接对接的方式。2022年，全国县级平均耕地规模为67.3万亩，平均播种面积为89.7万亩。每个区（县）有13.6个乡镇，镇均耕地5万亩，镇均播种面积6.6万亩，每个乡镇作为一个生产单元，即管理区大致是合理的。[1] 因此，可以在乡镇联合社下成立农服公司，作为农业社会化服务实施主体，与县域农服中心对接。

第三，以村为单元，村集体经济组织领办土地股份合作社，作为生产基地。2022年，全国集体所有耕地17.7亿亩，53万个村庄，村均耕地约3340亩。[2] 原则上按照每个规模集体农场3000亩为标准设立，这就意味着可以行政村为单元，每个村集体经济组织领办集体农场。待条件成熟后，几个相邻村集体领办的集体农场可以再组建片区性的规模集体农场。以一个镇域为单元的管理区可以面对若干个规模集体农场。

综上，北安模式向农村地区推广的一个重要条件是推进农村地区的经营体制改革，促进集体经济统筹层级的进一步提升。这需要省级乃至

---

[1] 农业农村部政策与改革司编《中国农村政策与改革统计年报（2022年）》，2023。
[2] 农业农村部政策与改革司编《中国农村政策与改革统计年报（2022年）》，2023。

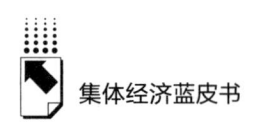

国家层面的政策支持，建立健全县（区）、乡镇、村三级农村集体经济组织体系。

参考文献

[1] 北大荒集团北安分公司：《北安模式》，2023。

[2] 《北大荒简史》编辑委员会：《北大荒简史》（内部资料），2021。

[3] 杜鹰、张秀清、梁腾坚：《国家食物安全与农业新发展格局构建》，《农业经济问题》2022年第9期。

[4] 方敏、杨虎涛：《政治经济学视域下的新质生产力及其形成发展》，《经济研究》2024年第3期。

[5] 郜亮亮、纪月清：《中国城乡转型中的农村土地集体产权与流转配置效率》，《中国农村经济》2022年10月。

[6] 郭晓鸣、温国强：《农业社会化服务的发展逻辑、现实阻滞与优化路径》，《中国农村经济》2023年第7期。

[7] 黄群慧：《加快形成新质生产力，建设现代化产业体系》，《北京日报》2024年3月11日。

[8] 胡联、卢杨、张小雨、王唤明：《新形势下我国农民专业合作社外部监管完善的必要性》，《农业经济问题》2000年第3期。

[9] 郭玮：《国外农业社会化服务体系的发展与启示》，《经济研究参考》1992年第Z5期。

[10] 郭玮：《着力构建现代农业产业体系生产体系经营体系》，《中国合作经济》2016年第2期。

[11] 江荣吉：《台湾农场经营企业化之途径》，摘自台湾农业经营管理学会编印《江荣吉教授纪念文集》，2008。

[12] 江荣吉：《委托经营制度与未来的台湾农业发展》，摘自台湾农业经营管理学会编印《江荣吉教授纪念文集》，2008。

[13] 江荣吉：《小农经营现代化可行途径之研究》，摘自台湾农业经营管理学会编印《江荣吉教授纪念文集》，2008。

[14] 江荣吉：《农企业的发展与农业推广》，摘自台湾农业经营管理学会编印《江荣吉教授纪念文集》，2008。

[15] 孔祥智、刘同山：《论我国农村基本经营制度：历史、挑战与选择》，《政治经济学评论》2013年第4期。

［16］李军鹏：《发展新质生产力是创新命题也是改革命题》，《北京日报》2024年4月15日。

［17］林万龙、董心意：《以新质生产力引领农业强国建设的若干思考》，《南京业大学学报》（社会科学版）2024年第2期。

［18］徐奇渊、东艳等：《全球产业链重塑——中国的选择》，中国人民大学出版社，2022。

［19］张红宇：《农业强国的全球特征与中国要求》，《农业经济问题》2023年第3期。

［20］曾业松、张青、史妍媚等：《大国粮仓农业航母：解码北大荒巨变奇迹》，光明日报出版社，2023。

［21］Ray, C. "Culture Economies: A Perspective on Local Rural Development in Europe." Centre for Rural Economy, Department of Agricultural Econnomics and Food Marketing, University of Newcastle upon Yyne, 2001.

B.3
"'大三级'套'小三级'"：
现代化大农业的主体与组织结构

陈雪原 王 哲 赵邦宏 刘瑞乾*

摘　要： 要解决"谁来种地"的难题，出路在于把农业建设成为大产业，为此需要探索农业经营体制"统"的新的有效实现形式。本报告总结和分析了北大荒农垦集团在示范引领农业现代化过程中积累的典型经验，提出中国特色现代化大农业的主体与组织结构。（1）发展现代化大农业的逻辑。当前，我国已经进入大冢启二郎所提及的农业发展"第三阶段"：农业国际竞争力下降导致农产品自给率快速下降；农村社会结构快速转型期基本结束，粮食等各类主体功能区日益明晰；"大国超小农"资源禀赋结构趋于固化。建设现代化大农业，需要迈过劳动力非农转移、农地碎片化整理与现代化大农业的"三道坎"。（2）北大荒农垦集团的经验做法。垦区已经建成现代化大农业，在此基础上，垦区通过全程托管、合伙种田、全产业链运营等社会化服务示范方式推动农村地区，特别是粮食主产区的农业现代化进程。这种组织体制的要点主要有以下几个方面："龙头"，即以北大荒农垦集团为代表的大企业；"龙身"，即以产业公司为代表的通过"双控一服务"整合大基地的大产业；"龙爪"，即以农村集体经济组织为代表的大基地；"龙云"，即由数字经济赋能的大数据平台。（3）农村地区农业经营体制改革的目标模式。"大三级"经营体制主要包括企业集团层级构建"大企业"、下

---

* 陈雪原，北京市农村经济研究中心总经济师、经济学博士，研究方向为城镇化、集体经济治理与集体土地改革；王哲，河北农业大学经济管理学院教授、博士生导师，研究方向为农业社会化服务、农业产业经济；赵邦宏，河北农业大学教授、博士生导师，研究方向为农业产业经济、农村财会；刘瑞乾，北京市农村经济研究中心计财处处长，高级会计师，研究方向为农村集体资产管理、农业社会化服务、内部控制建设。感谢彭荣君、张文茂、向世华、孔祥智、潘新伟、黄松涛等提出的宝贵意见与评论，文责自负。

属产业公司（或区域分公司）层级发展全产业链经营的"大产业"。"小三级"经营体制主要包括县联社（或涉农国企）、乡镇联合社（联营公司）、村集体经济组织（下设村土地股份合作社）共同培育农地规模经营的"大基地"。在此基础上，本报告提出建立土地全程托管农地共营制、建立健全区镇村三级集体经济组织体系、"龙头企业"引领构建现代农业产业组织体系等对策建议。

关键词： 农业经营主体　现代化大农业　"'大三级'套'小三级'"

一　"龙头"缺位下的"超小农户+超小农服"双重困境

2022年10月，党的二十大报告提出"加快建设农业强国，扎实推动乡村产业、人才、文化、生态、组织振兴"。2023年9月，习近平总书记在黑龙江省哈尔滨市主持召开的新时代推动东北全面振兴座谈会上，提出以发展现代化大农业为主攻方向，加快推进农业农村现代化[1]，从提高粮食综合生产能力、建设现代化良田、把农业建成大产业等方面做出重要部署。同年10月，习近平总书记在江西考察时再次提出："坚持产业兴农、质量兴农、绿色兴农，把农业建设成为大产业。"[2]

当前，我国主要农产品在国际市场上面临较强的竞争压力。2004～2014年，我国粮食及重要农产品成本明显上升，亩均和每100斤成本均超过世界主要农产品生产国。[3] 2021年，中国农产品进出口贸易额达3042亿美元，

---

[1] 《推动东北全面振兴，习近平总书记作出新部署》，光明网，2023年9月10日，https://baijiahao.baidu.com/s?id=1776607477581467513&wfr=spider&for=pc。

[2] 《把农业建设成为大产业》，《人民日报》2023年10月29日，https://www.gov.cn/yaowen/liebiao/202310/content_6912557.htm。

[3] 杜鹰、张秀清、梁腾坚：《国家食物安全与农业新发展格局构建》，《农业经济问题》2022年9期。

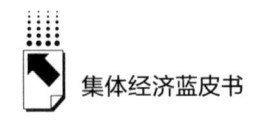

其中，出口仅844亿美元，进口则高达2198亿美元，贸易逆差高达1354亿美元，进口农产品已达重要农产品供给总量的40%，但在价格谈判、摩擦处理和规则制定方面却缺乏话语权。[1]农业竞争力的下降势必使农业的比较效益受损，进一步导致农业种植者粗放经营，甚至出现撂荒现象。"谁来种地"关乎国家粮食安全、农业强国建设以及城乡融合发展等一系列具有全局意义的重大战略问题，日益成为社会各界广泛关注的焦点。

农民不愿种地的直接原因是农业比较效益低[2]，而根源在于长期以来形成的"规模小、组织散、效率低"的小农生产方式。2024年3月6日，习近平总书记在看望全国政协十四届二次会议的民革、科技界、环境资源界委员并参加联组会时指出，要"培育发展新质生产力的新动能"。培育发展农业新质生产力的新动能，关键靠改革就是要通过全面深化农业经营体制改革，构建适应现代化大农业发展要求的制度体系与治理体系。需要在家庭承包经营为基础、统分结合的双层经营体制基础上，健全和提升"统"的新的有效实现形式。

40多年来，我国农业经营体制在家庭联产承包责任制的基础上，大致沿"农户"和"集体"的两条线向加强"统"的方向持续演化。

随着家庭联产承包责任制改革的完成，农地所有权与经营权得以分离，农户家庭成为一级独立的市场经营主体。"包产到户"和"包干到户"的生产队占比由1980年的50%迅速上升到1982年6月的86.7%。[3]在"社"一层，中央提出的政社分设要求在多数地区没有真正得到落实，大多数乡镇简单解散了人民公社，而没有保留乡镇级集体经济组织，导致村与村之间缺乏有效的利益联结和统筹载体，形成了"村村点火、户户冒烟"的发展格局。2022年，我国户均耕地仅有5.8亩，远低于世界

---

[1] 张红宇：《农业强国的全球特征与中国要求》，《农业经济问题》2023年第3期。
[2] Otsuka, K., "Food Insecurity, Income Inequality, and the Changing Comparative Advantage in World Agriculture", *Agricultural Economics*, 2013, 44: 1-12.
[3] 中共中央党史研究室：《中国共产党的九十年（社会主义革命和建设时期）》，中共党史出版社，2016。

银行关于小农经营面积下限 30 亩的标准，实质上是一种生产极度分散化的"超小型农户"经营体制。

1983 年"中央一号文件"首次提出"农业社会化服务"，围绕农户农业生产需求，提供各类社会化服务，解决"统"的弱化问题，并逐渐形成一条以"农业社会化服务主体+农户"为基本框架的农业经营体制改革路径。例如，20 世纪 90 年代山东省率先启动了"公司+基地+农户"的农业产业化实践探索。但由于农户与公司之间利益关系不紧密，一些地方在实践中形成了二者互伤的"负和博弈"。2007 年，《农民专业合作社法》颁布后，利益共同体问题得到了较好的解决。但是，超小农户条件下组建的农民专业合作社或联合社往往类似"放大了的小农户"，仍然存在规模不经济问题，一些地方甚至出现了"空壳社"套取财政资金现象。

党的十八大报告首次提出"新型农业经营体系"，十八届三中全会进一步明确为家庭经营、集体经营、合作经营和企业经营四种主要形式。2017 年，中央印发《关于加快构建政策体系培育新型农业经营主体的意见》，要求探索以农户家庭经营为基础、合作与联合为纽带、社会化服务为支撑的立体式复合型现代农业经营体系。但是，由于缺少一个龙头企业引领，难以形成"1+1>2"的组织结构优化效应。目前，全国共有农民专业合作社、服务型企业、集体经济组织、农业服务专业户、供销社等各类社会化服务组织 107 万个，服务营业收入总额 1820.3 亿元，均值仅为 17.1 万元/个，其中，服务型企业平均营业收入相对较高一些，也仅有 123.2 万元。[1]"超小农服"困境一直存在。此外，由于向小农户提供服务的交易费用较高，农业社会化服务主体具有内在排斥小农户的倾向。

另外一条改革路线，是农村集体经济组织体制不断强化"统"的功能。20 世纪 80 年代的北京市顺义县（现顺义区）率先在全国开展农地适度规模经营。近年来，又出现了贵州省安顺市塘约村集体领办合作社、毕节市大方县鸭池镇

---

[1] 农业农村部农村合作经济指导司编《2022 年中国农村合作经济统计年报》，中国农业出版社，2024。

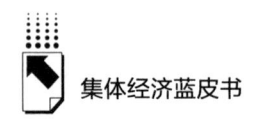

联社实施"两包一干"、山东省烟台市党支部领办合作社等新鲜经验。此外，如苏南模式，主要是发展乡镇企业，吸纳了当地大量剩余农业劳动力，并对农业生产环节进行反哺，进而通过农村居民点的集并整合加快农村社会结构转型。

上述两条加强"统"的线路，均是在农村地区内部进行资源整合，未能从根本上摆脱"超小农生产范式"，难以形成现代化大农业的组织体制支撑。打破"超小农"和"超小农服"困境，发展现代化大农业，需要探索更高层级、更广范围的统分结合双层经营体制。关键点是从农村地区以外引入更强有力的"龙头"企业，进而对农业经营体制进行根本性的改造。特别是资源相对匮乏、处于市场竞争弱势地位的粮食主产区，更需要通过引入外部资源来改善处境，打破低水平循环的困境。[①]

本报告安排如下：第二部分，研判当前农业农村经济社会发展阶段和面临的主要问题，提出向现代化大农业转型的现实逻辑和改革路径；第三部分，研究分析和概括提炼北大荒农垦集团带动地方发展现代化大农业的主体与组织结构；第四部分，阐述"大三级"套"小三级"的现代化大农业经营体制改革的目标模式。最后，提出推行农业共营制、健全乡村两级集体经济组织体系、构建农业全产业链等对策建议。

二 迈向中国式现代化大农业的改革逻辑

关于改革开放以来深化农业经营体制领域改革的研究文献较多，主要是围绕如何构建和完善社会化服务体系而展开。[②] 郭晓明、温国强认为农业社

[①] Ray, C., "Culture Economies: A Perspective on Local Rural Development in Europe", Centre for Rural Economy, Department of Agricultural Econnomics and Food Marketing, University of Newcastle upon Yyne, 2001.

[②] 党的十一届三中全会后，以人民公社制度为基础的具有计划经济特征的农业服务体系已经难以有效解决分散农户家庭经营的产前、产中、产后各环节所面临的问题。1983年"中央一号文件"中，首次出现"社会化服务"的提法。1990年党中央、国务院《关于1991年农业和农村工作的通知》正式提出"稳定完善以家庭联产承包为主的责任制，建立健全农业社会化服务体系"。发展农业社会化服务体系首次被提到了与稳定家庭承包经营同等重要的高度。2008年，党的十七届三中全会提出要建立新型农业社会化服务体系。

会化服务是实现中国式农业现代化和促进小农户与现代农业有机衔接的关键途径，并提出了农业社会化服务的供需双重阻滞问题，而农村集体经济组织应成长为本土性农业社会化服务的供给主体。① 曹铁毅、邹伟基于"家庭农场服务联盟"的案例，从农业社会化服务需求和供给两个维度，提出通过农业社会化服务体系"双重组织化"节约供需双方交易成本的发展路径。② 这反映了当前理论界对加强农业经营体制"统"的方面的共同认知。作为一门历史科学，政治经济学要研究清楚生产和交换的每个发展阶段的特殊规律。明确当代中国农业农村发展的阶段性特征，有利于更加清晰地揭示迈向现代化大农业组织体制的改革逻辑、路径与方向。

（一）阶段判断Ⅰ：大冢启二郎提出的关于国家食物自给率下降的"第三阶段"

日本农业经济学家大冢启二郎基于亚洲、非洲一些人口稠密型国家的实证研究，发现一个国家在工业化过程中，农业发展一般都要经历"粮食短缺、部门收入不均等、国家食物自给率下降"三个阶段。③ 通过种、药、肥以及农机等领域的技术革命，全球多数国家和地区已经摆脱了粮食短缺的困境，进入了第二阶段，即农业部门与非农业部门收入差距诱致下的农业劳动力非农转移，但也出现了农地撂荒或粗放经营问题。当下，日本、韩国等亚洲高收入国家农业比较优势下降，谷物大量进口，国家食物自给率下降，已经进入了第三阶段。

中国作为世界上最大的粮食生产国、消费国和世界第二人口大国，已经经历了改革开放初期农业产量的快速增长与温饱问题的解决、城乡收入差距持续扩大并逐渐缩小的前两个农业发展阶段。随着国民收入的进一步提高，

---

① 郭晓鸣、温国强：《农业社会化服务的发展逻辑、现实阻滞与优化路径》，《中国农村经济》2023年第7期。
② 曹铁毅、邹伟：《双重组织化：规模农户参与社会化服务的绩效提升路径——基于"家庭农场服务联盟"的案例分析》，《农业经济问题》2023年第3期。
③ Otsuka, K., "Food Insecurity, Income Inequality, and the Changing Comparative Advantage in World Agriculture", *Agricultural Economics*, 2013, 44: 1-12.

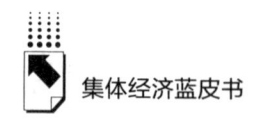

国家食物自给率也逐渐下降，这对未来经济社会可持续发展形成了严峻挑战。我国热量自给率从2000年的96.7%下降至2019年的76.9%，而日本、韩国近20年来分别从40%和50%下降到37%和43%。我国热量自给率的绝对水平明显高于以上国家，但下降速度明显要快得多。[①]

这意味着国家粮食安全的战略地位将日益凸显，为提高土地产出率，拥有前沿的现代化技术手段和经济实力的国有农业经济应当走向农村，切实承担试验示范和引领农村地区农业现代化发展的历史重任。

（二）阶段判断Ⅱ：农村社会结构快速转型期接近尾声，功能区空间结构日益明晰

后工业化时期的来临。2022年，中国国内生产总值中第二产业的比重为39.9%，五年来保持相对稳定，且远低于第三产业的比重52.8%，已经整体上进入后工业化发展阶段。[②]

城镇化速度已经趋缓。城镇化率年度增幅由2019年的1.21个百分点持续下降到近三年的1个百分点以内。[③] 这表明全国性的大规模城镇化阶段已经趋于尾声，国土空间利用结构、产业结构乃至社会结构将逐步趋于定型。

农村地区内部空间功能日益专业化。改革开放40多年来，经过快速的工业化、城镇化等社会结构变动，农村人口和劳动力在城乡间、村庄间获得充分流动，少部分村庄成为人口流入区（城镇化地区），大部分村庄成为人口流出区（空心化地区），村庄之间呈现"好、中、差"的俱乐部收敛性特征。根据在黑龙江省佳木斯市等地的调研，一些村庄空心化率[④]已经达到70%左右，其中，"差等生"一般属于人口流出地区，主要功能向粮食主产区或生态涵养区演变。为此，"我国发展必然是一个'并联式'的过程，工业化、信息化、

---

① 杜鹰：《中国的粮食安全问题和挑战》，《今日国土》2020年第11期。
② 2022年，北京市第二产业占比为15.9%，上海市为25.67%，已经率先进入后工业化时期。
③ 2021年为0.81个百分点，2022年为0.5个百分点，2023年为0.94个百分点。
④ 村庄空心化率=1-（村庄常住人口/村庄户籍人口比重）。

城镇化、农业现代化是叠加发展的"[1]，应按照城乡一体化新要求，整体、系统地优化不同专业类型地区功能、产业与空间布局。当然，"促进农民增收，难点在粮食主产区和种粮农民"[2]，也是发展现代化大农业的最薄弱地区[3]。

（三）阶段判断Ⅲ："大国超小农"的人地关系资源禀赋趋于固化

农地流转率提升趋缓，人多地少的资源禀赋结构逐渐定型。中国人多地少的资源禀赋结构有着深厚的历史根基，难以随着劳动力转移而发生根本性的改变。2000多年前的商鞅变法，围绕"农战"思想，进行增加税赋、加强中央集权、多子继承、为外来人口赐地开荒等一系列制度设计，后经历朝沿袭，形成了人多地少的资源禀赋结构。21世纪初发生的劳动力短缺问题至今已经持续近二十年，但超小农经济仍未能根本打破。截至2022年，全国农户承包经营耕地面积15.69亿亩，汇总农户2.72亿户共10.1亿人，户均耕地5.76亩，农地流转率，即土地承包经营权流转面积占承包地面积比重为36.73%，而2008年为8.8%，2015年为33.4%。这意味着农地流转面积进一步提升的潜力基本上已经耗尽，农户将稳定自持2/3的农地。

兼业经营固化了土地产权关系的碎片化。2022年，全国经营耕地规模在30亩以下的农户占比为95.8%，经营规模在10亩以下的农户占比为85.3%。[4] 这样的土地规模不足以养活一家人，只得兼业经营，并以非农就业收入为主。但是，多数农民进城后未能实现市民化，农地资源作为福利保障也自然难以彻底退出。2.96亿[5]进城务工农民被称为社会结构转型中的"夹心层"，使得他们"潜在的消费需求难以释放、城乡双重占地问题很难

---

[1] 习近平：《推动新型工业化、信息化、城镇化、农业现代化同步发展（二〇一三年九月~二〇二一年八月）》，载《论"三农"工作》，中央文献出版社，2022。
[2] 习近平：《在农村改革座谈会上的讲话（二〇一六年四月二十五日）》，载《论"三农"工作》，中央文献出版社，2022。
[3] 按照功能和产业形态划分，乡村地区一般可以分为城镇化地区、纯粮食地区、林果业地区和生态涵养地区。相对于其他三类地区，纯粮食地区底子最薄，产业优质资源最缺乏。
[4] 农业农村部政策与改革司编《中国农村政策与改革统计年报（2022年）》，中国农业出版社，2023。
[5] 2022年数据。

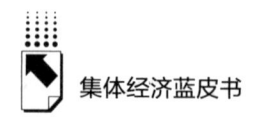

解决"①。以上问题制约了农地经营规模的扩大，也限制了农业机械化、标准化、集约化水平。要"根据各地基础和条件发展，确定合理的耕地经营规模加以引导，不能片面追求快和大，更不能忽视了经营自家承包耕地的普通农户仍占大多数的基本农情"②。

"大国超小农"经济中的"大国"优势。与日本、越南以及撒哈拉南部非洲国家等所具有的国土面积较小、人口稠密的资源禀赋单一特征不同，我国农业兼具规模性、多样性、差异性等典型"大国"特征。一是具有产业规模、经营规模的优势。作为全球主要农产品产出大国，中国的粮食、肉类、水产品等重要农产品产出总量连续多年居全球首位。③ 分散的"小"农经济条件下，生产决策却高度同步，很容易在一个相近的时空环境下形成规模性的社会化服务市场需求。二是资源禀赋结构具有不平衡性。福建、广东、浙江是中国人均耕地较少的省份，分别为人均 0.84 亩、0.89 亩、0.92 亩，而黑龙江、内蒙古、吉林、新疆人均耕地分别为 8.45 亩、7.16 亩、4.96 亩、4.28 亩，与美国人均耕地 10.5 亩的水平已经比较接近。④ 特别在黑龙江、新疆、宁夏等垦区"人少地多"的资源禀赋特征更为突出，成为我国现代化大农业的代表和示范引领农村地区传统农业改造的"龙头"。

（四）改革路径：迈过"三道坎"

提升农业竞争力的常规思路就是扩大农地经营规模，提高农业机械化水平，进而引入现代农业技术，提升土地单产与产品品质。解决农村地区"小田变大田"问题，推进农业规模经营，不能照搬照抄国外经验，单纯强

---

① 习近平：《推进农业转移人口市民化（二〇一三年十二月十二日）》，载《论"三农"工作》，中央文献出版社，2022。
② 习近平：《深化农村土地制度改革，既要解决好农业问题也要解决好农民问题（二〇一四年九月二十九日）》，载《论"三农"工作》，中央文献出版社，2022。
③ 张红宇：《农业强国的全球特征与中国要求》，《农业经济问题》2023 年第 3 期。
④ 张红宇：《农业强国的全球特征与中国要求》，《农业经济问题》2023 年第 3 期。

调地权稳定性，激励农户自由流转土地，从而实现规模经营。① 推进农民大规模非农化转移就可以实质性改变农村地区人多地少的资源禀赋条件的想法②，事实证明也难以行得通。要重视"大国超小农"的刚性约束，将规模经营的重心在土地规模基础上延展到产业规模，做好不同层次的分工和协作，构建具有充分弹性的农业产业组织体系。③ 根据现有情况，走中国式现代化大农业之路要迈过"三道坎"。

第一道坎：劳动力转移、职业农民培育与乡村互助养老。21世纪初开始出现劳动力短缺现象，意味着刘易斯转折点已经来临。④ 这意味着农业将逐步由劳动集约型向资本集约型转变，获取新的经济增长源泉需要扩大农地规模、改善经营管理，但当下面临"超小农户"与"超小农服"的双重困境。因此，要统筹考虑农村三类人：非农就业转移农民，可以结合创造就业机会，加大培训力度提升其非农就业技能；愿意种地的农民，可以将其培养成农机手、种养大户等职业农民；农村老人，可以通过互助养老、加大医保投入、打造老年餐桌等提升其生活品质。

第二道坎：农地碎片化整理。土地制度历来是农业发展的基石，"小田变大田"应作为农业现代化的前置条件。应顺应农工商一体化的农业社会化服务体系演化的趋势要求⑤，选择适宜的组织主体来降低碎片化农地的整合成本，大幅度降低"龙头"企业链接乡村地区各类经营主体的交易成本，

---

① 王兴稳、钟甫宁：《土地细碎化与农用地流转市场》，《中国农村观察》2008年第4期。
② 钟甫宁、纪月清：《土地产权、非农就业机会与农户农业生产投资》，《经济研究》2009年第12期。
③ 钟甫宁：《从要素配置角度看中国农业经营制度的历史变迁》，《中国农村经济》2021年第6期。
④ 蔡昉：《刘易斯转折点——中国经济发展新阶段》，社会科学文献出版社，2008；蔡昉：《刘易斯转折点——中国经济发展阶段的标识性变化》，《经济研究》2022年第1期；陈金永：《中国人口发展、农民工流动趋势与刘易斯转折点》，《中国劳动经济学》2010年第1期；张晓波、杨进、王生林：《中国经济到了刘易斯转折点了吗？——来自贫困地区的证据》，《浙江大学学报（人文社会科学版）》2010年第1期；卿涛、杨仕元、岳龙华："Minami准则"下的刘易斯转折点研究》，《中国人口科学》2011年第2期；章铮：《劳动生产率的年龄差异与刘易斯转折点》，《中国农村经济》2011年第8期；汪进、钟笑寒：《中国的刘易斯转折点是否到来——理论辨析与国际经验》，《中国社会科学》2011年第5期。
⑤ 郭玮：《国外农业社会化服务体系的发展与启示》，《经济研究参考》1992年第Z5期。

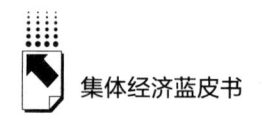

促进不同类型组织的一体化整合，最终完成小农生产方式的系统性重构和升级。专业户、农民专业合作社或一般社会企业不具备规模性的空间区域特征，不便于承担土地资源整合的任务。基于北京郊区新型农业经营主体的调查发现，66.60%的被调查农户认为土地流转给村集体利益最有保障，其中专业合作社占12.41%，龙头企业占10.45%，而36.46%的农户表示村集体经营的可持续发展能力最强。[1] 土地集体所有制在解决农地流转过程中的土地碎片化问题具有天然的制度比较优势。[2]

第三道坎："龙头"引领下的全产业链。2016年"中央一号文件"强调要积极构建现代农业产业体系、生产体系、经营体系。如ADM、邦吉、嘉吉、路易达孚四大粮商，建立了全产业链运营的"龙头"组织，引入现代科技要素，整体性地重构农业产前、产中和产后以及一、二、三产业间的全产业链分工协作，提升农服体系的组织化程度，完成产业链与生产基地之间的整合，建成产业化大农业。《北大荒农业集团推广"双控一服务"模式创新农业经营管理体制实施方案》明确提出要顺应垦区集团化改革新形势，大力推行"双控一服务"[3]，实现集团化专业分工，构建更高层次、更宽领域、更大范围的现代农业统分结合双层经营体制。

可见，"'谁来种地'这个问题，说到底，是愿不愿意种地、会不会种地、什么人来种地、怎样种地的问题"[4]。关键还是要"加快创新农业经营体系，解决谁来种地问题，发展适度规模经营"[5]，即在进一步加强"统"的方面巩固和完善农村基本经营制度。

---

[1] 陈雪原、孙梦洁、王洪雨：《以乡村集体经济组织为核心，培育新型农业经营体系——北京市新型农业经营主体发育与政策体系研究》，载吴宝新、张宝秀、黄序主编《北京城乡融合发展报告（2018）》，社会科学文献出版社，2018。
[2] 郜亮亮、纪月清：《中国城乡转型中的农村土地集体产权与流转配置效率》，《中国农村经济》2022年第10期。
[3] 农业投入品统一供应、主要农产品统一经营、全程数字农服。
[4] 习近平：《在中央农村工作会议上的讲话（二〇一三年十二月二十三日）》，载《论"三农"工作》，中央文献出版社，2022。
[5] 习近平：《加快转变农业发展方式（二〇一四年十二月九日）》，载《论"三农"工作》，中央文献出版社，2022。

三 北大荒现代化大农业的主体及组织架构

（一）北大荒农垦[①]率先在垦区建成现代化大农业

2010年，农业部印发了《农业部关于认定黑龙江垦区国家现代化大农业示范区的通知》，标志着垦区现代化大农业的建成。2016年5月，习近平总书记在黑龙江省考察调研时指出"要深化国有农垦体制改革，以垦区集团化、农场企业化为主线，推动资源资产整合、产业优化升级，建设现代农业大基地、大企业、大产业，努力形成农业领域的航母"[②]。2020年，北大荒垦区完成了由行政型管理到市场型管理的转型，构建了"集团总部+分公司（产业公司）+国有农场"的三级组织架构，现代化大农业呈现新的发展局面，主要表现在以下三个方面。

农场土地规模不断扩大。2023年，北大荒垦区人均耕地33.7亩，是美国人均耕地面积的3倍多。同年，北安分公司进一步整合规模家庭农场，共438个，平均经营面积提升到9000余亩，远远超过了2022年美国家庭农场平均面积2535亩的水平。

劳动生产率进一步提升。"统"得到位，可以推进农业技术集成、新技术推广应用和标准化作业等现代农业措施不断普及。通过"统"，以旱田为主的北安分公司管理区生产性人员管理幅度达到人均10000亩的水平。

种植结构不断优化与土地产出率持续提高。以水稻面积为例，由1978年的24.1万亩扩大到2022年的2267.2万亩，扩大了93倍，传统的旱作区变成了稻作区，实现了"以稻治涝"。粮食单产也从1978年的

[①] 属于北大荒农垦集团的下属一级子公司。北大荒农垦集团有限公司总部位于黑龙江省哈尔滨市，经营区域土地总面积5.54万平方公里，分布在小兴安岭南麓、松嫩平原和三江平原地区，现有耕地4681.9万亩，是国家级生态示范区、国家现代化大农业示范区。下辖9个分公司，113个农（牧）场，706家国有及国有控股企业。总人口139万人，从业人员48.2万人。

[②] 《北大荒简史》编纂委员会：《北大荒简史》，2021年。

047

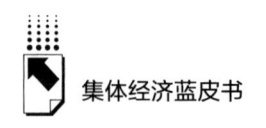

204.4斤/亩提高到2022年的988.3斤/亩，增长近4倍。建三江七星农场示范区核心区面积5000亩，全部实现格田标准化改造，改造前共有700多个格田，平均每个格田7亩。改造后只有150个，平均每个格田32亩，扩大到原来的近4倍，达到了增地、增产、节本的多重效果。2023年，建三江已累计完成改造水田约100万亩，增加有效插植面积3.7万亩，增产粮食2.2万吨，增加收入1.5亿元。

农产品加工多项产业规模居全国前列。在"2022中国企业500强"榜单中，北大荒集团位居第156位，较2021年提升11位。薯业集团马铃薯淀粉产销量、通航公司综合运营能力均居国内同行业第1位，垦丰种业种子营业收入在国内同行业、阳光保险农险保费收入均居全国专业公司第2位，九三集团的大豆加工量居国内同行业第3位，米业集团水稻加工量居国内同行业第4位，完达山乳业营业收入居全国同行业第7位。

（二）北大荒农垦示范带动地方农业现代化：找到土地流转的更优替代方案

长期以来，根据农地产权的"三权分置"制度，不想种地且不想保留土地经营权的农户在将农地流转后，农地经营规模得到了扩大，其合理性在于：地权稳定，便于持续投资、集成技术，培育核心示范区。在经济发达地区，农村劳动力大规模非农化转移，农地流转收入占农户收入比重较低。但是，目前农地流转价格较高、接转动力明显弱化，亟待探索农地规模经营的更优替代方案。

1. 全程托管：建立由双方对立向利益共同体转变的共营制

托管服务主要有全程托管、环节托管（订单农业）以及技术托管三种方式。不想种地又想保留土地承包经营权的农户，一般可以采用全程托管方式，将土地承包经营权委托给农服组织，按照委托不丧失原则，农户仍拥有"决策权、监督权和收益权"，即在农地所有权、承包权和经营权"三权分置"基础上，对经营权进行第二次"三权分置"。

北大荒农服的基本做法是以托管为主。2020年底，北大荒农垦集团

"'大三级'套'小三级'"：现代化大农业的主体与组织结构

组建北大荒农服集团，并在全国陆续建立了北安、佳木斯、冀鲁豫等26个区域农服中心，实施"农垦社会化服务+地方"的经营方式。2022年，北大荒农服集团实现服务农户约350万户，服务面积5200万亩次，约等于金丰公社、中化农业、隆平粮社、农飞客、丰信农业、思远农业六家头部农业服务企业常年作业面积的总和。[1]根据2023年2月开展的北大荒农服问卷调查，全程托管后不同区域农服中心粮食平均亩产提高12.16%。

北大荒北安分公司在开展农业社会化服务过程中明确提出了托管但不流转的基本原则。土地托管的主体是农村集体经济组织，技术服务的主体是北安区域农服中心，技术服务的承接、实施和作业主体分别是所属赵光农场农业科技服务中心、管理区和作业编队。村集体组织农户联合成立集体农场或土地合作社，村集体持有土地所有权、农户拥有承包权，区域农服中心接受村集体委托拥有经营权。农民保留了对农业耕、种、防、收等各作业环节的决策权、监督权和收益权，形成了利益均衡、目标一致的农地共营制。2022年，北安区域农服中心将全程托管由核心示范区赵光村整村推进提升到赵光镇整镇推进。

想种地的农户可以采用单环节或多环节托管方式，附加订单农业等不同手段或方式，将农服机构的种植技术逐步植入地方。

江荣吉认为委托经营方式是促使台湾小农经营现代化与企业化经营相结合的最佳可行路径。[2] 根据实践经验，托管主要有以下四点优势。一是有利于维护地力，持续提高粮食单产，保障国家粮食安全。农户与农服组织拥有粮食增产的共同目标，具有持续提升土地产能的内在动力。二是易于形成可持续的合作共同体。托管收获后的粮食属于农民，农服组织类似于装修工，获取的是每亩定额的服务费，双方具有权益公平性和目标

---

[1] 2019年数据，引自农业农村部农村合作经济指导司编《中国农村合作经济统计年报（2019年）》，中国农业出版社，2020。
[2] 江荣吉：《委托经营制度与未来的台湾农业发展》，摘自台湾农业经营管理学会编印《江荣吉教授纪念文集》，2008。

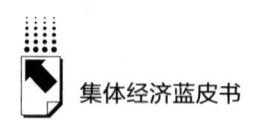

一致性。三是使经营者风险可控。托管方式的核心是生产经营者收取服务费，属于轻资产运营，经营风险可控。四是更好地保障了农机配套。与一般个体的流转主体相比，区域性农服组织建立农事综合服务中心，可以按照标准配套农机具设备。一般大户、公司或合作社流转土地，仍以种植为主。

同时，托管模式也存在一些需要解决的问题。一是托管组织需要靠农村集体组织来解决土地碎片化问题，与农户进行土地整合交易成本较高。二是托管组织需要有强大的技术力量和生产组织能力，对最低产量要有保证，并就种植方案、作业环节、执行标准、验收标准等进行有效沟通并在实施过程中进行有效监督。三是要有产业链嫁接。托管作为一种为农户或村集体经济组织提供技术和作业服务的外包服务，主要聚焦一产环节，因此需要接入集采、加工、销售等环节，从根本上打破小农经济的思维和格局，构建产业化大农业。

2. 合伙种田：由固定地租向分成地租转变

为了抑制上涨过快的土地流转价格，可采用分成地租的方式，即社会化服务组织联合职业农民与村集体经济组织、农户双方形成风险分担机制。北大荒农服集团冀鲁豫区域农服中心在山东省汶上县采用了合作种田模式，即村集体引导农户将土地承包经营权入股组建村土地股份合作社，社会化服务组织通过生产垫资方式以资金入股，依据实际亩均粮食产量（或折价）按照约定比例（5∶5）进行分红。农服组织将垫资款扣除后的剩余部分分配给职业农民；村集体扣除5%的管理费后，剩余45%分配给小农户或部分大户。

同样，合伙种田也存在若干要解决的问题。其一，确定分成比例是难点。产量下降、土地流转价格或者农产品销售价格发生变化容易对分成比例造成影响。其二，出于搭便车心理，往往没有人愿意在销售环节进行投入。

3. 全产业链运营：构建现代农业产业组织体系

全产业链运营主要是在不同的农业产业环节之间进行纵向整合。一是产前环节，包括种植品类及种植计划的制定，种、药、肥等生资的采购；二是产中环节，包括耕、种、防、收等；三是产后环节，包括储藏、运输、加工、销售等。需要组建"龙头企业+产业经营+基地生产"一体化发展的现代农业产业组织体系。

表1梳理了北大荒农服农地规模经营四种模式。

表1　北大荒农服农地规模经营四种模式

基准模式	功能定位	产权关系	适用对象	组织体系与利益点	适用范围与条件	案例
1. 土地流转	1. 市场经营 2. 试验示范	租赁：农户放弃土地经营权，持有承包权、固定收益权	1. 不想种地； 2. 不想保留土地承包经营权	1. 乡村集体； 2. 工商企业； 3. 大户或家庭农场	1. 核心示范区； 2. 经济发达地区，以农民非农收益为主	1. 七星农场小岗村500亩示范区； 2. 北大荒无锡区域农服
2. 土地托管　2-1: 全程托管	1. 提升产量，保障农产品供给安全； 2. 共营制，保障权益均衡	1. 委托经营：农户拥有经营权、决策权、收益权、监督权	1. 不想种地的小农户、大户； 2. 不想失去土地承包经营权	1. 农户+集体+农服+产业链； 2. 土地产量归农民； 3. 村集体可获得利益分成	1. 村集体有能力整合土地资源； 2. 托管组织具有较高的技术力量和生产组织能力	1. 赵光农场赵光村； 2. 佳木斯市生德库村； 3. 山东省汶县、惠民县
2. 土地托管　2-2: 环节托管	1. 提升农户种地水平； 2. 节约农户生产投入	1. 委托：农户拥有土地承包经营权； 2. 按环节提供托管服务； 3. 订单农业	1. 想种地的小农户、大户（一般规模在300亩以上）	1. 区域农服中心+村集体+小大户； 2. 通过规模化、标准化生产，特别是专一品种生产，在粮食销售端提高价格	1. 村集体尚未实现土地资源整合； 2. 大户或家庭农场较多	滁州市小岗村

续表

基准模式	功能定位	产权关系	适用对象	组织体系与利益点	适用范围与条件	案例
3. 合伙种田	1. 规避农地流转高价格风险	分别以土地承包经营权和经营垫资成本入股	1. 不想种地农户；2. 风险规避型农服主体	1. 合股公司；2. 按股分红	1. 地价过高；2. 产量增长；3. 双方信任度高	山东梁好农服
4. 全产业链	1. 增加一产收益；2. 稳定性	1. 统供；2. 统销；3. 数字农服；4. 收益二次分配	1. 一般农户	1. 前后端企业+农服组织+职业农民+农村集体+农户；2. 增值收益	1. 产品品牌；2. 产前端；3. 产后端	北安区域农服中心

（三）经验启示：垦区示范引领地方建设现代化大农业的组织体制

垦区示范引领地方建设农村地区现代化大农业，需要构建新型的产业组织体制，如图1所示。

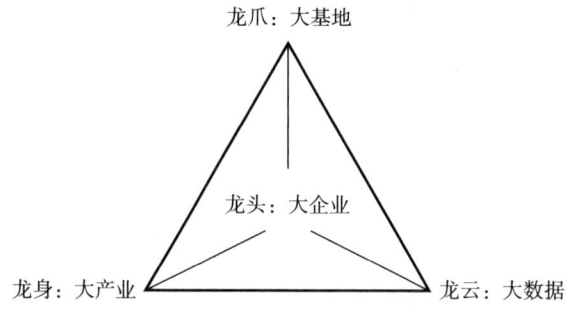

图1 "三位一体"的垦区示范带动地方现代化大农业建设示意

1. "龙头"：发挥战略决策功能，实施资本（资产）经营

大型涉农国企作为党的领导和意志的实施主体，可以发挥示范引领作用，形成大产业与大基地的全产业链，夯实国有经济对国家粮食安全的控制力、抗风险能力，是现代化大农业建设天然的"龙头"、主力军与核心

力量。

北大荒农垦集团作为现代化大农业建设的"龙头",具有若干突出优势。一是功能定位的战略优势。北大荒农垦集团具有国家商品粮重要基地和向农村地区辐射扩散与引领示范农业现代化两大基本功能。1952年,农业部公布了《国营机械农场建场程序暂行办法》,规定国营机械农场是社会主义性质的农业企业,是由政府投资,在大面积的国有土地上,采取最先进的科学技术及新的经营方式,利用机械耕作,进行集体劳动,提高产量,降低成本,完成国家和人民交给的生产任务的企业,并以此启发引导个体小农走向机械化、集体化的生产道路。二是技术集成优势。北大荒农服集团兼有77年的种植技术集成[①]和高度的组织化程度两个优势,形成了成熟、快速的先进集成技术推广应用转化机制。三是组织体系优势。改革后形成了"农服集团总公司+产业公司+农场"的完整的"大三级"集团化组织体制,各层级之间功能定位清晰,整合优势明显。四是全产业链优势。农地、农机、农资、种子等产业公司具有专业力量,能促进一、二、三产业的有序、完整联动,产业间的组合竞争优势凸显。五是红色基因优势。以"北大荒精神"为代表的红色基因孕育了"利他"的新型农服理念,与一般的社会企业具有本质性的区别。

2. "龙身":大产业纵向整合大基地,实施产业经营

自改革开放初期实施职工家庭农场承包制改革,国有农场一直致力于完善和强化自身"统筹"功能。自2019年起,陆续在北大荒分公司推广"双控一服务",在坚持"分"的基础上更好地发挥"统"的功能,把"统"的层级从农(牧)场层面提升到集团层面。农业投入品由集团统供,粮食从以小商贩田间地头选择性收购为主变成以农(牧)场统营为主,数字农服逐步普及。

一是大产业与大基地的一体化整合,有效满足了农业生产环节的产业价

---

① 一般情况下,技术集成需要一定时间实现成熟化、配套化、本地化、实用化,即以某一先进技术为核心,集成产业链上各个环节不同侧面的技术配套,针对产业链重点问题集成不同类别的技术。

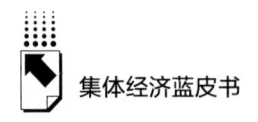

值链增值需求。农业生产的基本特征是"自然再生产过程与经济再生产过程的交织",构成农业生产的动植物生命活动分布于广袤的土地上,具有强烈的季节性和地区性,单位面积的资源密度很低,难以形成有效市场需求。① 构建农业全产业链是适应农业生产特征、优化农业生产端与加工端利益共享机制的客观要求。

北安分公司通过控制前端、后端的"统供"与"统销"以及中间环节的"耕、种、防、收"数字化农服,实现了加工产业端与生产基地端的有机融合。具体做法是在职工家庭农场承包经营和国有农场统筹经营基础上,以土地托管服务为核心,完善规模家庭农场委托代理机制,整合成立国有农场下属的农业科技服务中心,系统集成农业投入品统供、农产品统营和数字农服等现代农业综合服务功能,保障和提升农业生产经营效益的稳健性。

二是农场由市场主体向生产主体的性质、功能转变,有效规避了生产者的市场风险。"自然再生产过程与经济再生产过程的交织",另外一层含义是经济投入获得的是动植物活动的自然产物,同样的经济投入获得的自然产出可能大不相同②,农业生产者面临着巨大的市场风险。采用"双控一服务"运行机制实现了主体间的专业化分工,家庭农场由原先"全能型"的独立自主的市场主体转化为单纯的生产主体,成本中心的风险大为降低。

自工业革命爆发以来,世界市场体系逐渐形成,市场机制对微观资源配置日益发挥重要的作用,农户家庭作为市场主体一直面临增产不增收式的尴尬境地,即市场主体与生产主体存在选择难题,并逐渐由完全的市场主体向专业的生产主体演变,产生对社会化服务的刚性需求。③ 不仅农户家庭,甚至私人公司农场、国有农场、集体农场,都离不开农业社会化服务体系。④ 各类农业生产主体与社会化服务体系之间存在相互促进、相互制约、相互依

---

① 钟甫宁:《重新构建农业经济学的思路》,《农业经济问题》2023年第3期。
② 钟甫宁:《重新构建农业经济学的思路》,《农业经济问题》2023年第3期。
③ 徐奇渊、东艳等:《全球产业链重塑——中国的选择》,中国人民大学出版社,2022。
④ 郭玮:《国外农业社会化服务体系的发展与启示》,《经济研究参考》1992年第Z5期。

赖的共生关系。

3."龙爪"：农村集体经济组织横向整合构建大基地，开展生产经营

建设大基地需要对碎片化的土地进行整合并实现集约利用，实质是土地资源要素的横向整合，从而不断提升农业标准化水平，提高劳动和土地的生产效率。

北大荒区域农服中心在省内外实施"农垦社会化服务+地方"模式的过程中，主要与村集体经济组织对接，而不是直接与农户签合同。2023年7月，农业农村部印发《关于稳妥开展解决承包地细碎化试点工作的指导意见》，明确要求"充分发挥农村集体经济组织统筹协调、组织服务等功能作用，合理分配收益，妥善化解矛盾，防范经营风险"，主要原因在于建立在农村集体土地所有制基础上的农村集体经济组织具有节约农地撮合交易成本的重要功能。

集体所有制作为公有制的一种重要实现形式，资产具有不可分割性以及"村社合一"的社区性。1956年6月通过的《高级农业生产合作社示范章程》确立了农业生产合作社完全的社会主义性质。不同于合作制或公司制具有独立个体的加总性质，集体经济组织排斥成员个体对资产份额的分割和所有①，合作经济的终点即是集体经济的起点。②"无论共同共有，还是按份共有，都是共有经济，而不是集体经济。而共有经济的本质是私有经济，这就需要法律规范来进行严格规定、明确区分开来。"③ 在千百年来由社区聚居而形成的熟人社会条件下，具有"集体人"特征的集体经济组织成员之间容易快速形成集体行动，更有利于节约市场交易成本。④

---

① 戴威、陈小君：《论集体经济组织成员权利的实现——基于法律的视角》，《人民论坛》2012年第2期。
② 陈锡文：《集体经济、合作经济与股份合作经济》，《中国农村经济》1992年第11期。
③ 陈锡文：《谈"乡村振兴"：不能让"城市像欧洲，农村像非洲"》，2018年8月17日，http：//www.sohu.com/a/248242789_275005。
④ 如自2017年疏整促专项行动开展以来，北京已实现"留白增绿"8844.2公顷，相当于13个奥林匹克森林公园。《新京报》，2022年11月29日，https：//baijiahao.baidu.com/s？id=1750833301298300433&wfr=spider&for=pc。

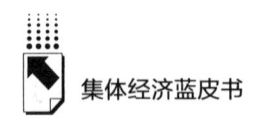

考虑到不同省份的资源禀赋差异，在"人少地多"地区推行托管方式可以与村集体经济组织对接建设大基地，在"人多地少"地区推行托管方式则需要进一步上升到乡镇一级。

4."龙云"：大数据平台赋能

大企业、大产业与大基地生产经营整合完成后，会形成一种资本经营、产业经营及生产经营相互贯通的现代化大农业经营模式。但是，随着横向整合的推进，不同环节、不同项目的参与主体不断增多，组织内部协同运行成本也会不断提升，信息不对称的问题会凸显出来。

北安区域农服中心持续推进大数据平台建设，将农地撮合、生资供应、农机调拨、粮食销售、金融保险、专家问诊、数据挖掘等内容纳入平台，提升农机、种、药、肥、销售等农业社会化服务的稳定性，有效监控作业质量，提升农场（科技服务中心）、农户、村集体、合作社、作业机手等各类主体的黏性。

长远来看，以数字经济方式打造服务于农业社会化服务产业的互联网平台，有利于北大荒农服集团输出模式、技术、标准、服务，培养农民，整合不同地区的资源、要素，降低地方各类农服主体整合和链接的成本。这意味着，通过产业互联网形式，北大荒农垦集团将逐步转型为一个平台企业，"让全国职业农民，去种全国的农地"，真正实现"善耕者有其田"。

四 目标模式："'大三级'套'小三级'"的现代化大农业经营体制

现代化大农业，即"产业化大农业"，需要有相应的新的经营体制支撑。《北大荒农业集团推广"双控一服务"模式创新农业经营管理体制实施方案》明确提出"以集团化经营农产品为目标，加快建立产业集团+农（牧）场、大农场+小农场等利益联结机制"。北大荒农垦集团开展农业社会化服务的实践经验表明，大企业、大产业、大基地三个层面分别承担资本经营、产业经营、生产经营三种功能，因此需要架构"大三级"的经营体制。

在大基地层面,可以将农场辖区划分为若干生产单元,每个生产单元则整合微观职工或农户个体。在此基础上,形成"'大三级'套'小三级'"的现代化大农业经营体制改革的主体与组织结构,即目标模式。

(一)垦区

1. "大三级":集团总公司、产业公司与国有农场

大企业,主要是以北大荒农垦、中化为代表的涉农国有经济类型企业,功能是通过战略性资本(资产)经营,保障国家调控力和主导力。供销社或大中型民营企业也可以探索发挥类似作用。

大产业,本报告中是指北大荒农服集团与各区域分公司合资成立区域农服中心,作为产业公司实施"双控一服务"的综合平台。区域农服中心上承北大荒集团总部组建的农业服务集团,下对各基层国有农场。功能是在承接农业社会化服务的过程中,通过产业经营,在农机、农化、种子等不同领域打造产业品牌,不断完善产业链条,实现大产业与大基地的一体化运营。

大基地:主要是基层国有农场。功能是通过重新组合生产要素实现农地经营的规模化、生产过程的机械化和智能化以及生产工艺的标准化,提高劳动生产率和土地产出率,达到产能和效益的最大化,同时扩大农地规模,推进生产环节的规模经营。

2. "小三级":农场公司、管理区与规模家庭农场

国有农场下设农业科技服务中心,是"双控一服务"落地载体、技术服务实施主体、土地托管承接主体。

管理区,作为农场派出机构,代表农场行使相应的土地统一发包、统一经营、新技术统一推广应用、技术规程监督和土地托管等具体工作,并受农业科技服务中心委派开展土地托管业务。

规模家庭农场。不再有意愿种地的职工将承包地委托给规模家庭农场,退出农业生产。规模家庭农场代表家庭农场行使监管权、决策权和收益权,而将生产经营权交给农业科技服务中心和管理区。

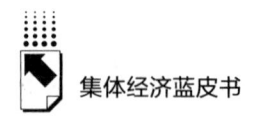

（二）农村地区

本部分仍以北大荒为例，国有涉农企业、集体企业、民营企业均可参照实施。重点是推进农垦集团的技术、组织、产业链等在农村地区实现转化，联合多种经济成分构建改变小农生产方式的合力。

1."大三级"：农业龙头企业、产业公司和县联社

农业龙头企业：组建北大荒农服集团，并由北大荒农垦分（子）公司与北大荒农服集团合资成立省市级区域农服中心，在农场农业科技服务中心支持下承担综合性的农服平台功能。

产业公司：包括北大荒农垦集团下属的米业、油脂、乳业、金融等各类产业公司或集团下属区域分（子）公司下属的各类公司。这些公司在区域农服中心统筹下落实"双控一服务"。

县联社：统筹建设"大基地"。为满足农机配套、管理空间等技术指标要求，一般需要以县域为单元设置大基地。2021年，全国共有集体所有耕地17.7亿亩，3.6万个乡镇，镇均耕地约5万亩。北安分公司经验数据显示，平均一个管理区业务人员可以管理1万亩耕地。为此，一个乡镇可以设置一个管理区，作为独立的生产单元。

2."小三级"：县（区）联社、乡（镇）联社与村经济合作社

县（区）联社：以各乡镇联合社为团体股东成立县联社，联合涉农国企或行政事业单位性质的农服中心，下设县级农业科技服务中心，作为农服承接主体。在省市有关部门统筹规划下搭建县域大数据平台，并与上级乃至全国性的农服平台互相联通。在未成立县联社的情况下，也可以由县级涉农国企承担组建农业科技服务中心的任务。

乡（镇）联社：下设农服公司，具体负责组织作为独立生产单元的管理区。对于规模相对较小的乡镇，可以联合成立单个生产作业单元。主要任务是在农场科技服务中心支持下培育职业农民。

村经济合作社：负责组建村土地股份经济合作社，实现"小田变大

田"，建立具有规模家庭农场职能的"集体农场"。有意愿种地的农户将承包经营权转化为股权，退出农业生产。村土地股份经济合作社实行"一人一票"的民主治理，代表农户家庭拥有生产的监管权、决策权和收益权，而将生产经营权交给乡联社的农服公司。

3. 搭建数字平台，形成组织主体之间的黏性

在完成基本模式和组织体制建设的同时，要同步搭建数字农服平台。种、药、肥的供应，粮食销售、农机作业以及专家问诊等所有服务内容、服务项目都纳入平台运营和管理。职业农民纳入平台管理后，身份转换为管理区职工，享受保险、福利等权利。长期目标应是构建全国统一的农服数据大平台。

如图2所示。

五 结论与对策建议

（一）几点结论

在农业发展进入粮食自给率下降、农村社会结构转型期趋于结束、"大国超小农"资源禀赋趋于固化的历史新阶段，推进中国式现代化大农业建设，需要完成农业劳动力充分转移、土地资源碎片化整合和"龙头"引领下的全产业链重构三个基本环节。为此，需要构建"大三级"套"小三级"的农业经营体制。

北大荒农垦集团在建成垦区现代化大农业的基础上，引领示范带动农村地区发展，有效提升了生产环节规模经营水平、扩大了产业经营规模、增强了国家调控力和公有制经济主导力，对于农业强国建设具有重要的示范和引领意义。

县、镇、村三级集体经济系统的组织体制重构有利于发挥大中型涉农龙头企业的现代化大农业优势，"统筹"带动小农户共同发展，将"超小农"劣势向"超大国"优势转化。

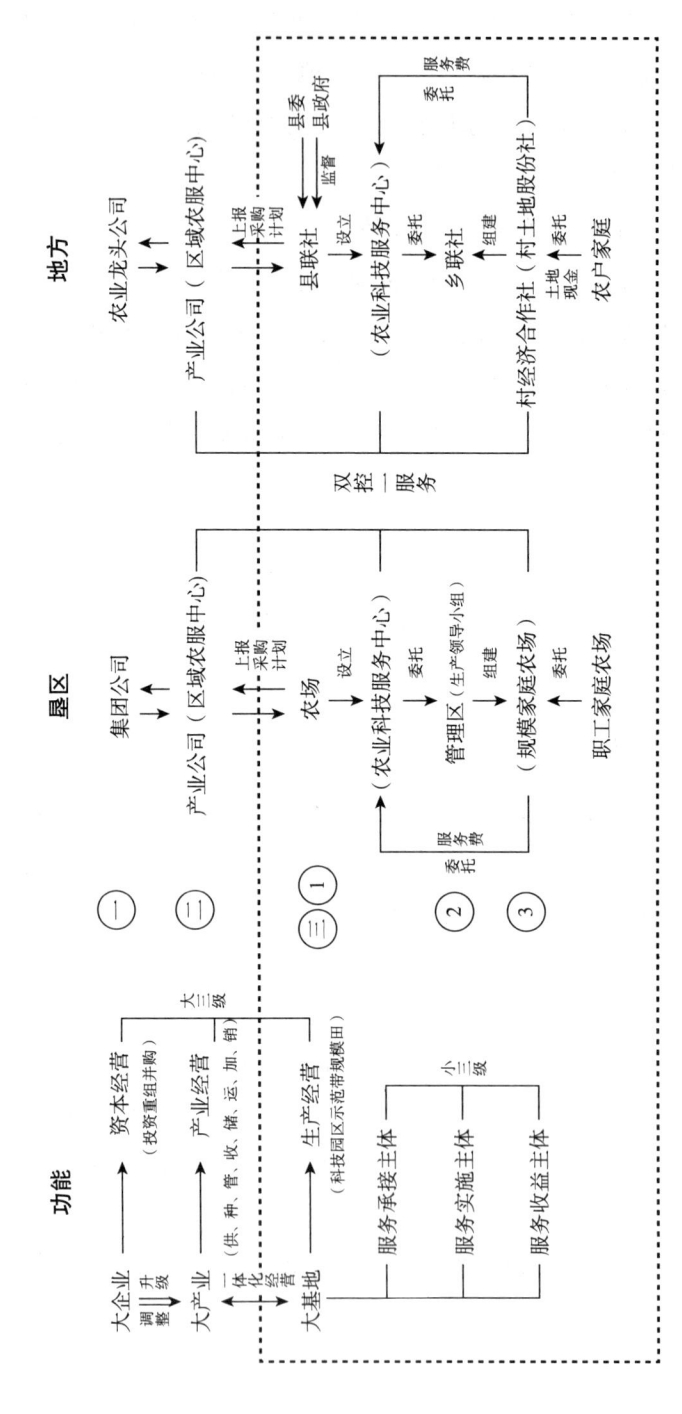

图 2 "大三级"套"小三级"：现代化大农业经营体制改革的目标模式示意

注：虚线部分为"小三级"，主要任务为建设大基地。

(二)对策建议

1. 着力构建土地全程托管的农地共营制

一是激活集体经济组织所有权权能,通过土地资源交换整合创造全程托管的必要条件。明确集体经济组织的农地所有权载体地位,赋予村域范围内农地利用的规划权、资产处置权、收益权等。鼓励通过托管或将承包经营权证券化,实现细碎化的地块与产权的归并整合。尽量避免依靠县区财政、乡镇联营公司或村集体直接流转土地,导致财政压力或财务风险。二是建立健全农地共营制,按照愿意种田的有田种的基本原则,探索建立利益均衡的农地利用制度。加大对农业社会服务组织和职业农民的财政补贴力度。严禁哄抬农地流转价格,避免种地主体之间的恶性竞争。三是加强改革集成与政策配套。这主要涉及规划、自然资源、财政、金融、税收等"条"与市、区县、乡镇等上下级之间"块"的整合。将高标准农田建设与耕地复垦指标、规划建设用地指标挂钩,形成指标对价。引入农业保险与贷款联动机制,架构"保险靠规模不亏损、金融靠保险无风险、农服靠金融能赚钱、农民靠农服种地更简单"的农服共生关系。

2. 构建县、乡镇、村三级集体经济体制

依托县级农服公司、乡(镇)联社与村经济合作社,拓展和夯实大基地。一是构建"县级联服公司[①](县级农业科技服务中心)+乡镇联合社(联营公司)+村股份社"的县、乡镇、村三级集体经济组织体制,建立健全农业产业化经营的组织支撑体系。二是乡(镇)联社下设农服公司,具体负责组织作为独立生产单元的管理区。三是增强村集体经济组织对农户的统筹和服务能力。同步搭建数字农服平台。职业农民纳入平台管理后,身份转换为管理区职工,享受保险等权益。

3. 构建"涉农(龙头)企业"引领下的现代农业产业组织体系

发挥涉农(龙头)企业在技术、组织、产业链等综合优势,构建培

---

① 可以通过乡联社联合控股实现集体化改造。

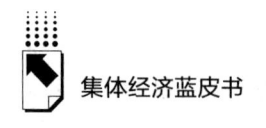

育"涉农（龙头）企业+产业链+农业基地"的现代化大农业组织体制。加快经营主体的纵向与横向集成整合，推进产业链供应链优化升级，推广直供直销、地产地销，构建更大范围、更高水平的"统分结合"双层经营体制。

参考文献

[1] 蔡昉：《刘易斯转折点——中国经济发展新阶段》，社会科学文献出版社，2008。

[2] 蔡昉：《人口转变、人口红利与刘易斯转折点》，《经济研究》2010年第4期。

[3] 蔡昉：《刘易斯转折点——中国经济发展阶段的标识性变化》，《经济研究》2022年第1期。

[4] 曹铁毅、邹伟：《双重组织化：规模农户参与社会化服务的绩效提升路径——基于"家庭农场服务联盟"的案例分析》，《农业经济问题》2023年第3期。

[5] 陈金永：《中国人口发展、农民工流动趋势与刘易斯转折点》，《中国劳动经济学》2010年第1期。

[6] 陈锡文：《集体经济、合作经济与股份合作经济》，《中国农村经济》1992年第11期。

[7] 陈锡文：《谈"乡村振兴"：不能让"城市像欧洲，农村像非洲"》，2018年8月17日，http://www.sohu.com/a/248242789_275005。

[8] 陈雪原、孙梦洁、王洪雨：《以乡村集体经济组织为核心，培育新型农业经营体系——北京市新型农业经营主体发育与政策体系研究》，载吴宝新、张宝秀、黄序主编《北京城乡融合发展报告（2018）》，社会科学文献出版社，2018。

[9] 《北大荒简史》编辑委员会：《北大荒简史》（内部资料），2021年10月。

[10] 杜鹰、张秀清、梁腾坚：《国家食物安全与农业新发展格局构建》，《农业经济问题》2022年9期。

[11] 邸亮亮、纪月清：《中国城乡转型中的农村土地集体产权与流转配置效率》，《中国农村经济》2022年第10期。

[12] 郭晓明、温国强：《农业社会化服务的发展逻辑、现实阻滞与优化路径》，《中国农村经济》2023年第7期。

[13] 韩乃寅、逄金明：《北大荒全书（简史卷）》（洪铁军主编，高明山执笔），黑龙江人民出版社，2007。

[14] 韩乃寅、逄金明：《北大荒全书（农业卷）》，（王景权主编、安炳政副主

编), 黑龙江人民出版社, 2007。

[15] 江荣吉:《台湾农场经营企业化之途径》, 摘自台湾农业经营管理学会编印《江荣吉教授纪念文集》, 2008。

[16] 江荣吉:《委托经营制度与未来的台湾农业发展》, 摘自台湾农业经营管理学会编印《江荣吉教授纪念文集》, 2008。

[17] 孔祥智、刘同山:《论我国农村基本经营制度: 历史、挑战与选择》,《政治经济学评论》2013年第4期。

[18] 郭玮:《国外农业社会化服务体系的发展与启示》,《经济研究参考》1992年第Z5期。

[19] 郭玮:《着力构建现代农业产业体系生产体系经营体系》,《中国合作经济》2016年第2期。

[20] 卿涛、杨仕元、岳龙华:《"Minami 准则"下的刘易斯转折点研究》,《中国人口科学》2011年第2期。

[21] 汪进、钟笑寒:《中国的刘易斯转折点是否到来——理论辨析与国际经验》,《中国社会科学》2011年第5期。

[22] 王兴稳、钟甫宁:《土地细碎化与农用地流转市场》,《中国农村观察》2008年第4期。

[23] 徐奇渊、东艳等:《全球产业链重塑——中国的选择》, 中国人民大学出版社, 2022。

[24] 于金福:《社会主义生产方式新论》, 社会科学文献出版社, 2004。

[25] 于金福:《生产方式: 经典理论与当代现实》, 社会科学文献出版社, 2009。

[26] 钟甫宁:《从要素配置角度看中国农业经营制度的历史变迁》,《中国农村经济》2021年第6期。

[27] 钟甫宁、纪月清:《土地产权、非农就业机会与农户农业生产投资》,《经济研究》2009年第12期。

[28] 周振、孔祥智:《新中国70年农业经营体制的历史变迁与政策启示》,《管理世界》2019年第10期。

[29] 章铮:《劳动生产率的年龄差异与刘易斯转折点》,《中国农村经济》2011年第8期。

[30] 习近平:《论"三农"工作》, 中央文献出版社, 2022。

[31] 张晓波、杨进、王生林:《中国经济到了刘易斯转折点了吗?——来自贫困地区的证据》,《浙江大学学报》(人文社会科学版) 2010年第1期。

[32] 张红宇:《农业强国的全球特征与中国要求》,《农业经济问题》2023年第3期。

[33] Glawe, L., and Wagner, H., "China in the Middle-Income Trap?" *China Economic Review*, (60), 2020: 1-26.

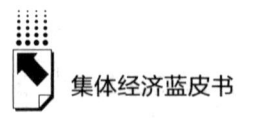

[34] Ray, C., "Culture Economies: A Perspective on Local Rural Development in Europe. Centre for Rural Economy, Department of Agricultural Econnomics and Food Marketing", University of Newcastle upon Yyne, 2001.

[35] Otsuka, K., "Food insecurity, Income inequality, and the Changing Comparative Advantage in World Agriculture", *Agricultural Economics*, 2013, 44: 1-12.

B.4
谁来种地：构建中国特色新型农业经济体系

陈雪原*

摘　要： 公有制经济与非公有制经济在产业链上的有机融合，是发挥公有制经济的主导作用、巩固基本经济制度、推进中国经济高质量发展的有效途径。本报告通过对比分析北大荒农垦建成现代化大农业与农村地区仍难以走出超小农经济的状况，阐述中国特色新型农业经济体系形成的必然性及若干本质特征。一是超小农户条件下农地低效利用的理论逻辑。随着农村剩余劳动力持续非农转移，小农户兼业经营成为当前主要的农业生产方式，农地利用效率较低；二是按照农垦地区和农村地区两条线索，梳理中国特色农业经济体系发展演进的阶段性特征，并在相互对比的基础上揭示推进垦地合作、发挥国有农垦经济的示范引领作用的客观必然性；三是基于垦地合作的中国特色新型农业经济体系实质是构建更高水平、更广范围的新型"统分结合"双层经营体制。为此，需要推进农村综合性体制变革，构建县、镇、村三级功能专业分工的新型农业经营体制。

关键词： 新型农业经济体系　垦地合作　现代化大农业

---

* 陈雪原，北京市农村经济研究中心总经济师、经济学博士，研究方向为城镇化、集体经济治理与集体土地改革。感谢向世华、黄松涛、潘新伟等提出的宝贵建议与评论，文责自负。

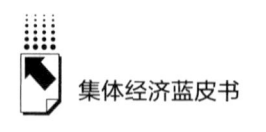

一 "超小农陷阱"的理论解释
与"谁来种地"问题的提出

1997年，党的十五大明确提出要"坚持和完善社会主义公有制为主体、多种所有制经济共同发展的基本经济制度"。党的十九届四中全会从所有制形式、分配方式、资源配置体制三个维度，进一步将基本经济制度扩展表述为"公有制为主体、多种所有制经济共同发展，按劳分配为主体、多种分配方式并存，社会主义市场经济体制"。这就决定了国有资本、集体资本、私人资本、外国资本、混合资本等多种资本形态的并存。问题在于资本之间的并存方式，无论是独自发展，还是形成密切的联系与互动，目的都应是如何有效提升资本治理的效能。在当前农业领域"小、散、低"问题日益凸显，"谁来种地"问题引发社会广泛关注的状况下，发挥国有经济的主导和引领作用，构建包括国有经济、集体经济、合作经济、家庭经济以及民营经济在内的中国特色新型农业经济体系"促进各种所有制经济优势互补，共同发展"[1]，显得尤为重要。

党的二十大报告提出"加快建设农业强国，扎实推动乡村产业、人才、文化、生态、组织振兴"。2023年9月，习近平总书记在黑龙江省哈尔滨市主持召开的新时代推动东北全面振兴座谈会上，提出以发展现代化大农业为主攻方向，加快推进农业农村现代化[2]，从提高粮食综合生产能力、建设现代化良田、把农业建成大产业等方面做出部署。10月，在江西调研时，进一步提出要把农业建成大产业，加快建设农业强省。2004~2014年，我国粮食及重要农产品成本的上升速度明显加快，亩均和每百斤成本均超过世界主

---

[1] 《中共中央关于进一步全面深化改革 推进中国式现代化的决定》，2024年7月18日中国共产党第二十届中央委员会第三次全体会议通过。
[2] 《推动东北全面振兴，习近平总书记作出新部署》，光明网，2023年9月10日，https://baijiahao.baidu.com/s?id=1776607477581467513&wfr=spider&for=pc。

要农产品生产国，构成了建设农业强国的一幅现实图景。①

深层次问题的根源还是来自超小型农户②条件下的兼业粗放经营。2022年，经营耕地规模在30亩以下的农户占比为81.4%，经营规模在10亩以下的农户占比为70.9%。③超小型农户与一般小农的区别，主要体现在种地收入对于其生活福利助益不大，降低复种指数、半撂荒式经营等均是其理性选择。而且，农地利用碎片化现象更为严重，直接限制了农地经营规模，制约了农业机械化、标准化、集约化水平。2022年，中国农业机械总动力为11.05亿千瓦，低于2015年11.17亿千瓦的水平；而农作物总播种面积由2015年的16.68亿亩增加到2022年的17亿亩，单位播种面积的农机总动力由2015年的0.67千瓦下降到2022年的0.65千瓦。④此外，大中型拖拉机、小型拖拉机、大中型拖拉机配套农具使用均有显著下降。"谁来种地"的问题关系到国家粮食安全、建设农业强国、农村社会结构转型等一系列重大现实问题，日益成为社会各界广泛关注的焦点。

"'谁来种地'这个问题，说到底，是愿不愿意种地、会不会种地、什么人来种地、怎样种地的问题。"⑤为此，我们基于"超小型农户"的理论假设，构建了劳动力转移条件下农业产出与农地、资本利用动态变动的"三阶段"演化机制模型来解释"刘易斯转折点"到来后农业经营体制的变迁，为解决"谁来种地"问题提供一个基准的理论解释和逻辑框架，如图1

---

① 杜鹰：《中国的粮食安全问题和挑战》，《今日国土》2020年第11期。
② 根据实地调研数据，按照粮食作物亩均纯利润300元左右核算，经营面积300亩的一个农户家庭可以实现10万元左右的年收入，与城镇就业收入基本持平。一般耕地规模30亩可以作为维持一家人基本生活的最低阈值，超过300亩作为集全家之力所能耕种的最高限度。按照恩格斯在《法德农民问题》关于"小农"的定义，30~300亩的种粮户可以称为小农户。低于30亩则需要兼业经营，一般属于一类兼业户。小于15亩就需要以非农业收入为主，属于"过小农"（江荣吉，2008），也被称为第二类兼业户。日本农户户均经营规模只有1.26公顷（18.9亩），仅有美国的1/142，属于超小型家庭经营模式（曹斌，2021）。
③ 此处不包含未经营耕地的农户数。引自农业农村部政策与改革司编《中国农村政策与改革统计年报（2022年）》，中国农业出版社，2023。
④ 国家统计局编《中国统计年鉴（2023）》，中国统计出版社，2023。
⑤ 习近平：《在中央农村工作会议上的讲话（二〇一三年十二月二十三日）》，载《论"三农"工作》，中央文献出版社，2022。

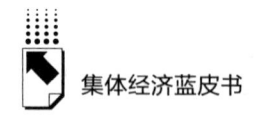

所示。

"刘易斯转折点"来临前超小农经济的第Ⅰ阶段（A_1）：粮食高度自给与农村存在大量剩余劳动力。在超小农生产方式的初始状态下，生产要素的静态组合点为 A_1。在这种情况下，尽管农户经营规模过小，但由于农户维持了精耕细作的传统管理模式，劳动力得到了充分的利用，同时借助农业领域的绿色革命，播种面积为代表的土地使用量、农业机械为代表的资本使用量维持在 E_1，农产品产量达到 Q_1 的水平，从而实现较高的农产品自给率。同时，由于农业劳动生产率较低，农民收入会长期锁定在较低水平上。

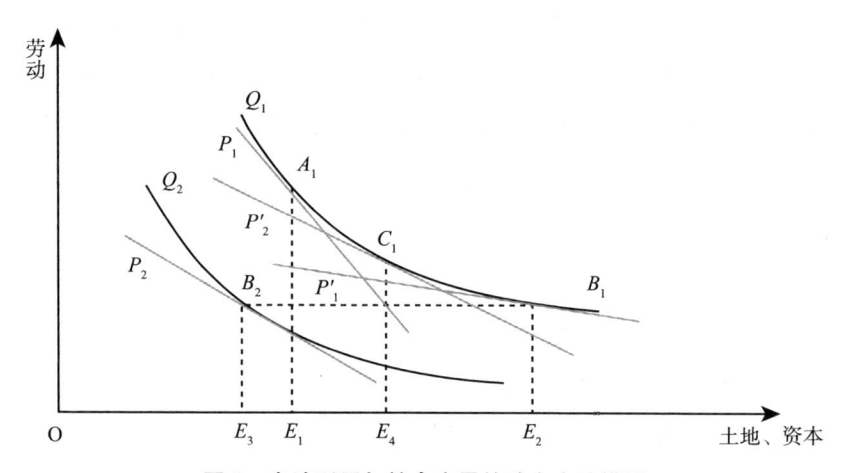

图 1　农地利用与粮食产量的动态变动模型

"刘易斯转折点"来临后兼业经营的第Ⅱ阶段（$A_1 \to B_2$）：农业比较效益下降与国家粮食自给率下降，形成"超小农"陷阱。随着"刘易斯转折点"的来临，非农劳动力价格开始上涨，农业劳动力开始持续进行非农转移，留在农村继续从事农业的劳动力也在逐渐老龄化，而且农业生产的目的主要是满足自身消费，农产品商品化率较低。由于主要采取兼业经营方式，复种指数及播种面积持续下降，土地利用较为粗放甚至撂荒。为维持原有粮食产量，需要用农业机械来替代劳动力，扩大耕地面积，理论上生产要素组合点可以由 A_1 转向 C_1，从而解决劳动力非农转移导致的农业劳动力供给下降问题，增加土地量或资本量为 E_1E_4，达到维持粮食总产量稳定的目的。但是，在农业产化、农地碎片化尚未得到根本改变的情况下,农业机械化难以推进,土地依然粗放经营或撂荒,最终出现局部的粮食供给量下降。

之所以出现上述问题,主要原因有几个方面。一是原来的精耕细作方式逐渐转变为粗放式经营。虽然农民考虑到供自己消费、食品安全、不允许撂荒等因素不放弃粮食种植,但已经不再像之前那样大量投入劳动力,土地集约利用水平下降,导致土地产出率明显下降。二是受农地碎片化的制约,对大马力农业机械化的需求不足,农业技术和农艺水平止步不前,土地产出率自然难以提升甚至下降。三是随着种植意愿的进一步下降,土地播种面积下降,直接导致粮食产量下降。根据在湖南岳阳以及安徽滁州和六安等地的实地调研发现,一些地区的农户已经将二季稻改为一季稻,这意味着播种面积下降50%。四是农地经营主体过度竞价发生"炒地"现象,导致农地生产资料价值逐渐让位于财产性价值,诱发非粮化、非农化现象。同时,放大了那些真正以粮食种植为目的的经营主体面临的市场风险,以致规模经营不堪承受高地价,而重新回归到超小农经济。综上,劳动力与土地、资本的组合点由 C_1 转向 B_2,等产量曲线由 Q_1 下降到 Q_2,土地、资本使用量减少 E_3E_4,对国家粮食安全形成挑战。

"龙头"引领发展现代化大农业的第Ⅲ阶段($B_2 \rightarrow B_1$):土地、资本使用量及利用效率快速提升。发挥涉农国企、大型民企等龙头企业的组织体系和科技体系优势以及村集体经济组织,推动农地资源整合优势,提升要素利用效率。破解粮食产量下降的根本办法主要包括三个方面。首先,要引入"龙头",整合乡村原有的农业社会化服务体系,构建农业全产业链,降低农户的生产资料采购成本、增加农产品销售价格。其次,农村集体经济组织可以通过股份合作制加快农地资源整合,提升农地利用效率。最后,引入托管模式,使总农机使用量增加,促进农地利用效率进一步提升。由此,等产量线快速回到 Q_1,最优组合点回到 B_1,土地利用量或资本使用量增加 E_3E_2。当然,随着技术创新与制度创新的加快,生产可能性曲线 Q_1 有可能被进一步超越。

因此,要解决"规模小、组织散、效率低"的体制痼疾,就要在家庭承包经营为基础、统分结合的双层经营体制基础上,探索"统"的新的有效实现形式,不能单纯扩大农地规模,发展大基地,而是要构建全产业链,

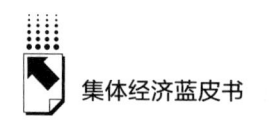

从根本上改变农业生产方式。

目前,北大荒农垦等国有农垦经济主导构建的中国特色农业经济体系已经取得了成功,为解决"谁来种地"问题提供了典型经验借鉴。

本报告安排如下:第二部分,按照农垦地区和农村地区两条线索,梳理小农经济向现代化大农业演变的不同阶段,并在相互对比的基础上揭示通过垦地合作构建中国特色农业经济体系的客观必然性;第三部分,总结和回答新时期北大荒农垦引领构建中国特色农业经济体系的若干基本问题;第四部分,提出构建中国特色新型农业经济体系、发展现代化大农业的对策建议。

二 农村地区与垦区农业经济体系演进的动态比较

(一)农村地区农业经济体系的演进阶段:超小农条件下的"小农服"困境

自1956年成立高级社以来,我国农村地区先后经历了"统—分—统"三次经营体制变迁:强调"统"的人民公社体制下的"集体所有,统一经营";强调"分"的双层经营体制下的"家庭承包,统分结合";再次强调"统"的多层经营体制下的"家庭承包,多层经营"。相应地,作为农业经营体制的重要内容,农业社会化服务体系发生了三次重要转变(见表1)。

1. 1956~1977年:"政府主导,统一经营"型社会化服务体系

1956年,具有完全社会主义性质的农村集体经济组织——高级社的建成,标志着我国农村经营体制正式进入集体化阶段,形成了"集体所有,统一经营"的农业经营体制,标志是集体所有权、占有权和经营权的"三权合一"。1962年9月,《人民公社工作条例修正草案》颁布,建立了"三级所有,队为基础"的人民公社体制,其主旨在于把农民组织起来,推动国家工业化和农村工业化进程,加快社会主义建设事业。

传统农村集体经济组织适应于计划经济体制,"统一经营"占据主体地位,农户分散经营比例较小,只能在自留地的范围内保留极少的家庭经营活动。相应地,农业社会化服务体系主要由社队、供销社、信用社以及政府各

级生产资料与农业技术推广部门构成。供销社主要通过"统购统销"的方式解决农业生产过程中的农药、种子、化肥供应以及农产品销售。依托拖拉机站、畜牧兽医站、农具研究所等组织，政府帮助建立农业机械、农技推广与植保防疫等一系列服务体系。

2. 1978~2011年："主体多元，分散经营"型社会化服务体系

随着改革开放初期的五个"中央一号文件"对于家庭联产承包责任制的逐步认可与统购统销体制的破除，家庭承包经营为基础、统分结合的双层经营体制得以确立，农户获得了承包经营权，集体土地的所有权与经营权实现了分离，而占有权在集体与农户之间重新进行分割和重组。1993年7月，第八届全国人民代表大会常务委员会第二次会议通过《中华人民共和国农业法》，第五条指出"国家长期稳定农村以家庭承包经营为基础、统分结合的双层经营体制"，农村基本经营制度正式确立。2007年10月，《中华人民共和国物权法》颁布，农户承包经营权由债权向物权性质转移，占有权的重心也逐渐向农户层面倾斜。弱化债权关系事实上导致了集体所有权的弱化和虚化。农户家庭逐渐成为更为独立的市场经营主体，小农户与大市场如何衔接的问题也进一步凸显。

1983年"中央一号文件"首次提出了"社会化服务"的概念，认识到"诸如供销、加工、贮藏、运输、技术、信息、信贷等各方面的服务，已逐渐成为广大农业生产者的迫切需要"。1990年12月，中共中央、国务院在《关于一九九一年农业和农村工作的通知》中首次提出"农业社会化服务体系"的概念，进入以农业技术推广为主的农业服务时代。1991年10月，国务院对农业社会化服务的基本形式进行了科学界定，即"农业社会化服务的内容，是为农民提供产前、产中和产后的全过程综合配套服务"。随着21世纪初农村税费改革的完成，农村集体经济"统"的能力进一步趋于弱化，绝大多数农村集体经济组织缺乏为农服务、行使"统一经营"职能的资源。同时，个别区县、乡镇政府的农技推广部门也陷入"线断、网破、人散"的境况。相应地，农业社会化服务体系逐渐由以公益性的政府农服机构、供销社、社队为主体向由专业户、农民专业合作社、服务型企业等组成的多元化、营利性的服务组织扩展。

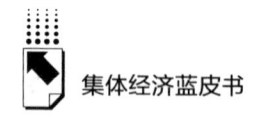

3. 2012年至今:"主体多元,统分结合"型农业社会化服务体系

党的十八大以来,在制度政策上不断强化农村集体经济组织的地位和作用,实质是强化"统"的功能和作用,增强集体经济组织的服务功能。党的十八届三中全会提出"坚持家庭经营在农业中的基础性地位,推进家庭经营、集体经营、合作经营、企业经营等共同发展的农业经营方式创新"。2017年5月,中央办公厅、国务院办公厅印发《关于加快构建政策体系培育新型农业经营主体的意见》,正式提出建设立体式复合型现代农业经营体系,标志着经营体制的"统"的层面开始得到强调。值得注意的是,不仅上海、北京等经济发达地区,而且贵州、陕西等省份也在大力组建乡镇级联合社。类似于改革开放初期东南沿海地区的"来料加工"模式,贵州省毕节市七星关区鸭池镇组建镇级合作联社实施"两包一干":"包前端"统筹生资采购、"包后端"做好产销对接,领办村集体合作社将老百姓组织起来"领头干"。2024年6月,《中华人民共和国农村集体经济组织法》提出"村一般应当设立农村集体经济组织,村民小组可以根据情况设立农村集体经济组织;乡镇确有需要的,可以设立农村集体经济组织"。从实践到制度政策的新变化表明,邓小平同志讲的低水平集体化向高水平集体化的"二次飞跃"[①] 已经来临。

[①] 邓小平:《关于农村政策问题》(一九八〇年五月三十一日),载《新时期经济体制改革重要文献选编》(上),中共中央文献研究室,1998。邓小平同志提出农村改革过程存在一个由低水平集体化的由"统"到"分",再转向高水平集体化的由"分"到"统"的转折过程,但是需要一定的生产力发展水平作为前提条件,如机械化水平提升、管理水平提升、多种经营与分工分业的深化以及集体经济成分在农村经济中比重的提升等。《农村改革的两个飞跃》(一九九〇年三月三日),邓小平第一次明确指出:"中国社会主义农业的改革和发展,从长远的观点看,要有两个飞跃。第一个飞跃,是废除人民公社,实行家庭联产承包为主的责任制。这是一个很大的前进,要长期坚持不变。第二个飞跃,是适应科学种田和生产社会化的需要,发展适度规模经营,发展集体经济。这是又一个很大的前进,当然这是很长的过程",摘自《新时期经济体制改革重要文献选编》(上),中共中央文献研究室,1998。1992年7月,邓小平在审阅党的十四大政治报告稿时再次谈到"两个飞跃"。邓小平指出:"关于农业问题,现在还是实行家庭联产承包为主的责任制……在一定的条件下,走集体化集约化的道路是必要的""农村经济最终还是要实现集体化和集约化。"摘自《邓小平对社会主义改革开放的开创性贡献——滕文生访谈录》,《学习时报》,https://www.12371.gov.cn/Item/580105.aspx。

但是，总体上看，由于农业社会化服务体系结构性调整的政策方向尚不清晰，目前农业发展质量总体不高的困境一直未能得到根本性解决，"小、散、低"的农业社会化服务体系与汪洋大海般的小农户并存。2022年，全国有农民专业合作社、服务型企业、集体经济组织、农业服务专业户、供销社等各类社会化服务组织107万个，服务营业收入总额为1820.3亿元，均值仅为17.1万元/个，其中，服务型企业平均营业收入相对高一些，也仅为123.2万元/个。[1] 可见，当前农业社会化服务体系存在两类突出问题：一是缺乏一个能统筹驾驭多方力量的"龙头"性质的组织主体进行系统化的资源与产业体系整合，难以形成农业全产业链，只能获取农业生产环节的微薄利润；二是产业组织体系碎片化，"小舢板"同质化严重，彼此之间联结机制不完善，尚未形成有效的规模化、专业化分工。

（二）北大荒垦区率先走出一条现代化大农业新路

北大荒垦区是全国规模最大的国有农场群，农作物播种面积占全国农垦的比重为42.8%。[2] 1947年，随着解放战争由战略防御进入战略进攻，一批荣复军人开进了北大荒，点燃了第一把荒火。历经77年的发展与改革历程，正在向建设农业领域的航母迈进。[3] 与农村地区的经济体制改革历程不同，垦区先后经历了"统—分—统"三个重要阶段的演变，完成了农业产业组织体系的现代化转型。垦区在破除垦地二元体制，推进省内、省外垦地合作，示范、引领和推动农村粮食主产区的农业农村现代化进程中，形成了垦地两类农业体制改革的历史性交汇点。

1. 1947~1975年：创业开发期

建立农场、分场、生产队三级管理体制，总场独立核算，分场会计核算，

---

[1] 农业农村部农村合作经济指导司编《中国农村合作经济统计年报（2022年）》，中国农业出版社，2024。
[2] 中华人民共和国农业农村部农垦局、中国农垦经济发展中心编《中国农垦统计年鉴（2022）》，中国农业出版社，2022。
[3] 《北大荒简史》编辑委员会：《北大荒简史》（内部资料），2021。

生产队统计核算。1947年6月,垦区第一个国营农场——宁安农场建场,通北、赵光、查哈阳等第一批17个国营农场随后陆续拓荒建场。[①] 1955年创建了友谊、克山等农场,1956年铁道兵农垦局成立后,以八五〇农场为中心向外辐射的"八"字号农场相继建立,逐步进入了北大荒大规模开发阶段。一批又一批北大荒人克服重重困难,创建了国家级的商品粮食基地,奠定了农业产业化的根基。当时,作为由国家投资建设、社会主义全民所有制的机械化大农业,施行计划管理体制。1952年国家正式颁布《国营农场农业经营规章》,明确规定"农场必须制定生产、财经计划……必须在计划规定下,进行组织一切生产工作"。同时,自20世纪50年代起,垦区作为垦地合作的主要形式,持续推进场县共建,充分凸显了国有农垦系统建立的"红色基因"。

2. 1976~2014年:职工家庭农场经营管理体制改革阶段

推进所有权与经营权分离,建成以"两自理、四到户"[②]的职工家庭承包经营为基础、大农场统筹小农场统分结合双层经营体制。1976年,黑龙江省国营农场总局成立,全省的国营农场实现了统一领导。随着党的十一届三中全会召开,黑龙江垦区经历了试验探索(1976~1984年)、深刻变革(1985~2005年)和快速发展(2006~2014年)三个历史阶段。1985年初,开始全面兴办职工家庭农场,逐步推行生产、生活费用由"两借"(预借生产、生活费)向"两自"(自理生产、生活费)的改革。1995年,发展家庭农场19.6万个。到1996年,基本建立了"两自理,四到户""大农场统筹小农场、统分结合"的双层经营体制,实现了生产要素的市场化配置。1997年,为规范家庭农场经营方式,参照450亩的标准,推进土地适度规模经营。到2005年,兴办各类职工家庭农场20.91万个,承租耕地3237万亩。但是,分散经营、土地碎片化以及标准化生产和科技成果转化难的问题

---

① 韩乃寅、逄金明:《北大荒全书(农业卷)》,黑龙江人民出版社,2007。
② "两自理"就是生产费和生活费由家庭农场自理;"四到户"就是土地承包到户、核算到户、盈亏到户、风险到户,将工资取消计入档案,这项改革实质是计酬方式和分配制度的改革。主要目的是解决"企业出钱,职工种地,负盈不负亏"的问题。

日益凸显。随着垦区农业劳动力城市化转移速度不断加快,"谁来种、种什么、怎么种"的问题日益紧迫,亟待创新农业经营体制与农业社会化服务体系。

3. 2015年至今:垦地合作与中国特色农业经济体系逐渐形成

2015年11月,中共中央、国务院印发《关于进一步推进农垦改革发展的意见》,明确提出"以推进垦区集团化、农场企业化改革为主线,依靠创新驱动,加快转变发展方式,推进资源资产整合、产业优化升级,建设现代农业的大基地、大企业、大产业"。2016年5月,习近平总书记在黑龙江省考察调研时指出"要深化国有农垦体制改革,以垦区集团化、农场企业化为主线,推动资源资产整合、产业优化升级,建设现代农业大基地、大企业、大产业,努力形成农业领域的航母"[1]。2018年12月,北大荒农垦集团总公司挂牌成立,形成了以资本为纽带的母子公司体制和运营机制,标志着黑龙江农垦从政企合一的管理体制整建制地转为集团化企业管理体制。

随着国有农垦体制变革的完成,基层国有农场成为集团产业公司的基地分公司,或者成为集团公司下独立的子公司,或者整合重组为专业集团公司,形成"集团母公司+分(子)公司或产业集团+农场(生产基地)"三个层级[2]分工明确,高度组织化、集团化、规模化的现代化农垦经营体制。其中,集团层面负责制定发展战略,进行投资布局与资本运营,培育新经济增长点;分(子)公司负责产业链组合与优化产业结构布局;农场直接负责生产经营,规模家庭农场和家庭农场逐渐将生产功能集中于农场一级。2020年,完成了农垦体制机制改革的北大荒农垦集团被财政部列为属于"主业处于关系国家安全、国民经济命脉的重要行业和关键领域,主要承担重大专项任务的商业类国有企业"。2022年,北大荒垦区人均耕地33.7亩,劳均耕地97.1亩。与大多数农村地区相比,以北大荒农垦为代表的一批国有垦区已经建成现代化大农业,成为新时期加快农业强国建设的重要生

---

[1] 《北大荒简史》编纂委员会:《北大荒简史》,2021。
[2] 原下辖的"管理区—规模家庭农场—家庭农场"趋于弱化。

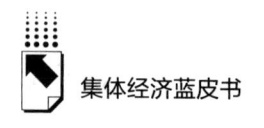

力军。

2023年以来，推进构建"农垦社会化服务+地方"行动，中国特色农业经济体系逐渐定形。早在2015年，中共中央、国务院印发《关于进一步推进农垦改革发展的意见》，就提出"经过多年的改革发展，农垦与农村集体经济、农户家庭经济、农民合作经济等共同构成中国特色农业经济体系"。2020年底，组建北大荒农服集团，并在全国建立了北安、佳木斯、冀鲁豫等26个区域农服中心，联合地方的集体经济、合作经济和家庭经济，包括私有经济，快速形成面向全国的农业社会化服务体系。2023年6月，农业农村部办公厅印发了《"农垦社会化服务+地方"行动方案》，力争用3~5年面向地方开展社会化服务面积1.5亿亩次，打造一批示范点，制定一批服务标准，培育一批服务品牌，壮大一批集体经济组织，助力全面推进乡村振兴、加快建设农业强国。

数据显示，2022年，北大荒农服集团实现服务农户约350万户，服务面积5200万亩次，约等于金丰公社、中化农业、隆平粮社、农飞客、丰信农业、思远农业六家跨省大型农业服务企业常年作业面积的总和。[①] 主要成效表现在两方面。一是增产。根据2023年2月开展的北大荒农服问卷调查，全程托管后不同区域农服中心粮食平均亩产比当地提高12.16%。二是增收。农民和集体经济组织通过彼此之间稳固的利益联结，可以构建长效增收机制。

构建中国特色新型农业经济体系，是继"公司+农户"、建立农民专业合作社、农地"三权"分置改革、建立新型农业经营体系、壮大新型集体经济、创建供销社等重要政策之后的又一项重大改革举措。与之前不同的是，这不是另起炉灶，而是在一个新的"核心"——农垦的引领下构建立体式复合型的现代农业产业组织体系，不同所有制之间优势互补，是一次对过去40多年来农业经营体制改革的高度"集成"。

[①] 2019年数据（《中国农村合作经济统计年报》中只报告了2019年的这一对比数据）。农业农村部农村合作经济指导司编《2019年中国农村合作经济统计年报》；中国农业出版社，2020年。

（三）垦地合作：发挥垦区现代化大农业生产方式的引领示范作用

"农垦是国有农业经济的骨干和代表，是推进中国特色新型农业现代化的重要力量。"[①] 目前，垦地呈现明显的二元组织结构：垦区农业经营体制的"集团化"与农区小农生产方式下的"组织碎片化"。一边是高度组织化、集约化的大基地、大企业、大产业的现代农业，一边是碎片化、老龄化、低效化的发展不充分的传统农业。发挥国有农垦经济组织制度的比较优势，以农民专业大户、农民专业合作社、农业企业、农村集体经济组织以及技术推广部门提供的社会化服务为基础，将国有农垦社会化服务模式嵌入地方，推进垦地合作具有稳定的改革收益预期。

回顾 70 多年来垦地二元农业经营体制演变的路线图（见图 2），可以看出，其总体上都经历了形成期、调整期和成熟期三个发展阶段，并最终逐渐走向垦地合作。随着农垦企业主动进入乡村地区，农区的社会化服务从由集体经济组织和政府公益性服务部门提供为主向构建"农垦社会化服务+地方"型社会化服务体系转变，国有农垦经济嵌入型农业社会化服务体系逐步成形，为农村地区引入现代农业高端要素，将使农业产出和效益不断提升。

三 "五位一体"的中国特色农业经济体系：构建新型"统分结合"双层经营体制

马克思主义历史唯物论为解析作为一种新的生产方式的新型农服模式的生成逻辑提供了重要的理论指引。"每一历史时代主要的经济生产方式和交换方式以及必然由此产生的社会结构，是该时代政治的和精神的历史所赖以确立的基

[①] 中共中央、国务院：《关于进一步推进农垦改革发展的意见》（2015 年 11 月 27 日）。

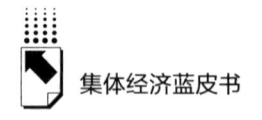

础,并且只有从这一基础出发,这一历史才能得到说明。"① 劳动力、土地、资金等生产要素的组合,形成了产权主体,类似于生产函数,可以等同于马克思主义政治经济学中的生产方式,反映了物质生活资料的谋得方式。而任何一种社会形态其实质都是一定历史的生产方式,社会形态的发展与更替归根结底都是生产方式的运动与变革。国有农垦经济嵌入乡村地区的实质是要从根本上变革小农生产方式,构建一种新质的农业生产方式,创造更大的生产力。

北大荒集团作为国有农垦经济的骨干和代表,以构建省、县、镇等各级区域农业综合社会化服务中心为龙头,加快"大国超小农"资源禀赋条件下的农业产业结构转型升级,提升粮食安全的国家控制力,增强农业的国际竞争力,为推进中国特色新型农业农村现代化、加快实施乡村振兴战略探索了一条新路。这种创新实践,对于带动农业农村多种所有制经济共同发展、坚持和完善我国基本经济制度、巩固党的执政基础具有重要的意义。"北大荒农服模式"成为引领和重构现代农业产业组织体系的"龙头",打造了家庭承包经营为基础、统分结合的双层经营体制的升级版,历史性地推动了新时代中国农业体制变革的"二次飞跃"。

(一)以公有制为主导构建龙头引领的控制链,实现"统"的到位

首先,确保粮食安全战略目标,夯实"党管农村"的基石。"手中有粮,心中不慌"。粮食日益成为一种基础性的公共产品和战略物资,粮食供给不稳易引发物价连锁反应,乃至通货膨胀,危及社会经济发展。北大荒集团是国有独资公司,对确保粮食安全、加强党的领导力、夯实党的执政基础具有重要作用,同时具有落实国家发展战略的首要职责和基本功能。

其次,国有农业经济与多种所有制经济互融激活了中国特色新型农业经济体系的"原动力"。充满活力和具有强大发展后劲的国有经济与农村集体经济、农户家庭经济、农民合作经济以及民营经济等多种所有制经济的有机

---

[1] 恩格斯:《〈共产党宣言〉1888年英文版序言》,中共中央马克思恩格斯列宁斯大林著作编译局编《马克思恩格斯文集》(第二卷),人民出版社,2009,第14页。

融合，能够充分发挥公有制经济在融资、价格控制、供销渠道、技术与产品质量、品牌以及农地资源整合等多方面的优势，从而加强"统"的力度，构建融合发展的"五位一体"的中国特色农业经济体系，创造多样化的农业经营方式，推动农业生产经营的集约化、专业化、组织化、社会化，形成农业现代化进程中国有经济与集体经济等多种所有制经济共同发力的"双核驱动"结构。

再次，夯实现代农业产业组织体系根基。在垦区内，构建"集团公司+专业公司+农场"模式，实现大农场统筹小农场；在垦区外，国有经济与集体经济强强联合，构建"集团公司+农村集体经济组织+农民专业合作社（家庭农场、农业企业等）"模式，为完善农业现代化的微观体制机制提供坚固的内核支撑、健康的组织生态和广阔的运作平台，使农村基本经营制度充满持久的活力。

最后，通过"双控一服务"，建立全产业链。其一，北大荒农服集团组织架构与产业链高度契合，下辖种业、农资、农机、农化、农地运营五个板块，具有现代农业全产业链组织体制优势。其二，实施全过程统一管理。围绕产前、产中、产后全过程全要素，按照"龙头企业+基地"的一体化运营模式，加强种子、化肥的生产基地建设，完善全过程管理，统一生产、统一采购、统一供应，从源头上实施对整个农业生产链条的控制。通过不断提高统供率和统销率，设定化肥、农机等统控目录，实施清单化管理。推进"三大一航母"工程，进一步提升"产业链"的系统化管理水平。其三，提升农业数字化水平。具体操作中，推进农业社会化服务与信息化深入融合，不断提升产业链的精准化管理水平，为"供、种、管、收、储、运、加、销"环节提供专业化和社会化服务。

（二）搭建专业化分工的主体链，实现"分"得彻底

按照"'统'得到位，'分'得彻底"的总体要求，发挥市场配置资源的决定性作用，打造专业分工、协同发力，国有经济、集体经济、合作经济、民营经济和家庭经济各展所长、利益共享的模式，建立稳固而可持续的

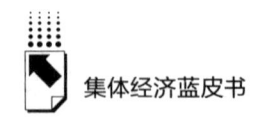

主体链、价值链、分配链。

第一,农产家庭侧重生产环节,可以发挥传统农耕优势。垦区内,施行以家庭农场为基础、大农场统筹小农场的统分结合双层经营体制;垦区外,将村集体整合的农地资源流转给经过专业培训的职业农民,形成新型家庭农场。

第二,以农民专业合作社或供销社等为代表的合作经济侧重供销环节,可以发挥信息优势、价格优势和规模优势。

第三,民营企业侧重加工环节,可以发挥资金、技术、人才和管理等综合优势。

第四,农服集团提供专业化服务。通过"双控一服务",统一提供农用物资、统一经营农产品,解决"种、管、收"等生产服务系列环节以及供销、农民培训、信贷、技术、信息等诸领域的规模经济问题。

四 构建中国特色新型农业经济体系,深化农村综合性体制改革

北大荒农垦引领构建中国特色新型农业经济体系,推进垦地合作,为推进新时代农业农村发展与改革提供了重要的范例和可资借鉴的经验。建立健全国有经济、集体经济、合作经济、民营经济、家庭经济联合发展的"五位一体"的中国特色新型农业经济体系,总体上看需要"三步走"。

(一)第一步:试办混合所有制的"村集体农场",落实"村统户"

以村或组为单元。由村集体经济组织整合土地实现连片后,以各户让渡出来的土地承包经营权组建村集体农场,即村土地股份经济合作社,也可以村民小组(原生产小队)为空间单元,组建若干个组级集体农场,发挥土地连片优势。

试办混合所有制。国有企业既可以与村级或组级土地股份合作社合资,也可以联合专业大户、专业合作社等组建由公有制经济控股的混合所有制

"村集体农场有限公司"。

明晰产权边界。按照"所有权与经营权分离"的原则，清晰界定村集体经济组织与村集体农场有限公司之间的产权关系及治理边界。

（二）第二步：组建乡联社及"镇集体农场"，将"整村"提升为"整镇"，落实"镇统村"

全镇域或跨村片区为空间单元。可以乡镇为基本实施单元，成立全镇域的乡联社（或联营公司），也可以若干村为团体股东成立镇域范围内若干个片区性联合社或联营公司。乡联社（联营公司）持有建设用地或农用地的使用权。

试办混合所有制。类似村集体农场有限公司，由镇联社（或联营公司）以土地使用权与国有行业龙头公司合资组建镇级集体农场（林场），搭建国有经济"龙头"带动下的国有经济、集体经济、家庭经济、合作经济、民营经济的"五位一体"运营平台。在此种模式下，镇联社是价值中心和利润中心；镇集体农场是利润中心、收入中心和营销中心；村集体农场作为生产基地，承担成本中心职能，从而形成分工明确的"镇联社—镇集体农场—村集体农场"新三级体制。

治理结构与治理机制明确。乡联社（或联营公司）与乡镇政府之间主要是监督与被监督关系，乡联社保持自身的经济独立性。

（三）第三步：以县为单位推进"国集"合作，实现"体制统筹、空间统筹、产业统筹"

推进国有经济与集体经济融合发展，需要整合、调整多方资源要素和利益关系，是一次深层次、宽领域的体制变革，需要党建引领设计综合性改革方案。

推进体制统筹，打造现代农业产业组织体系。一是党建引领，强化地方党委政府对国有经济与集体经济联合发展的支撑。可成立区县级集体资产监督管理委员会，区县委副书记负总责，各乡镇联社为团体成员，作为区县级

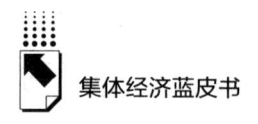

与国有经济对接的平台。按照"国有龙头、区县对接、乡镇实施、村级组织"的总体思路，培育现代农业产业组织体系。二是上下联动。促进市、区县、乡镇不同行政层级之间政策执行相互贯通，提高执行力。三是部门衔接。自然资源、发展改革、财政税收等部门之间的政策要相互配套，打造运行高效、衔接顺畅的制度基础设施。

推进空间统筹，集中优化配置农村土地发展权，培育现代农业技术推广体系。纵向上，按照县域国土空间规划编制镇域国土空间规划，优化城乡空间规划布局；横向上，按照村庄分化演变的客观规律和要求，从城市化、城镇化、新村化和空心化四个层级分类编制具有实用性的村庄整治规划。以乡镇为基本实施单元，构建"两类园区（二、三产业园区与农业科技园区）+两类社区（城镇社区与新农村社区）"的"四区联动"空间发展格局，推进农用地、集体建设用地、宅基地及国家征地的"四块地"综合整治，如农业产业配套设施与农村基础设施建设、农村社区整体改造、生态环境修复等，农业科技试验示范区、农业产业示范园、农业基地在空间上呈"环状"层层展开，为各类农艺设施、农机、机防等技术推广体系的落地创造条件。

推进产业统筹，促进产业价值链的最优化，打造现代农业产业体系。一是推进产城融合，促进农业全产业链在产业园区与新型农村社区之间的整合；二是推进国有主导园区与集体配套园区之间的产业链整合，如农业中关村科技园区与周边承接产业溢出的集体二、三产业园区，农业科技园区，农业基地等的整合；三是农业向非农业领域延伸，推进一、二、三产业融合发展；四是通过"地产地销，直供直销"模式整合农业产供销全产业链。

参考文献

[1]《北大荒简史》编纂委员会：《北大荒简史》（内部资料），2021。

[2] 农业农村部政策与改革司编《中国农村政策与改革统计年报（2021年）》，中国农业出版社，2022。

[3] 邓小平：《关于农村政策问题》（一九八〇年五月三十一日），载《新时期经济

体制改革重要文献选编》（上），中共中央文献研究室，1998。
[4] 国家统计局编《中国统计年鉴（2023）》，中国统计出版社，2023。
[5] 韩乃寅、逄金明：《北大荒全书（农业卷）》，（王景权主编、安炳政副主编），黑龙江人民出版社，2007。
[6] 习近平：《论"三农"工作》，中央文献出版社，2022。
[7] 中华人民共和国农业农村部农垦局、中国农垦经济发展中心编《中国农垦统计年鉴（2022）》，中国农业出版社，2022。

B.5 北大荒农业社会化服务"伊川模式"调研报告

河北农业大学 北京市农研中心联合课题组[**]

摘 要: 本报告归纳总结了伊川县与北大荒农服集团合作探索出的"土地规模化整合+农业社会化服务"的"伊川模式"。该模式呈现"123+6"的典型特征:"1"即一个中心,坚持以党的全面领导为中心;"2"即两个平台,发挥土地规模化整合平台、农业社会化服务平台作用;"3"即三个支撑,国有企业发挥"主力军"支撑作用、基层党组织发挥"战斗堡垒"支撑作用、金融机构发挥"金融活水"支撑作用;"6"即六个提升,提升粮食产量、提升农民收益、提升村集体经济收入、提升政府平台公司收益、提升建设与运营主体利益、提升政府政策性收益。"伊川模式"有效破解了政府财政紧张、村集体经济薄弱和职业农民拿地困难等问题,以增强地力、提升粮食产量为基础,实现多方主体共赢的局面。研究发现,推进垦地合作需要:(1)县委县政府当好"一线总指挥";(2)发挥国资国企引领示范

---

[*] 1. 调研得到的增产和增收数据是2023年实际数据,伊川县原有粮食单产较低,高标准农田改造地力提升配合北大荒高标准种植技术,增产效果明显;2. 实地调研中,分别与县委县政府的主要领导、分管领导和国有公司、农业农村局、乡镇政府、村委会、农民代表等进行了交流;3. 冀鲁豫区域农服中心的负责人直接参与了相关调研活动。

[**] 课题组组长:赵邦宏。执行组长:王哲、陈雪原。执笔人:王哲,河北农业大学经济管理学院,教授,博士生导师,研究方向为农业经济理论与政策、农业产业经济;吕雅辉,河北农业大学经济管理学院,博士,硕士生导师,研究方向为农业产业经济、农村与区域发展;张润清,河北农业大学经济管理学院,教授,博士生导师,研究方向为农业经济理论与政策;吴曼,河北农业大学经济管理学院,博士,硕士生导师,研究方向为合作契约;赵耀,中共河北省保定市委办公室,研究方向为农业产业经济、农村与区域发展;霍晴,河北农业大学经济管理学院,博士,研究方向为农业社会化服务与产业经济;邓少华,河北农业大学经济管理学院,博士,研究方向为农业社会化服务。感谢北大荒农服集团冀鲁豫区域农服中心高东旭、伊川县委书记仝宇鹏、伊川县统战部长常光磊的指导和支持。

和带动作用；(3) 推动全域土地规模化整合经营；(4) 发挥北大荒农服农业社会化服务平台作用；(5) 农民现代化与农业农村现代化一体推进。

关键词： "伊川模式" 北大荒 农业社会化服务 高标准农田建设

为深入了解北大荒农业社会化服务"伊川模式"经验做法，2023年8~12月调研组先后三次前往洛阳市伊川县，分别到白沙镇、白元镇、吕店镇等乡村振兴示范区、鸣皋镇北大荒职业农民培训中心和普惠金融服务站、高标准农田整治项目现场调研。调研组采取边走边看、边听边问以及面对面座谈的方式，与县、乡、村各级负责同志和职业农民代表、村民代表交流，总结出"123+6"的"伊川模式"（即：一中心二平台三支撑六提升）。现将调研情况汇报如下。

一 "伊川模式"的背景

伊川县隶属于河南省洛阳市，距市区仅20分钟车程，地处豫西浅山丘陵地区，地形地貌特征可概括为"两山七岭一分川"。县域总面积1059平方公里，下辖15个乡镇（街道），367个行政村（社区）和1个省级先进制造业开发区，全县总人口93万人，常住人口78万人。2022年实现地区生产总值449.4亿元，三次产业结构比例为7.1∶43.3∶49.6。伊川县是典型的工业大县，拥有各类工业企业570余家，形成了以铝加工、新型耐火耐磨材料加工为主的两大主导产业，以智能装备制造（含机械零部件加工）、光电信息和新能源为主的三大产业集群。近年来，随着工业化进程加快，农业农村发展中遇到一些新问题。

问题一：农村适龄劳动力短缺，部分耕地出现撂荒。

伊川县耕地面积78.1万亩，旱地61.6万亩。长期在外人口超过总人口的1/3，种地农民占总人口的比例不足1/10，大多数为65岁及以上，靠着

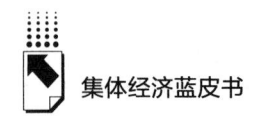

传统农耕技术种植玉米、小麦等作物，技术水平低、粮食产量少、种粮收入低，从而形成恶性循环，造成种地人数越来越少，土地撂荒问题日益普遍。

问题二：农田基础条件差，土地产出率低。

伊川县超过70%的粮食在丘陵旱作区种植，近年来，通过农业综合开发、土地整治提升等项目整治农田46万亩。但是由于各户承包地传统地界没有被打破、后期维护缺失等现实问题，农田灌溉使用效率不足35%，大量基础设施"建而未用"，亩均粮食产量仅为400~600斤，种粮积极性越发下降。

问题三：承包地细碎化，制约规模化产业化发展。

伊川县人均耕地面积不足1亩，户均耕地4~5块，地块分散，难以满足职业农民和种粮大户规模化经营土地的需求，部分土地流转给亲戚、朋友耕种，许多土地形成撂荒。"伊川小米""岭上西薯"等区域公共品牌，没有形成规模化种植、标准化管理，农产品的质量和产量均不可控，品牌知名度较低，严重制约农业产业化发展。

二 "伊川模式"特征

2023年3月，北大荒农服带着保障国家粮食安全的政治使命落地伊川，成功开启了"北豫合作"的新篇章，探索出一条"土地规模化整合+农业社会化服务"的"123+6"的"伊川模式"（见图1）。截至2023年底，北大荒农服运营土地超过10万亩，占全县耕地面积的1/8，有效破解政府财政紧张、村集体经济薄弱和职业农民拿地困难等问题，调动市场主体参与的积极性，逐步实现农民收入稳增长、集体经济壮大、政府财政收入增加、市场主体赚钱、平台公司融资等多方共赢局面。"伊川模式"主要呈现几个特征。

（一）"1"即一个中心，坚持以党的全面领导为中心

党的全面领导是"伊川模式"的"根"与"魂"。伊川县委、县政府

图1 "伊川模式"

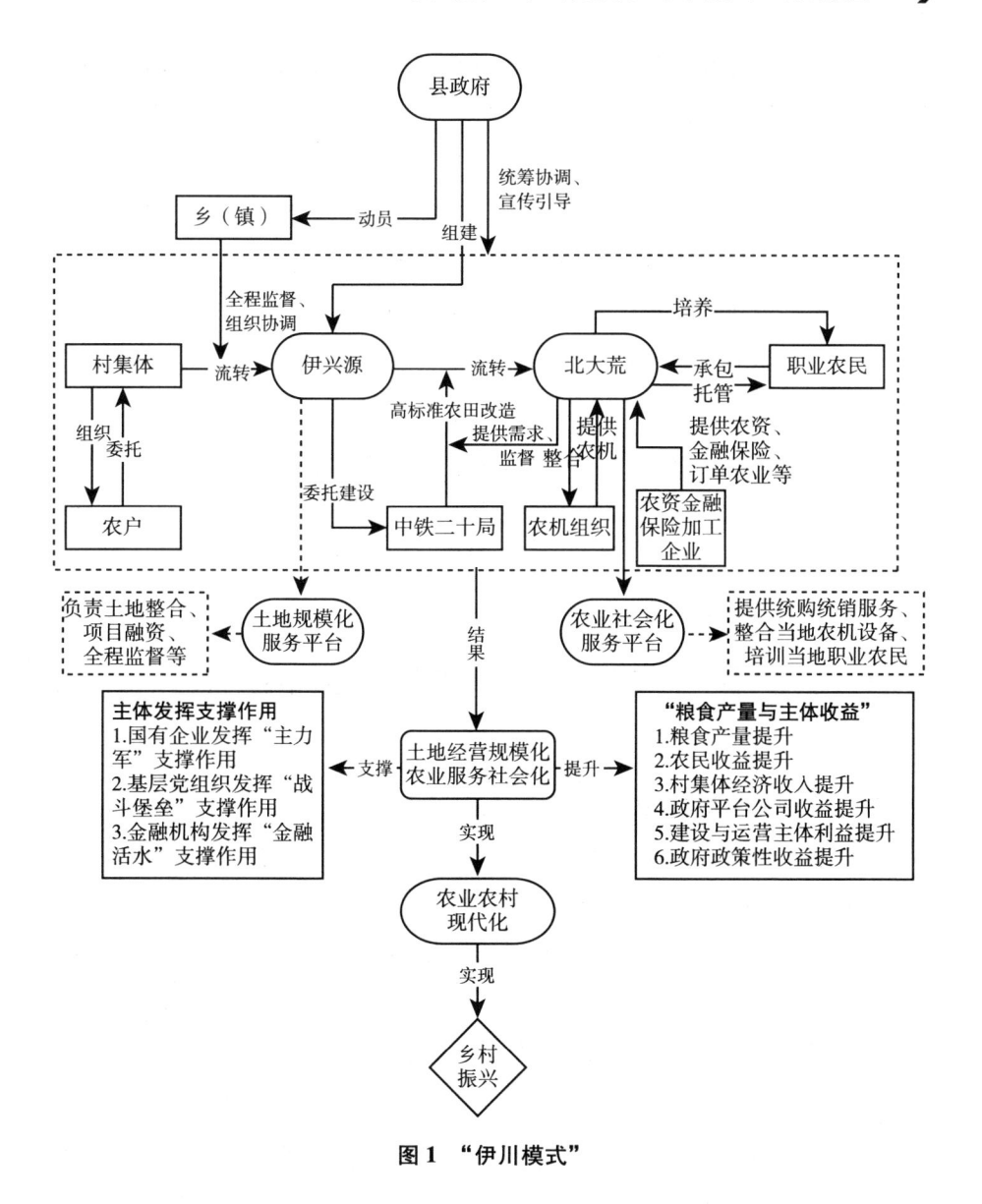

结合《关于稳妥开展解决承包地细碎化试点工作的指导意见》《关于推进高标准农田改造提升的指导意见》等文件要求，成立了由县委书记、县长任指挥长的乡村振兴示范区建设指挥部，坚持政府主导、市场运作、运营前置、循环农业、先农业后农村的原则。研究制定了"以市场机制推进高标

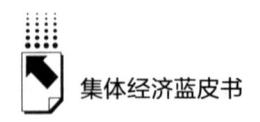

准农田建设和农业社会化服务"的工作思路，县委县政府进行全县域规划设计、全方位组织安排、全过程监督指导、全环节整体推进、实现全主体均衡受益。①成立国有资本运营平台公司（伊兴源水资源开发有限公司，简称"伊兴源"），通过整合盘活资源提升其投融资能力；②乡（镇）政府、村委会统筹将各村土地集中流转给国有资本运营平台公司；③按规模连片改造和北大荒规模化种植经营需求，科学制定高标准农田建设规划；④国有资本运营平台公司通过市场化方式筹集建设资金、招标施工企业（中铁二十局），统筹推进高标准农田改造建设；⑤国有资本运营平台公司将建成的高标准农田整区域委托给国有农业龙头企业（北大荒农服）统一运营；⑥印发《伊川县土地流转工作二十问二十答》等手册宣传政策，动员、引导农民主动参与。伊川县委县政府在土地流转、高标准农田建设、运营、社会化服务等工作中进行全程监督指导。

（二）"2"即两个平台，发挥土地规模化整合平台、农业社会化服务平台作用

1. 土地规模化整合平台

为解决土地流转"小、散、弱、慢"等问题，伊川县政府整合各类农田、水利等68亿元资产，组建国有资本运营平台公司——伊兴源水资源开发有限公司作为项目实施主体，专门负责大规模土地流转，通过整县域各乡镇集中流转、集中建设、集中运营，实现收支平衡。以农业水价综合改革为抓手，以灌溉计量收费为切入口，采取"承包权不动，经营权连片"方式，将分散、不连片的土地以"小田并大田、差田换好田"的办法，将土地集中连片承包流转，成功获得银行评估授信20亿元。在争取国家奖补资金的同时，缺口资金申请银行专项贷款（高标准农田建设项目贷款，一期授信3.4亿元，成为河南省首笔高标准农田建设贷款），解决了项目建设资金难题，使"死资源"变成了"活资产"。与中铁二十局签订建设合同，以4500元/亩的标准开展高标准农田建设，项目实施中形成的新的资产再继续被投入平台公司，实现公司资本规模壮大、投融资能力持续增强。

2. 农业社会化服务平台

北大荒农服作为农业社会化服务平台,与国有资本运营平台公司——伊兴源水资源开发有限公司签订合作运营协议。围绕高标准农田建设所涉及的田、土、水、路、林、电、气、技、管九项内容,对施工企业——中铁二十局提出具体的需求和建设标准。北大荒农服在伊川县组建农事服务中心,为职业农民提供全过程全方位服务。熟化落地北大荒规模化、机械化、智能化先进集成技术,提升技术落地率、到位率;整合优化农机、种子、农资等本地资源要素,提升本地种植管理效率;探索创新种植、加工、销售等运营服务模式,提升全产业链运营效益。①树标杆、做示范,做给农民看。由北大荒集团所属北安分公司锦河、龙门、格球山、五大连池、红星、建设6个农场在伊川县开展示范工作,每个农场示范面积在500~1000亩,通过"种好一块千亩示范田、建成一个万亩农场、带动一个农服基地",以示范田引领带动北大荒农业社会化服务向全县拓展。②留得住、种得好,领着农民干。对接需求土地的职业农民(40~50户,每户500~1000亩),提供农机、农化、粮种、融资、订单等配套服务,助力职业农民留得住、种得好。③搭平台、服务好,带着农民赚。优先从当地挖掘培养培训一批爱农业、有能力的农民,整合当地农机合作社、农民合作社等各类合作组织,以职业农民为种植主体,由区域农服中心按"双控一服务"理念提供全产业链"五统一"服务(统一对接订单、统一种植方案、统一生资供应、统一农机调配、统一粮食销售)。

(三)"3"即三个支撑,国有企业发挥"主力军"支撑作用、基层党组织发挥"战斗堡垒"支撑作用、金融机构发挥"金融活水"支撑作用

1. 国有企业发挥"主力军"支撑作用,将北大荒先进集成技术与管理模式落地中原大地

北大荒农服积极开展"以农业社会化服务为载体,示范带动中国农业农村现代化"的"二次创业",因地制宜建设示范田,根据实际设计"北大荒种植方案",将北大荒先进的种植技术及管理模式平移复制到地方,高质

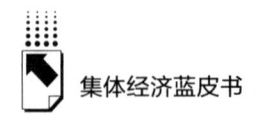

量开展土地托管，大幅提升了粮食单产与品质。凭借国有资本和国企信誉，国有资本运营平台公司将大规模"经营权"整理聚合，中铁二十局负责高标准农田建设项目施工，赢得了当地政府及群众的信任和支持，从而实现项目化运营、市场化管理，创造出显著的规模效益和市场收益。

2. 基层党组织发挥"战斗堡垒"支撑作用，以组织振兴推动各项工作

县委县政府依据《河南省乡村振兴责任制实施细则》成立乡村振兴"一线指挥部"，明确乡（镇）村主要负责人是本地乡村振兴第一责任人，建立"五位一体"工作机制（国有资本运营平台公司、北大荒、新疆生产建设兵团勘测设计院、镇政府和村委会五方主体共同对建设区内的土地进行勘察、规划，确定土地拟流转区域，实测流转地块范围、面积和权属界线，形成数据库）。明确土地流转区域、对区域内的高标准农田改造进行统一规划设计，根据北大荒的运营需求和新型农业经营主体的种植需求，因地就势进行土地整治，合理布局路网体系，根据地形特点、田块布局，构筑从水源到"首部"再由"首部"到田间的节水工程系统，建立农事服务中心、智控中心、分布式饲草储存中心和区域技能培训中心，为工作顺利开展提供坚强组织保障。

3. 金融机构发挥"金融活水"支撑作用，精准滴灌"田间地头"

伊川县通过引入金融保险赋能农业社会化服务发展和规模化经营。①加大对职业农民的信贷投放力度。北大荒农服与农业银行、工商银行对接，为职业农民提供金融服务，由农担公司担保、代偿，采取受托支付的方式发放贷款，用于职业农民支付土地租金及购买农资、农机农具等用工开支，为职业农民解决资金困难的同时，规避北大荒农服赊销风险。②发挥农业保险"稳定器"作用。北大荒农服与中国平安保险、中华联合财产保险、中国人民财产保险等保险公司对接，向职业农民推出种植业保险产品。

职业农民每亩缴纳10元种植保险费，保险范围包括因风灾、涝灾、雹灾、火灾等自然灾害造成的粮食生产损失，保险期限从粮食起苗期开始到有效收获完毕为止，最大限度地减少职业农民因自然灾害所遭受的损失。

（四）"6"即六个提升，提升粮食产量、提升主体收益

坚决贯彻落实习近平总书记重要指示批示精神，始终坚持"以人民为中心"的发展思想，充分考虑农民、村集体、新型农业经营主体、平台公司等各方利益，以增强地力、提升产量为基础，产前通过规模优势以低于市场价供应农资，产中发挥技术优势降低种植风险，产后通过产业优势以高于市场价回收粮食，确保土地流转农民有稳定收入、种地的职业农民种粮赚钱、村集体通过服务实现增收，以期达到收益共享、合作共赢。

1. 粮食产量提升

土地流转之后，伊川县通过高标准农田建设提升地力1~2个等级，北大荒的先进农业技术集成落地和全程社会化服务，最终实现粮食增产。小麦每亩增产100~200公斤，玉米每亩增产100~150公斤。按北大荒农服运营土地10万亩、每亩增产200公斤测算，2023年伊川县小麦、玉米两季粮食增产2000万公斤。

2. 农民收益提升

（1）土地流转的农户：土地流转之前，农民从种粮当中获得的收入较低（平均每亩地收入不足300元）且不稳定，土地流转之后，当地农民每年可以从土地流转、经营、农业务工、农机服务等多种渠道获得收入。①土地流转收入：通过土地流转，平均每亩每年可获得土地流转费用615元，相比之前增加315元。②农业务工收入：农忙时节为北大荒农服提供临时农耕服务，每年每500亩耕地约需80个工，每个工收入约90元/天。③再就业收入：结合"人人持证、技能洛阳"建设，开展职业技能培训，开设保健按摩、养老护理、保育员、中式烹饪、西式面点、电工、叉车、美容美妆、电子商务9个专业，搭建失地农民和用人单位的就业"直通车"，形成"培训+取证+就业"全链条服务体系，保障农民收入稳定增加。

（2）土地未流转的农户：农户可享受北大荒农服提供的低价种子、化肥、农机服务以及飞防服务，降低种地成本。

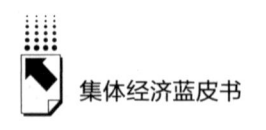

(3) 职业农民：职业农民将土地委托给北大荒农服托管后，全年两季可节本增效510元（见表1）。

表1　职业农民托管前后投入产出变化

指标	小麦	玉米	备注
亩产量增加（公斤）	100	100	
农资节本（元/亩）	25	25	
农机作业费增加（元/亩）	30	10	增加镇压、飞防环节,高标准机械作业价格增加
订单粮食销售收入增加（元/亩）	20	20	每年订单价格不一致，估算
职业农民托管后全年两季可实现节本增效510元（增产的200公斤粮食按2.3元/公斤计算）			

(4) 农机合作社：将拖拉机、收割机等各种农机服务合作社，整合组织统一落实北大荒农机标准化服务，每台中型拖拉机服务每年收入约9万元，每台中型收割机每年收入约15万元。2023年，本地农机为北大荒提供服务200余台次，服务收入1000余万元。

3. 村集体经济收入提升

伊川县大部分村集体经济收入不足5万元。土地流转后，村集体经济实现大幅跃迁。

(1) 耕地量差收入。通过土地集中流转和高标准农田整治后，会产生7%~10%的耕地量差，土地流转收益归村集体所有。以鸣皋镇贾村为例，共有2450人，耕地2077亩，经过土地集中流转、高标准农田整治后，增加量差160亩，按照每亩每年615元计算，仅此一项每年就可增加村集体收益9.84万元。

(2) 土地流转服务费收入。国有资本运营平台公司按照每亩不低于30元的标准向村集体经济合作社支付土地流转服务费。以江左镇李屯村为例，流转土地1500亩，土地流转服务费收入不低于4.5万元。

(3) 村集体经济合作社收入。有意愿、有条件的村集体经济合作社，可以与北大荒农服合作参与运营，通过合作分成增加村集体收入。

（4）村集体获取乡村建设资金。国有资本运营平台公司每年结余资金1900万元，重点用于项目区域内村庄的供排水一体化和道路等基础设施建设提升、人居环境整治、乡里中心建设等，推动乡村建设提速增质。

4. 政府平台公司收益提升

（1）土地流转量差收益。国有资本运营平台公司从村集体流转土地交付租金每年每亩平均约700元（包括农民地租615元、村集体服务费30元、平台公司服务费55元），高标准农田建设改造完成后，再向北大荒农服集团冀鲁豫区域农服中心收取费用每年每亩约900元。

（2）农田灌溉计量收费。每年农田灌溉小麦需要3~4次、玉米需要2~3次，平台公司每次收取灌溉服务费15元，每年每亩地收入为75~105元。

（3）秸秆综合处理收益。国有资本运营平台公司统一收储秸秆并提供给本地肉牛养殖场做饲料，每亩可获取收益约20元。

（4）农产品品牌增值收益。与北大荒农服合作，联合培育"伊川小米""岭上西薯"等区域公共品牌，利用北大荒农服销售渠道走出伊川、销往全国，获取品牌增值收益。

5. 建设与运营主体利益提升

（1）项目建设主体——中铁二十局，主要是采用EPC模式建设高标准农田，获得工程项目（包括现代农业产业园建设、水利工程改扩建、乡村基础设施建设等）建设费。

（2）项目运营主体——北大荒农服，主要采用统购统销方式，以规模降成本，集中采购种子、农药、化肥等农资及提供全程社会化服务，每亩获取收益75~105元。通过大单粮食收储以及谷子、红薯、杂粮等粮食深加工产品的经营获取收益。同时，引入阳光保险、信息公司、粮食集团等直属企业，推进伴飞落地，提升北大荒集团整体收益。

6. 政府政策性收益提升

（1）新增耕地指标交易收益。通过土地整理可增加耕地交易指标约2‰。

（2）耕地地力等级收益。全国耕地分为10个地力等级，根据耕地基础

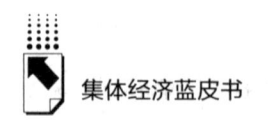

地力不同所构成的生产能力，伊川县通过此次高标准农田建设提升地力1~2个等级，每亩耕地可以得到一定的补贴。

（3）高标准农田建设资金。2023年河南省将高标准农田建设资金向伊川县倾斜，支持扩大高标准农田建设范围，补贴资金约为2400元/亩，推动全县域32万亩意愿流转土地全部建成高标准农田。

（4）乡村建设与乡村治理建设水平。村集体通过全村土地集中统一流转，实现了土地分股分权不分地块，进一步明确了村级股份合作社的股权结构，将成为提升乡村治理现代化水平的重要基础。通过高标准农田建设，可增加种植面积7%~10%，也将成为村集体经济收入提升的基础。

三　启示与意义

"伊川模式"是在北大荒"1241"农服模式基础上的探索与创新，它强有力地证明了北大荒农服真正走出了一条符合中国特色的新型农业农村现代化道路。①始终坚持党的统一领导。伊川县委县政府作为"一线总指挥"，顶层设计+顶格推动，把党的领导贯穿于高标准农田建设与农业社会化服务全过程。②坚持和完善统分结合的双层经营体制。北大荒农服将伊川县整合改造的高标准农田"分"给职业农民，搭建协作分工的主体链，实现"分"的科学；同时将职业农民、农资企业、加工企业等各类主体"链"在产业链上，实行"五统一"的全程农业生产托管，实现"统"的到位。③构建"四位一体"的中国特色新型农业经济体系。发挥北大荒农服国有经济优势，结合伊川县国有资本运营平台公司，搭建土地规模化整合平台和农业社会化服务平台为其他经营主体赋能，带动集体经济、家庭经济、合作经济共同发展。④全产业链经营。北大荒农服整合地方农机、农化、金融、粮食订单等社会资源，与"结对子"农场、"伴飞"公司实现全产业链的共建，围绕农业产前、产中、产后提供全过程全要素服务，实现对整个农业产业链条的系统布局。

（一）核心——县委县政府当好"一线总指挥"

乡村振兴怎么抓，领导责任制落实是关键。"伊川模式"成功的核心在于始终坚持党的全面领导，县、乡（镇）、村各级主要负责同志把责任扛在肩上、抓在手上。伊川县委县政府作为"一线总指挥"，实行一把手工程。党政一把手亲自抓、分管领导直接抓，一级抓一级、层层抓落实；一抓到底的责任传导，以责任压实牵动工作落实。结合实际以市场化思维开展乡村建设工作，重视农业、关心农村、关爱农民，对上落实党中央、省委、市委决策部署，对下服务农民、服务农业。知农时、懂农事、察农需，全程参与监督指导，协调处理土地流转和农业社会化服务过程中遇到的问题，确保种粮农民种得好、收得上、卖得出。

（二）关键——发挥国资国企引领示范和带动作用

"伊川模式"成功的关键在于发挥国有企业主力军作用。一是县国有资本运营平台公司整合土地实现规模化。由伊川县政府成立的国有资本运营平台公司作为土地流转方，采取"承包权不动，经营权连片"方式，保证土地承包关系稳定、收益分配合理以及流转行为规范，以县国有企业的信誉赢得当地百姓信任。二是北大荒农服开展农业社会化服务实现粮食增产增效。北大荒农服肩负着服务引领农业发展的重任，作为土地运营方，把确保粮食和重要农产品供给作为首要任务，把提高农业综合生产能力放在更加突出的位置，重点面向新型经营主体、聚焦粮食和重要农产品生产开展服务，以规模降成本，以国企闯市场，确保面积和产量保持稳定、供给和市场不出问题。

（三）基础——推动全域土地规模化整合经营

"伊川模式"成功的基础在于有效增加土地种植面积，使各方都能在土地规模化经营中受益。一是土地整理增加耕种面积，在"小田变大田"过程中，通过除梗、填沟、平整农田之间高低落差等方式，提升 7%~10% 的

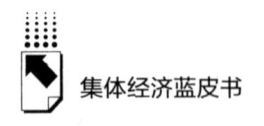

土地种植面积，实现农田增量。二是高标准农田建设提升耕地地力。高标准农田改造后，旱田变为水浇地，无法耕种的丘陵、山地、梯田变为良田，提升耕地地力。三是规模化经营实现节本增效。通过北大荒先进种植技术落地应用，职业农民平均节约投入品成本50元/亩，平均每亩降本增效至少500元。

（四）保障——发挥北大荒农服农业社会化服务平台作用

"伊川模式"成功的保障在于北大荒农服发挥农业社会化服务平台作用，整合各类生产要素和服务主体为职业农民赋能，实现土地规模向经营规模化、统筹控制规模化转变，增强国有经济对粮食的竞争力、创新力、控制力、影响力、抗风险能力。一是以服务控规模，保障粮食安全。北大荒农服只负责搭建平台、制定规则、明确分工，以职业农民为种植主体，由北大荒农服提供全产业链"五统一"服务的种植模式，使所有的职业农民按照标准进行生产。随着服务规模的持续、快速扩大，控制力和龙头带动效应会日益凸显，最终由北大荒农服控制潜在生产力。控制规模越大对国家粮食安全的贡献就越大。二是整合各类生产要素和服务主体。北大荒农服通过整合当地农机装备，集聚农资公司、加工企业、银行、保险公司等主体，较好地聚合需求资源、市场资源、生产资源、碎片资源，突破现代农业发展的要素制约。通过其系统化、专业化、集成化的服务为职业农民赋能，实现价值共创、协作共赢。

（五）目标——农民现代化与农业农村现代化一体推进

"伊川模式"成功的亮点在于实现了农民和农业现代化共成长。在坚持农民主体地位的同时推进适度规模经营。北大荒农服培训当地爱农业、有能力的农民成为职业农民，作为土地规模化和社会化服务的直接参与者，越来越多的职业农民成为全产业链上的农业工人，既保留了农户独立的产权主体和经营主体地位，又把小农生产引入现代农业发展轨道，使农民群众成为社会化服务的中坚力量和主要受益者。

B.6 建三江七星农场格田改造调研报告

刘瑞乾 陈雪原*

摘　要： 实施格田改造，把一般农田"升级"为规模化格田，可以达到降本、增产、增效的目的，有效保护国家粮食安全。建三江七星农场格田改造的工作要点为完善实施方案、推动项目实施、规范作业标准、提升工作质量，示范引领带动、保证工作落实。其改造成效主要体现为耕地利用率提高、节水效果明显、保护耕地成效显著、综合效益提升、工作效率提高。本报告提出，持续推进格田改造需要建立健全"政府支持+农民积极+企业参与"的运行机制。

关键词： 格田改造　标准化农田　耕地利用率

格田改造是一项统筹规划、因地制宜、讲求实效的耕地整理措施，也是落实藏粮于地、藏粮于技的有效举措。它是在沟渠、路、林三网整体布局的前提下，把影响农田耕作栽培的渠埂、高岗、低洼等障碍因素统一纳入规划改良范围，形成一条机耕路贯穿其中、路两侧为格田、四周布局水渠的农田规划模式。

---

* 刘瑞乾，北京市农村经济研究中心计财处处长、高级会计师，研究方向为农村集体资产管理、农业社会化服务、内部控制建设；陈雪原，北京市农村经济研究中心总经济师、经济学博士，研究方向为城镇化、集体经济治理与集体土地改革。

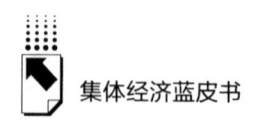

一 基本情况

建三江七星农场以二抚路为中轴，南北长12公里，打造成5万亩的农业示范区，现有1个核心区，4个功能区，其中核心区域面积5000亩，全部采用了格田标准化改造，改造前共有700多个格田，平均每个格田有7亩。改造后只有150个，减少了550个，平均每个格田有32亩。

以改造500亩为例，改造成本每亩340~400元，合计投入成本17万~20万元；改造后节约人工成本4.5万元（减少1个人工），提高有效插植面积4%，增效2.5万元（亩均50元）；提高作业效率20%以上，各环节节约油料费0.5万元。每亩增收150元，年综合节本增效7.5万元，2~3年就可以完全收回成本，回本后年增加收入7万元以上。

截至2023年8月，建三江已累计改造水田100万亩，其中七星农场15万亩，增加有效插植面积3.7万亩，增产粮食2.2万吨，增加收入1.5亿元。

二 主要做法

（一）完善实施方案，推动项目实施

在格田改造过程中，七星农场根据各地块不同的地势条件、土质条件，对每个地块"量体裁衣"、精准施策，科学制定改造方案。通过扩大格田、完善配套设施，减少用水、用工成本，增加面积、产量，提高机械使用率，进而从根本上有效遏制种植成本增加，实现"一次投入、永久受益"的目标。按照地形、地势及农田水利布局结构，采用先规划设计机耕路位置、水渠分布、格田大小等内容，科学计算作业量、作业时间、作业次序和配套改造机械设备。按照成本最低、动土量最少（避免格田不同区域间肥力差异过大）的原则进行。

1. 地块勘察

包括田间优势、渠道走向、农田长度、宽度等地理条件，进行改造的地块全田高程不超过 1.5 米，单个格田高程不超过 1 米。

2. 科学规划

在开展田间地势、渠道走向、农田长度、宽度等地理条件勘察基础上，开展规划设计，包括田间路位置、渠道分布、单个格田大小、筑埂位置等内容，并按照改造面积大小、改造时间阶段和任务量科学匹配改造机械力量，一次性或分段完成作业。一般以春季改造为主、冬季改造为辅。

3. 实施作业

充分结合改造区域周围的地形地势，选取合适的标准化改造模式。根据地情、水系、田间道路和桥涵情况确定格田规划，不搞一刀切，以减少占地和不破坏耕层为原则，尽量做到规划整齐。一是一路两渠模式。此类地东西短南北长。可在地中间设一条南北路，将地分成东西两块，两侧两条南北渠，东西方向设两条渠道与两边渠道相连，共两块地，每个格田面积平均超 15 亩。二是路渠循环模式。此类地东西长南北短，南北设两排格田，南北路二条与原有的田间路相连（或在水渠外设置两条东西道与南北道相连），两道南北边渠、南北路之间两道水渠，两道东西渠连接所有顺水渠（如一侧有公共水渠能作为排水渠，也可一侧不设水渠），共 6 块地，每个格田平均面积超 15 亩。改造后达到"田成方、沟相通、路相连、埂成线、渠成行、旱能灌、涝能排、宜机化、高效益"的效果，真正让"粮田"变"良田"、"良田"变"粮仓"。

（二）规范作业标准，提升工作质量

1. 平地标准

在整地后进行翻后旋，利用卫星平地机进行作业，落差大的田块可采用大型推土机等进行初平，再采用平地机进行平整，每百平方米高低差≤1 厘米。

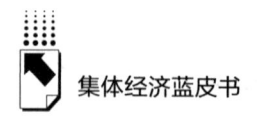

2. 机耕路

路宽不超过3.5米，高度为0.3~0.5米，能使1辆车通过即可，最大限度地减少耕地占用。

3. 农田水渠

水渠要求顶宽0.8~1.0米、底宽0.5~0.6米、渠深0.3~0.4米。

4. 格田面积

按照插秧机载盘数量、机械往幅插植距离科学管护格田长度，改造后单格田最佳长度为150米，不超过200米，单个格田面积为15~30亩。因为200米是插秧机最佳的工作半径，所以在200米以内把它拉的苗做成一个网络，即插秧机插过去再插回来，途中不用再加苗，不再需要拉苗车、拉苗船、挑苗人途中运苗添苗。

（三）示范引领带动，保证工作落实

建三江公司结合实际，大力推广格田标准化改造措施，通过加大宣传力度、深入挖掘典型案例、打造示范样板田等措施，积极引导种植户增加对格田标准化改造建设投入，让"小池子"变"大格田"，夯实"格田扩大"优势，促进农业提档升级。同时，组织召开现场会、培训会，通过格田标准化改造受益户"现身说法"，以典型辐射带动，发挥"蝴蝶效应"，让种植户真切感受到格田标准化改造带来的实惠，掀起格田标准化改造热潮，走节本增效、创收致富之路。各农场还因地制宜，科学施策，根据不同地势地形、农田面积、土质条件，为种植户量身定制格田标准化改造"套餐"，帮助种植户算好"经济账"。切实让"大格田"成为推进农业现代化建设的强有力保障，从而达到优化土壤结构、提升耕地质量、保护好"黑土地"、促进农业标准化提档升级的目的，真正为各农场和广大种植户带来改革"红利"。

三 主要成效

改造后的格田旱可灌、涝能排，可消除田间池埂、灌渠等占地面积多的

部分,还可消除耕地形状不规则、地面不平整、沟渠不畅通等影响农业生产和管理的短板,极大地提高了耕地抵抗自然灾害的能力,耕地质量、农田基础设施和利用条件普遍得到提升与改善,耕地面积数量稳步增加,以"小切口"撬动农业标准化新提升,赋予土地新动能。同时,解决了费工、费时、费水、费钱等难题,实现节本增效、增加收入。

一是提高了耕地利用率。改造后格田面积统一增大,田埂工程明显减少,通过减少池埂、水渠占用面积,可有效提高插植面积3%~4%。据测算,如果选中1000万亩全部改造完成,相当于增加了一个30万~40万亩的小型农场。

二是节水效果明显。格田改造后地块平整度提高,可充分发挥节水控制灌溉的技术优势,每亩节水超100立方米,每亩节省灌溉成本5.5元。另外,灌溉的时间也缩短了,如核心区域地块,改造前全部灌溉一次需10天时间,改造后仅需8天,不仅节省了时间成本,也节省了生产成本。

三是保护耕地效果显著。2022年,土地非常湿润,拉苗车、拉苗船、拉粮车等车辆经过后留下的车辙印很深,对土地造成一定的破坏。实施格田改造,在田间规划机耕路,可在插秧阶段运苗、秋收期间接粒,有效降低机械进地对耕地的碾压程度和破坏程度,大大提高了机车通过性,尤其是秋收困难年份效果更加显著。

四是提升了综合效益。利用田间路运苗、运肥、运粮,亩节省人工成本70元以上,如原来一台插秧机工作需要3个人,1个人负责驾驶,1个人负责摆盘,中间还需要1个人负责挑苗、补苗,现在只需要2个人,即1个驾驶员、1个摆盘员,省去了挑苗工(一个挑苗工每天的人工成本为700元左右)。改造后有效插植面积提高3%~4%,每亩增加粮食产量40~60斤,亩均增效50~80元。

五是提高了工作效率。格田改造便于机械作业,提高作业标准,缩短作业周期,节省了种植成本。改造后的格田与原来的格田在机械耕种方面,节省了机械耕作期间的掉头时间,提高了机械作业效率。经过测算,至少省了1/4的时间,作业效率平均提高15%~20%,亩节约成本15元。

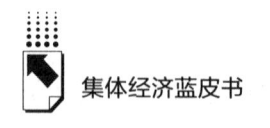

四 几点启示

（一）政府支持是保证

各级政府应加大对格田改造的支持力度，提供资金、技术和政策等支持，推动格田改造实施方案落地实施。一是加大改造资金的支持力度。据测算，未来5年，建三江公司要完成1000万亩耕地的格田改造任务，需要资金36亿元。依靠自有资金，很难独立完成任务。二是对机耕路占用土地的政策支持。格田改造修建机耕路需占用耕地，属于田间占道，但政策上没有依据，改造工作推进难度大。

（二）农户积极是基础

鼓励农户进行格田改造，提高其对格田改造的主动性和积极性。财政部门给予农户的改造补贴由开始的100元/亩到2022年的80元/亩再到2023年的60元/亩，补贴逐年降低。农户希望实施改造，但苦于没有足够的资金。财政部门应加大对农户实施格田改造的补贴力度，助力粮食增产、农民增收。

（三）企业参与是保障

引导农业企业和社会资本参与格田改造，发挥企业在技术、资金和装备方面的优势，推动格田改造实施方案的圆满完成。政府应在税收政策、金融扶持、装备购置补贴等方面给予农业企业优惠，帮助企业减轻负担，督促其积极参与格田改造工作。

总之，通过格田改造，不仅增强了农田排灌能力、土壤培肥能力，还实现了土地利用率、机车使用率和粮食产出率"三个提高"，使土地释放出更强的潜能与活力，提高农业全要素生产率，促进粮食产能提升，让农业生产"粮袋子"更实，让农民群众"钱袋子"更鼓。

B.7
北大荒陕甘宁区域农服中心探索"央企+民企"合作新机制

河北农业大学　北京市农研中心联合课题组*

摘　要： 北大荒陕甘宁区域农业综合服务中心通过村集体经济组织整合土地资源，与职业农民合伙种地、构建农产品销售服务平台、发挥财政资金引领撬动作用等措施，建立多元利益联结机制，打造央企民企合作新标杆。为推进区域农业综合服务中心服务效能的进一步提升提出以下建议：（1）持续创新"央企+民企"抱团联动创新机制；（2）不断完善农服中心内部管理机制；（3）进一步健全农业保险风险防范机制。

关键词：　"央企+民企"　销售服务平台　北大荒陕甘宁区域农服中心

一　基本情况

北大荒陕甘宁区域农业综合服务中心（以下简称"农服中心"）成立于2022年1月，农服中心是北大荒农垦集团有限公司创新合作方式的一种形式，由北大荒农垦集团有限公司与西夏种业有限公司合伙成立。农服中心以帮不愿种地的农户流转、帮愿意种地的农户托管、帮村集体增加收入、帮职业农民种地赚钱为服务宗旨，实施土地全程托管，规模化种植，机械化

---

* 课题组组长：赵邦宏。执行组长：王哲、陈雪原。执笔人：王鑫，河北农业大学经管学院讲师，管理学博士，研究方向为农业经济管理、农业保险；刘瑞乾，北京市农村经济研究中心计财处处长，高级会计师，研究方向为农村集体资产管理、农业社会化服务、内部控制建设。感谢北大荒陕甘宁区域农业综合服务中心罗西总经理、华阴市生产基地负责人的指导和支持。

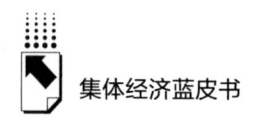

服务。农服中心通过转变经营机制解决破解民营农业企业发展中的短板，以央企带动民企发展，不断提高农业集约化水平和组织化程度。

一是服务区域不断扩展。农服中心主要在宁夏、陕西、甘肃及内蒙古西部区域开展农业社会化服务相关业务。2022年，全程托管和土地流转5.3万亩，环节托管220万亩，2023年1~3月已落实全程托管面积38.1万亩。农服中心在工作中秉承北大荒服务理念，发挥其在种子生产、销售、市场服务以及化肥、农机、农药等方面的优势，为陕甘宁地区农业农村发展提供完善的社会化服务。二是服务内容不断丰富。农服中心经营范围涵盖土地流转、种植全程托管、环节托管、农业信息咨询、农业机械服务等农业相关领域，通过构建服务标准高、服务范围全、服务质量有保障的现代化服务体系，满足农户多样化需求。三是经营利润持续增长。农服中心2022年全程托管和流转土地总计5.3万亩，环节托管220万亩，实现收入7800万元，利润504万元。2023年实现收入约8.14亿元，其中：生产资料销售收入1亿元（按32万亩全程托管面积测算），机械服务收入0.64亿元（其中：翻地30元/亩、播种30元/亩、防病6~8元/亩、中耕15~20元/亩、收割90元/亩、整地30元/亩），粮食销售收入6.5亿元。四是明显提高农民种植收入。农服中心通过以量定包的方式，依循农户实际经营能力和6∶4的比例确定种植大户和小户与其进行合作，最少300亩/户，最多500亩/户，亩均纯收益为300元左右。五是"利他"理念激发农户积极性。农服中心在保障土地流转和种植费用的前提下，设定合理利润目标，职业农民需承诺保底分成，公司控制粮食权，最大限度地做到风险可控。超额利润实施分成（公司与职业农民分成比例为20∶80），保证职业农民种植积极性。2023年1~3月已落实全程托管面积38.1万亩，超额完成全年指标任务，其中：已经签订土地流转合同4.6万，已全部流转给职业农民；全程托管合作面积33.5万亩（陕西省渭南市10万亩，甘肃省金昌市2万亩，内蒙古巴彦淖尔市乌拉特前旗6.5万亩，新疆阿克苏、阿勒泰、博乐地区15万亩）。六是"订单农业"推进产供销有效衔接。为有效推进产供衔接，降低农户种植风险，保障其种植收入，农服中心积极推进订单农业。农服中心在陕西省华阴市流转4.6万亩土地，在收获季节对农民的粮食以不低于市场价格进行收购。2023年，农服中心通过订单农业，实现粮食订单销售15000吨，营收4000万元。2023年，农服中心与乌拉特前旗优质客户合作开展粮食订单收购1000吨，利润20元/吨，下一步预计合作6000吨，预计通过此次合作，营业收入可达2100万元，通过订单农业实现农服中心与农户双赢。

二 主要做法

（一）积极发挥村集体经济组织优势，有效降低推进阻力

土地零散是制约农业现代化的首要障碍。土地零散是制约农业现代化的首要障碍，为有效解决该问题，农服中心与当地村集体经济积极合作，依靠村集体地缘优势和组织优势破解该难题。（1）先考察。农服中心在了解当地民风、民情后，充分掌握地块质量、产量信息，并组织职业农民对地块进行考察，在其自愿接受后，双方达成合作意向。（2）签协议。农服中心与村集体签订土地流转协议，并向县、镇（乡）备案。在完成一系列准备工作后，与职业农民签订土地租赁协议，并向其收取每亩200~300元的种植保证金。（3）统一标准。全程按北大荒"双控一服"种植模式管理。农服中心与村集体签订土地使用合同拿地，村集体将多年种植熟地和高产田进行流转，实现集中连片使其更适合大型农机具作业。待粮食收获销售后，按协议约定收回土地流转费，支付给村集体。这种模式，农服中心获取的收益主要有收取的种植保证金（200元/亩）和种子、化肥、农药的采购价差（80~100元/亩），每亩收益为300元左右。

（二）农服中心提供全过程服务，夯实"种好粮"的服务支撑

农服中心通过"双控一服"为种植户提供全程托管、环节托管、农业信息咨询、农业机械服务，在整个农产品产业链条中，服务中心提供全过程服务，夯实"种好粮"的服务支撑，并有效降低农户农业生产成本，如在

种植前端，农服中心为种植户提供质优价廉的化肥与农药，提高农户种植收益。以铜麦6号为例，托管前后农民生产成本由1553元/亩下降到1506元/亩，相应的销售收入由托管前的1705元/亩增加到托管后的1875.5元/亩，销售收入明显增加（见表1）。如华阴农场项目，该项目产生利润400万元左右，宁夏邵家桥村土地流转4069.76亩，收入295万元，产生利润35万元。

表1 托管前后收益对比

项目	托管前	托管后
销售收入（元）	1705	1875.5
1. 平均单位亩产量（斤）	1100	1210
2. 平均售价（元/斤）	1.55	1.55
3. 惠农补贴合计（元/亩）	71	71
（1）耕地地力保护补贴（元/亩）	55	55
（2）生产者补贴（元/亩）	16	16
生产成本（元/亩）	1553	1506
1. 种植成本（元/亩）	375	348
（1）种子	110	103
（2）化肥	215	200
（3）农药	50	45
2. 机械作业费（元/亩）	263	248
（1）整地	90	90
（2）镇压	15	10
（3）播种（插秧）	20	20
（4）喷药（飞防）	25	20
（5）收获	55	55
（6）灌溉作业（水费、电费）	55	50
（7）保险费	3	3
3. 劳动用工（元/亩）	115	110
4. 土地流转费用（元/亩）	800	800
净收益（元/亩）	223	440.5

注：以铜麦6号为例，托管后比托管前每亩增加净收益217.5元。

（三）农服中心与职业农民深度合作，破解谁来种地难题

农服中心在业务推广过程中与新型职业农民合作，以合伙种粮模式破解谁来种地难题。具体做法如下。农服中心直接对接村集体，由村集体出面，发动村民将土地流转给村集体，并形成一定的规模，由村集体统一与公司签订土地流转协议，流转费直接支付给村集体。这一过程极大地降低了运行风险并有效增加了村集体经营性收入，过程的简化使得农服中心将更多的精力用于农业种植经营，进而有效防范经营风险。农服中心拿地后，将土地交给职业农民种植。职业农民一次性上缴全年生产种植成本费用，农服中心将收到的生产种植成本费用，一部分作为土地流转费支付给村集体，另一部分用于日常生产种植成本费用开支。粮食收获后，售粮收入扣除职业农民上交的生产种植成本费用后形成的净收益，按 51∶49 的比例在农服中心和职业农民之间进行分配。

（四）农服中心优选种植大户，打造纠纷防范化解新样板

农服中心与种植大户合作，打造种粮新模板。在如何选择种植大户方面，农服中心以农业情怀和爱农理念为标准，采取以量定包的方式，按实际经营能力和 6∶4 的比例确定种植大户和小户，最少 300 亩/户，最多 500 亩/户，每亩纯收益为 300 元左右。通过与优质种植户合作，农服中心提供土地、农资以及服务，将"双控一服"落实到位，筑牢风险管控，不断提升模式内在造血能力。农服中心除与职业农民合作外，在全程管理过程中聘请垦区内有 10~20 年丰富种植管理经验的农场管理区干部来全程监管和指导，每人管理 1 万~2 万亩土地，以专业化服务提升模式内在造血能力。选择与新型职业农民合作，采用南地北种、北地南种和本地人不种本地地的方式，有效解决日常管理中出现的舞弊问题。

（五）构建农产品销售服务平台，拓展社会化服务内容

农服中心为拓展社会化服务内容，通过开展订单农业，构建农产品销售

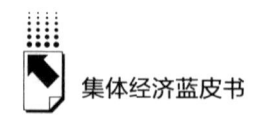

服务平台。农服中心在种植期间积极对接北大荒粮食集团、国有粮库以及终端用粮企业，将所产出的粮食按每斤高于市场价1~2分进行全面收购，以订单形式保障利润最大化。这种模式，农服中心获取的收益主要为种子、化肥、农药的采购价差，每亩收益为30~50元（已扣除粮价补贴）。以陕西省华阴市为例，该地区在2023年遭遇60年罕见连续降雨灾情，而面粉厂对冬小麦质量要求提高，在内外双重风险压力下，农服中心与粮食经纪人合作，实现粮食订单销售15000吨，营收4000万元。农服中心本着利他服务理念，通过订单农业解决农户卖粮难题，并将利润留给农户，农服中心在微利中让农户从中受益。

北大荒陕甘宁区域农业综合服务中心运行流程如图1所示。

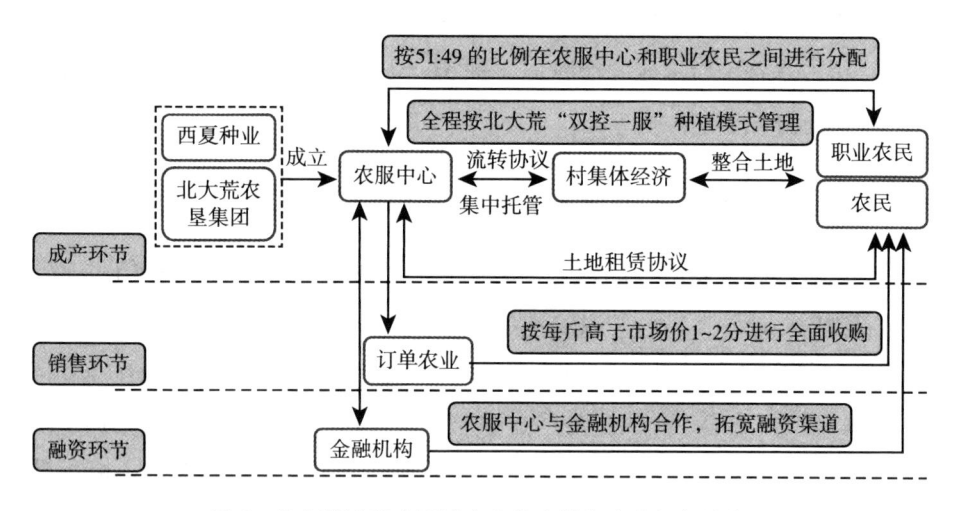

图1 北大荒陕甘宁区域农业综合服务中心运行流程

三 经验启示

（一）建立市场化的多元利益链接机制

农服中心在模式推进过程中通过构建市场化的多元利益链接机制，实现多方共赢式发展。一是以土地入股。农服中心通过土地变租金，让土地成为农民持续增收的动力。农服中心与新疆阿勒泰供销投资控股有限公司（以下简称"公司"）合作，种植面积9100亩，公司以"土地租金价格为股份入股种植经营"的合作方式与农服中心合作，即农服中心以在生产种植经营中投入的费用为股份，按照双方的投入费用比例，进行粮食作物销售后，双方按照投入费用的比例进行利润分成。

二是农服中心与职业农民建立股份制合作利益链接机制。农服中心在充分保障土地流转和种植费用的前提下，与职业农民建立股份制合作型利益链接机制，设定合理利润目标。农服中心负责拿地，然后将土地交给职业农民种植，职业农民一次性上缴全年生产种植成本费用，农服中心将收到的生产种植成本费用，一部分作为土地流转费支付给村集体，另一部分用于日常生产种植成本费用开支。合作过程中，农服中心职业农民享有保底分成，农服中心控制粮权，最大限度地做到风险可控。

（二）推动银企对接的市场化运作机制

农服中心多次对接中国农业发展银行（以下简称"农发行"），就融资细节展开研讨并取得实质性进展，农发行已拿出具体的融资方案，双方合作意向强烈。农发行通过核定北大荒集团的信用额度，分配给农服中心一定的融资额度，用以解决农服中心融资问题。银企合作在拓宽农户融资渠道的同时，也促成农业研发公司与农服中心合作，如农服中心与上海农乐生物制品股份有限公司合作，双方已就生资贷款及农业保险金融赋能方面进行协商，共同推进全产业链社会化服务。

（三）充分发挥财政资金引领撬动作用

社会化服务离不开财政支撑，财政资金的扶持也在一定程度上弱化推进阻力。农服中心充分使用财政补贴资金，进行全程托管，形成不同类型组织之间的黏性，将国家专项补贴政策落地、落实。

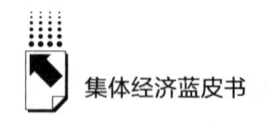

（四）不断健全区域中心风险防范机制

农服中心最大的亮点在于将订单农业作为联结农户和市场的重要载体，破解农户销售难、农产品价格不稳定难题。为有效破解该难题，农服中心不断健全风险防范机制，具体做法如下。第一步，选择粮食企业。农服中心充分利用政商资源优势，选择种植管理经验丰富，经营能力强，行业口碑好，在当地有影响力，有粮食订单业务，且粮食烘干设备、仓储场地和各种大型农机设备等硬件设施齐全的粮食企业与之合作。第二步，种植户需要提供粮食自产自销证明，并且签订粮食销售合同，随后收取粮食订单预付款。第三步，中心租赁仓储（具有烘干塔），并严控出入库手续、完善各项业财流程。第四步，在验收完粮食标准等级后，补足粮食收购款项再发车。严格规范的流程，使得在实施订单农业过程中，有效降低了运行风险。

四 下一步工作需要注意的事项

（一）持续创新"央企+民企"抱团联动创新机制

农业类民营企业有着天然的地缘优势，但自身同时存在明显的短板，农服中心是央企与民营企业的"联姻"，优势互补赋能社会化服务。下一步，北大荒农垦集团有限公司需持续创新央企民企抱团联动发展新机制，充分发挥北大荒央企优势，将北大荒先进种植理念和"双控一服"种植模式等管理方式嵌入具有地缘优势的民营企业中，提升社会化服务效能，守护中国的粮食安全。

（二）不断完善农服中心内部管理机制

农服中心企业化运营，构建高质量涉农平台，依托平台经济提升农业生产效率，有效降低农业生产风险，全力打造乡村振兴和农业社会化服务的"北大荒模式"。平台经济是在市场经济中催生出来的新形式，未来需充分发挥区域中心主体带动作用，以平台经济思维不断强化和拓展农服中心服务深度和广度，合理划分企业和市场边界，创新区域农服体制机制，逐步建立并完善内部管理机制，完善公司治理机制，规范化运行。农服中心通过构建规范化的运行体制，才能充分调动农户、新型职业农民、区域龙头企业等相关主体的参与积极性，最大限度发挥北大荒集团的示范引领带动作用。

（三）进一步健全农业保险风险防范机制

农服中心为农户提供全产业链服务，但缺乏有效的农业保险机制。农服中心目前在蒙西乌拉特前旗选择3万~5万亩土地，2024年拟引入"金融+保险+粮食订单销售"模式，选择优质合作伙伴开展股份合作种植，而在末端由下游企业对粮食订单进行回收，效益按投入比例进行分成。在"金融+保险+粮食订单销售"模式下，企业融资以及保险产品设计是重点和难点，农服中心需要借助集团优势，获得一定的资金扶持，并以集团为发起方，与保险公司和银行等金融机构合作，设计完全成本（农业收入）保险产品，为农户提供保障程度更高的农业保险产品。

B.8 "区域农服+机手组织+小农户"

——以北大荒农业科技区域农服中心为例

河北农业大学 北京市农研中心联合课题组[*]

摘　要： 北大荒农业科技区域农业综合服务中心致力于扶持小农户，通过组建县域工作组，与机手组织"合营"，推动小农组织化，形成"区域农服+机手组织+小农户"的服务模式，不断优化农户体验，打造飞轮模式，在农户节本增效方面取得突出成效。该模式对促进小农户与现代农业有效衔接有如下启示：（1）农业社会化服务是将小农户引入现代农业的关键途径；（2）乡镇级服务组织是拓展业务的有效资源；（3）"保险+期货"模式对我国农业发展具有重要意义。

关键词： 北大荒　农业社会化服务　小农户　机手组织

一　基本情况

北大荒农业科技区域农业综合服务中心（以下简称"农业科技区域农服中心"）于2021年2月注册完成，11月正式运营。公司现有员工数270余人，管理人员30人左右。农业科技区域农服中心服务于省内农业生产优势地区中生产能力差、作业成本高的中小农户，致力于把垦区先进的农业生

---

[*] 课题组组长：赵邦宏。参加人员：王哲、陈雪原、霍晴、邓少华。执笔人：霍晴，河北农业大学经济管理学院博士研究生，研究方向为农业社会化服务与产业经济；王哲，河北农业大学经济管理学院，教授，博士生导师，研究方向为农业社会化服务、农业产业经济。感谢北大荒农业科技区域农业综合服务中心刘辰的指导和支持。

产技术带到地方。2023年全程托管面积96万亩，单环节（收割环节）托管面积300多万亩，服务农户累计超过3万户。服务区域涉及黑龙江省26个县域，分为东部、西部和中部三个地区。西部地区主要是指齐齐哈尔市9个县，面积超过10万亩，中部地区主要是绥化市，面积为30万亩，东部地区是指双鸭山、牡丹江和绥滨县，面积不到50万亩。

农业科技区域农服中心在为农户节本增效方面取得了突出成效。在生产前端，公司根据市场情况采用金融工具和期货逻辑，利用利率差有效帮助农户每吨化肥成本降低100元以上。在生产中端，以收割减损为例，黑龙江省地方收割减损率为3%~6%，通过区域农服农业机械的培训指导对收割机具进行调整，收割减损率降至1.2%~1.8%，按照亩产1500斤、收割减损率降低了1%计算，200亩耕地可增效3000元左右。

二 主要做法

（一）转变服务模式，推动小农组织化

农业科技区域农服中心转变以往与地方服务组织合作的模式，开设县域工作组，通过"区域农服+机手组织+小农户"模式开展社会化服务（见图1）。一是成立县域工作组。在开展服务目标区域开设县域工作组，并分别设立管理人员。农业科技区域农服中心设计业务方案，由管理人员具体实施，设立乡镇级服务点，分派直营的业务销售分布各县，他们通过调研分析种植户的使用习惯和心理认知，挨家摸排去寻找更多合适的人加入。农业科技区域农服中心会根据每人每天拜访的客户数量包括跟进的客户数量等去评估考核工作组业务人员绩效。二是与农机手组织"合营"。县级农业科技区域农服中心业务团队深入目标乡镇，招募、选拔优秀农机手，将每个乡镇20~30个农机手以机械入股的方式成立股份制合作社，农业科技区域农服中心通过人员培训、技术支持、资源支持等手段协助其股份制合作社运营，

占51%分红权，不占股权，盈余的60%按流量提供人①的贡献进行第一次分配，第二次盈余按照股份比例分配，最终以单、多环节农业生产托管的模式服务于当地的中小农户。同时，参与农机手要满足两个要求：一是拥有具备服务能力的机械设备；二是需要向公司缴纳980元会员费。这样农机手能够享受到包括农资市场定价等方面的市场分析，还能得到相关专业的培训。

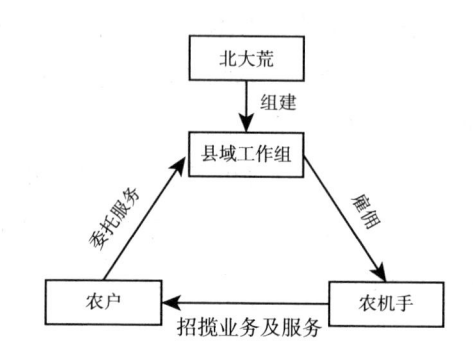

图1 农业科技区域农服中心业务开展流程

（二）不断优化农户体验，打造"飞轮模式"

农业科技区域农服中心转变与当地服务组织合作的模式，组织农机手成立乡镇级合作社，为农户提供标准化生产，通过机手培训、投入品供应、数字农业、农产品销售等增加一系列服务品类，不断优化农户体验，进而增加服务面积，最终落地打造"飞轮模式"（见图2）。

一是开展农机手培训。农业科技区域农服中心组织各乡镇农机手团队前往垦区开展专题培训，提升工作的精细化、标准化。二是建立乡镇投入品直营门店。在已有的县域工作组下辖的乡镇中，每个乡镇招募一名合作伙伴，以具有一定影响力或话语权的群体为目标，建立直营门店，通过他们的影响力吸引更多当地生产能力差、作业成本高的中小农户参与到农业社会化服务中来。直营门店根据参与社会化服务农户的种植情况与土地面积得到年度所

---

① 流量提供人是指那些为合作社带来实际业务增长和收入增加的人，他们在合作社的利润分配中享有优先权。

"区域农服+机手组织+小农户"

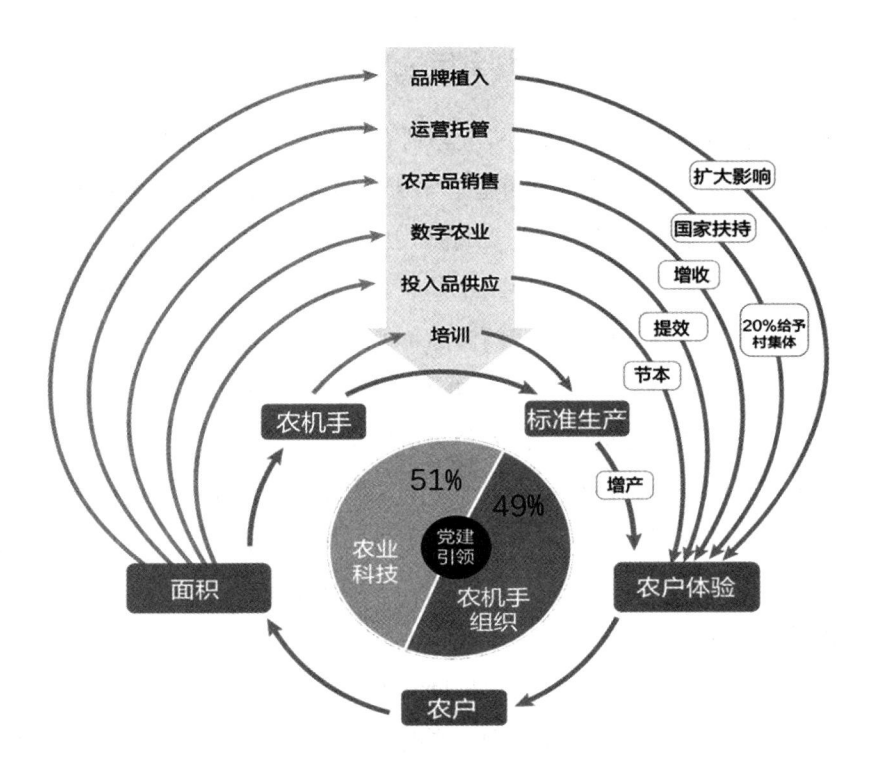

图 2 农业科技区域农服中心"飞轮模式"

需生产资料数量,通过规模采购,利用议价的优势为参与社会化服务的农户提供种子、农药、化肥等农业生产投入品,确保质优价廉,降低农户种植成本。三是提供托管服务与监督。农业科技区域农服中心与农户签订农业生产托管服务合同,随后根据农户需求匹配当地合作社,与合作社签订雇佣合同,由合作社负责完成合同约定的农业生产工作。在合同签订、土地与机械匹配过程中,农业科技区域农服中心起到合理调配资源、严格监督监管的平台作用。开展服务时,各环节作业要填写农业生产社会化服务作业确认单,由农业科技区域农服中心负责逐一核实并报集团备案。在合作社进行农业生产托管作业的同时,农业科技区域农服中心工作组将同步开展一系列协助及监管措施,包括实时查验检测数据(发现问题1小时内响应并解决)、农技部门农技师每周巡田、专家组农业生产全周期内全时段技术指导。

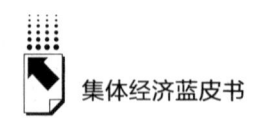

（三）坚持工业理念，规划全年生产周期

农业科技区域农服中心以工业化思维，规划全年农业生产周期，将十二个月份分为三个周期：第一周期是当年十一月至次年三月，为协同运营阶段。县域工作组业务人员通过翔实调研农户需求，将调研数据反馈给运营负责人，工作组负责人协同农机手组织共同制定符合当地的种植方案、托管方案或流转方案。同时与供应链部门沟通备货，通过技术服务方式下沉农业投入品，收取农机手押金，将全部农机手转化为该地域农业投入品销售推广者，构建一个直接高效的农业投入品供应网络。另外还要进行监控设备的安装以及监控平台使用的培训，协助下一周期方案落地。第二周期是四月至六月，为辅助生产阶段。依据地方习惯及种植方案选配、渠道提供农资，通过物联网硬件寻访，落地巡田等实践活动，协助农机调度，落实北大荒农业生产标准，并利用种植效果对该地域农户做周期性效果展示。第三周期是七月至十月，为业务拓展阶段。工作组借助北大荒模式的成功经验吸引其加入组织，之后在垦区内进行标准化培训。同时工作组协助农机手组织做好政府关于农业生产计划、政府补贴与政策落实等所需内页编写及政府所需生产数据统计。

三 几点启示

（一）农业社会化服务是将小农引入现代农业的关键途径

党的十九大报告提出，"健全农业社会化服务体系，实现小农户和现代农业发展有机衔接"。农业科技区域农服中心广泛服务于生产能力差、作业成本高的分散种植户，通过标准的技术指导、统购统销、组建农机合作社等方式赋能更多的小农户，增加了当地农户务农收入。改造传统农业的途径在于引入新型现代化生产要素，农业社会化服务通过新型生产要素应用与整合，将小农户引入现代农业发展轨道，全面推进我国农业现代化发展。农业社会化服务组织通过村社组织等与提升小农组织化水平结合起来，在服务供给过程中，要规范服务流程，确保服务质量，满足多环节、多链条的服务需求。

（二）乡镇级服务组织是拓展业务的有效资源

农业科技区域农服中心通过调研分析省内适合做托管的县并成立工作组，不仅便于公司管理监督还能够提升工作效率，优化资源利用。在已有的县域工作组下辖的乡镇中建立乡镇级服务组织，乡镇级服务组织以自身影响力或话语权有效拓宽服务范围，吸引更多当地小农户参与到农业社会化服务中来。成立乡镇级服务组织，与区县级区域农服中心对接，能够更好地统筹资源，拓展发展空间，促进农地运营成本节约和规模效益提升，完善村与村之间、户与户之间的收益分配机制。

（三）"保险+期货"模式对我国农业发展具有重要意义

农业科技区域农服中心制定金融工具计算公式，利用期货不仅能够帮助公司计算当前阶段现金流是否健康，还能够有效帮助农民在恰当时间入手农产品进而降低生产成本。2016年以来，党中央连续发布"一号文件"，提出开展"保险+期货"试点，以提高农业生产的风险抵御能力。2023年，中央再次强调优化"保险+期货"，旨在帮助农民更有信心应对农产品价格和产量的波动，稳定收入预期，保护农户的工作积极性，从而更好地服务乡村振兴工作。因此相关部门应继续扩大金融支农试点范围，各个参与主体在实践中应不断探索和改进金融产品与创新，并通过适当的政策支持和市场机制的引导，促进金融工具与农业发展的有效融合，为农村经济的可持续发展提供稳定和持续的金融支持。

B.9 北大荒区域农服农业绿色生产效率及区域差异研究

李泽媛　孙梦洁　陈雪原*

摘　要： 国有农垦经济在保障国家粮食安全、农业强国建设、示范带动农业现代化进程中发挥着关键性作用。本报告利用2022年北大荒农服集团下属23家区域农服中心的调研数据，探究当前我国的农业绿色生产效率，以及农服托管土地农业绿色生产效率的空间溢出和区位差异。研究发现：（1）农垦土地托管能显著降低劳动用工、化肥、种子和机械等农业生产成本；（2）垦区农业绿色生产效率可大致划分为"高－中－低"3级，黑龙江、新疆等地区效率值较高，并以其为中心呈现向省外扩散；（3）农服托管土地生产基本可以实现规模经济，劳动用工、化肥和机械是当前投入成本的主要来源，各地区农业绿色生产效率水平和下一步优化目标需因地制宜。针对各农服中心的投入和产出短板，提出具体优化策略，并从区域建设角度出发，提出优先改善托管低效率区域的总体优化目标，发挥北大荒农服品牌优势，辐射带动垦区内、省内和省外农垦农业社会化服务发展，从环境效益和生产规模效益两个维度缩小农业绿色生产效率的地区差距。

关键词： 农垦　农业社会化服务　农业绿色生产效率　北大荒

---

* 李泽媛，北京林业大学马克思主义学院博士研究生，研究方向为农业经济理论与政策；孙梦洁，北京市农村经济研究中心城乡发展处副处长、管理学博士，研究方向为集体产权制度改革、集体经济评价、农户经济行为；陈雪原，北京市农村经济研究中心总经济师、经济学博士，研究方向为城镇化、集体经济治理与集体土地改革。

我国作为世界上最大的粮食生产国、消费国，经历了改革开放初期农业产量快速增长与温饱问题解决、21世纪以来国家加强农业农村领域财政扶持和政策倾斜两个农业发展阶段，当前正进入粮食供需结构失衡的第三阶段。①

2021年，我国在三大主粮自给率95%的基础上仍然进口约3200亿斤粮食，粮食生产量、进口量、库存量"三量齐增"②充分说明当前我国提高农业综合生产能力和农业高质量发展的紧迫性。加之我国农业生产环境污染问题越来越突出，提高农业绿色生产效率，对促进农业生产结构绿色转型升级和实现农业高质量发展有重大现实意义。2024年中央一号文件提出，"坚持产业兴农、质量兴农、绿色兴农"，并从打好农业农村污染治理攻坚战、推进化肥农药减量增效等方面对加强农村生态文明建设做出具体部署。党的二十大报告首次把农业强国建设纳入我国社会主义现代化强国建设战略体系，强调要全方位夯实粮食安全根基，重新审视当前的人地关系、资源环境约束和经济成本代价，平衡粮食安全和生态环境安全之间的关系已成为农业绿色发展的重要议题③，将粮食生产从增加要素投入转向优化要素投入配置和科技进步④，从而提高粮食生产效率，降低生产成本。2021年，全国农垦系统粮食总产量774.9亿斤，占全国粮食常年产量的6%⑤，且农垦系统拥有较高粮食商品化率，仅北大荒集团的粮食总产量就达463.1亿斤，提供商品粮440亿斤，可满足1.6亿城乡居民一年口粮需求。研究农垦体系农业绿色生产效率对于提高粮食产量、增加农民收入、保障国家粮食和生态安全具有重要意义。

现有研究关于农业绿色生产效率的成果非常丰富，多角度研究了农业绿

---

① Otsuka, K., "Food Insecurity, Income Inequality, and the Changing Comparative Advantage in World Agriculture", *Agricultural Economics*, 2013, 44: 1–12.
② 彭玮：《多维审视"全方位夯实粮食安全根基"的时代价值》，《江汉论坛》2023年第4期。
③ 钱宸、李凡、李先德、郝晶辉：《基于农户经济和环境"双优"目标的粮食主产区化肥施用优化模拟分析——以邯郸地区小麦生产为例》，《自然资源学报》2021年第6期。
④ 刘传明、范观宇、毛广雄、何品蓉：《近20年淮河生态经济带粮食生产效率时空变化与影响因素》，《自然资源学报》2023年第3期。
⑤ 中华人民共和国农业农村部农垦局、中国农垦经济发展中心：《中国农垦统计年鉴（2022）》，中国农业出版社，2022。

色生产效率的测算分解、要素贡献率、空间特征及影响因素等。一方面，城镇化工业化、地区经济发展水平是影响农业绿色生产效率的关键因素，另一方面农业生产要素配置和投入品利用率直接决定农业绿色生产效率。朱喜等研究发现，劳动和资本要素错配对农户生产效率的负向影响高达20%[1]，盖庆恩等[2]认为，土地要素合理配置将有效提高农业生产效率，农业经营规模和耕地细碎化程度也会影响农业生产效率。[3] 农垦区域农服中心作为国有农场社会化服务体系的"掌舵人"，一是通过体制统筹，构建中国特色的农业经济体系，促进国有经济与集体经济、合作经济、家庭经济融合发展；二是通过产业统筹，大型国有经济引领农业社会化服务产业体系整合，拓展了中国特色农业现代化的科学内涵；三是通过空间统筹，探索出地区乡村振兴的全域实施路径。同时，垦区内外采用保护性耕作替代传统翻耕、绿色农药替代传统化学农药、有机肥替代化肥的绿色生产方式，并以规模农田替代一般农田，保证生产资料投入品绿色安全，降低生产成本。因此，测算当前我国农垦区域农服中心农业绿色生产效率和区域差异，能为进一步优化垦区农资投入结构，扩大农垦服务范围指明方向。

一 研究设计

（一）分析方法

技术效率的测度主要是确定生产前沿面。估计生产前沿面有两种方法：一是参数方法的随机前沿分析（Stochastic Frontier Analysis，SFA），另一种是非参数的数据包络法（Data Envelopment Analysis，DEA）。由于非参数方法无须估计农业生产函数，避免了设定函数形式和行为约束的估算偏误。传统的DEA模型属于径向和现行分段形式的度量理论，能够确保效率边界或

---

[1] 朱喜、史清华、盖庆恩：《要素配置扭曲与农业全要素生产率》，《经济研究》2011年第5期。
[2] 盖庆恩、朱喜、程名望等：《土地资源配置不当与劳动生产率》，《经济研究》2017年第5期。
[3] 文高辉、刘蒙罢、胡贤辉等：《耕地细碎化与农业全要素生产率的空间格局及空间相关性探析》，《地域研究与开发》2020年第5期。

无差异曲线的凸性,却造成投入要素的松弛,进而造成效率测度出现偏误。SBM 模型(Slacks-based Measure)充分考虑了投入和产出的松弛,结果往往同时出现多个决策单元均有效率的情况,因而利用标准效率模型无法对这些决策单元的效率做出进一步比较。Tone 在 SBM 模型的基础上定义了超效率 SBM 模型,相比一般的 SBM 模型,超效率 SBM 模型综合了超效率 DEA 模型和 SBM 模型的优势,允许效率值大于 1 或等于 1。[①] 因此,本报告采用非参数方法超效率 SBM 模型测算 23 家区域农服中心农业绿色生产效率,根据各个决策单元(DMU)投影到生产前沿面上的偏离程度,对决策单元相对有效性进行判断,模型构建为:

$$\min \rho = \frac{\frac{1}{m}\sum_{i=1}^{m}(\bar{x}/x_{ik})}{\frac{1}{r_1+r_2}\left(\sum_{s=1}^{r_1}\overline{y^d}/y_{sk}^d + \sum_{q=1}^{r_2}\overline{y^u}/y_{qk}^u\right)} \quad (1)$$

$$\begin{cases} \bar{x} \geq \sum_{j=1,\neq k}^{n} x_{ij} \\ \overline{y^d} \leq \sum_{j=1,\neq k}^{n} y_{sj}^d \lambda_j \\ \overline{y^d} \geq \sum_{j=1,\neq k}^{n} y_{qj}^d \lambda_j \\ \bar{x} \geq x_k \\ \overline{y^d} \leq y_k^d \\ \overline{y^u} \geq y_k^u \\ \lambda_j \geq 0, i = 1,2,\cdots,m \\ j = 1,2,\cdots,n, j \neq 0 \\ s = 1,2,\cdots,r_1 \\ q = 1,2,\cdots,r_2 \end{cases} \quad (2)$$

式中:假设有 n 个 DMU,每个 DMU 由投入 m、期望产出 r_1 和非期望产出 r_2 构成;x、y^d、y^u 为相应的投入矩阵、期望产出矩阵和非期望产出矩阵中的元素,ρ 为农业绿色生产效率值。

[①] Tone, k., "A Slacks—Based Measure of Super-efficiency in Data Envelopment Analysis", *European Journal of Operational Research*, 2002 (143): 32–41.

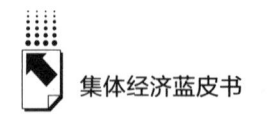

（二）数据来源与指标设计

1. 数据来源

本报告数据来源于2022年河北农业大学课题组与北京市农村经济研究中心联合开展的北大荒区域农业综合服务中心专题调研，调查以问卷访谈的形式展开，通过走访23家区域农服中心获取一手数据。①

2. 指标设计

有效的农业生产本质是以尽可能少的农业资源投入量和最少的外部环境损耗获取尽可能大的农业经济产出和进行生态保护，从而实现农业经济与资源利用、环境保护之间的协调共赢。② 根据前文，计算农业绿色生产效率需要采用投入指标、期望产出指标和非期望产出指标三类指标。参考林文声等的处理办法，构建区域农服中心农业绿色生产效率指标体系③（见表1）。投入指标包括产前投入要素（土地、化肥和种子）、产中投入要素（农药、灌溉水电和机械作业）、产后投入要素（收获作业）和其他投入（用工），期望产出指标为销售收入，并且考虑到国家政策导向因素，将农业补贴一并纳入产出范围。农业非期望产出主要包括农业碳排放污染和面源污染两类，两类指标的测算均依据碳排放系数或无效利用系数（流失系数）与污染源

---

① 本报告研究对象包括：北大荒哈尔滨区域农业综合服务中心、北大荒赣鄂湘区域农业综合服务中心、北大荒红兴隆区域农业综合服务中心、北大荒建三江区域农业综合服务中心、北大荒绥化区域农业综合服务中心、北大荒牡丹江区域农业综合服务中心、北大荒冀鲁豫区域农业综合服务中心、北大荒北安区域农业综合服务中心、北大荒宝泉岭区域农业综合服务中心、北大荒齐齐哈尔区域农业综合服务中心、北大荒农服集团小岗区域农业综合服务中心、北大荒九三区域农业综合服务中心、北大荒农服集团佳木斯区域农业综合服务中心、吉林区域农业综合服务中心、北大荒农服集团陕甘宁区域农业综合服务中心、北大荒云贵川区域农业综合服务中心、北大荒新疆区域农业综合服务中心、北大荒湖南区域农业综合服务中心、北大荒华南区域农业综合服务中心、北大荒京晋区域农业综合服务中心、北大荒辽源区域农业综合服务中心、北大荒农业科技区域农业综合服务中心、北大荒农服集团黑龙江露一手智慧农业有限公司。

② 侯孟阳、姚顺波：《1978~2016年中国农业生态效率时空演变及趋势预测》，《地理学报》2018年第11期。

③ 林文声、王志刚、王美阳等：《农地确权、要素配置与农业绿色生产效率——基于中国劳动力动态调查的实证分析》，《中国农村经济》2018年第8期。

排放量的强度。考虑到农业碳排放与农业生产过程联系紧密，且农业碳排放指标更易量化，本报告将农业碳排放量作为非期望产出，选取施肥、施药、农业灌溉和翻耕4种直接或间接的碳排放过程。模型运行利用Dearun Tools软件，采用超效率SBM模型分别测算出2022年23家农垦区域农服中心非期望产出下的个体和区域平均农业绿色生产效率值。

表1 区域农服中心农业绿色生产效率指标体系

指标	变量	变量说明（单位）	备注
产前投入	土地投入	户均播种（托管）面积（亩）	反映区域农服中心托管水平
	化肥投入	亩均化肥支出（元）	以化肥施用量乘以统购价格计算得到
	种子投入	亩均种子支出（元）	以种子播种量乘以统购价格计算得到
产中投入	农药投入	亩均农药支出（元）	以农药喷施量乘以统购价格计算得到
	灌溉费用	亩均灌溉支出（元）	包括灌溉用水、用电费用
	机械投入	亩均管护费用（元）	包括整地、镇压、播种、中耕、喷药和保险费等多项费用
产后投入	收获投入	亩均收获作业费（元）	主要体现为收获期内人力和设备成本
其他投入	日常用工成本	亩均劳动用工金额（元）	以雇工量和雇工工资计算得到
期望产出	农业补贴	每亩农业生产补贴金额（元）	包括耕地地力保护补贴、一次性种粮补贴和生产者补贴
	销售收入	每亩统销收入（元）	统销价格通常高于市场价
非期望产出	农业碳排放	农业碳排放量（千克）	施肥、施药、翻耕、农业灌溉的碳排放

资料来源：李波、张俊飚、李海鹏《中国农业碳排放时空特征及影响因素分解》，《中国人口·资源与环境》2011年第8期。

二 农业绿色生产效率的测算

（一）土地托管对"投入-产出"指标值的影响

一般认为，农户土地碎片化经营囿于劳动力短缺和投入成本上升，阻碍规模经济的实现，大面积地块作业更有利于机械化生产从而达到规模经济，且大规模和集中地块经营者具备采纳环境友好型生产方式的可能性，而经营规模有限和地块分散的农户选择优先级较低。农垦国有农场更有可能采用农业机械、灌溉设施和现代农业技术，从而提高化学投入品的使用效率和生产技术效率。如表2所示，通过比较区域农服中心未托管土地（托管前）和已托管土地（托管后）的农业投入与产出指标值，可以发现，土地托管服务介入的情形下，农业生产成本显著降低，表现在托管后的劳动用工、化肥、种子、灌溉、机械等生产资料投入额均呈现不同程度的下降趋势，农药成本有小幅增加。托管后的农产品亩均销售收入增长显著，平均每亩增收228.3元。区域农服中心通过"双控一服务"战略，不断优化统供统销系统的资源配置结构，化肥、种子、农机等农资成本实现大幅降低，具有显著的增收效应。调研数据显示，2022年全国23家区域农服中心托管玉米种植亩产可达1594.79斤，相比于托管前生产水平，可实现亩均增产201.5斤；大豆作物亩产达406斤，亩均增产54.3斤；水稻种植亩产可达1210斤，亩均增产222.0斤，增产效果显著。

表2 托管前后"投入-产出"指标值变化情况

单位：元/亩，吨

类别	统计	用工	化肥	农药	种子	灌溉	机械	收获	补贴	收入	碳排放
托管前	最大值	350	450	190	130	200	385	150	345.04	2540	257.41
	最小值	0	30	0	25	0	52.52	22	0	924	0.30
	平均数	64.35	184.11	52.57	66.95	30.96	178.44	65.62	157.15	1437.51	229.26
托管后	最大值	270	410.00	180.00	100	200	370.00	140.00	345.04	2660	257.41
	最小值	0	26	0	22	0	55	22	0	1026	0.28
	平均数	61.7	170.59	53.63	62.95	30.24	161.48	62.61	159.69	1665.81	30.73

（二）农业绿色生产效率的测算

为探究农业绿色生产效率水平，进一步在生产规模报酬不变（CRS）和规模报酬可变（VRS）的情形下，利用软件分别测算区域农服中心农户土地托管前后的农业绿色生产效率，着重对比托管前后生产效率的变化程度与方向。表3的结果显示，农户土地无论是否交由农服统一托管，考虑地区经济时所测算的农业绿色生产效率值更优,因而有必要将地区经济因素纳入模型,在规模报酬可变的前提下进行评估。总体上,土地托管服务能够显著提高当地农业绿色生产效率,23家区域农服中心组成的农垦管理体系中,冀鲁豫、赣鄂湘、哈尔滨、佳木斯、京晋、湖南北大荒、宝泉岭、吉林、牡丹江、北安、辽源、农业科技、绥化、齐齐哈尔、九三、露一手和新疆17家农服中心的农业生产为 SBM 有效(效率值>1),其中赣鄂湘、哈尔滨、佳木斯、京晋、宝泉岭等13家农服中心在托管前效率值已大于1,说明长江中游和东三省地区的农业生产基础相对较好。佳木斯、北安和安徽小岗的农业绿色生产效率在托管前后无明显差异,佳木斯和北安在托管前已经处于超效率状态,说明这两者统筹区域内的农业种植达到较高水平,生产效率已经不是制约其粮食安全的关键因素,关注的重心应由提高粮食产量安全转向保障粮食质量安全;而安徽小岗在托管后仍然处于无效状态,其农业生产要素配置结构严重制约绿色生产实现。

表3 托管前后农业绿色生产效率的个体差异

中心名称	托管前 CRS	托管后 CRS	托管前 VRS	托管后 VRS	VRS 变化率(%)
冀鲁豫	0.49	0.49	0.50	1.01	102.00
赣鄂湘	0.53	0.64	1.02	1.03	0.98
华南	0.26	0.31	0.35	0.37	5.71
哈尔滨	1.30	1.50	1.40	1.73	23.57
佳木斯	1.07	1.07	1.16	1.16	0.00
京晋	1.03	1.21	1.10	1.30	18.18
湖南	0.55	1.05	0.60	1.09	81.67
宝泉岭	1.13	1.13	1.14	1.15	0.88
吉林	1.09	1.20	1.08	1.20	11.11
牡丹江	1.08	1.08	1.06	1.07	0.94
北安	1.02	1.03	1.02	1.02	0.00
辽源	1.33	1.36	1.31	1.34	2.29
云贵川	0.23	0.30	0.21	0.29	38.10
农业科技	0.72	1.15	1.08	1.14	5.56
绥化	0.56	1.06	0.60	1.05	75.00

续表

中心名称	托管前 CRS	托管后 CRS	托管前 VRS	托管后 VRS	VRS 变化率(%)
齐齐哈尔	1.00	1.03	0.60	1.01	68.33
九三	1.10	1.14	1.07	1.12	4.67
安徽小岗	0.35	0.35	0.34	0.34	0.00
建三江	0.51	0.61	0.51	0.59	15.69
陕甘宁	0.43	0.48	0.44	0.45	2.27
露一手	1.21	1.32	1.19	1.25	5.04
新疆	1.21	1.28	1.19	1.22	2.52
红兴隆	1.13	1.16	0.65	0.66	1.54

（三）农业绿色生产效率的优化策略

依据托管后的投入产出指标数值，模型运行结果如表4所示。23家区域农服中心农业绿色生产效率值在托管后均有不同程度的提升，表明农垦托管服务能够有效改善农业绿色生产效率，实现绿色生产的同时投入品资源利用最大化。为进一步优化农业生产要素结构，提高农业资源利用率和农业绿色生产效率，本报告依据各区域农服中心"投入-产出"各项指标值提出针对性的优化方案。

对于托管前已经达到有效生产的地区而言，在现有投入规模上，哈尔滨和九三区域可以适当增加种子投入额，如采用更优质品种粮；佳木斯区域和露一手智慧农业公司的化肥投入额尚有一定机动空间，在保证作物产量基础上可以用有机肥替代化肥，将粮食生产目标从增产增收转向提质增效。

对于托管后实现有效生产的地区而言，冀鲁豫、湖南北大荒、绥化、齐齐哈尔4家区域农服中心实现了从低效率到高效率的转变，其中冀鲁豫农服中心的农业绿色生产效率提高了1倍。总体上，这4个区域实施农业托管具有更为显著的效果，且托管后的资源配置较为合理。

对于托管后尚处于低效率的地区而言，红兴隆、建三江、安徽小岗、陕甘宁、云贵川、华南区域农服中心托管后的农业绿色生产效率仍然不足

1.0。红兴隆和建三江区域种子和机械的投入与利用环节有待优化，如通过降低育苗成本或种苗购置费用、提高农机使用效率等方式。安徽小岗区域在劳动用工、农药、种子和机械费用方面均存在过度投入，陕甘宁区域效率的制约因素体现在化肥和种子的利用率低，云贵川区域农药成本和机械投入过多，华南区域在用工、种子、机械投入等环节存在较多冗余。因此，这些区域应依据测算结论对投入要素做出相应调整，从而实现资源配置优化。

表4 托管后绿色生产效率指标值

名称	耕地	用工	化肥	农药	种子	灌溉	机械费用	收获	补贴	销售收入	碳排放	效率
宝泉岭	0.00	-0.02	0.00	0.00	0.00	0.00	0.00	0.00	0.00	-0.23	0.00	1.15
红兴隆	0.10	0.00	0.03	0.12	0.44	0.00	0.21	0.03	0.00	0.00	0.04	0.66
建三江	0.07	0.04	0.07	0.03	0.73	0.02	0.21	0.04	0.07	0.08	0.01	0.59
佳木斯	0.00	0.00	-0.21	0.00	0.00	0.00	0.00	0.00	0.00	0.00	0.00	1.16
牡丹江	0.00	0.00	-0.01	0.00	0.00	0.00	0.00	-0.02	-0.01	0.00	-0.01	1.07
北安	-0.01	0.00	0.00	0.00	-0.05	0.00	0.00	0.00	0.00	0.00	0.00	1.02
九三	0.00	0.00	-0.03	-0.04	-0.13	0.00	0.00	-0.03	0.00	0.00	0.00	1.12
齐齐哈尔	-0.01	0.00	0.00	0.00	0.00	0.00	0.00	0.00	0.00	0.00	0.00	1.01
绥化	0.00	-0.02	0.00	0.00	0.00	0.00	0.00	0.00	0.00	0.00	-0.01	1.05
哈尔滨	0.00	0.00	-0.16	-0.02	-0.47	-0.03	-0.01	-0.03	0.00	0.00	0.00	1.73
农业科技	-0.05	-0.02	0.00	0.00	0.00	0.00	0.00	0.00	0.00	0.00	0.00	1.14
露一手	-0.06	0.00	-0.16	0.00	0.00	0.00	0.00	0.00	0.00	0.00	0.00	1.25
安徽小岗	0.02	0.88	0.17	0.85	0.61	0.23	0.64	0.16	0.07	0.00	0.05	0.34
冀鲁豫	-0.01	0.00	0.00	0.00	0.00	0.00	0.00	0.00	0.00	0.00	0.00	1.01
赣鄂湘	-0.02	0.00	0.00	0.00	0.00	0.00	-0.02	0.00	0.00	0.00	0.00	1.03
陕甘宁	0.22	0.16	0.31	0.11	0.25	0.20	0.06	0.04	0.14	0.00	0.11	0.45
吉林	0.00	0.00	0.00	0.00	0.00	0.00	0.00	-0.16	-0.19	0.00	0.00	1.20
新疆	0.00	0.00	0.00	0.00	0.00	0.00	-0.04	0.00	-0.49	0.00	0.00	1.22
云贵川	0.08	0.27	0.14	0.33	0.17	0.00	0.52	0.31	0.55	0.35	0.04	0.29
湖南北大荒	-0.02	0.00	0.00	0.00	-0.15	0.00	0.00	0.00	0.00	0.00	0.00	1.09
辽源	-0.04	0.00	0.00	-0.07	-0.05	0.00	0.00	0.00	0.00	-0.29	-0.01	1.34
京晋	-0.07	-0.01	0.00	-0.06	0.00	0.00	-0.03	0.00	0.00	0.00	-0.02	1.30
华南	0.13	0.64	0.21	0.23	0.76	0.14	0.35	0.29	0.00	0.03	0.05	0.37

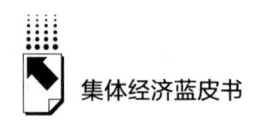

三 农业绿色生产效率的空间差异分析

（一）自然断点法

应用 ArcMap 描述分析农业绿色生产效率的空间分布特征，以区域农服中心农业绿色生产效率值为依据，根据自然断点法将区域农服中心管理范围内的农业绿色生产效率划分为低、中、高3个空间层级，除港澳台地区外，全国31个省份均在农垦服务范围内。整体而言，农业绿色生产高效率区主要分布于东部、东北和西部地区，西南和南部地区农业绿色生产效率整体处于较低水平。具体而言，2022年，高效率区域包含吉林、辽宁、江苏、山西、新疆等7个省份，中效率区包含黑龙江、内蒙古、山东、河南、湖南、湖北等9个省份，低效率区主要集中在陕甘宁、云贵川和华南地区。可以发现，现有区域农服中心分布地点主要集中在东北和中部地区，且以黑龙江和新疆两大垦区为代表的国有农场在区域范围内形成明显的生产溢出效应，发散性地带动周边农服中心农业绿色生产效率的提高。依据2019年和2020年我国农垦耕地面积现状，除黑龙江和新疆两大垦区外，内蒙古、辽宁、湖北三省也在我国农垦农业生产贡献中占据主要份额（见表5），亟须将农业大省粮食生产规模化和作物服务规模化相结合，一方面提高粮食生产规模户的经营稳定性，有利于农地的维持和经营规模扩张[1]，实现农业增产增收；另一方面，规模经营与绿色技术进步具有协同效应，二者协同强化了粮食主产区的碳减排效应[2]，有效减少农业面源污染。

---

[1] 徐志刚、王雪莹、郑旭媛等：《"双规模化"与土地规模经营稳定性》，《南京农业大学学报》（社会科学版）2023年第1期。
[2] 魏梦升、颜廷武、罗斯炫：《规模经营与技术进步对农业绿色低碳发展的影响——基于设立粮食主产区的准自然实验》，《中国农村经济》2023年第2期。

表 5 2019~2020 年 30 个省份农垦耕地面积

单位：公顷

省份	2019年	2020年	省份	2019年	2020年	省份	2019年	2020年
黑龙江	2965500	2972100	江苏	64300	64100	陕西	11100	11200
新疆	1629100	1629100	广东	38200	46500	山西	6400	6400
内蒙古	741000	748200	宁夏	41300	43200	山东	13000	5700
辽宁	160700	161400	上海	38100	38100	浙江	4200	3400
湖北	142000	143900	广西	33800	34700	天津	3000	2700
吉林	108400	108800	海南	34700	34600	北京	1400	1400
河北	99300	98200	青海	40200	31800	四川	3300	1000
江西	78500	79500	安徽	29600	29300	贵州	1000	1000
湖南	77900	77900	河南	24800	21900	福建	8100	900
甘肃	69300	70600	云南	12100	13500	重庆	300	300

资料来源：数据来源于 2020 年和 2021 年各地区统计年鉴（西藏未计入）。

（二）区位划分法

根据 2011 年国家统计局公布的地理区位划分标准，将 23 家区域农服中心覆盖省份以东部地区、中部地区、西部地区和东北地区进行区位划分，由于区域农服服务省份一般为 2~4 个，如果以区域农服中心驻点省份为依据进行区位划分，其合理性存在质疑，因此该部分指标赋值采用地理区位标准划分后的指标均值作为东部、中部、西部和东北地区各指标实际值。东部地区包括北京、天津、河北、上海、江苏、浙江、福建、山东、广东和海南 10 个省份；中部地区包括山西、安徽、江西、河南、湖北和湖南 6 省；西部地区包括内蒙古、广西、重庆、四川、贵州、云南、西藏、陕西、甘肃、青海、宁夏和新疆 12 个省份；东北地区包括辽宁、吉林和黑龙江。

1. 各地区"投入-产出"比重分析

图 1 展示了各地区的区域农服中心农业"投入-产出"指标的比重差异，4 条曲线分别表示 4 个区域的指标值情况，同一曲线上点的波动代表相应投入品（或产出）的投入（成本）或收益高低。因数量级的关系，本报

告将补贴、销售收入和农业碳排放三个指标做了取对数处理。在农业投入品配置上，主要投入表现在劳动用工、化肥和机械三个方面；在农业产出贡献上，若将补贴收入与销售收入之和视为总收入，东北地区农业补贴占总收入的比重最高，为11.07%，亩均补贴为233.05元；相对而言，西部地区农业补贴占总收入的比重仅为3.71%，亩均补贴仅为68.45元（见表6）。可见，当前我国农业补贴呈现一定的区域不平衡性，这一结果与我国农业补贴政策更倾向于粮食主产区以及将产量大省作为补贴试点的政策体系导向一致。非期望产出即农业碳排放占比高，反映出当前我国农业碳排放的数量巨大，也揭示了农业碳减排潜力巨大，碳减排作为生态系统的重要一环，对于我国实现碳达峰和碳中和目标极具战略意义。

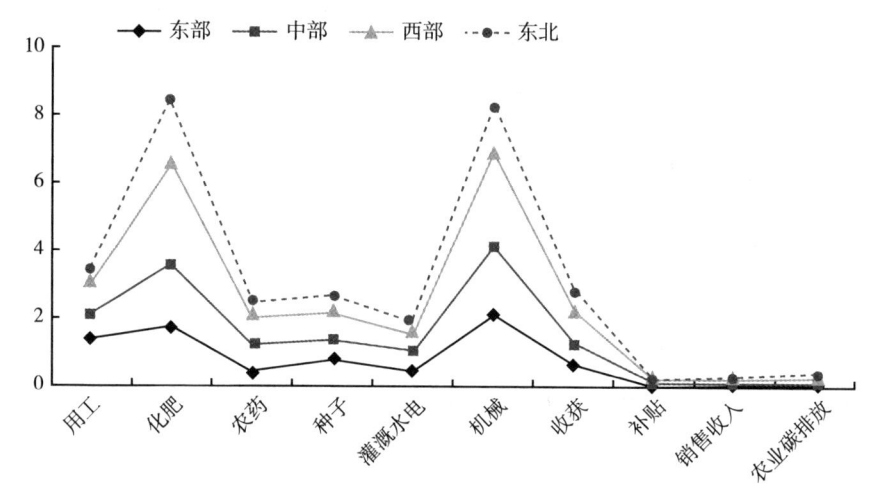

图1 2022年各地区农服托管"投入-产出"指标比重

2.各地区"投入-产出"指标值

表6报告了各地区的区域农服中心投入和产出亩均实际价格（数量）。结果显示，农服托管粮食生产投入成本主要体现在劳动用工、化肥和机械作业。中部地区的平均土地托管面积不足百亩，化肥、农药成本和灌溉水电费用仍处于高位，反映出中部地区农垦托管土地范围有限，不足以达到生产经营的规模效益；相比之下，西部地区虽然在化肥、农药、种子和机械等生产

资料上投入成本偏高,但是该地区2022年粮食托管销售收入亩均可达1778.15元,产值增加的优势可以部分抵消掉投入成本的增加,也能实现增收提效。东北地区耕地大面积投入的同时具备生产的规模经济,劳动用工费、农药费、种子费、灌溉水电费和产中机械作业成本远远低于其他地区,粮食价格是中部地区的1.24倍。这充分体现"北大荒农服模式"在垦区内和省外逐步形成"双控-服务"的投入品采购体系和产品销售体系,在粮食和农产品销售环节增加收入的运行成效。由黑龙江省域内向周边辐射扩展,增强对周边区域的辐射带动,全面推进垦地合作,拉动地方经济增长。

表6 2022年各地区农服托管"投入-产出"地区差异

地区	耕地	劳动用工	化肥	农药	种子	灌溉	机械	收获	补贴(元/亩)	销售收入(元/亩)	碳排放(kg)
东部	173.70	138.75	169.75	49.38	74.58	45.00	218.50	67.50	145.75	1572.20	9208.57
中部	80.07	73.33	191.67	69.17	62.67	56.67	192.83	60.83	168.67	1504.35	4596.02
西部	261.65	90.91	294.91	83.73	78.18	51.36	278.14	97.27	68.45	1778.15	17770.83
东北	599.55	55.80	193.26	40.70	51.50	40.50	134.65	68.28	233.05	1871.35	32381.06

3. 各地区农业绿色生产效率的测算与分解

为具体探究各地区农服托管土地的农业绿色生产效率情况,以生产要素投入和产出均值为依据进行测算,表7给出了东部、中部、西部和东北地区的区域农服中心2022年农业绿色生产效率的分解结果。如果将区域经济水平纳入考量范围,规模报酬可变(VRS)情形下,农业绿色生产效率(PTE)反映的是决策单元(DMU)在最优规模时投入要素的生产效率,结果显示各地区农业绿色生产效率值均大于1,具体的,纯技术效率值由高到低依次为:中部地区>东北地区>东部地区>西部地区。说明区域农服托管土地生产是实现农业高效率生产的有力保障。农服模式为中国特色农业现代化奠定基础。如果不考虑区域经济因素,规模报酬不变(CRS)情形下,农业绿色生产效率(TE)反映的是对决策单元(DMU)资源配置能力、资源使用效率等综合衡量与评价,由高到低依次为:中部地区>东北地区>东部地区>西部地区。规模效率（SE）结果显示，除中部地区外，基本实现规模效率，中部地区规模效率值不足0.8，纯技术效率值却达到2.12，说明中部地区农业生产非期望产出的污染值低，间接提高了其综合绿色生产效率。因而，中部地区应优化土地托管布局，实行土地连片种植和统一管理，降低机械化生产成本，从而达成生产规模经济。

表7　2022年区域农服绿色生产效率的分解结果

地区	TE(CRS)	PTE(VRS)	SE
东部地区	1.06	1.08	0.98
中部地区	1.55	2.12	0.73
西部地区	1.01	1.03	0.98
东北地区	1.46	1.49	0.98

四　结论及政策建议

本报告首先给出农业绿色生产效率测算的方法和指标体系，运用考虑非期望产出的SBM模型测算了2022年北大荒农服集团下属23家农服中心的农业绿色生产效率值，探究农服中心土地托管服务对于农业绿色生产效率的影响，提出各个区域农服中心下一步生产效率的优化方向和改进目标。接下来，利用自然断点法将区域农服中心绿色生产效率划分为低、中、高3个维度，并依据我国区划标准，分析比较东部、中部、西部和东北地区的区域农服中心投入与产出差异，提出农业绿色生产效率的提升策略。

研究发现，农服托管农业生产成本集中体现在劳动用工、化肥和机械投入三个环节，农业碳排放所占比重高，农业补贴呈现区域不平衡；同时，土地托管能显著降低农业生产成本，提高农业绿色生产效率，劳动用工、化肥、种子、灌溉、机械等生产资料投入均有所减少，农产品销售收入增长显著。区域差异分析结果显示，当前农服中心托管土地生产的高效率区主要分布在东北、中部和西部地区，具有显著的以垦区为中心带动周边生产的空间溢出效应；东北地区已基本形成低成本、高产出的规模经济，中部地区综合农业绿色生产效率高于东北地区，然而规模效率处于低位。

基于上述实证分析结果，本报告提出以下促进区域服务中心农业绿色生产效率提高的政策建议。（1）重视和研究区域农服中心的个体差异化选择和需求，如哈尔滨和九三可以适当增加种子投入；佳木斯和露一手建议在保证作物产量基础上将资金投入向有机肥倾斜；华南适当减少劳动用工、种子和机械投入；云贵川适当减少农药成本以及机械投入；安徽小岗适当减少劳动用工、农药、种子和机械投入；建三江应进一步优化种子和机械投入两个环节的资源配置；陕甘宁则需要注重提高化肥和种子利用率。（2）在垦地合作中统筹推进农业科技园区与农业基地建设、农业现代化与新型农业社区建设、农业农村生态文明整体提升。在种植方式上，改变产量导向，统筹兼顾土地生产率与地力保护，在销售环节增加收入，帮不愿种地的农户流转、帮愿意种地的农户托管、帮村集体增加经济收入，真正提高国家粮食安全的自主控制力。

农业服务篇

B.10
打造现代化为农服务体系

——浙江省农村"三位一体"改革的调研报告

邵 峰 陈国彪[*]

摘　要： 农村"三位一体"改革是习近平总书记在浙江工作期间亲自倡导推动的一项农村改革。调研报告对这项改革17年来取得的进展和成效做了全面总结，对当前面临的问题和困难做了深刻分析，提出了持续深化改革的对策建议：（1）加强农村"三位一体"改革工作的组织领导；（2）深化农村"三位一体"配套体制的联动改革；（3）推进农村"三位一体"组织体系的规范建设；（4）强化农村"三位一体"为农服务的综合协同；（5）探索农村"三位一体"合作经济的创新发展；（6）增强农村"三位一体"体制机制的法治保障。

关键词：　"三位一体"改革　农合联　为农服务现代化

---

[*] 邵峰，浙江省人大常委会委员、农业与农村委员会副主任委员，主要研究方向为农村经济体制改革；陈国彪，浙江省人大常委会农业与农村委员会办公室二级调研员，主要研究方向为农村经济体制改革。

构建生产、供销、信用"三位一体"新型农村合作体系（以下简称农村"三位一体"改革），是习近平总书记在浙江工作期间亲自点题倡导、亲自部署推动的一项基础性、综合性农村改革。17年来，历经服务工作协作、联合组织构建、赋能强能建设为主要特征的三个阶段，浙江省农村"三位一体"改革在"实践—认识—再实践"的螺旋式上升中不断取得新共识、解决新问题、形成新经验、实现新进步。2023年初以来，调研人员先后赴省有关单位、各设区市、30多个县及部分乡村循迹溯源，了解情况，分析问题，听取意见，研讨对策，形成如下调研报告。

一 推进农村"三位一体"改革的主要工作及成效

自2006年以来，浙江省各地结合实际开展农村"三位一体"改革，按照组织化、市场化、社会化、平台化原则推进组织联合、资源聚合、功能拓展、体系构建改革成效不断显现：农业生产服务能力日趋增强，农资和农产品流通效率日益提高，农业经营主体融资更加便捷，小农户、微主体与现代农业有机衔接，呈现以"服务强农"支撑"科技强农""机械强农"新态势，推动了农业产业体系、生产体系、经营体系现代化迈上新台阶。

（一）健全领导体制，农村"三位一体"改革工作持续深化

浙江省历届省委省政府高度重视和系统推进农村"三位一体"改革，建立党委政府领导、农办牵头、供销社衔接、相关各方协同的领导体制和工作机制，多次召开部署会、推进会和现场会，深化认识，凝聚共识，总结经验，部署工作，推动改革由点到面逐步推开；出台多个专项政策文件，加强改革顶层设计，搭建改革四梁八柱，深化体制机制创新。市县两级将农村"三位一体"改革纳入全面深化改革的重点内容，组建改革领导小组，列入党委政府目标责任制考核，制定任务细化表，绘制作战路线图，建立例会分析、进展督查、情况反馈等工作制度，有力地保障了各项改革措施落地见效。全省各级坚持把深化农村"三位一体"改革作为完善统分结合双层经

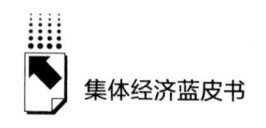

营体制这一农村基本经营制度的重大举措，推进农民合作经济组织联合发展，建立农民合作经济组织联合会（以下简称农合联），建设生产供销信用"三位一体"为农服务体系。不断推进配套改革，深化供销合作社改革，推动供销合作社在农合联平台上扩大合作领域、建设服务龙头、发展为农服务；创新农村金融体制，建立以农合联为平台的"信贷+担保+保险"相配套的金融服务体系；深化涉农行政管理体制和涉农公共资源配置机制改革，转变政府涉农部门职能和涉农公共服务方式。

（二）构建联合组织，农村"三位一体"组织体系不断健全

针对农民合作社等新型农业经营主体规模偏小、竞争无序、实力低弱等实际，积极引导农民合作社等加入农合联，推动农民合作经济组织由单体发展、无序竞争向整体发展、联合竞争转变。一是组织系统全面建立。在2014年7县先行试点、2015年20县首批推开、2016年全省全面铺开基础上，2017年8月全省自下而上将6.61万个农民合作经济组织和各类涉农服务组织（企业）组织起来，组建了1个省农合联、11个市农合联、84个县级农合联和924个乡镇农合联，形成了横向到边、纵向到底的农民合作经济组织联合发展新格局。二是合作机制逐步完善。省、市、县三级农合联普遍建立并积极运营农民合作基金、资产经营公司，争取各级政府安排到位农民合作基金引导资金8.42亿元，推动资产经营公司以农民合作基金为支撑、联合农合联会员合作共建服务主体，构建了"主体共建、事务共商、服务共享、利益共得"的合作服务新格局。三是规范程度不断提高。省农合联制定农合联组织、合作社会员规范化建设实施意见，联合农信机构在全省开展合作社会员星级评定和分类管理。制定农村"三位一体"综合合作标准，推动农合联组织和服务走向标准化新格局。

（三）搭建服务平台，农村"三位一体"服务体系加快建设

针对服务资源分散、服务协同困难等情况，积极推动农合联内部服务资源聚合协同、外部服务资源联合协作，打造专业分工、综合协同的为农服务

公共平台。一是综合服务体系持续建设。按照"区域全覆盖、服务高效率"和县域特色产业"一业一联"的要求，推进区域农合联通用性服务和产业农合联专业性服务经纬衔接的新型农业社会化服务体系建设，累计建成区域农事服务中心374家、产业农合联397家。长兴县建设集政府部门服务、生产服务、供销服务、信用服务于一体的为农服务中心，统筹协调县域内为农服务资源，入驻单位28个，常驻服务人员46人，常规服务内容40项。二是生产服务水平持续提升。建立"专家团队+产业农合联（联合社、产业协会）+合作社（企业、家庭农场）"的新型农技推广服务体系，如武义生猪、云和雪梨等一大批产业农合联拥有了"一业一专家团队"科技服务。三是供销服务水平持续提升。各级农合联共建成或托管农批（农贸）市场127家，建设城乡商贸服务中心143家、消费品连锁经营门店2.2万个，定期举办农业节庆活动，农产品流通骨干作用日益显现，如柯桥区农合联联合邮管局、邮政公司、有关镇街探索"政府主导、供销社牵头、合作运营、共富惠民"农村物流配送网络建设运营机制，打通农村物流配送"最后一公里"。四是信用服务水平持续提升。推动农信机构开展"丰收农合通"业务，为农合联会员合作社提供100万元以下免担保信贷服务，向4.3万个农合联会员授信，截至2023年8月末，贷款户数3.11万户、贷款余额199.11亿元。推动省农信担保公司建立83个基层办事处（代办点），截至2023年8月末，累计为农合联会员提供担保贷款1.63万笔、金额达65.9亿元，有效破解了贷款难贷款贵、担保难担保贵问题。联合保险公司健全农村保险服务体系，扩大农业共保覆盖面，发展特色农业保险，如临安的山核桃降雨指数保险、慈溪的西兰花价格指数保险、温岭的惠农宝田间作业责任保险等一大批惠农保险险种应运而生。

（四）创新合作方式，农村"三位一体"合作经济积极发展

针对小农户游离于现代农业之外、生产主体难以分享加工流通环节利益等情况，依托农合联平台，发展新型合作经济，建立合作共富的利益联结机制。一是创新培育合作主体。实施小农户入社、家庭农场入社、合作社联合

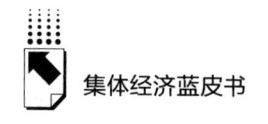

"三大行动"，推动实现户户皆合作、社社皆联合。全省培育示范性家庭农场近9000家，培育农民合作社国家级示范社223家、省级示范社589家，让更多小农户、家庭农场分享合作红利。二是创新合作经济方式。以产业农合联为载体，发展产业链合作经济。瑞安市农合联围绕滨海10万亩花椰菜基地，配套发展冷库保鲜、包装销售、质量检测、技术培训、农业保险等服务，形成集技术、种植、植保、销售等于一体的统一服务产业带，带动4000多农户增收。以乡镇农合联为牵引，通过业务对接、资本对接、智力对接打造一批共富乡旅、共富菜园、共富加工、共富直播间、共富学堂等多种"农合联+共富工坊"创新模式。三是创新集体经济发展方式。各地农合联积极参与发展新型农村集体经济，如温州市瓯海区农合联联合102个薄弱村牵头成立强村公司，7年来累计为入股村集体带来分红5994万元，该做法入选浙江省强村富民乡村集成改革典型案例。

（五）推进赋能强能，农村"三位一体"组织平台全面提能

围绕农合联组织提能升级，积极推进数字、制度、品牌、党建等赋能强能。一是强化数治能力。推进数字农合联"浙农服"平台建设并上线浙里办App、浙政钉App，完善生产、供销、信用等服务的应用场景及协同机制，"浙农服"被评为浙江省数字化改革"最佳应用"，荣获2021年度浙江省改革突破奖铜奖。二是强化合作能力。构建以农民合作基金为投资引领、资产经营公司为众筹服务、农合联会员和村社组织为主体力量的新型合作经济发展机制，省、市、县三级农合联引领会员参股投资了33个涉农项目、总投资额达4.9亿元。三是强化引领能力。强化党建引领，如临海市农合联探索"全产业链"党建模式，以"产业链党支部+党小组"形式，在生产、加工、销售等环节设置党小组，把基层党组织战斗堡垒作用和党员先锋模范作用渗透到产业链各个环节，为农合联增添"红色引擎"；强化品牌引领，依托农合联平台全力打造区域农业公用品牌，建设运营湖州两山、嘉田四季、会稽山珍、金农好好、三衢味、舟叁鲜、丽水山耕等农业公共品牌36个，形成全产业链一体化公共服务体系。

二 当前农村"三位一体"改革的主要问题及困难

调研中我们发现，当前"三位一体"服务与农村基本经营制度的巩固完善、新型农业经营主体的服务诉求、全体农民共同富裕的制度供给存在不小的差距。

（一）对农村"三位一体"改革本质属性认识还不够到位

不少地方将农村"三位一体"改革误解为供销合作社改革，尚未真正认识到农村"三位一体"改革本质上是农村基本经营制度的深化创新及农业生产组织方式的变革重塑、为农服务供给方式的迭代升级，这就导致在实际工作中，尚未将农村"三位一体"改革摆在重要位置从而有机融入"三农"工作大局，缺少统一谋划、整体部署、协同推进，突出表现在以下方面：农村"三位一体"改革领导体制和工作机制不够健全，农办作为牵头部门，对深化农村"三位一体"改革、发挥农合联平台作用和深化农技推广体制、农村流通体制、农村金融体制、涉农行政管理体制、农业公共资源配置机制等配套改革研究不多、推进不力；对农村"三位一体"改革"一体两翼"（一体：农合联；两翼：为农服务、合作经济）总体架构的顶层设计认识不到位，以致对农合联组织存在的必要性和组织方式的合理性不够坚定，有的甚至以为单一的工作性改进就可以替代整体的制度性创新；尚未将农合联作为推动农业社会化服务主体提高组织协调度、开展协同服务的大平台，存在农业农村部门和供销社"自抓自、各管各"的"双线运行"现象，以致近年来在县域为农服务中心建设和运管中缺乏统一部署和一致行动。

（二）农村"三位一体"组织平台作用发挥还不够有效

县级以上农合联执委会由同级供销社组成，解决了农合联有人管事、有钱付薪问题，但也形成了供销社经济实力、体制活力、人员能力状况决定农合联实际运行水平的局面，而乡镇农合联未成立执委会，实际运行牵

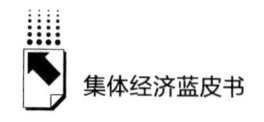

头单位主要是乡镇农办、基层供销社、农民合作社及联合社、为农服务企业等，运行情况更是参差不齐。农合联平台缺乏懂农业技术、数字技术、资产运营等专业人才，尤其是缺乏合作经济人才，农合联平台的有效运行缺乏人才保障。不少农业社会化服务主体对农合联平台的作用不甚了解，加之不少地方农合联本身服务功能不强、协同机制缺乏、服务标准及评价机制缺失，平台作用尚未有效发挥。农业社会化服务主体利用农合联平台聚集服务功能、开展服务工作的积极性和主动性不高，仍然存在各自为战、无序竞争的局面。

（三）农村"三位一体"运行制度机制建设还不够完善

农合联作为社团组织（具有非行政、事业、群团性质），具有加入便捷性、成员多元性、功能包容性、运行公益性等优点，但也存在一些诸如党政干部兼职、财政支持资金下达等与现行制度不相吻合的不足。不少地方农合联农民合作基金、资产经营公司两项制度尚未有效运作，农民合作基金到位率偏低，资产经营公司只有供销社社有资金和农民合作基金（实际是政府引导资金）入股，并因参照国企管理，面临资产保值增值压力，投资为农服务项目动力不足，特别是带动会员小资本参股发展涉农项目的引领众筹作用尚未普遍发挥。政府向农合联委托、购买为农服务事项尚未普遍开展，农合联平台服务功能尚不完善。

（四）农村"三位一体"合作经济创新发展还不够积极

农合联作为新型农民合作经济组织，在建立产权、提供服务、组建团队、搭建数字平台，带动会员发展新型合作经济上尚未普遍发挥作用，突出表现在以下方面：尚未普遍开展规范建设会员合作社的辅导工作，对会员合作社发展壮大的指导和服务不够；尚未有效利用农民合作基金、资产经营公司建立合作投资服务机制，对各类会员参股产业链、供应链、服务链和乡村产业综合体等新型合作经济的引领和带动不够；尚未充分发挥农合联在发展新型合作经济方面的优势，对会员企业、会员合作社联合村经济合作社、相关企业共同参股组建共富工坊、强村公司的带动不力,在引入龙头企业、人才推介、项目论证、技术辅导、金融供给、指导监督等方面的服务不足。

(五)农村"三位一体"组织成员规范建设还不够有力

农民合作社作为农合联的主体成员,既有"三会"制度运行不正常、重大事项决策不民主、财务管理不规范、盈余分配不执行、风险防范不到位等问题,也有规模小、层次低、实力弱,带动社员在标准化生产、农产品销售、加工项目推进等方面服务能力不足问题,直接影响了农合联服务作用的有效发挥和实际工作的正常运行。这也反映出主管部门在合作社规范化建设、辅导员制度实施上还存在明显不足,农合联在会员合作社人员培训、经营监管等方面存在制度上和工作上的明显不足。

三 深化农村"三位一体"改革的主要对策建议

当前,农村"三位一体"改革已步入配套改革全面深化、制度创新整体推进的深水区,需要进一步凝聚共识、增强合力、取得突破。

(一)切实加强农村"三位一体"改革工作的组织领导

充分认识农村"三位一体"改革作为农村基本经营制度深化完善的本质属性和在谱写共同富裕、中国式现代化浙江篇章中的重要作用,作为各级各部门忠实践行"八八战略"的政治责任、奋力打造"重要窗口"的生动实践、全面推进"两个先行"的重要举措,将深化农村"三位一体"改革纳入全面深化改革。健全和落实党委政府领导、农办牵头、供销社衔接、相关各方协同的领导体制和工作机制,扎实做好顶层设计、政策制定、部署推进、指导监督等改革工作。将农村"三位一体"改革列入各级党委政府目标责任制考核,完善例会分析、进展督查、情况反馈等工作机制。有关部门要全力支持农村"三位一体"改革,强化工作和要素保障。广泛开展宣传培训,尤其要让从事农村"三位一体"改革的干部及农合联工作人员真正

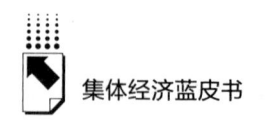

理解"为什么要改、改什么、怎么改"等关键问题,当好改革的"明白人"和"领头羊"。

(二)着力深化农村"三位一体"配套体制的联动改革

统筹推进农业经营、农村供销、农村金融、涉农行政管理、涉农公共资源配置等体制机制配套改革,推进农业社会化服务体系实现组织化、平台化、协同化转型升级,构建"服务强农"体制。健全农村集体资产、土地经营权和农用资产等农村产权交易服务体系、农业经营人才培育培训体系、农村创业支持服务体系,促进新型农业经营主体实现年轻化、知识化、职业化。建立健全"农技专家团队+科技特派员+产业农合联+新型农业经营主体"的新型农技推广体系和"购销企业+4S店"的农机具供销服务体系。深化供销合作社、农信机构体制改革,推动供销合作社及社有企业与农合联相关会员联合打造现代供销服务体系,推动农信机构完善普惠金融服务机制,探索农信机构吸纳符合条件的农合联会员联合参股、发展新型农村合作金融。深化政府涉农部门职能转变和涉农公共资源配置方式创新,完善委托、购买及监督、检查等机制。

(三)深入推进农村"三位一体"组织体系的规范建设

坚持农有、农治、农享,不断完善和规范运行各级农合联治理制度,健全农合联执行委员会的工作协调制度和日常运行机制。完善农合联农民合作基金、资产经营公司两项制度,探索农民合作基金有效运行机制和资产经营公司有效运作方式。推进农合联会员规范化建设,支持农合联受托落实新型农业经营主体辅导员制度,引导各类为农服务主体和新型农业经营主体加入农合联。深化"乡村大脑"统领下的数字农合联"浙农服"平台建设,构建农合联众方共生、信息对称、多跨协同、高效运行、整体智治的运管格局。加强对农合联建设的党建引领,更好发挥农合联党组织和党员在开展为农服务、发展合作经济、带动农民共同富裕中的引领和服务作用。

（四）不断强化农村"三位一体"为农服务的综合协同

推动政府部门、事业单位、供销组织、金融机构、工商企业、社会团体等各方为农服务资源有效聚合，健全区域农合联通用性服务与产业农合联专业性服务合理分工、综合协同的新型农业社会化服务体系。支持县级、乡镇农合联建设和运管农事服务中心，打造通用性服务平台，发挥为农服务统筹协调作用，支持产业农合联打造专业性服务平台，开展农业全链条全周期全要素服务。按照实施"科技强农、机械强农"行动的要求，完善相关服务配套协同机制。推动供销合作社、商贸企业等农合联流通服务会员参与农村现代流通体系建设，创新农产品流通服务方式。推动农信机构、担保机构、保险机构等农合联金融服务会员创新农村信用服务，建立生产经营与金融服务协同、金融服务与相关服务协同以及信贷、担保、保险协同的良性机制。

（五）积极探索农村"三位一体"合作经济的创新发展

发展"点型"合作经济，鼓励农合联农民专业合作社会员吸纳家庭农场、小农户入社，支持农合联家庭农场、有关企业等会员领办、参办农民专业合作社和其他为农服务组织，引导同类农民专业合作社组建农民专业合作社联合社，探索村经济合作社加入乡镇农合联、组建村经济合作社联合会及强村公司的集体经济联合发展方式，努力形成"户户皆合作、社社皆联合"的共创共富格局。发展"链型"合作经济，推进以产业农合联为载体的农业产业化联合体建设，引导产业农合联加工流通龙头企业吸纳会员联合参股，建立规模增效、降本增效、品牌增效的利益共享机制和按交易额（量）返利、按股分红的二次分配机制，构建全产业链利益共同体。发展"群型"合作经济，推进以区域农合联为载体的农合联会员、村经济合作社、相关企业合股的乡村产业综合体建设，带动乡村小微组织、农户等就地创业发展。建立以农合联资产经营公司为主体，农民合作基金为支撑的引领和众筹农合联会员、村经济合作社、相关企业等合作投资的服务机制。

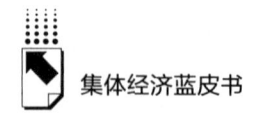

（六）重视增强农村"三位一体"体制机制的法治保障

认真贯彻落实浙江省人大常委会通过的持续深化农村"三位一体"改革的决定，坚持目标导向、问题导向、效果导向，盯住系统化，助力助推配套改革顶层设计、政策制定、落地落实；盯住体系化，助力助推目标体系、工作体系、政策体系、组织体系、考评体系等有效衔接、聚合用力、一体贯通；盯住数字化，助力助推农合联组织运管和为农服务透明诚信、普惠精准、便捷高效。进一步总结成熟经验，转变固化上升为规范化制度，争取在农村"三位一体"改革20周年之际出台地方性法规，把立法决策和改革决策更好地结合起来。认真践行全过程人民民主，充分发挥各级农业农村代表和特聘专家智库的作用，坚持深入基层一线，汇聚民声民意民智，为党委政府决策提供人大视角和人大力量。更好地发挥法治固根本、稳预期、利长远的保障作用，切实引领农村"三位一体"改革始终在法治轨道上有力、有序、有效运行。

B.11
"农服组织+职业农民+村集体"

——基于山东省汶上"合伙种粮"模式的调研

河北农业大学 北京市农研中心联合课题组[*]

摘　要： 山东省汶上"合伙种粮"模式催生了一个新的职业群体——职业农民。汶上县职业农民呈现新时代的典型特征：一是经营规模化；二是生产专业化；三是收入稳定；四是职业认同。"垦地合作"过程中与职业农民合伙种粮破解了当地地价攀升痛点。该模式中职业农民是"垦地合作"中最活跃的要素；村集体是"垦地合作"的组织者和协调者；北大荒粮好是"垦地合作"的技术支持和服务供给主体；共担风险、共享收益的利益联结机制是职业农民稳定从业的动力。汶上"合伙种粮"模式对"垦地合作"有以下启示：(1) 中国农业生产规模化有效探索需要职业农民支撑；(2) "垦地合作"需要注重职业农民的培育；(3) "垦地合作"过程中要强化村集体对职业农民的服务保障作用；(4) 完善国有企业服务平台，增强职业农民与农服组织黏性；(5) 处理好农服组织与种粮大户（经营型职业农民）的关系；(6) 模式推广要对地方要素条件进行科学评估。

关键词： 职业农民　垦地合作　合伙种粮

---

[*] 课题组组长：赵邦宏。参加人员：王哲、陈雪原、刘瑞乾、张亮。执笔人：吕雅辉，河北农业大学经济管理学院硕士生导师，博士，研究方向为农业产业经济、农村与区域发展；吴曼，河北农业大学经济管理学院硕士生导师，博士，研究方向为合作契约；刘瑞乾，北京市农村经济研究中心计财处处长，高级会计师，研究方向为农村集体资产管理、农业社会化服务、内部控制建设。感谢北大荒冀鲁豫区域农服中心高东旭、赵汝学的指导和支持。感谢汶上县农业农村局相关领导给予的支持与帮助，但文责自负。

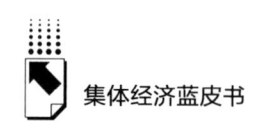

一 基本情况

汶上县是中国的产粮大县，粮食种植面积常年稳定在150万亩左右，粮食年总产量自2008年开始在波动中增长（见图1），2012年至今稳定在60万吨以上，农业产值在农业经济中占有重要地位。

汶上"合伙种粮"模式是北大荒冀鲁豫区域农服中心[①]在山东省汶上县的创新实践。该模式以北大荒粮好[②]为实施载体，汇聚双方优势资源，共同推进农业社会化服务。其中，北大荒提供先进的设备、技术、优质的生产资料、生产方案和服务标准，而济宁大粮农业服务有限公司则作为具体实施主体，与村集体和农户沟通，培养服务型、技能型职业农民，为农户（包括经营型职业农民）、村集体提供全方位的农业社会化服务。

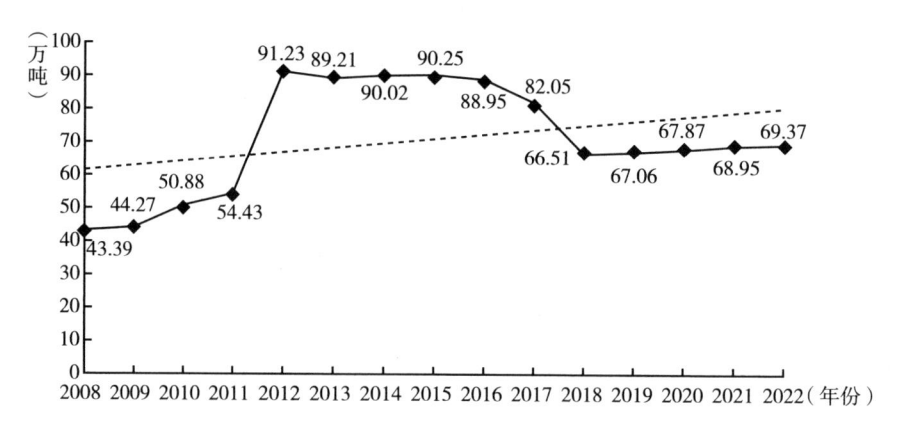

图1 2008~2022年汶上县粮食总产量变化情况

[①] 2021年，北大荒农服集团与山东粮好农业服务有限公司共同成立股份有限公司——北大荒粮好（河北）农业服务有限公司，是北大荒冀鲁豫区域农服中心的总部，其中北大荒占股51%，山东粮好农业服务有限公司占股49%。

[②] 济宁大粮农业服务有限公司是山东粮好农业服务有限公司在汶上县推广社会化服务的子公司，隶属于冀鲁豫区域农服中心，2022年后简称"北大荒粮好"，为便于理解各主体关系，报告中简称"大粮"。

汶上模式取得了显著成效。截至 2023 年 6 月，北大荒已在汶上县 14 个乡镇、81 个村开展全产业链全程托管服务，服务面积达到 11 万亩，实现统筹控制规模经营面积占全县耕地总面积的 13.25%。这主要得益于在当地制造业与农业生产社会化服务的快速发展过程中，共同催生了一个新的职业群体——职业农民，并且汶上县职业农民经过萌芽期、成长期、发展期的不断演进，呈现了新时代的典型特征（见图2）。

（一）汶上县职业农民历史演进过程

1. 萌芽阶段（2010年以前）

20 世纪 90 年代，汶上县是棉花种植大县，拥有纺纱厂、织布厂 30 多家，但规模较小、技术落后、产品相对单一，大批劳动力赴奉贤、金山、平湖等地区服装企业打工，据估计，汶上县在这些地区打工的工人最多时达 5 万人。在此背景下，农民在同村之间、亲朋好友间自发形成了代耕代种形式的土地托管。

2004 年，"中央一号文件"提出"用五年时间逐步取消农业税"，先后实施了农作物良种补贴、种粮农民直接补贴和农资综合补贴三项补贴政策。2006 年，全国范围内全部免除农业税，农业部和财政部共同实施"新型农民科技培训工程"。2008 年前后，上海凯托（集团）有限公司与汶上服装公司探索联营，在汶上县就近办厂。这一时期，汶上县劳动力就近转移速度加快，纺织服装产业实现爆发式增长，汶上县出现了一批以种粮为职业的农民群体。

2. 成长阶段（2010~2020年）

2010 年，汶上县纺织服装产业规模以上企业达到 28 家，服装加工能力达到 1.2 亿件，年产值 27 亿元，能够解决当地 70% 以上的农村劳动力就业问题。而农业生产成本高、农户家庭经营面积小、效益低，导致农民兼业化现象越发严重。农资公司开始由产前向产中转型，为农户提供生产服务。2010 年 9 月开始，汶上县供销社、农业服务公司、村委会探索对农民的土地进行托管服务，各乡镇基层供销社成立土地托管专业合作社和服务队，每支服务队配备 30 人，进行具体土地托管服务。

集体经济蓝皮书

职业农民萌芽（2010年前）

20世纪90年代出现江浙一带打工潮
2004年出现"民工荒"
2008年出现金融危机，返乡创业潮与汶上凯托（集团）有限公司汶上县服装公司联营

2004年，逐步取消农业税，土地撂荒现象出现
2006年，国家启动新型农民科技培训工程，返乡农业创业潮兴起

职业农民成长（2010~2020年）

2010年，汶上县纺织服装规模企业28家
2015年，汶上县纺织服装产业开拓线上线下融合营销模式，提升市场竞争力

2010年，汶上县供销社、农业服务公司、村委会共同提供托管服务
2012年，汶上县成为全国新型职业农民培育试点
2014年，农业托管服务"汶上经验"在全国推广

职业农民发展（2021年至今）

2021年，汶上县纺织服装产业规模以上企业达到61家，从业人员近6万人

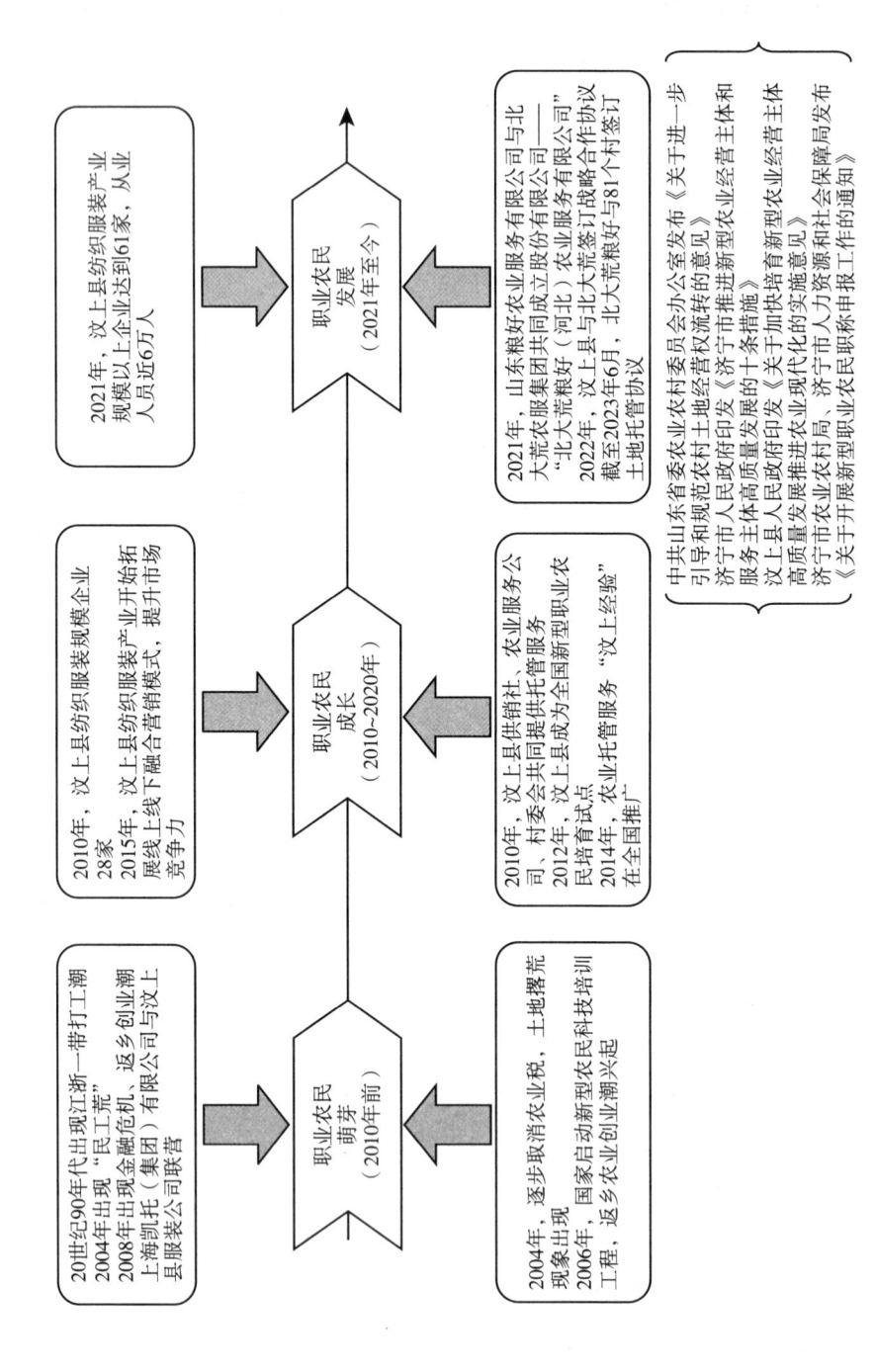

2021年，山东粮好农业服务有限公司与北大荒农垦集团共同成立股权（河北）农业服务有限公司——"北大荒粮好"，汶上县与北大荒签订战略合作协议
2022年，汶上县人民政府印发《关于加快培育新型农业经营主体高质量发展推进农业现代化的实施意见》
截至2023年6月，北大荒粮好与81个村签订土地托管协议

中共山东省委农业农村委员会办公室发布《关于进一步引导和规范农村土地经营权流转的意见》
济宁市人民政府印发《关于推进农业高质量发展的十条措施》
济宁市农业农村局、济宁市人力资源和社会保障局发布《关于开展新型职业农民职称申报工作的通知》

图 2　汶上县职业农民的历史演进过程

148

2012年,"中央一号文件"提出"大力培育新型职业农民",汶上县作为100个试点县之一开始实施新型职业农民培育工程。汶上县供销社、农业服务公司、村委会以此为契机,共同培养了一支职业农民服务队伍,为农业经营主体提供"保姆式"全托管一条龙服务和"菜单式"半托管服务,后来衍生出"托管+流转""托管+合作"等多种组合方式的农村土地经营模式,并在全国推广。截至2020年底,全县农业服务公司、合作社、家庭农场、龙头企业、农业协会等服务组织557家。随着汶上县土地托管的快速发展,以及国家2015年农业补贴政策的改革,2018年国家推出的针对种粮农民的农业大灾保险补贴,为职业农民的成长提供了良好的政策支撑。

3. 发展阶段（2021年至今）

2021年,汶上县纺织服装产业规模以上企业达到61家,从业人员近6万人,为汶上县农业社会化服务的迅速扩张提供了稳定的非农产业支撑。农业社会化服务公司以济宁大粮农业服务有限公司、中化现代农业、汶上县道立种植农民专业合作社等为主,为全县90%农户提供社会化服务。但由于土地流转成本的不断攀升,职业农民、农业社会化服务公司在规模扩张、降低全环节成本方面遇到了瓶颈。

2022年9月,汶上县与北大荒签订了"垦地合作"战略合作协议,大粮作为北大荒农业社会化服务在汶上县的实施载体,开启全程全产业链托管服务,截至2023年6月,已与81个村签订土地托管协议,服务面积达11万亩,而这11万亩主要由200多个职业农民负责经营管理。"垦地合作"为职业农民发展带来了新的机遇,职业农民也为"垦地合作"提供了坚实的人力资源支撑。

（二）新时代汶上县职业农民的类型

汶上县发达的制造业与农业社会化服务业,催生了三类新时代职业农民,他们以种粮为职业,守护着粮食安全。

一是经营型职业农民。经营型职业农民主要通过个人和家庭的前期积累或社会网络关系,积累了一定的资金和土地要素资源。在经营过程中,大粮为其提供全方位的托管服务。这些服务包括种子供应、农机服务、农业技术指导、病虫害防治、粮食收购等。这些服务不仅解决了他们在农业生产的产前、产中、产后全产业链中的各种问题,也大大提高了他们的农业生产效率。经营型职业农民在接受大粮的托管服务的同时,也需要负责粮食作物种植期间的精细化管理。需要根据作物的生长规律和气候条件,合理安排种植、施肥、灌溉、病虫害防治等工作,确保作物的高产高质。此外,他们还需要关注市场动态,合理安排粮食的销售,以获取更高的经济收益。在这个过程中,他们不仅提高了自身的农业技能,也积累了丰富的农业经营管理经验。

【典型案例:职业农民 A】

男,38岁,2005~2008年在海尔集团工作,2009~2016年,在汶上县唐阳煤矿国企工作,2016年停薪留职从事农业生产,当年种植的马铃薯受市场行情影响,赔本未获得收益。2017年开始在本村流转300多亩土地,并逐渐扩大规模,目前在汶上县有500亩、在聊城有4680亩土地。

职业农民A指出,他能够不断实现规模扩张主要得益于大粮的全程托管服务,自己付大粮900元/亩的土地托管费用,平时只要负责经营管理,看看小麦、玉米的长势,判断农时,决定什么时间打药、浇水、施肥、收获等,监督服务作业。资金不足的时候还可以依托大粮做担保,向银行贷款。

二是服务型职业农民。服务型职业农民主要是会种地、懂管理、有技术,但缺乏资金,无法获得土地,或者不愿意承担土地经营风险的农民,也称为农业职业经理人,主要分为两类。一类是受雇于大粮的服务型职业农民。大粮作为一个拥有丰富资金和土地资源的农业社会化服务公司,将通过村集体流转的小农户的土地分配给这些服务型职业农民,由职业农民负责全程管理服务,包括耕种、防治病虫害、收割等各个环节,他们的工作不仅需要执行公司的种植方案,还需通过自身的专业知识和技能,对小麦、玉米等生产进行精细化管理，提高农业生产的效率和质量。另一类是受雇于家庭农场主/种植大户的服务型职业农民。他们为家庭农场主/种植大户提供生产经营管理及技术服务，帮助家庭农场主/种植大户提高农业生产效率，从而获得相应的年薪+绩效奖励。

【典型案例：职业农民 B】

男，48 岁，原来从事农资行业，随着大粮等大的农业社会化服务公司的不断发展，小的农资公司逐渐被挤出市场，2018 年开始和大粮合作种粮。据访谈了解，大粮将每个乡镇、每个村模块化，派一个能力强的人，也就是由于没钱包不到地或是有钱找不到地的人和公司合伙种粮。职业农民 B 负责管理监督 2000 亩地的全生产、服务过程，最终获得除去土地、生产资料、服务成本的种粮纯收益，同时也作为大粮的业务员，为周边小农户、种粮大户提供农资、农机服务，获得业务服务提成。

三是技能型职业农民。这类职业农民主要是农机手，他们是农业生产社会化服务的关键执行者。农机手通过掌握和运用大粮提供的先进农机设备，为各村提供全方位的农机服务。他们的工作内容包括耕种、施肥、防治病虫害、收割等各个环节，主要赚取机械作业服务费。

技能型职业农民与经营型职业农民之间存在紧密的合作关系。经营型职业农民负责农作物种植期间的精细化管理。而技能型职业农民（农机手）则为他们提供技术支持和服务保障，帮助他们更好地进行农业生产经营。此外，技能型职业农民（农机手）还与服务型职业农民对接，为他们负责的土地提供农机服务。

【典型案例：职业农民 C】

男，45 岁，是大粮托管服务队农机手，主要依托大粮在冀鲁豫地区的 7 个服务中心和 24 个优质粮食生产基地，进行流动化作业。他指出："公司付我们工资，肯定不能闲着，不是说这里活干完了就没事干了，公司那么多

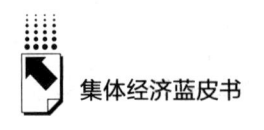

基地，各地农时不一样，哪里有活干我们就去哪里。""通过大粮，我们的作业时间有保障，能够获得7万~10万元的稳定年收益。作业效率高，一个小时（收割）二十五六亩地。"

（三）新时代汶上县职业农民的特征

新时代汶上县职业农民呈现新特征，真正回应了习近平总书记在2013年中央农村工作会议上提出的"让农业成为有奔头的产业，让农民成为有吸引力的职业"[1]。

一是经营规模化。汶上县职业农民经营土地面积普遍在300至500亩之间，真正实现了农业规模化经营。当地土地流转率接近80%，仅以郭仓镇为例，郭仓镇具有耕地4.4万亩，土地流转面积3.96万亩，土地流转率达90%，已培育种粮大户200余户、家庭农场67家、农民专业合作社93家。[2]在和政府相关人员访谈时他们谈道：

"在汶上，70亩以下的都是小农户，我们汶上的土地基本都流转了，无论是农民之间相互流转，还是流转给大户，在我们汶上你们所说的小农户基本不存在。"（受访者：汶上县农业农村局人员D。访谈日期：2023年1月19日）

"低于1000亩，那他肯定不是职业农民，或者应该说是半职业农民，他一定还有自己其他的产业。"（受访者：汶上县农业社会化服务公司管理者E。访谈日期：2023年4月1日）

二是生产专业化。汶上县职业农民对玉米、小麦种植管理技术熟练，使得他们在农业生产中展现出高度的专业化，他们还积极利用业余时间主动参加培训学习，来提升自身的专业技能。

在与基层工作人员和职业农民的访谈中，他们表示："在汶上，农民不仅仅是种地的农民，他们更是懂农业技术的专家。他们对玉米、小麦的种植

---

[1] 韩俊主编《新中国70年农村发展与制度变迁》，人民出版社，2019，第14页。
[2] 《2022年汶上县政府工作报告》及汶上县农业农村局提供数据。

管理有着深入的理解和熟练的技术，每个人的管理水平不同，那（他的）产量就不同，产量不同收入就不同，要想获得高收入，那你就得在管理上多投入。"（受访者：汶上县农业社会化服务公司管理者 E。访谈日期：2023年1月19日）

三是收入稳定。汶上县职业农民的收入较为稳定，以经营 300 亩土地的职业农民为例，在正常年份，其年收入为 15 万~20 万元。远高于汶上县纺织服装产业工人的年平均工资水平（4.2 万元）。也高于 2022 年山东省城镇居民人均可支配收入（4.9 万元）和汶上县城镇居民人均可支配收入（1.9 万元）。农业职业经理人，没有资金，凭借自身技术年收入也能够超过全县平均水平。

此外，土地每亩投保了 2000 元的国家政策性收入保险，签订托管合同后，不管是减产、绝产，可保每年两季的最低收入每亩为 800~1000 元。

"我在聊城包了 4000 多亩地，雇了 4 个人帮我管理，每年给他们开 7 万~10 万元基本工资，干得好了还给他们发奖金。"（受访者：汶上县职业农民 A。访谈日期：2023 年 4 月 2 日）

"我 2016 年停薪留职开始种植土豆，结果投入的钱全赔了，2017 年开始种地，一开始在汶上我们村加上周边村也就 300~400 亩，那一年赚了 20 万元左右。2019 年，我在滨州包了 620 亩地，滨州地租比汶上低点，900~950 元/亩，汶上地租太高了（1300 元/亩），2020 年遇到洪涝，也没挣到什么钱，但是保险理赔了 3 万元，加上玉米的收益，总体也没赔钱。2021 年，滨州（流转）的地才开始赚钱。"（受访者：汶上县职业农民 A。访谈日期：2023 年 4 月 2 日）

四是职业认同。在汶上县，农民是体面的职业，农业是有奔头的产业。因为他们收入稳定，并且有长期从事农业的意愿，表现出强烈的职业认同，以家庭为单位的跨区域流动很常见。

"汶上农民是一份职业，他们将农业当作一份生意、产业来做，这几年，在汶上想种地你都包不到，他们就去外县、外省包地，比如到河南、河北去包地种地。"（受访者：汶上县农业社会化服务公司负责人 F。访谈日

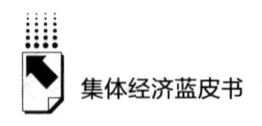

期：2023年1月19日）

"在我们汶上县，农民是一份职业，他们是有体面、有尊严的，职业农民开着汽车去种地这个（现象）很常见。"（受访者：汶上县农业社会化服务公司管理者E。访谈日期：2023年1月20日）

二 农服组织与职业农民"合伙种粮"破解"垦地合作"地价攀升痛点

（一）汶上县"垦地合作"的地价攀升痛点

2022年，汶上县"垦地合作"战略协议签订后，土地全程托管服务模式虽成效显著，但也出现了制约土地规模经营的痛点问题，即土地流转成本不断攀升。调查显示，汶上县土地流转费用从2017年的每亩1000元涨到2018年的1200元，然后以每年100元/亩的速度不断攀升，2022年竟高达1680元/亩。在和职业农民A访谈中他提到了土地流转费用不断攀升的过程：

"2017年我在我们村流转了300多亩地，流转费用1000元/亩，2018年继续向周边村流转土地，规模扩大到500多亩（流转费用1200元/亩），2019年，汶上扩大到600亩（流转费用1300元/亩），那年到滨州流转土地620亩（流转费用900~950元/亩）。2020年，由于汶上土地流转费用太高了，将汶上土地退了一部分，还剩300亩（流转费用1480元/亩），又到聊城流转土地580亩（流转费用950元/亩）。2021年，又在汶上扩了一点，有400亩（流转费用1580元/亩），滨州流转的土地都给退了，继续在聊城包地，有4000多亩（流转费用950元/亩）。2022年，汶上有500亩（流转费用1680元/亩），聊城土地面积达到4680亩（流转费用950元/亩）。汶上地价太高，实在种不了我就都退了，只能去外县种地了。"（受访者：汶上县职业农民A。访谈日期：2023年4月2日）

土地流转费用不断攀升将会扰乱社会秩序，增加职业农民经营风险，带来从业不稳定的隐患。

"农服组织+职业农民+村集体"

（二）与职业农民"合伙种粮"的利益联结机制

为破解农村土地地价高的痛点，汶上县创新了"合伙种粮"模式，截至2023年6月，已在14个乡镇的81个村开展服务试点。在这个模式中涉及农户、职业农民、村集体、北大荒粮好等多个主体。农业社会化产业链服务开展的前提是以村为单位整合经营主体，整理农户土地，然后由村集体将全村土地整建制委托给北大荒粮好开展农业社会化服务。其中农户、村集体以土地入股，北大荒粮好以资金、技术入股，并垫付生产资金，服务型（技能型）职业农民以技术（劳动力）入股。不同主体共担风险、共享收益，形成了稳定的利益联结机制（见图3）。

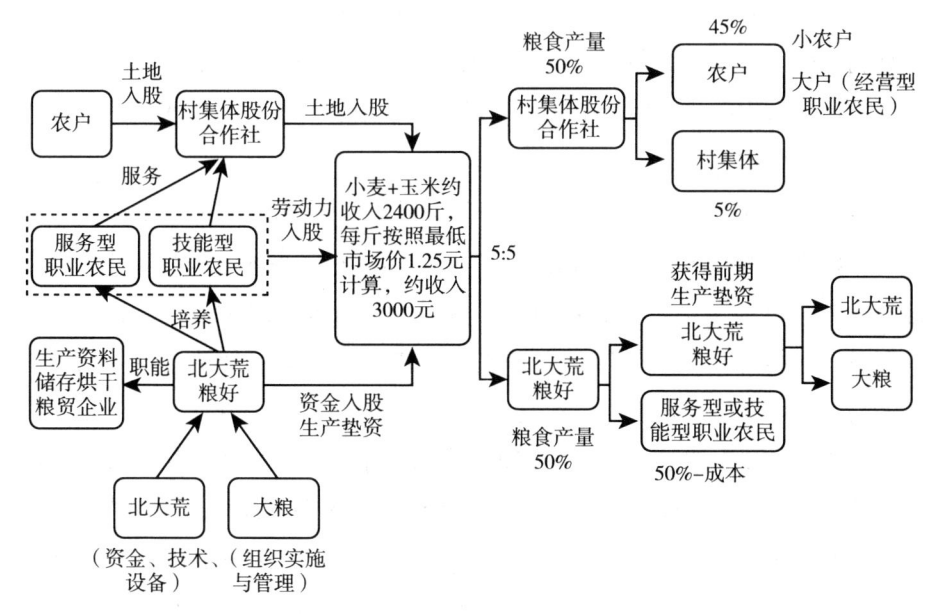

图3 "垦地合作"汶上"合伙种粮"模式中不同主体的利益联结机制

在汶上"合伙种粮"模式中，职业农民是"垦地合作"的重要人才支撑，是粮食安全的重要守护者。

首先，职业农民是"垦地合作"中最活跃的要素。粮食安全的关键是要多产粮、产好粮，职业农民作为粮食生产主体，他们的技术能力和服务水平直接影响到农业生产的标准化和规范化,其管理、技术能力决定能否多产粮、产好粮。经营型职业农民、服务型职业农民、技能型职业农民分别以土地、劳动力、技术等入股,成为村集体股份合作社的股东,参与农业生产过程,分享生产收益。职业农民是"垦地合作"中最活跃的生产要素,他们的参与,不仅提供了生产的基础资源,也提供了生产的主要劳动力,他们的管理能力和技术水平,直接影响着农业生产的效率和质量。因此,职业农民的培养和引导,是"垦地合作"成功的关键。

第二,村集体是"垦地合作"的组织者和协调者。村集体引导农户将土地集中流转或委托给村集体,村集体重新组织规划农村土地,并与托管主体签订协议。他们以土地入股,成为村集体股份合作社的股东,负责组织和协调农户、职业农民、北大荒粮好等多个主体的合作,保证"垦地合作"的顺利进行。村集体的角色,不仅体现在他们对土地的管理和利用方面,更体现在他们对农业生产的组织和协调以及在职业农民作业时对农业生产全过程的监管服务方面。

第三,北大荒粮好是"垦地合作"的技术支持和服务供给主体。北大荒粮好以资金和技术入股,成为村集体股份合作社的股东,提供农业生产所需的资金、技术、设备,并为生产全过程垫资,同时提供农业生产技术指导和服务,概括为"五统一"服务:统一对接订单、统一种植方案、统一农机调配、统一生资供应、统一粮食回收。这种模式不仅解决了农户和职业农民在资金、技术、设备等方面的短板,也使得农业生产能够得到持续、稳定的支持。同时,利用国有农业企业在农业生产技术和管理方面的优势,为农户和职业农民提供技术培训和指导,提高了汶上县农业生产的技术水平和管理水平,促进农业生产规模化、集约化水平提升,从而为粮食安全提供有力保障。

第四,共担风险、共享收益的利益联结机制是职业农民稳定从业的动力。在汶上"合伙种粮"模式下,农户、职业农民、村集体、北大荒粮好等各个主体的利益是紧密联结的,各主体通过合作,共担风险,共享收益,形成了一个稳定的利益联结机制。具体来说,以一年为期,将收获的粮食

（或粮食折价）五五分成，村集体股份合作社分50%，其中村集体分5%、农户45%；北大荒粮好扣除生产垫资成本，剩余全部分给职业农民。这种利润分配方式，既体现了各个主体对农业生产的贡献，也体现了他们对农业生产的风险承担。

三 汶上"合伙种粮"模式对"垦地合作"的启示

（一）中国农业生产规模化有效探索需要职业农民支撑

农业生产规模化是实现农业现代化的重要步骤，北大荒"土地统筹控制规模化"是中国粮食生产实现规模化的重要实践探索。在汶上县，这种规模化经营体现在两个层面：一是职业农民的规模化经营；二是国有企业对规模化经营的控制与服务。

首先，职业农民的规模化经营是实现农业生产规模化的基础。在汶上县，平均每个职业农民经营管理300亩土地。在社会化托管服务模式下，职业农民家庭经营每亩年均纯收入可以达到500多元，户均年纯收入为15万~20万元。这个收入水平高于当地城镇家庭的平均年收入，是激发粮食生产积极性的重要因素。即使对于只有70亩的小农户，其纯收入也能达到3.5万元/年，高于同县城镇居民人均可支配收入。其次，国有企业对规模化经营的控制与服务是实现农业生产规模化的关键。北大荒粮好通过村集体与粮食种植户签订土地托管服务合同，一方面利用村集体将农户土地集中，形成土地股份合作社，将土地"再次集体化"，从意识上强化了土地集体所有制；另一方面，通过北大荒国有企业实现整个区域土地经营服务规模化，汶上县试点村庄占比约23.41%，服务面积占比13.25%，实现控制经营面积占全县的13.25%，未来这一规模还将继续扩大。在这种控制+服务规模化下，可以对耕地保护做到"六个替代、六个全覆盖"。这是中国式粮食生产规模化的重要探索，不仅能够提高农业生产效率，也能够保护农业生态环境，为实现农业现代化提供有力的支撑。

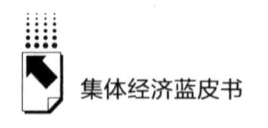

（二）"垦地合作"需要注重职业农民的培育

在农业农村现代化进程中，人力资源的重要性不言而喻。特别是在"垦地合作"模式探索推广过程中，尽管北大荒粮好提供了先进的农业技术、设备以及生产标准和规范，但实际上，真正执行种植规范标准并亲自下田耕作的，依然是职业农民。北大荒粮好通过精心选拔和培养，使这些职业农民成为农业生产和服务的专业人才，使他们不仅掌握先进的农业生产技术，更具备出色的经营管理能力，成为"垦地合作"模式的重要人才支撑力量，从而保障粮食安全。

因此，"垦地合作"需注重培育职业农民，但不能仅依赖于北大荒粮好，需要地方政府的参与和协调。首先，地方政府需要发挥组织协调和管理作用，配合北大荒粮好，职业农民的遴选、培养、认定、政策扶持都需要规范化、制度化，并需要对职业农民进行有效的监管。其次，通过制定相关的农业生产社会化服务管理办法、作业标准和合同标准，对农业生产社会化服务进行规范和约束，保障职业农民的权益。最后，积极探索农业保险模式，为职业农民提供风险保障，切实制定相关政策落实机制，激励、保障种粮职业农民收益的稳定性。此外，地方政府要积极探索制定职称评定、社会保障办法，为职业农民提供身份及社会保障，提升职业农民的从业稳定性。

（三）"垦地合作"过程中要强化村集体对职业农民的服务保障作用

村集体在"垦地合作"以及促进职业农民发展中扮演着重要的角色，不仅在土地组织、资金担保、生产监督、设施建设和生活保障等方面发挥了重要作用，更是小农户、职业农民与农服公司、地方政府之间沟通的桥梁。

首先，村集体通过对土地的重新组织和规划，为职业农民协调土地资源要素。这种协调不仅包括对土地的分配和利用，还包括对土地的保护和管理，以确保土地的可持续应用。其次，村集体能够为职业农民提供资金担保服务，帮助职业农民解决生产资金短缺问题。当然，还需要对资金使用进行监督，防止资金的滥用和浪费。再次，利用村集体与小农户之间的血缘、地缘、业缘"三缘"关系，帮助职业农民进行农业生产过程中道德风险监督，对经营过程中的纠纷进行协调化解，解决职业农民生产过程中的基础设施建设问题，并对设施使用进行管理和维护。此外，村集体通过与地方政府的沟通，能够更好地理解和执行地方政府的相关政策，也能够将农民的需求和问题反馈给地方政府，为政策的制定和调整提供参考。作为小农户、职业农民与农服公司、地方政府之间的桥梁，村集体能够帮助农民更好地理解和利用农服公司提供的服务，同时也能够将农民的需求和问题反馈给农服公司和地方政府，促进各方之间的沟通合作。村集体还能够通过与农服公司和地方政府的合作，引入更多的资源，为农民提供更好的生产条件和生活环境，推动农业生产的规模化和农村现代化。

（四）完善国有企业服务平台，增强职业农民与农服组织黏性

国有企业服务平台建设是农业规模化生产的重要支撑，通过完善区域农服中心，建立数字化信息服务平台，能够提高职业农民生产社会化服务水平以及信息和知识获取能力，增强职业农民与农服公司的组织黏性和从业稳定性。

首先，完善区域农服中心是实现农业规模化生产的关键。区域农服中心作为农业生产的服务和管理中心，提供全方位的农业社会化服务，包括机械设备存放、粮食烘干仓储、技术培训、信息交流等。这符合党的二十大和"中央一号文件"对加强区域农服中心建设的要求，有助于提高农业生产效率和效益。其次，建立完善的数字化信息服务平台是提高职业农民信息和知识获取能力的有效途径。通过数字化平台，职业农民可以随时随地获取农业生产相关信息和知识，解决生产过程中存在的问题，不仅有利于提高职业农民的生产效率，也增强了知识获取的便利性。此外，数字化服务平台还可以形成职业农民与农服公司的组织黏性，增强他们与农服公司的信任。通过平台，职业农民可以更好地与农服公司进行交流和合作，从而形成稳定的合作关系，提高职业农民的从业稳定性。

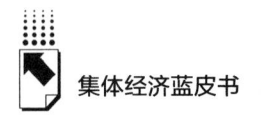

（五）处理好农服组织与种粮大户（经营型职业农民）的关系

处理好农服组织与种粮大户（经营型职业农民）的关系，是推进"垦地合作"的关键环节。在"合伙种粮"模式下，小农户、村集体、种粮大户（经营型职业农民）、服务型（技能型）职业农民、大粮公司、北大荒等各方主体都能够获得相应的收益，形成一种利益共享、风险共担的新型农业经营模式。然而，这一模式的推广并不一定能一帆风顺，可能会遭遇一些阻力。首先，需要认识到，原有的种粮大户可能会成为推广过程中的阻力。因为在"合伙种粮"模式下，一部分收益将会分配给村集体和小农户，这是一个利益再分配的过程，可能会受到大户的阻挠。因此，需要采取循序渐进的策略，避免激化矛盾，确保模式的顺利推广。其次，通过政策引导和激励，使种粮大户认识到"合伙种粮"模式的长远利益。虽然短期内，种粮大户的收益可能会有所减少，但长远来看，这一模式将会降低由于土地流转费用过高带来的经营风险，有利于实现农业农村共同富裕。

（六）模式推广要对地方要素条件进行科学评估

汶上县新时代职业农民的形成和"垦地合作"的成功实践，都具有一定的要素条件保障，汶上"合伙种粮"模式的推广应用还需科学评估当地的政治、经济和社会条件。可以从以下几方面考虑。（1）评估当地非农产业支撑能力。需要了解当地主导产业和新兴产业的可持续性和发展潜力，了解工商企业为农民提供的就业机会和支持程度。（2）评估当地土地流转进度。职业农民队伍的形成需要建立在农地高度流转的基础上，评估时要了解土地流转的进展情况，即小农户向农业以外部门的转移程度。这决定职业农民是否能够获得足够的土地用于规模经营和农业生产。（3）评估地方非农就业的稳定性。职业农民队伍的形成需要提供农村居民一个稳定的非农就业选择，以减少对传统农业的依赖。评估时需要考察当地非农就业机会的数量和质量，以确定是否存在足够的就业机会来支撑农民转型。（4）评估地方政府对职业农民的支持力度。地方政府的政策支持、技术培训、基础设施建设、市场服务和社会保障等方面的支持力度，都会影响职业农民的发展。因此，需要评估地方政府在这些方面的支持力度，以确定该地区是否有利于职业农民的发展和"垦地合作"模式的推进。

B.12
创新经营 强化托管

——农业社会化服务的定州实践

闫淑敬[*]

摘　要： 定州市通过政策引导、资金扶持、规范管理，农业社会化服务发展迅速。全市服务组织数量达2242家，服务农户20余万户，服务面积80.62万亩。亩年均节约农资生产成本和农机作业费100元、节约农药和化肥投入8%左右、节水50方以上，服务成效显著。但仍存在管理手段落后、服务标准不明确、服务效率不高等制约因素。政策建议：（1）夯实农业托管基础，广泛实施一村一品良种推广，开展整村或整区域托管试点；（2）延长产业链，组建行业协会，制定行业服务标准，采取服务质量奖惩措施；（3）升级管理手段，建立全市托管服务信息平台，提高服务水平，进一步引领小农户发展现代农业。

关键词： 农业生产托管　农业社会化服务　定州

定州是农业大市，地处平原，资源禀赋优越，素有"冀中粮仓"的美誉。全市耕地面积111.3万亩，主导产业为小麦、玉米、大豆等大宗粮油作物，农业生产托管发展迅速，农业基础较好。近年来，定州市委、市政府以促进小农户和现代农业有机衔接为主线，以培育农业服务业战略性大产业为目标，强举措、补短板、创思路，大力发展农业社会化服务。强化指导帮

---

[*] 闫淑敬，河北省定州市农业农村局农村经济和改革科科长，研究方向为农业生产社会化服务和发展壮大农村集体经济。

扶，注重示范带动，积极探索农业社会化服务的新业态、新模式、新机制。建立了市乡村三级服务体系，组建了定州市农业社会化服务托管联盟，创新工作方法，引入综合服务平台管理机制，不断提升管理能力和服务能力。引导农服组织开展多环节托管和全托管服务，致力于将先进品种、技术、装备、组织形式等现代要素集成导入农业生产全过程。目前，全市服务组织数量已达2242家，服务农户20余万户，服务面积80.62万亩，农民增收效果显著，取得了良好的经济效益和社会效益。定州市因农业生产社会化服务工作成效突出，在成都市全国农业社会化服务培训班上进行了典型发言。2021年11月，定州被农业农村部确定为全国社会化服务创新试点县。

一 主要举措和有效机制

（一）做好顶层设计，夯实服务基础

一是领导高度重视。市政府把农服工作列入了市政府工作报告重点任务，随时研究、分析解决发展中遇到的问题，每月听取进展报告。二是科技引领服务。设立院士工作站5家，引导农服组织与河北省农林科学院、河北农业大学植保学院等大专院校专家团队深度合作，依托20个科技成果示范转化基地，重点围绕农作物节水品种、新技术的试验示范和成果转化开展服务，提升农服全产业链科技含量，引领小农户进入现代农业轨道。三是强化组织体系。成立市级指导服务中心1个，乡级指导服务中心25个，村级综合服务站192家。农业社会化服务人员共计1379名，整合农村乡土专家300余名，重点围绕粮油作物，开展农资配送、配方施肥、统防统治、农作物病虫害预测预警、农机耕种收全程机械化作业、粮食烘干仓储、订单销售等一体化服务。切实做到了有机构、有人员、起作用、能服务。四是组建托管联盟。引导组建了定州市农业社会化服务托管联盟，强化行业自治监管，打造了集政策宣传、资源整合、信息共享、经验交流、质量约束为一体的服务平台。目前，加入联盟的农服组织达到126家。五是壮大服务主体。培育以

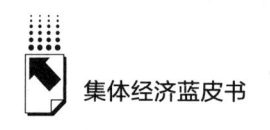

专业服务公司、服务型农民合作社、家庭农场、专业户、村集体经济组织等为主体的多元化服务组织，加大农机购置补贴力度，增强服务能力。农服组织培育万亩以上托管组织30家，省级农业生产托管服务示范组织22家，河北省农业生产托管服务品牌组织3家，河北省"十佳"农业生产托管服务品牌组织2家。农机具增长迅速，新增农机具1700台（套），新增无人机58架，无人机总量达230架，烘干塔保有量达到23座。服务能力显著提升。

（二）制定激励政策，加大扶持力度

一是设立引导资金，出台了《定州市推进农业高质量发展若干扶持措施》，大力支持农业生产托管服务。对新增托管规模200亩以上的种粮油类服务主体，一次性补贴托管费用200元/亩。对成方连片托管率达80%以上的村集体一次性奖励2万元。对新增规模托管率达到10%以上，总体托管率达到50%以上且用于发展粮食类种植的乡镇（街道）一次性奖励5万元。对入选省级以上托管案例和托管"十佳"的服务组织一次性奖励2万~5万元。在政策支持下，我市年托管服务面积达238万亩次，接受社会化服务的小农户数量增长迅速。二是累计统筹整合涉农资金3亿元，集中打捆，重点建设喷滴灌设施、田间路，发展智慧农业，进一步改善农田基础设施条件，夯实服务基础。三是调动金融部门加大资金扶持，切实解决服务主体"贷款难"问题。协调定州农行开发"惠农e贷"，进行无抵押、无担保信用贷款，农业农村局负责梳理推荐，目前已成功向134家服务主体发放了贷款，贷款金额2655.98万元。联合定州建设银行探索"农村承包地抵押贷款"，开发上线"托管贷"，目前已发放86.07亩土地经营权抵押贷款35万元。

（三）创新服务模式，推动全市发展

为加快农服发展，从创新服务手段入手，支持服务组织因地制宜，积极探索创新服务模式和组织形式。经多年实践总结，主要有以下六种模式。一是菜单式托管模式。托管组织将提供的生产环节服务明码标价，详细列出市

场价格、优惠折扣价格，形成托管价目表。农户可根据家庭劳动力情况勾选托管服务环节后，签订托管协议。菜单式托管模式代表信联农机合作社入选河北省推广农业生产托管服务模式典型案例。二是全程托管模式。托管组织从农资购置到耕种收管提供全程服务，明确保底产量，先托管后扣费。禾兴农机合作社作为河北省优秀托管组织代表参加了"中国农业生产托管万里行"节目录制，托管经验在全国进行推介。三是村集体托管模式。村集体经济组织作为托管新生力量，集体合力的优势日渐突出。村集体托管可实现一村一品，绿色防控，产业升级，品牌打造，销售创新。集体托管代表定州市北邵村集体经济合作社统一托管全村1300亩耕地，大力发展富硒特色小麦生产及深加工产品，借助电商平台，打造的"邵麦香"品牌进入了京津冀、雄安新区等大中城市市场，亩效益达3000多元，被农业农村部列为全国"一村一品"示范村。目前，已有145个村集体开展社会化服务，服务面积达8.76万亩。四是多村联盟村企共建模式。高蓬镇依托钮店村党办引领服务组织发展，联合16个村集体组建村集体股份联合社发展规模农业，蹚出了一条"多村联盟、村企合作"的壮大农村集体经济之路，形成了可复制、可推广的定州经验。五是联合协作模式。同乡、村协作，建立托管框架。代表有中化集团同西城乡合作，开展全程托管服务工作。六是供销托管社模式。充分发挥供销合作社的经营服务优势，积极打造为农服务综合平台。利用电商、网络等平台，实现了农资订货多渠道。

（四）强化指导帮扶，提升服务质效

一是强化宣传培训。市农业农村局组织线下线上农作物种植技术、社会化服务组织质量提升等多场培训会，有效提升了服务理念和服务质量。同时在河北定州农业等多个网站发布宣传材料，营造推进农业社会化服务的良好氛围。二是规范服务行为。积极推行"约定有合同、内容有标准、过程有记录、质量有追溯"的服务方式。制定了定州市农业社会化服务标准和技术规范，大力推广使用国家和省制定的合同示范文本，全面实行服务合同备案制，以乡镇为单位建立托管台账。定州市服务合同规范率达98%以上。

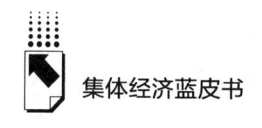

三是拓宽服务环节。以资金、技术、品牌等要素为纽带，打造一体化服务组织体系，推动服务模式由小规模、半托管、少环节向多环节、全环节托管和股份合作模式转变，由以产中作业环节为主向产前、产中、产后全程服务转变。重点发展产后分级包装、仓储物流、营销等服务，促进农产品流通现代化。四是助力生态农业。充分发挥社会化服务在集成推广中的重要作用，重点开展绿色生产服务，助力我市加快实现全域生态农业，实现节本增效。据测算，通过开展社会化服务，生产粮食亩年均节约农资生产成本和农机作业费100元、节约农药和化肥投入8%左右、节水50方以上。五是推行智慧管理。大力推广应用农业社会化服务平台，升级管理手段，建立完善服务组织名录。目前，已完善服务主体数590个、农户数20980个、农机具1400台。六是创新技术服务。结合土壤检测，开发使用"定州市测土配方施肥信息查询平台"App，建立了定州市土壤养分数据库，为科学、绿色生产提供智能服务。依托定州中化服务中心，开展集气象监测、农场管理、农事操作、病虫草害预警于一体的数字农业，从源头对农作物进行追溯监测。

二 面临的突出问题

（一）缺乏规范化科学管理

一是缺乏强有力的社会化服务管理和服务队伍。农业生产托管管理服务主要依托市、乡农业综合服务机构，乡级管理人员一般身兼数职，对社会化服务缺乏深入的了解和研究，没有强有力的服务队伍。二是缺乏科学有效的管理手段。依托开展培训、咨询服务等方式已不能满足社会化服务管理的需要。没有大型专业平台发布服务供求信息，服务组织只能在附近区域开展托管服务。

（二）土地规模化经营程度不高

目前，除中化集团、市供销社等大型农业企业同我市部分村集体建立了规模经营合作模式外，大部分规模经营主体为种田大户、农民合作社等，大多种植面积在200~2000亩，对接科研院校的主体较少，新品种、新技术应用不足。虽然我市农机服务水平高，单环节机械化托管面积大，但全程托管面积只有29万亩，仅占全市耕地总面积的26%。

（三）成熟期不同，服务效率低下

托管主要为小农户提供耕、种、防、收、储全程或部分环节服务。因服务对象大多为小农散户，且小农户庄稼成熟收获和耕种时间无法保持一致，造成实施地块集中连片、成规模服务有一定难度。比如，统防统治等环节，每户成熟期不一致和使用药物的不同限制了无人机的作业量。无人机成方连片飞行每天可作业1000亩左右，如在不同地块奔波起落，每天大约作业100~300亩，效率明显降低。

（四）存在小农户毁约问题

粮油作物收获集中，时间较短，比如定州小麦收获时间仅为10天左右，部分农户虽已签约，但临时看到附近有小麦收割机，就不再等待，出现毁约现象。虽合同约定违约责任，但因农户面积小，以及顾及以后合作，无法实现真正约束。

（五）缺乏细致的行业服务标准

主要表现为缺乏具体服务行业标准及服务主体奖惩制度。比如秸秆粉碎的标准只能用"细碎"来表达，没有专业的数据作为标准。

（六）服务链条普遍较短，服务组织良莠不齐

一是大部分服务组织主要开展单环节和多环节托管服务，服务模式单一，全程托管服务比例不高。二是服务组织普遍缺乏科学规范管理，对农机手属于松散式管理，培训力度不够，部分农机手只注重作业数量，不注重作业质量，直接影响到服务组织的信誉口碑。三是托管合同亟须规范。农业生

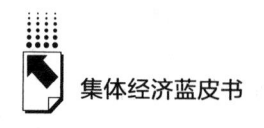

产托管服务，尤其是短环节（单环节或3个以下环节）托管大多依托农村的人情交往、个人威信为纽带建立互信关系，以口头约定方式进行缺乏法律层面的书面协议约束，一旦出现问题难以明晰双方责任，容易产生纠纷。目前，随着农业农村部制式合同的推广使用，以上问题得到了有效改善，但仍存在部分托管服务主体认识不到位，未签订制式托管合同的问题。

三 对策建议

（一）夯实农业托管基础

农业生产托管的发展是做好农业社会化服务工作的基础，开展全程托管和关键环节托管是顺利实施统防统治等关键且薄弱环节的有效保障，建议在推广农业生产托管的同时，广泛实施一村一品良种推广，着力点放在发展全程或关键环节托管上，积极引导农机组织和原农资经销点联合进行托管服务，开展整村或整区域托管试点。

（二）加强行业管理与指导

一是创新托管模式，延伸产业链条。总结创建典型模式，以点带面进行引导推广。引导村集体经济组织以多种形式开展托管服务，发展壮大村集体经济，全面树立村集体托管典型。拓展农产品初加工服务。在生产环节托管基础上，鼓励增加农产品初加工服务，增加农产品附加值。二是制定完善行业标准和行业规范，进一步促进行业规范有序发展。三是指导服务组织完善章程制度，加强档案、财务管理。四是促进服务组织高质量发展。创建各级示范服务组织，发挥引领作用。五是强化经费保障，加大服务组织培训、规范化管理力度。

（三）建立市级托管服务信息平台

在全面应用中国农业社会化服务平台基础上，与市农村土地承包经营权信息平台等信息化资源实现互联互通，整合利用服务平台资源，实现信息化规范管理，加强托管市场信息服务。平台涵盖服务组织机械拥有量、服务质量评价、业务范围以及农户耕地面积、地块位置等信息。服务组织和农户可在网上实现托管信息发布、服务数据查询、服务影像质量监测等业务。

（四）鼓励绿色生产技术服务

服务组织在全程托管基础上，对受托农作物推广使用绿色生产技术，提升粮食安全生产水平。鼓励开展农产品质量认证，实施品牌战略促进农户增效。

B.13
衡水市农业社会化服务发展情况调查报告

韩志杰*

摘　要： 发展农业社会化服务，是构建现代农业经营体系、转变农业发展方式、加快推进农业现代化的重大战略举措。近年来，衡水市通过强化组织指导、培育服务主体、引进大型企业、探索推广典型模式等，加快发展农业社会化服务，丰富农业统一经营内涵，通过服务的规模化提升生产的规模化、规范化和标准化，提高了农业机械化水平、农业科技贡献率和劳动生产率，并就现阶段存在的农户承包地过度分散、村集体经济组织力量薄弱、农业社会化服务组织功能弱化等问题，提出以下对策建议：（1）积极探索解决承包地细碎化的有效方式、程序、机制；（2）有效运用农村集体产权制度改革成果，强化农村集体经济组织在领办社会化组织、开展居间服务等方面的作用；（3）规范提升服务质量；（4）依托农业服务公司、农民合作社、农业龙头企业等组建农业生产托管服务联盟，盘活存量设施、装备、技术、人才；（5）出台促进农业社会化服务发展的具体扶持政策，提高政府服务和管理体系效率，为发展农业社会化服务提供优良环境。

关键词： 农业社会化服务　农业生产托管　衡水市

---

* 韩志杰，衡水市农经管理总站副站长、高级农经师，研究方向为农业社会化服务、农村土地承包和农业经济管理。

一 基础现状

衡水市属环渤海经济圈和首都经济圈,坐享京九高铁、石济高铁等8条铁路交会的黄金点,交通便利。全市家庭承包耕地面积780万亩,小农户耕种面积531万亩,占比68.08%,分散的小农户经营仍然是衡水农业基本经营形态。近年来,随着城镇化的深入推进,农村青壮年劳动力不断转移,大量青壮年劳动力外出务工或从事第三产业,出现了严重的农村人口老龄化、农业兼业化问题,很多家庭既想保留土地承包权和经营权,却又无法"种好地"。为避免土地高度集中带来的生产经营风险,解除农业生产的后顾之忧,同时有效解决土地撂荒、粗放经营的问题,让年迈的农民从繁重的劳动中解脱出来,衡水市委市政府在坚持农村土地集体所有和家庭承包经营基础性地位的前提下,着力发展农业生产适度规模经营,通过农业生产托管服务的规模化经营,将农业生产中的耕、种、防、收等部分或全部作业环节委托给农业社会化服务组织,让专业的人干专业的事,较好地解决了这一难题,满足了分散农户的愿望。

二 创新做法

(一)强化组织指导,夯实托管服务基础

市县两级党委政府和农业农村主管部门高度重视,把在粮食主产区实施农业生产托管和推广服务模式作为重要日常性工作,加强部署安排,做出重要指示,提出明确要求,大力推进实施。为规范、促进农业生产托管服务发展,市相关部门相继印发了《衡水市农业农村局关于加快发展农业生产性服务组织的通知》《衡水市农业农村局关于印发〈衡水市促进农业生产性服务业发展的实施方案〉的通知》《衡水市农业农村局关于加快推行农业生产托管服务的意见》《衡水市2021年推进新型经营主体发展工作方案》《2022年衡

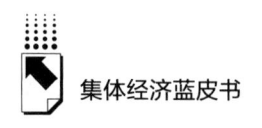

水市农业生产托管服务发展工作方案》《2023年衡水市新型农业经营主体发展工作方案》等文件，对开展农业社会化托管服务提出了明确的发展思路和工作举措，多方面支持发展多种形式适度规模经营，将先进适用的品种、技术、装备等要素导入农业生产，解决分散小农户经营方式粗放落后、生产效率低下问题。各县市区也结合实际制订专项的工作方案，上下联动推动工作开展。

（二）培育服务主体，提升服务能力

按照主体多元、形式多样、服务专业、竞争充分的原则，积极培育发展各类农业社会化服务组织，一方面鼓励引导村股份经济合作社将现有农村专业技术人员、专业服务人员及各类农业机械组织起来，成立一定规模的专业化社会化服务组织，开展农业生产托管或为托管提供服务；另一方面充分发挥农业企业、农民专业合作社、家庭农场等新型经营主体的资金、技术、品牌优势及其采用新技术、新品种、新理念程度比较高的优势，通过托管的形式，按照"新型经营主体+社会化服务组织+农户"的模式，将现代农业要素导入小农户，实现小农户与新型经营主体的有效对接，着力提升农业社会化服务能力，促进土地规模经营，实现农民节本增收、农业提质增效。截至目前，全市已培育农业社会化托管服务组织3884家，包括农业企业、农机合作社、种植合作社、家庭农场、种植大户等，培育市级示范托管服务组织87家，省级示范托管服务组织21家，省级农业生产托管服务品牌组织6家。2023年实施托管服务土地面积达661.97万亩，其中全程托管服务土地面积达164.19万亩。同时引导托管服务规范发展，推广了农业生产托管服务合同省级式样文本，加强了对合同签订和服务价格的指导和监督，把制度完善、信誉好，具备单项、部分环节或全程托管作业机械装备及服务能力的各类农业社会化服务组织纳入名录管理，分类掌握各类服务组织发展情况，指导推动农业社会化服务发展。

（三）引进大型企业，提升农业服务水平

中化农业公司是中国中化集团农业板块的核心企业，是一家为小农户及

新型农业经营主体提供全产业链规模化服务的企业，是一家具备资金实力、人才实力、技术实力的大型央企。2019年中化农业在衡水市武邑、武强落地两个技术服务中心，在冀州、景县、阜城、深州与部分规模种植主体和村集体经济组织开展了品种规划、检测服务、金融服务、农民培训、智慧农业、测土配肥、定制植保、农机服务、仓储销售、品牌建设等"7+3"项服务，解决规模种植主体产前、产中、产后遇到的各种问题，实现了种植品质和经济效益双提升。市委市政府高度重视与中化农业的合作，2021年实施了"中化进衡"的农业战略合作，并在年初与中化现代农业有限公司签署了战略合作协议，旨在推进全市农业高质量发展、促进农业现代化。截至目前，中化现代农业在衡水区域建成MAP中化现代农业技术服务中心11座，其中区域中心2座，建成2个万亩优质粮食生产示范基地，筛选优质品种8个，高效植保及营养配方14个，联农带农5400余户，服务家庭农场及村集体经济组织等新型经营主体630多个。

（四）探索衡水模式，推广典型经验

因地制宜探索推广多种服务模式，促进社会化服务快速发展。一是武邑县"两自五统"托管模式（即村集体经济合作社对本村土地自主按技术要求播种、自主依生产需求灌溉，中化农业统一提供种子、农资、管理、收割、粮食收购服务），这一模式充分发挥了村集体经济组织"统"的功能，解放了农村生产力，在托管企业、村集体和农户之间建立起了有效的利益连接机制，实现"农、企、集体"三方共赢，受到了农户的欢迎。二是阜城县"3281"生产托管模式，为农民提供从种到收、从买到卖等全程"保姆式"服务。"3"是整合三支队伍，即农民种植合作社、农机农民合作社和无人机飞防合作社，三支队伍整合现有资源，"三位一体"，既有合作又有分工，发挥了专业队伍干专业的优势，避免了合作社重复投入。"2"就是定制"两种模式"，即农业生产全程托管，包括农资购置、统防统治、机耕机收等农业生产全链条服务；农业生产半托管，根据农民个性需求，进行"私人"定制，对农民干不了、干不好的薄弱环节进行托管。"8"就是做好

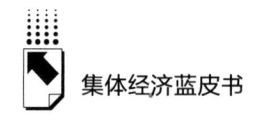

"八个环节",即种、药、肥、水、耕、播、防、收。"1"就是健全"一个体系"。以县内5个国家粮食储备库为依托,以阜星现代农业园区为龙头,以20个粮食收购站为网点,为农民夏粮、秋粮进行烘干、储存、收购提供支撑,减少农民晒粮、存粮负担,打通农民增收的最后"一公里"。三是故城县"五位一体"新型农村集体经济模式。立足群众自愿、粮食安全(发展主粮作物)、自主经营(村集体合作社自主经营)、自力更生(不一味依靠上级政策),创新"党支部+村集体合作社+农户+保险+银行"的"五位一体"新型农村集体经济模式,实现粮食增产、集体增收、农民增富的综合效益。主要做法:赋予合作社党建内核、赋予村集体法人结构,由村集体股份经济合作社组织农户以土地经营权入股,把土地整合起来,规模经营主粮作物,实现"两升一降","两升"即通过规整土地、消除田垄,把"格子田"变成"土地大方",土地经营面积增加,提升农业产能(提升了7%左右);通过现代科技和先进装备支撑,推动传统农业逐步向现代化农业转变,提升经营效益;"一降"即土地形成规模后,合作社通过规模化的托管服务,机械化作业、批量购置农资等方式,有效降低了生产成本。通过典型模式推广,涌现了深州市众联农机专业合作社联合社、武邑县顺天农机专业合作社、阜城县正丰粮食种植农民专业合作社、景县志清种植农民专业合作社等一大批"田保姆",帮助成千上万的农民从土地上解脱出来从事第二、第三产业。

三 取得的成效

(一)促进了农业生产经营方式转变

通过农业生产托管服务,将专业化、标准化、规范化生产经营模式引入分散小农户生产经营,大批先进适用生产技术得到推广应用,现代生产要素得以有效导入,促进了分散小农户现代农业经营管理意识的转变,提高了小农户组织化程度,增强了小农户的凝聚力、向心力和上进心,小农户的综合生产经营能力普遍得到有效提升，为转变生产经营方式、发展现代高效农业奠定了坚实基础。促进了种养加结合、三次产业融合，推动农业转型升级，同时依托农副产品资源优势发展深加工，拉长了产业链条，促进农业结构调整。

（二）带动了农业生产节本增收

通过为分散小农户集中采购农资，开展标准作业、订单收购等，实现"四个降低"（即农资成本降低、农资用量降低、机械化成本降低、水电设施投入降低）和"六个提高"（即机械化效率提高、规模化程度提高、科技化水平提高、劳动生产率提高、水电设施利用率提高、农民转移就业率提高）。有效降低农业物化成本和生产作业成本，降低了小农户劳动强度，提高了生产效率。农户采取全程托管服务形式开展生产，不算劳动力成本，每一季作物整个环节节本增效的直接效果在150元以上，也有效避免了农地"非粮化""非农化"，为保障国家粮食安全和重要农产品有效供给发挥了重要作用。

（三）拓展了分散小农户就业致富发展渠道

通过发展农业生产托管服务，孕育产生了一大批立足本土、服务农户的新模式、新业态，使得在坚持农村土地集体所有和家庭承包经营基础性地位，保持土地承包关系稳定的前提下，让年轻劳动力安心外出务工经商或就地转移从事二、三产业，较好地解决了"谁来种地，怎么种好地"这一亟待破解的问题，既有效推进了适度规模经营，又拓展了分散小农户致富渠道，丰富了农业统一经营的内涵，农户增收致富成效明显，脱贫攻坚成果得到了有效巩固。

（四）发展壮大了农村集体经济

通过发展农业生产托管服务，村集体经济组织盘活了自身土地资源，把农村分散的资源聚集化、模糊的产权明晰化、集体的资源市场化。通过为服

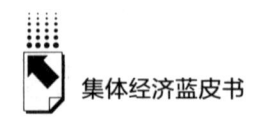

务组织开展生产提供管理和服务，增加了农村集体资产的积累，较好解决了村集体"办事没钱、说话无力"的问题，提高了村级组织的凝聚力和有效履行职能的能力，推进了治理方式现代化。

（五）夯实了农业发展的基础和后劲

通过新型经营主体的示范引领，小农户视野明显开阔，科技素养有效提高，为发展现代农业提供了有力支撑；农村信用体系和普惠金融服务不断完善，逐步搭建起金融保险服务乡村振兴的长效模式，为分散小农户发展产业、促进增收提供有力支持。一大批绿色、智能、高效、特色农机新机具得以应用，有效提高了农业生产水平，降低了田间损耗，为推进农业现代化，确保粮食等重要农产品有效供给做出了贡献。

四 存在的问题

（一）农户承包地过度分散影响了规模经营的进程

全市家庭承包土地面积780万亩，其中50亩以上规模主体流转面积249万亩，小农户经营面积531万亩。小农户承包地具有土地碎片化、经营过度分散、农机作业难、矛盾纠纷多等问题，组织化程度较低，承包地"一户多块地"的局面造成生产与销售环节很难形成规模效应，处于市场的弱势地位。并且小农户生产的多数为初级产品，产业链条短、附加值低、经济效益不高，不能享受到现代农业带来的增值收益。

（二）村集体经济组织在发展农业社会化服务方面的作用有待进一步增强

目前全市已完成农村集体产权制度改革，5009个村成立了农村集体经济组织，但农村集体经济质量不高、动力不足以及发展不平衡问题仍较为突出，农村集体经济组织在领办托管组织、提供居间服务等方面效果还不明显。如何发挥集体经济组织的作用，提高农户的组织化程度，切实让小农户融入现代农业经营中，成为迫切需要解决的问题。

（三）农业社会化服务组织功能和运行机制还不完善

发展壮大农业社会化服务组织是扶持小农户，引入现代生产要素改造小农户，提升小农户生产经营水平，拓宽小农户增收渠道，提升农业现代化水平的主要途径。目前，衡水市农业社会化托管服务组织主要由家庭农场、农民合作社、农机合作社、农业企业发展而来，开展了面向小农户的农机耕种收单环节或多环节服务，对开展大规模的、高质量的包括农资供应、绿色生产技术、农业废弃物资源化利用、农产品初加工等现代化农业发展需要的服务还有很大差距。同时在农业社会化服务运行机制方面没有形成规范的管理制度和运行机制，还没有形成竞争有序的服务市场环境，制约了托管服务质量的提升。

五 对策建议

（一）积极探索解决农户承包地细碎化问题

不断丰富农村土地集体所有权、农户承包权、土地经营权分置的有效实现形式，开展解决承包地细碎化试点工作，积极探索解决承包地细碎化的有效方式、程序、机制，通过农户互换等方式，实现承包地"承包权不变，经营权连片"，按户连片经营，着力破解突出矛盾和问题，推动承包地"优质、集中、连片"，为农业生产托管发展奠定良好基础，促进农业增效、农民增收。

（二）充分发挥农村集体经济组织作用

有效运用农村集体产权制度改革成果，充分发挥农村集体经济组织在领办社会化服务组织、为社会化服务组织和农户发挥居间作用等方面的作用，因地

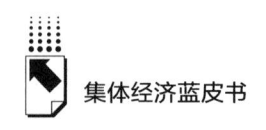

制宜，一村一策，创新运行机制和管理体制，将发展社会化服务作为农村集体经济组织的发展模式和实现形式，通过提供统一管理、有偿服务等形式，领办创办各类农业服务组织，大力推行"农户+农村集体经济组织+服务组织"的服务模式，组织村内富余劳动力，购置必要农机设备，通过代耕代收、农技推广、农资供应、统防统治等形式，为农户和各类农业经营主体开展产前、产中、产后社会化服务，不断满足农村基础设施建设、服务和管理需求。

（三）进一步规范提升服务质量

积极推行"约定有合同、内容有标准、过程有记录、质量有追溯、结果有奖惩"的农业生产服务方式，引导服务组织市场化确定各环节作业服务的价格，强化双方合同签订，明确合同的标的、期限、价格、付款方式及时间、服务效果评价、违约责任等内容，合理确定双方的权利和责任，减少双方的争议和纠纷，维护广大农户和服务组织的合法权益。引导区域内从事农业生产托管服务的农村集体经济组织、农民专业合作社、相关企业等各类型、各层次服务组织参照《农业生产托管服务标准指引》，进一步对服务组织人员装备、制度建设、服务内容、服务方式等进行规范。

（四）组建农业生产托管服务联盟

依托农业服务公司、农民合作社、农业龙头企业等组建农业生产托管服务联盟，按照资源共享、填平补齐的要求，盘活存量设施、装备、技术、人才及各类主体，依托示范托管服务组织，围绕农业全产业链，提供集农资供应、技术集成、农机作业、粮食收购、仓储物流、销售及加工等服务于一体的农业生产经营综合解决方案，破解农业生产主体做不了、做不好的共性难题，实现更大范围的服务资源整合、供需有效对接，促进资源集约、节约和高效利用。

（五）加大支持农业社会化服务的政策力度

各地有关部门积极争取当地政府支持，出台促进发展的具体扶持政策，提高政府服务和管理体系效率，规范交易行为，降低交易成本，为农业社会化服务发展提供优良环境。鼓励采用财政补贴等形式，支持社会化服务组织与金融保险机构加强合作，探索信贷贴息、经营主体收入保险、政策性保险+商业保险等方式为社会化服务提供保障，调动服务主体和经营主体积极性，保障双方收益。

农业模式篇

B.14
河北省推进农业适度规模经营情况调查报告

靖海锋[*]

摘　要： 发展适度规模经营是现代农业的方向。本报告从河北省农业规模经营的两种主要形式，即土地流转和生产托管的发展情况和统计数据，分析了全省农业规模经营的现状特点和发展趋势。尽管全省土地流转和生产托管在培育新型农业经营主体、农业节本增效、促进小农户与现代农业有机衔接方面发挥了重要作用，但是现阶段成方片的规模化经营还有不少困难和问题，除基础设施供给不足外，经营主体在用工、用地、资金、保险等方面的瓶颈制约亟待破解。针对上述问题，本报告提出如下建议：（1）积极稳妥推进土地流转；（2）大力培育规模经营主体；（3）加快发展专业化社会化服务；（4）强化农业基础设施建设；（5）优化农业金融服务供给。

关键词： 规模经营　土地流转　生产托管　社会化服务　河北

---

[*] 靖海锋，河北省农村合作经济总站农艺师，主要研究方向为新型农业经营主体培育、现代农业经营体系建设。

习近平总书记强调,"发展适度规模经营是现代农业的方向",推行农业适度规模经营也是完善现代农业经营体系、加快建设农业强国的前进方向。为摸清河北省农业适度规模经营有关情况,调研组采取基层实地调研、召开座谈会、调阅统计资料、典型案例分析等形式,对全省农村承包地规模经营有关情况进行了调查分析。

一 河北省农村承包地规模经营现状

从全省情况看,规模经营的主要实现形式是流转型规模经营和托管型规模经营两种。

(一)土地流转情况

全省农村土地经营权流转面积占家庭承包耕地面积的43.5%,高于全国8.1个百分点,在全国排到中上游水平。其中,50亩以上的适度规模经营面积占流转总面积的70.1%。与周边省份比较,河北与京津地区相比存在差距,但高于河南、山西等周边省份。从流转合同和期限上看,实际签订的土地流转合同涉及面积占比89.9%,流转期限在1~5年(含5年)的占50.3%;5~10年(含10年)的占31.4%;10年以上的占18.3%。从流转去向上看,农户和新型农业经营主体最多,分别占41.1%、41.2%,流转入企业占比1%。从流转用途上看,主要用于种植粮食和重要农产品,占比67.8%。从流转价格上看,全省土地流转平均价格为每亩一年857.89元。调研中发现,一般农户流转土地用于粮食生产比较多,基本以每亩400公斤粮食价格为一年的流转租金,每年在950元左右。

通过土地流转实现粮食规模经营是农民合作社、家庭农场等新型农业经营主体或村集体经济组织通过向承包户提前预付约定的租金等形式,将土地集中起来进行统一粮食生产经营。优势是能够短时间快速实现土地集中,便于规模化作业,新型农业经营主体等掌握生产经营权,便于自主决策,受他人影响较小。劣势是存在一定的市场风险,一旦收获后粮食价格下降,低于获益预期，将带来较大经营风险，若粮食上涨较快，部分承包户又存在不按约定执行协议风险。因此，规范土地流转行为，加强对双方监管，严格依法依规签订合同或协议，按约执行是关键，承租者要规范运营，及时兑付租金，不得将土地改变使用用途，承包户不可干预承租者生产经营行为，不可随意毁约。2019年中央农办、农业农村部印发《关于做好整村流转农户承包地风险防范工作的通知》，指出整村流转农户承包地，特别是工商企业参与带来的土地高度集中和超大面积经营，涉及农户数量多，容易出现以少数服从多数名义侵害部分农民利益，容易出现因经营亏损导致拖欠农民租金甚至毁约弃耕，容易出现农地"非粮化"甚至"非农化"，容易出现返乡农民工因无地可耕、生活无保障而造成社会不稳定。要求各地充分认识整村流转农户承包地存在的风险，必须尊重农民意愿，坚持依法自愿有偿，不能搞强迫命令，切实把握好土地经营权流转和集中的度，防止片面将土地过度集中到少数人手中，不能单纯为了追求土地经营规模大而强制农民整村流转土地。

（二）生产托管情况

全省农业社会化服务组织近7万家，农业生产托管服务面积2.3亿亩次，仅次于安徽和山东，居全国第3位。从开展托管服务的组织类型看，服务专业户数量最多，占比达63%；农村集体经济组织占比4.7%，农民合作社占比22%，农业企业占比3.2%。此外，还有供销合作社、协会等组织开展了农业社会化服务。从服务领域看，全省农业生产托管服务以粮油类大田作物为主，全省服务粮食作物面积占全部服务面积的63%。从服务对象看，主要包括小农户和规模经营主体两类，以服务小农户为主，占全部服务对象的91%。从托管服务合同签订情况看，实施农业生产多环节和全程托管服务的较大的服务组织合同签订率较高，合同期限在1~5年，大多是签订当年一年的合同，开展临时性和小规模、少环节托管服务的以口头协议为主。

农业生产全程托管和多环节托管服务是农户等经营主体在不流转土地经营权的条件下，将农业生产中的耕、种、防、收等全部或部分环节委托给服务组织完成的农业经营方式。优势是农户等经营主体具有生产经营自主权,可以按照实际需要,自愿选择托管服务的环节或项目,由托管服务组织为其提供服务,土地产出收益归农户所有,服务组织尊重农户等经营主体意愿,按照约定收取种子、化肥、农药等农资费用和服务环节用工以及机械作业等托管服务费用,农户等经营主体能够较好做到"三省",即省心、省力、省钱,服务组织能够充分发挥自身优势,节省成本、提高效率,双方较好实现风险共担、利益共享。劣势是农户等经营主体获得收益不稳定,受服务水平和市场销售状况影响较大。如中化农业河北公司全省线下运营51个MAP（现代农业技术服务平台）中心,托管服务耕地180余万亩,在全省200多个村实施了"两自五统"托管模式,由村集体经济合作社自主播种、自主灌溉,中化农业负责统一提供种子、统一供应农资、统一管理、统一收割、统一粮食收购,户均增收478元/亩,村集体平均增收270元/亩。滦州市百信种植专业合作社成立于2011年1月,拥有大型农机具300多台套,根据农民需求设计了"半托""全托"两种服务模式,现托管土地14.1万亩。

（三）规模经营发展趋势

河北省土地流转和生产托管服务仍然是以经营和服务大田作物为主,但经营方式正逐步由以前的单纯土地流转和开展托管服务向"流转+托管""保底分红"等形式转变,目前通过"保底分红"形式开展规模经营面积超过100万亩。"保底分红"和土地流转、托管相比,优势是体现了经营主体和农户双方利益共享、风险共担,利益联结更紧密、分配方式更合理,劣势是需要解决好农户对合作社等经营主体的信任度和生产经营账目、利益分配等环节的监管问题。如宁晋县垄上行农业服务公司在村级设托管服务站,将农户的零散地块入股形成适度规模,村级组织负责组织农户自愿与公司签订土地入股协议,专业合作社在村级托管服务站组织管理下开展各项农业生产服务,农户以土地入股的形式参与农业生产全过程和盈余分配的监督,实行"收入保底、盈余分红"的分配方式,农户以土地入股获得保底收入和60%

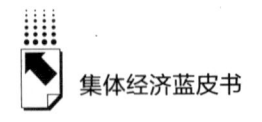

的盈余分红，公司垫资生产获得40%的盈余分红，村集体获得公司收益的10%和30元/亩的管理费，形成农户、村级组织、专业合作社、公司"四位一体"托管合作模式。

二 开展土地流转和农业生产托管服务取得的成效

河北省通过土地流转和农业生产托管服务，在培育新型农业经营主体、把农民一家一户的"小田"变成统一经营的"大田"，破解土地碎片化，带动农业适度规模经营发展，在促进农业增效农民增收方面发挥了重要作用。一是促进了新型农业生产经营主体发展。2023年，全省农民合作社总数达11.38万家，注册家庭农场数量达9.69万家，现代农业经营体系进一步健全，有力促进了适度规模经营和现代农业的发展。调研发现，农民合作社等新型农业经营主体在提供农业社会化服务方面发挥着重要作用。如赵县某农民合作社在流转经营1200亩土地基础上，利用自身农机装备，全程托管服务面积3500亩；石家庄市藁城区某农机专业合作社，开展耕、管、收等多环节托管服务2000多亩。二是促进了小农户与现代农业有机衔接。通过发展土地流转和农业生产托管服务，使得在坚持农村土地集体所有和家庭承包经营基础性地位，保持土地承包关系稳定的前提下，通过服务的集中实现了规模化经营，解放了农业劳动力，较好地解决了"谁来种地，怎么种好地"这一亟待破解的难题，农户增收致富成效明显。河北省冀粮谷丰农业科技有限公司在深泽县与村集体经济组织合作，村集体通过流转把农户土地集中起来，交给企业托管；企业按照3000元/亩投资建设高标准农田，并按照1000元/亩标准保障农户保底费用。经营利润由公司与村集体按照1∶9比例分成，村集体与农户按照3∶7进行二次分红。2022年，小农户每亩收益达到1360元。三是促进了农业节本增效。土地流转或生产托管后，经营者集中采购生产资料降低生产物化成本，采用先进技术装备降低作业成本，采用新品种、新工艺和标准化生产提高农产品产量和品质，实现了农业降支节本、增产增效。据调查，农户采取全程托管，算上人工成本，小麦每亩节本增效 356 元，玉米每亩节本增效 388 元；如果不算劳动力成本，每一季作物整个环节下，节本增效的直接效果在 150 元以上。

三 规模经营存在的问题

（一）规模经营难

一是土地的"碎片化""插花地"问题较为普遍，即使经营主体采取提高地租、调换地块、村"两委"做工作等方式，仍无法完全解决部分农户不愿流出土地的问题，成方连片的规模经营难度较大。调研中发现，魏县某合作社流转土地 1000 多亩，地块就有 400 多块；某家庭农场流转 300 亩地，地块有 80 多块。二是土地中存在的坟头、线杆等障碍物较多，也严重制约了机械化作业和社会化服务的开展，提高了作业成本。魏县某家庭农场经营的 1000 亩地中有 120 多个坟头，某合作社经营的一块 100 亩地中有 32 个坟头；同时，农田中电力、通信线杆数量众多，且线路高度一般只有 2~3 米，严重制约大型机械开展作业。三是地租成本高。2022 年以来，受粮食价格上涨等因素影响，石家庄市藁城区、赵县、保定顺平和曲阳土地流转费用普遍上涨 100~200 元/亩，顺平县个别区域土地流转费达到 1300 元/亩，曲阳县某镇耕地质量一般，平均流转价格达到 825 元/亩，且只增不降，增加了经营成本。

（二）浇地难

河北省具备灌溉条件耕地占比 65%，已建成的高标准农田中，配套高效节水灌溉设施的仅占 30%。对小农户来说，目前浇地是劳动强度和要求最高的生产环节；对尚不具备自动灌溉条件的经营主体来说，浇地问题已经成为目前农业生产中最为突出的瓶颈。调研中经营主体反映，为适应农作物生长特性需求，浇地时节十分集中，用工非常难找，且费用很高，规模经营主体为减少纠纷，用井往往要排在小农户之后，很容易错过最佳灌溉时间，

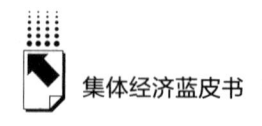

造成农作物减产。社会化服务组织受限于灌溉条件，极少能够实现包含浇地在内的全环节生产托管服务。

（三）用工难

经营主体和服务主体普遍反映，存在农村"70后"不愿种地、"80后"不会种地、"90后"不谈种地的问题。农村从事农业生产人员普遍年龄偏大，50岁以下普遍不愿种地，50~60岁的偶尔下地，种地的大部分都在60岁以上；用工主要集中在灌溉、收获等环节，农忙时节找不到人，用工难、用工贵问题突出。另外，赵县部分合作社反映，用工年龄超过65岁的人员，无法为其投保人身意外保险，给经营主体带来很大的不确定性风险，但在农村很难找到65岁以下雇工，经营主体陷入两难境地。

（四）融资难

从服务对象上，金融机构涉农信贷产品以农业龙头企业为主，而对于家庭农场、农民合作社等中小经营主体的金融支持很少；从有效抵押物看，县级金融机构普遍没有将土地经营权、农业设施设备等纳入有效抵押物范围，农村内生型经营主体获得贷款的难度较大；从贷款期限上，银行基于流动性和收益率考虑，目前对经营主体贷款多为1年以内的短期贷款，而农业项目普遍建设周期较长，与贷款期限错配问题较为突出。曲阳县某合作社受制于抵押物不足，扩大土地流转和托管服务意愿难以实现。某服务组织反映，因从事农业生产的机具设备、农产品等不能作为抵押物，无法从金融机构获得贷款；而建行推出的"托管云贷"面向的是农村基层组织，出于风险考虑，也不愿为经营主体担保。

（五）保险难

一方面，粮食完全成本保额偏低。目前政策性保险基本可以覆盖小农户生产成本，但是规模经营主体生产成本包括土地流转费用，政策性保险保额不能完全覆盖这部分生产成本。另一方面，受灾后保险赔付偏低。调研中,有经营主体反映,受灾后定损不够科学,赔付额较低,难以覆盖生产成本,甚至有的地块在绝收情况下也不能获得足额赔付。如某服务公司流转经营的9000亩玉米绝收,保险公司只赔付8万元(即投保费用),后经交涉,赔付额谈到50万元,而经营主体委托第三方机构定损为500万元,双方差距巨大。石家庄市藁城区某农机合作社受灾后,保险公司仅赔付受灾地块保费。

(六)用地难

目前建设农机停放和粮食晾晒、烘干等设施场所,已经成为经营主体普遍性要求,但因为用地政策要求设施用地严禁占用永久基本农田,只允许占用一般耕地且必须进出平衡,河北省平原地区农业县基本农田占耕地比重普遍高于90%以上,且粮食经营主体流转的土地均为永久基本农田,设施用地难问题日益突出。调研中,石家庄市藁城区某家庭农场反映,其主要生产小米,因作物特性,不适宜烘干,但无法解决晾晒场用地问题,无处晾晒成了头等难题。

四 对策建议

(一)积极稳妥推进土地流转

积极引导村集体经济组织牵头组建土地合作社,在充分尊重农户意愿和保障农户合法权益的前提下,农户以土地经营权作价入股,由村集体经济组织采取统一经营或分包给家庭农场、农民合作社等新型经营主体,发展粮油生产或具有地域特色的种植业,带动村集体经济组织和农户增收,实现多方共赢。进一步健全完善农村产权流转交易市场,合理布局,细化流程,促进规范交易,全面推进农村产权流转交易市场建设。着力推动解决土地细碎化问题,按照农业农村部《关于稳妥开展解决承包地细碎化试点工作的指导意见》要求,制定我省实施方案,科学选择试点范围,因地制宜探索路径,

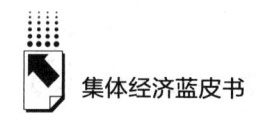

按照"承包权不动、经营权连片"的方式,并结合农田建设、土地整治等项目组织实施,解决土地细碎化问题,进一步提高农村土地经营权流转率。

(二)大力培育规模经营主体

突出抓好家庭农场和农民合作社两类新型农业经营主体发展,实施家庭农场培育计划,支持有创业愿望和能力、扎根农村、服务农业、带动农民的各类人才创办家庭农场,支持有条件的小农户加快成长为家庭农场,支持家庭农场组建农民合作社,构建更加紧密的利益联结机制。开展农民合作社规范提升行动,支持龙头加工企业、基层供销社、农村集体经济组织等各类主体创建农民合作社,通过丰富合作方式培育发展一批新产业、新业态、新模式的合作社,通过同业、同域、同链方式组建一批联合社;指导农民合作社切实内强素质、外强能力,深入开展示范社"四级联创",推动全省农民合作社高质量发展。支持农村集体经济组织流转土地并成立专业合作社开展自营粮食作物行动,有效提升土地流转率,同时促进农村集体经济增收。

(三)加快发展专业化社会化服务

支持农村集体经济组织开展托管服务,大力推行"农户+农村集体经济组织+服务组织+金融保险机构"的形式开展社会化服务,鼓励股份合作、保底分红模式,推动形成"风险共担、利益共享"的联合体,合理兼顾服务组织、农村集体经济组织、农户三者利益,实现多方受益。培育各类农业社会化服务组织,围绕同一产业或同一产品的生产,促进各主体多元互动、融合发展。支持大型服务组织提供农业生产全产业链服务,组织各类服务主体打造一体化服务组织体系。积极推动农业社会化服务品种从粮棉油糖等大宗农作物向果蔬等经济作物拓展,服务业态从种植业向牧渔业等领域推进,服务环节从以耕种收获为主向农田灌溉、秸秆处理、饲草收获、产地烘干、产品营销等农业生产全过程延伸。创新完善服务模式,在全省因地制宜推广全产业链托管、菜单式多环节托管、股份合作分红、股份托管并行、专业化托管、供销社为农服务和中化 MAP "6+1" 服务模式，解决小农户等经营主体干不了、干不好、干了不划算的生产难题。

（四）强化农业基础设施建设

加大对灌溉设施建设投入力度，鼓励支持服务组织积极引进先进适用灌溉设备，积极推广浅埋滴灌、微灌喷灌等节水技术，着力解决制约农业适度规模经营开展的浇地灌溉难题。探索将适度规模经营的农田，优先纳入高标准农田建设范围，实施水、田、路综合改造，增加粮食产能，提高农户和经营主体种粮收入。对经营主体农机停放、粮食晾晒和烘干等设施用地单独给予一定建设用地指标，支持县级分区域布局建设设施场地，对经营主体实行共用共享。

（五）优化农业金融服务供给

针对经营发展所需资金难题，引导金融机构进一步拓宽资产质押担保方式，降低贷款准入门槛，缩短贷款审批时间，打通农村金融服务"最后一公里"。鼓励支持金融机构创新农业金融产品，积极开发、推广符合当地农业产业特色的信贷产品，探索实施互联互保、风险补偿基金等方式，加大小额免抵押信贷产品的投放，满足服务组织融资需求。加大保险支持力度，对接受全程托管服务的小农户，探索减免粮食完全成本保险，调动小农户接受托管服务积极性，鼓励支持保险机构开发满足适度规模经营发展需要的新险种，优化业务审核和险损认定流程，提高赔付比例，提高工作效率。鼓励经营主体引入商业保险，降低生产经营风险。

B.15 "党支部+集体经济合作社+农户+银行+保险"

——故城县"五位一体"模式调研报告

靖海锋*

摘　要： 河北省故城县创新实施"党支部+集体经济合作社+农户+银行+保险""五位一体"经营模式，坚持党建引领、盘活资产、龙头带动、规模经营，有效激活农村资源资产，较好地回答了"谁来种地，怎么种地"和村集体"无钱办事、办不成事"的问题，实现粮食增产、集体增收、农民增富。故城县的实践为新时代发展新型农村集体经济提供了有益启示：（1）建强基层组织，坚持党建引领，把党的组织优势转化为发展优势；（2）尊重农民意愿，以合理的利益分配机制调动农民的积极性；（3）坚持因地制宜，立足本地资源禀赋，发挥比较优势；（4）加强政策支持，创造良好环境。

关键词： 集体经济　"五位一体"　合作社　规模经营　故城县

近年来，河北省故城县紧紧围绕"稳粮保供、富农兴农"，以放活土地经营权为基础、以利益共享为核心，创新实施"党支部+合作社+农户+银行+保险""五位一体"经营模式，蹚出了一条规模适度、集约高效的现代农业经营新路子。

---

* 靖海锋，河北省农村合作经济总站农艺师，主要研究方向为新型农业经营主体培育、现代农业经营体系建设。

一　基本情况

故城县位于河北省东南部，县域面积941平方公里，总人口52万人，农业人口40万人，现有耕地93万亩，是传统农业大县，先后被评为全国粮食生产先进县、全国制种大县。长期以来，由于土地较为贫瘠，加之实行的是一家一户的分散经营形式，土地经营效益低，故城县大量劳动力进城务工，留守农村的多是年老病弱的农民，普遍出现无人种地、无法种地、不愿种地、不会种地等问题，土地撂荒严重，阻碍农业转型升级，影响现代农业发展。但是劳动力的大量转移也为加快土地流转，探索农业发展新路径提供了有利条件。同时，全县多数村集体经济薄弱，农村公共服务和社会治理缺乏物质基础，"无钱办事、办不成事"使得村民对村集体的认同感缺失，村党组织的号召力和影响力受到限制，不少村庄陷入一盘散沙状态，农村治理出现危机，夯实农村基层治理的物质基础势在必行。故城县立足农村现状，从整合资源、优化生产关系、创新生产经营模式入手进行了积极探索，成立村集体经济合作社，整合盘活土地、金融保险、市场、科技资源，开创党支部（引领）+集体经济合作社（经营）+农户（土地入股）+银行（助力）+保险（兜底）的"五位一体"规模经营新模式，实现了粮食增产、集体增收、农民增富，为平原地区破解现代农业发展难题探索了路径。2023年，全县共507个村采用"五位一体"经营模式，村集体收入全部达到10万元以上，其中18个村集体收入达100万元以上。

二　模式做法

故城县"五位一体"主要模式为赋予合作社党建内核、赋予村集体法人治理结构，由农村集体股份经济合作社组织农户以土地经营权入股，把土地整合起来，规模经营主粮作物，实现"两升一降"，即通过规整土地、消除田埂，土地实用面积增长了7%左右；通过科技支撑，提升了经营效益；

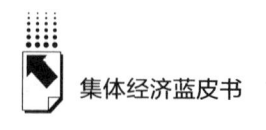

通过规模经营，降低生产成本。据测算，农户每亩地年收入1200元左右，村集体每亩可收入300元左右。

（一）强化领导高位推动

故城县委、县政府把发展农业生产"五位一体"经营模式作为实施乡村振兴战略的有力举措，纳入各乡镇和相关部门重点工作清单，压实工作责任，召开全县动员大会，推动工作开展，努力将各项政策措施落地见效。各相关部门根据自身职能，合力推动农业生产"五位一体"经营模式的实施。县农业农村局牵头抓总，整合相关政策项目资金向项目区倾斜并及时提供技术服务。县委组织部牵头开展村级组织评级授信服务。县金融办协调加大融资扶持力度。金融、保险机构不断创新产品，保障"五位一体"经营模式推广。

（二）党建引领积极作为

在优秀农村大学生、返乡创业青年等群体中，遴选有担当、想做事的党员干部，配优配强村"两委"班子，提升基层党组织引领发展、服务群众的能力，全县80%以上的村实现村支部书记和村主任"一肩挑"，使基层党组织真正成为带领农民群众脱贫致富奔小康的坚强战斗堡垒。村"两委"领办集体经济合作社，引导农户将土地集中起来，入股到村集体经济股份合作社，整村或整方种植高效农产品或玉米、小麦等大宗农作物。推行村党支部书记通过法定程序担任合作社负责人，合作社负责人通过换届选举担任村党支部书记，大力培养党员致富能手、发展带头人，形成了"支部带实体、党员带群众、能人带产业"的良好局面。

（三）清产核资盘活资产

全面开展农村集体产权制度改革，清产核资，摸清家底，对有些村集体机动地承包合同重新审核，对期限过长、承包费偏低等问题进行整改，将集体废弃厂房、闲置房屋、闲置养殖场等集体资产进行整治、改扩建，开展租赁经营，同时农村集体经济合作社对农户土地进行集中统一管理或者与规模经营主体合作进行联合经营管理，提高规模效益。尹里村将原尹里小学改建为榨油厂，进行油菜籽初加工，既盘活了集体资产，又延伸了产业链条。

（四）龙头带动促进发展

全县着力搭建东大洼和茂丰两个省级农业园区平台，引进和培育了泰国正大肉鸡全产业链、康宏牧业等农业产业化项目，着力打造肉鸡、奶牛、生猪、蔬菜等现代农业产业链条，大力发展订单农业，通过收购农户农产品等，将全县农作物种植紧密融入现代农业产业链条，实现三次产业深度融合，促进农业转型升级，带动农户发展，提升农业综合效益和农业产业化水平。

（五）土地入股统一经营

农户将家庭承包地委托给村集体合作社进行规范整理，统一按市场化方式经营，开展农业结构调整，发展高效农业，提高农业生产效益。成立的集体经济合作社以支付保底收入（每年每亩600~800元）另加分红的分配形式，打消农户顾虑，吸引农户入股入社，将盈利的60%用于入股分红，20%用于合作社经营再生产，20%用于村集体公益事业。农户返聘务工或者从事二、三产业，实现增收致富。

（六）金融支持保险兜底

农业农村部门与金融保险机构加强沟通协调，积极争取支持。充分利用农业银行"两委贷"特色金融产品（主要面向村"两委"成员发放，根据"两委"成员信用评价等级、资产经营状况等给予不同额度的授信），解决制约发展的资金难题。与建设银行密切合作，创新推出"裕农快贷""托管云贷"等金融惠农政策和产品，依托全县538个村设置的裕农通服务点和金融专员，以农村土地经营权为抵押，最高可向村集体经济合作社授信300万元。目前，金融机构支持"五位一体"模式累计发放贷款近1000万元。

县财政采取补贴的形式,引导太平洋保险公司开展价格收入保险,作为托底保障措施,降低农业经营风险,打消农户与合作社的后顾之忧。2020年以来,植入特色保险面积65.6万亩,产生理赔1541.2万元,有效发挥了保险兜底作用。

三 取得的成效

(一)壮大了农村集体经济

"五位一体"经营模式的主要初衷就是发展壮大农村集体经济。通过村集体盘活土地资源,整合土地集中连片,注入资本进行集约化农业生产,植入保险进行收入托底,运用土地流转新模式,把农村分散的资源聚集化、模糊的产权明晰化、集体资源市场化。目前,全县集体收入10万元以下的村已清零,实施"五位一体"经营模式的村达到254个(绝大多数为部分统一经营),落实统防统治玉米面积近30万亩;三朗镇通过盘活资产,全镇集体资产增加近3500万元。

(二)提升了基层治理能力

"五位一体"经营模式,既生动回答了"谁来种地"和提高经营效益问题,又增加了农村集体资产的积累,较好地解决了村集体"办事没钱、说话无力"问题,提高了村级组织的凝聚力和有效履行职能的能力,推进了治理方式现代化。实施"五位一体"经营模式较早的三朗镇尹里村实施了硬化、绿化、亮化、美化、净化、文化的"六化工程",提升了村容村貌,干部群众的思想面貌也焕然一新,不文明行为明显减少。

(三)带动了农民增收致富

"五位一体"经营模式,既有效盘活了农村集体闲置资产,实现了"变废为宝",通过开展对外租赁发展产业,带动了当地农民进厂务工。故城县建立集体和农户之间的利益联结机制，农民除了土地入股的保底收入，还有盈余分红、务工等收入，实现了股金和薪金的双重收入，农户增收致富步伐明显加快。2023年，故城县村民共计增收2000万元。西牟村7个农民管理2000多亩土地，将更多的农户从土地上解放出来，转向城镇就业，既增加了集体和农户收入，又加快了新型城镇化进程。

（四）推动了农业转型升级

通过实施"五位一体"经营模式，能够有效实现土地、资金、劳动力的集中，促进了种养加结合、三次产业融合，推动农业转型升级，实现农业发展方式由传统向现代、由粗放向集约转变。三朗镇在全镇推行一村一品工程，同时依托农副产品资源优势发展深加工，拉长了产业链条，促进了农业结构调整。该镇尹里村已经开始利用本地生产的油菜籽粒榨油，居召村的玉米籽粒压片加工项目主体工程基本建成，对当地种植结构调整将发挥带动和促进作用。

四　经验启示

（一）建强基层组织是关键环节

发展新型农村集体经济是党的二十大报告确定的重要任务，也是全面推进乡村振兴的重要途径和坚实保障。在发展农村集体经济的各类主体中，坚强的基层党组织居于核心地位。故城县在优秀大学生、返乡创业青年等群体中，选优配强村"两委"班子。深化农村集体产权制度改革，完成集体资产清产核资，推进资源变资产、资金变股金、农民变股东，创办村集体经济合作社，凝聚农村发展的各方面力量，充分发挥组织农民、带领农民、服务农民、富裕农民作用，取得村集体和村民双赢局面。故城县"五位一体"模式的生动实践，有力证明了新时代发展壮大农村集体经济，必须坚持党建引领，把党的组织优势转化为发展优势。

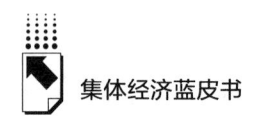

（二）尊重农民意愿是基本前提

故城县"五位一体"模式的推行，需要动员村民以土地经营权入股集体经济合作社，没有全体村民的支持，集体内部的合作难以达成，实现规模经营、发展集体经济只能是一句空话。故城县通过合理的利益分配机制调动农民的积极性，通过试点示范推动模式的全面展开。首先，故城县制定了明确的利益分配方案。采取"保底收入+分红"的方式保障村民收益，农户每年可获得600~800元/亩的保底收益，盈利的60%再分配给农户，将农户与村集体的利益统一于"五位一体"模式的实践。其次，发挥好典型引路作用。选择基础好的居召村、河北召村作为"五位一体"模式试点，在取得初步成效，得到广大农户认可之后，根据班子队伍、群众意愿等实际条件，分批次推广到其他村。"五位一体"模式的推广，政府部门的推动起了较大作用，但是没有农民的自愿参与和融入，难以取得多方受益的成效。故城县采取密切利益联结、示范典型引路等措施，使农民看到真真切切的变化，得到实实在在的利益，农民与村集体形成了实行"五位一体"模式的共识，成为模式推广的内在动力，政府部门的引导推动也就取得了事半功倍的效果。

（三）坚持因地制宜是重要方法

持续壮大集体经济，要立足农村本地资源禀赋，发挥比较优势，因地制宜探索发展产业、壮大集体经济的路径。故城县大多数农村一没工业、二没经营性资产，"五位一体"模式正是利用农村土地这一最大的资源做文章，在没有特殊资源优势的传统农业村，把分散经营的土地集中起来，委托专业的经营主体或服务组织经营，提高土地的经营效率和经济效益，实现村集体和农民的双增收。在有条件的村，积极发展农产品加工，因地制宜发展乡村旅游、休闲农业等新产业新业态，延伸产业链条，提高农业效益，在做好土地规模化经营的基础上进一步拓宽村集体经济增收渠道。"五位一体"经营模式已成为故城县壮大集体经济、推动民富村强的有效载体。

（四）加强政策支持是重要保障

故城县"五位一体"模式最初发轫于基层的探索，全面推开、形成模式离不开当地党委政府的强力推动和支持保障。故城县委、县政府出台了一系列文件，将集体收入增加作为对村班子考核主要内容，县级各相关部门根据自身工作职能，大力支持和配合"五位一体"模式的实施。农业基础设施条件不断改善，全县建成高标准农田 69.39 万亩。金融部门创新农业信贷担保产品，建行故城支行推出"地押云贷""托管云贷""裕农快贷"等产品，全力支持模式推广。保险机构拓展"特色农业+订单+保险"模式，扩大农产品保险覆盖面和保险范围，提高农业保险深度和密度。财政支持农业机制逐步健全，县财政出资 400 万元，为实施"五位一体"模式的 200 多个村、30 万亩耕地植入玉米价格指数保险，村集体获保险理赔收入近 120 万元。在政府的支持和政策的保障下，故城县"五位一体"模式不仅获得了快速发展的良好环境，还依靠保险兜底克服了农业生产的自然风险、市场风险，为"五位一体"模式的稳步启动发展到全面推广保驾护航。

B.16
江苏粮食种植情况的调研

——基于苏南、苏中、苏北9个涉农县的调查分析

聂哲 后丽丽 赵江宁*

摘 要： 保障粮食和重要农产品稳定安全供给始终是建设农业强国的头等大事，"谁来种地、如何种好地"的问题已成为全社会关注的热点。本报告总结了江阴市、常州市金坛区、张家港市、如东县、淮安市淮阴区、射阳县、宝应县、句容市和泰州市姜堰区9个涉农县粮食生产基本情况，分析现状和存在的问题，针对人、地、利三者之间复杂而又紧密的关系，提出保障粮食安全问题的几点建议：优化种粮队伍年龄结构，推进农业适度规模经营，保障提升种粮农民收益。

关键词： 粮食安全 人才培育 适度规模经营 种粮收益 江苏

习近平总书记多次强调，中国人的饭碗任何时候都要牢牢端在自己手中，饭碗主要装中国粮。根据第七次人口普查，2020年江苏乡村人口2251.4万人，较2010年减少了878万人，其中65岁及以上人口的比重上升5.32个百分点，农村空心化、老龄化趋势明显。在此背景下，"谁来种地、如何种好地"的问题成为全社会关注的热点。江苏是全国13个粮食主产省之一，宝贵的耕地有没有人种、种得好不好，不仅事关自身8500多万人口的吃饭问题，还会影响国家粮食安全。带着这个问题，中共江苏

---

* 聂哲，江苏省农村经济研究中心调研信息科科长，高级农艺师，研究方向为农村经济；后丽丽，江苏省农村经济研究中心调研信息科，博士，研究方向为农村经济；赵江宁，江苏省委农办综合处高级农艺师，博士，研究方向为农村经济。

省委农办组织调研组于2023年7月赴江阴市、常州市金坛区、张家港市、如东县、淮安市淮阴区、射阳县、宝应县、句容市和泰州市姜堰区9个县（市、区）开展实地调研，走访典型农业乡镇13个、农业村19个，与县级相关部门及基层干部、种粮主体代表近200人交流座谈，深入了解有关情况。总体上看，当前全省各地粮食生产基本稳定，未发现耕地撂荒现象，但长远来看，夯实粮食安全根基要处理好人、地、利三者之间复杂而又紧密的关系，即优化种粮队伍年龄结构，推进农业适度规模经营，保障提升种粮农民收益。

一 基本情况

江阴、金坛、张家港、如东、淮阴、射阳、宝应、句容和姜堰，在苏南、苏中、苏北地区属农业体量较大、具有一定典型性的县（市、区）。各地党委政府重视粮食安全，改善农业生产条件，落实各项种粮补贴政策，土地流转比例和适度规模经营程度较高，种粮大户、家庭农场等经营主体收益稳定。

（一）粮食播种面积及产量稳中有增

《江苏省农村统计年鉴》数据显示，2012年以来，9个县（市、区）粮食播种面积先升后降，最近几年呈现恢复性增长。2022年，9个县（市、区）播种面积为1028.8万亩，粮食总产494.1万吨。分县（市、区）来看，近年来，江阴市、金坛区、张家港市粮食播种面积扭转下降趋势，开始逐年增长；如东县农业体量较大，"十三五"以来粮食种植面积稳定在210万亩以上（实有耕地面积146.5万亩）；2012年以来，淮阴区除2021年略降外，粮食播种面积都在稳定增加；射阳县粮食生产总体保持稳定；宝应县、句容市和姜堰区2017年后播种面积降幅明显，随后虽有所恢复，但增长有限。值得注意的是，宝应县粮食单产水平是9个县（区）中最高的。各地粮食生产均以稻麦两熟为主，主要农作物良种覆盖

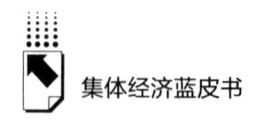

率80%以上，水稻、小麦单产水平稳定在600、350公斤左右，接近"吨粮田"标准。

（二）规模经营主体以家庭农场为主

各地土地流转率都在60%以上，张家港等地流转比例达90%以上，不少乡镇实现全域流转。适度规模经营以种粮大户、家庭农场为主，流入耕地面积约占土地流转面积的2/3。家庭农场单体规模适中，绝大部分经营面积为200~500亩。经营1000亩以上的多为村集体经济组织领办的土地股份合作社，如姜堰区娄庄镇先进村、如东县双甸镇石甸社区，集体经营耕地面积达1300亩、3500亩；或依托农机服务专业合作组织，如张家港市塘桥镇华庭家庭农场经营面积3200亩，农场主也是农机合作社负责人，拥有大型农机具32台套、植保无人机5架。

（三）种粮农民收益稳定

一方面，种粮尚有一定的利润空间。调研组与种粮主体仔细核算成本收益，按稻麦两熟周年计算，各地粮食生产地租、农资、农机、水电、用工成本合计每亩为2285~2697元，差异主要来自土地租金和农机费用支出；粮食销售收入为2500~3045元，扣除成本后每亩利润为200~400元。另一方面，各项补贴是种粮主体收益的重要组成部分。各地既有普惠性的补贴政策，如耕地地力补贴、稻谷补贴、种粮农民一次性补贴等，补贴标准基本相同，50亩以上适度规模经营的合计每亩240元左右；有的地区创新开展地方性补贴，如张家港市开展稻麦价外补贴，在市场价基础上补贴商品粮销售价格每斤0.1元，江阴市、金坛区落实生态补偿政策，对适度规模经营主体分别给予每亩100元、28元补贴。加上各项补贴，种粮主体每亩净收入可达400~900元。按夫妻二人经营300亩计，金坛、张家港、句容、姜堰地区种粮家庭收入可达20万元左右，江阴、如东也在10万元以上，略高于打工收入。

二 存在的问题

(一) 关于"人"的问题

调研中发现,从事农业一线生产尤其是粮食生产的劳动力老龄化趋势明显,种粮主体多为"50后""60后","70后"不愿种地、"80后"不会种地、"90后""00后"不提种地的现象比较突出,但主动投身农业的年轻人也开始陆续涌现。

一是中老年人仍然是种粮主体,但越来越力不从心。2022年,全省第一产业就业人员631.46万人,其中16~30岁占10.8%,30~50岁占22.9%,50岁以上占66.3%。调研的9个涉农县的情况与全省面上情况相似,50岁以下的占比均不足30%。参加座谈的种粮主体年龄以50岁以上为主,约占访谈对象的95%,50~60岁的算是农业生产一线的"壮年",小农户、季节性临时用工年龄基本在60~70岁,甚至更大。淮阴区家庭农场、农民合作社等新型种粮主体带头人平均年龄52岁,句容市边城镇的边城科丰粮食种植专业合作社理事长今年70岁,宝应县柳堡镇家庭农场、种植大户中"90后"只有1人。射阳中等专业学校设有农业班,每年培养毕业生100人左右,很多学生毕业后并不从事农业生产经营。总体来看,很多农村年轻人受婚姻、就业及教育等因素驱动,选择进入大城市或者县城就近就地城镇化,留在农村种地的以中老年人为主;随着年龄增长,中老年人在引进新品种、推广新技术、改进经营管理模式等方面已明显力不从心。

二是愿意种粮的年轻人不断涌现,但发展面临一定的挑战。当前主要有两类年轻群体愿意种粮:一是家庭农场、种植大户的下一代,二是在外打拼、赚到人生"第一桶金"的年轻人。尽管接班的"农二代"并不多,但也有一些父子档、叔侄档,老一辈手把手教给年轻人种植技术、管理经验。调研中发现,部分年轻人之所以愿意回来做农业、种粮食,一方面由于国家对农业农村越来越重视,各项惠农政策、惠农红利源源不断投向"三农",

给了他们很大信心；另一方面种地比打工上班族更自由，除了"三夏"大忙时节，其他时间都可自由安排。尽管如此，年轻人真正进入农业之后，还是面临"一高一低"的发展瓶颈：资金实力要求高，按照目前地租行情，流转500亩土地需要资金超过50万，1000亩就是100万，有些地方还要缴纳押金，这对于年轻人来说是一笔不小的支出，如果赶上自然灾害等不利条件，种田风险则急剧上升；社会保障水平低，在目前社保政策下，农业从业人员一般参加城乡基本养老保险和医疗保险，与职工社保待遇差距较大，基层干部坦言，如果农民也有"五险一金"，愿意种地的大有人在。

三是活跃在田间地头的年轻人不少，但收入缺乏保障。这类年轻人主要有两类，一类是从事农业技术服务的年轻人。比如一些农机手、飞手，在农忙时候能拿到每月1万~2万元的收入，但其农闲时还要外出打工谋生。宝应县雨森家庭农场，农场主王雨森与5个小伙伴组建一个无人机团队，每年只有半年比较忙，每人大概会有7万~8万元的收入，但另外半年基本处于休息状态。这类年轻人的收入都是季节性的，农闲时还要进城打工，遇到更好的发展机会就会完全脱离农业，队伍稳定性不够。另一类是村两委换届后吸纳进班子的年轻人。调研走访的几个村，有的村集体统一经营的耕地面积占到全村耕地总面积的1/3，村青年干部除了处理村务外，要投入大量精力运营村集体领办的耕作服务合作社、集体农场等，但年收入普遍只有4万元左右。

（二）关于"地"的问题

调研中发现，土地流转、粮食种植面临地租过高、租期不合理及土地细碎化等问题。就目前形势来看，短期内这三个问题难以得到根本解决，防范好各类风险、平衡好各方利益才是关键。

一是高地租挤压经营收益，易引发市场乱象。2023年第二季度，全省耕地流转价格亩均902.27元/年。调研的县（市、区）中，苏中、苏北土地流转价格均高于全省平均水平，宝应县为981.7元/年，比2003年涨了3倍多；射阳县平均达964.75元/年，个别地块达到1300元/年。自然环境、农产品价格、工商企业的农地偏好以及农地经营的机会成本等因素是造成地租日益高企的重要原因。地租上涨确实增加了土地承包户的财产性收入、促进了村集体增收，但也带来问题和隐患：一方面挤压种粮收益、增加经营风险，比如姜堰区、如东县等个别地方，地租成本占稻麦种植成本的30%以上，如经营不善或遇到灾害性天气，很可能导致亏损，极端情况可能出现经营者跑路现象；另一方面容易引发交易乱象、扰乱市场秩序，比如个别地方存在"职业竞标人"群体，或帮助没有竞标资格的外地人竞标获取利益，或哄抬价格伺机牟利。针对这些问题，宝应县规定先缴纳第一年和最后一年的土地租金，最后一年的租金相当于押金；射阳县探索粮食规模经营土地经营权流转合理定价机制，通过严格准入、确定价格、限价熔断、明确优先序、综合评价、履约保证等步骤，有效降低风险。

二是租期长短均有利弊，设定不好影响可持续性发展。目前全省大部分地区农村承包土地经营权流转期限为3~5年，这有利于更多种粮主体、社会资本等遵循市场规律开展良性竞争，实现能者上、庸者汰。但在种粮主体看来，租期过短影响投入意愿，出于不能再次中标的担心，不愿在基础设施、耕地质量等方面进行更多投入，更有甚者，个别种粮主体为了眼前利益，在有限的租期内过度消耗地力。租期过长也会带来一些问题，比如调研中发现租期最长达18年（2010~2028年），起租时亩均地租只有650元/年，因缺乏地租随行就市调整机制，2014年发生了土地承包权人集体"占领"田块、要求涨价的事件。土地承包经营权流转期限过长，还会限制其他主体进入农业，可能有失公平。

三是土地细碎化亟待解决，制约适度规模经营发展。据统计，全省土地流转面积3300万亩，约占土地承包面积5300万亩的2/3。调研发现，不少乡镇目前已经实现全域流转开展适度规模经营，但土地细碎化问题依然存在。一方面，从事小农生产的农村剩余劳动力，年龄偏大、生产水平不高、劳动生产率偏低，随着这些老龄农民逐渐退出，曾经一家一户承包的零散耕地呈现细碎化。比如淮阴区农福家庭农场，共流转经营耕地250亩，分成50多块，种粮主体之所以愿意经营，是因为与村民口头约定，以粮食抵偿地租，或者一亩仅支付300元/年左右的地租，这种经营模式更像是农村

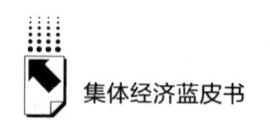

"熟人社会"的邻里互帮互助，否则面对高昂的地租，碎片的土地很难有高收益。另一方面，部分镇村田块不连片、土地不平整，一些尚未建成高标准农田的地块大多位置偏远、高低不平、细碎化严重，机械作业效益低。比如句容市地形以丘陵、岗坡地为主，田块坡度大、分布不集中、连片面积小、位置偏，以粮食种植为主的连片地块较少。

（三）关于"利"的问题

调研中发现，是否有钱赚是影响农民种粮积极性，进而影响种粮农民队伍稳定的关键因素。在种粮农民看来，成本居高、效益不稳，粮食种植收益普遍偏低，统筹保供和增收矛盾突出。

一是粮食全产业链处于起步阶段，纯种粮比较效益相对较低。调研发现，年利润超过30万元、人均利润超过12万元的种粮主体都有一个共同的特征：经营规模基本在300亩以上，在从事粮食种植之余，向仓储烘干、销售、流通、品牌等产加销各环节延伸，粮食全产业链初具规模。但这样的主体并不多，大部分家庭农场、种粮大户还是以销售原粮为主，且经营规模在300亩以下，投入2~3个家庭成员纯种粮，总收益一般不如外出务工。经测算，综合考虑地租、农资、农机、水电、用工等，江苏省稻麦两熟周年种植成本为2300~2700元，粮食销售年收入为2500~3000元，每年亩均净利润仅200~400元。同时，粮食产业上下游缺乏稳固的利益联结机制，产业链、价值链、供应链三链融合、协同发展还不够，在收储、物流、加工等方面存在短板弱项，资源优势尚未转化为产业优势、经济优势。

二是种粮主体缺乏话语权，收益不稳定是常态。基层反映，很少有同一年水稻小麦均有好收益的情况。2022年小麦迎来历史上少有的好行情，亩均净利润最高可达500元，但水稻基本上保本或者微利。2023年小麦行情不如上年，收购价也比上年低0.15~0.2元/斤。在全省稻米加工企业产能普遍过剩的背景下，很多粮食加工企业采取以销定产的策略，收购价普遍不高。很多种粮主体反映，在粮食交易过程中，很难有话语权，收购价一天一个价，卖得早很可能错过高收购价，想观望下市场行情再卖粮，又因烘干、仓储能力不足，很容易发霉变质，因此粮食一收上来只能匆忙销售，自然也难以卖上高价。

三是联农带农机制不够完善，增收致富受到制约。射阳大米、宝应大米等区域公用品牌具有很高的知名度和美誉度，但在调研中发现，这些品牌溢价还未有效下沉到种植主体。射阳县主推"南粳9108""淮稻5号"等口感好、适应性强的优质品种，稻谷价格每斤比其他地区仅高出 0.1~0.2 元。近年来，很多射阳稻谷都被周边地区的粮食经纪人收走，加工后与当地米混卖，没有发挥好品牌效应在有效带动农民增收致富方面的作用。这一现象背后的深层次原因在于种粮主体偏重产量、收购部门偏重外观、加工企业偏重成本，优良品种和普通品种混种、混收、混贮现象普遍，直接影响到品牌联农带农优质品种种植的效益。

三　对策建议

（一）强化"人"的培育，答好"谁来种地"问题

"谁来种地"核心是解决好人的问题，首要还是稳定种粮队伍。一是强化队伍培育。聚焦"有情怀、爱农业、懂技术、善经营、会管理"，大力培育新型农业种粮主体和服务主体，总结推广涉农高校定制、定向培养高素质农民等经验做法，鼓励本地户籍人才返乡就业创业，不断壮大适应时代发展的"新农人"队伍。二是畅通筹资渠道。完善普惠金融支持农业农村政策体系，加大"苏农贷"推广力度，持续深化"政银担"合作机制，积极支持种粮主体融资发展。三是健全社保机制。制定推广针对粮食规模种粮主体的养老保险补贴政策，引导其以灵活就业人员身份参加城镇职工社会保险或更高档次城乡居民基本养老保险，提升待遇水平。

（二）落实"地"的保障，答好"用好用活"问题

耕地是粮食生产的命根子，要坚持把处理好农民与土地的关系作为主

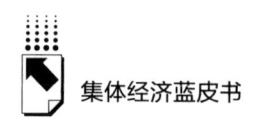

线，深化农村改革、推进农业适度规模经营。一是规范土地交易市场。研究制定兼顾种粮主体和土地承包主体利益的土地流转价格形成机制，规范工商资本流转土地，引导农业经营主体理性核算、避免盲目出价，规范流转交易、避免哄抬地价，加强重点对象监测，确保有形市场的正常运作和健康发展。二是加强土地流转管理。保持历史耐心、依据市场原则，健全二轮延包政策下新型农业经营主体土地持续经营权益保障机制等工作，尊重小农户、新型农业经营主体和村集体意愿，因地制宜研究确定合理的土地经营权流转期限。三是挖掘存量做好增量。在农民自愿前提下，积极推广"小田变大田"改革成果，通过土地综合整治、高标准农田建设等，盘活现有耕地存量、优化增量，逐步解决土地细碎化问题，稳步拓展农业生产空间，提高农业综合生产能力。

（三）优化"利"的驱动，答好"输血造血"问题

夯实粮食安全根基，说到底是要调动农民种粮积极性，让种粮农民有钱赚。一是加大粮食生产激励补偿支持力度。落实粮食最低收购价、种粮补贴、生态补偿、完全成本保险等政策，健全农民种粮收益保障和主产区利益补偿机制，加强粮食收储能力建设，调动地方稳粮、农民种粮两个积极性。二是提升粮食生产组织化程度。大力推进"全程机械化+综合农事"服务中心建设，创新农机社会化服务业态，带动实现小农户与现代农业发展有机衔接，将分散经营不划算的农机购置、生产管理等交由服务组织，提高生产效率、降低管理成本。三是推动粮食全产业链高质量发展。立足资源禀赋，坚持市场导向，以农业全产业链建设为主线，着力稳规模、增效益，持续扩总量优结构，加大优质粮油升级农业全产业链重点链建设力度，大力发展农产品加工业和品牌农业，提升增值收益和品牌溢价能力。鼓励种植主体与粮食加工、销售企业开展深度合作，建立稳定的利益联结机制，合理分享粮食全产业链增值收益。

探索篇

B.17 上海发展壮大新型农村集体经济的探索与实践

方志权[*]

摘 要：发展壮大新型农村集体经济是推动农村共同富裕的重要战略举措。本报告归纳了新型农村集体经济的内涵特征，提出加快农村集体产权制度建设，提升农村集体经济组织市场主体能力，培养农村集体经济组织"领头雁"是发展壮大新型集体经济的主要任务。报告分析了上海新型农村集体经济的发展情况，提出要与农村综合帮扶相结合，与全域土地整治工作结合，与区级集体资产经营平台建设相结合，与乡村振兴示范村建设相结合，并且要参与全要素市场，打破路径依赖，发挥平台作用，加强监督管理，优化分配制度。

关键词：新型农村集体经济 集体资产 集体产权制度 上海

---

[*] 方志权，上海市农业农村委员会二级巡视员、研究员，研究方向为都市农业、农村集体产权制度改革和农业农村政策。

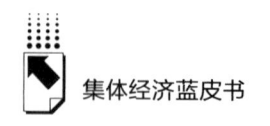

发展壮大新型农村集体经济是推动农村共同富裕的重要战略举措。党的十九大报告首次提出实施乡村振兴战略，把壮大集体经济作为一项重要举措。2018年"中央一号文件"以及《国家乡村振兴战略规划（2018—2022年）》要求"探索农村集体经济新的实现形式和运行机制""发展新型农村集体经济"。党的十九届五中全会强调"发展新型农村集体经济"。2021年"中央一号文件"提出，要基本完成农村集体产权制度改革阶段性任务，发展壮大新型农村集体经济。党的二十大报告再次强调，发展新型农村集体经济。这些都充分说明党和国家对新型农村集体经济在乡村振兴和实现农村共同富裕中的重要作用有着全面系统的认识，进行了全面部署。如何正确认识农村集体经济，怎样推动新型农村集体经济发展壮大，不仅关系到农业农村经济发展，也关系到农村改革和乡村治理的成效。

一 准确认识新型农村集体经济的内涵特征和目标任务

产权制度是市场经济的基石。我国农村产权制度是有中国特色的制度安排，农村承包地、宅基地等资源和集体经营性资产都属集体所有。党的十八大以来，国家全面推行农村集体产权制度改革试点，有序开展集体成员身份确认、集体资产折股量化、股份合作制改革、集体经济组织登记赋码等工作。通过改革，清查核实农村集体资产7.7万亿元、集体土地等资源65.5亿亩，确认9亿人为农村集体经济组织成员身份。据农业农村部最新统计，截至2021年底，全国共有村集体经济组织57万个，其中有经营收益的村集体组织41.9万个，占74%。

从全国层面来看，目前农村集体经济发展面临一些制约。一是地区发展不平衡。东部地区农村集体经济收入远高于西部地区，东部不乏"亿元村"，西部依然存在"空壳村"。二是可持续性不足。不少农村经营性收入占比不高，一些资源仍在"沉睡"、有待"唤醒"。三是"三资"管理不够规范。对集体资产、资金、资源的管理还不够科学民主。

所谓新型农村集体经济，是指在农村地域范围内，以农民为主体，相关利益方通过联合与合作，形成的具有明晰的产权关系、清晰的成员边界、合理的治理机制和利益分享机制，实行平等协商、民主管理、利益共享的经济形态。传统意义上的农村集体经济主要是劳动者的劳动联合，而新型集体经济不仅包括劳动者的劳动联合，还包括劳动与资本、技术、管理等的联合。集体经济作为社会主义公有制经济的重要组成部分，在市场经济条件下以何种形式得到有效实现，是全面推进乡村振兴绕不开的重要议题。

新型农村集体经济，新就新在不是传统"一大二公"的集体经济，而是产权明晰、成员清晰、权能完整的农村集体经济。发展新型农村集体经济，目的是发展壮大集体经济，激活农村各类要素潜能，赋予农民更多财产权利，实现强村与富民结合。在实践中，不能把集体所有制改虚了、把集体资产改没了、把农民利益损害了，要盘活用好农村资源资产，补齐农村发展短板。

发展新型农村集体经济不是走老路，而是适应农业农村发展新形势的必然选择，是乡村振兴的有力载体，是实现农村共同富裕的有效途径。当前和今后一个时期发展壮大新型农村集体经济的主要任务有以下几个方面。

一是加快农村集体产权制度建设。发展壮大新型农村集体经济，前提是产权关系清晰明确，并且资产权益可以流转。进一步深化农村集体产权制度改革，需要明晰产权主体、产权范围，核心在于完善农村集体资产股份权能。其中，关键又在于加快探索农村集体资产权益流转模式。在市场经济体制下，只有集体资产股份自由流转，才能显示它们作为生产要素的潜在市场价值。

二是提升农村集体经济组织市场主体能力。要加快推动赋予农村集体经济组织特别法人资格政策落地，加快配套政策调整，推进农村集体经济组织法人化改造，使其成为真正的现代市场竞争主体。同时，发展壮大新型农村集体经济，必须厘清集体经济组织与基层政府、农村党组织和村民自治组织的关系，推动集体经济组织集体资产运营功能的实现，并纳入政府政策支持框架体系和监管体系，强化发展保障和规范监管。

三是着力培养农村集体经济组织"领头雁"。应结合乡村人才振兴工作，加强农村集体经济组织带头人的引进和培养，切实提升带头人能力，鼓

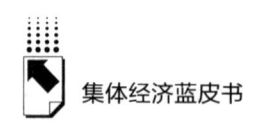

励有条件的地区聘请职业经理人充实带头人队伍。同时,加强新型农村集体经济组织管理人才队伍建设,培养造就一批熟悉市场经济规则、有专业经营管理能力的人才,为新型农村集体经济发展注入新鲜血液。

综上,发展新型农村集体经济,既要分好"蛋糕",又要做大"蛋糕";既不能像过去那样"人人有、人人无份",又不能"一分了之""吃光分净"。通过改革,各地成立了农村股份经济合作社或经济合作社,集体资产正经历由过去农民"看得到、算不清、管不了"到"既当家、又监管、还分红"的转变。今后还要继续深化农村产权制度改革,赋予集体经济组织和农民对集体产权的占有、使用、收益、处置等权能,发挥市场在资源配置中的决定性作用。

需要指出的是,新型农村集体经济的实现形式是多样的,中央政策鼓励各地探索。近年来,各地通过完善集体经济运行机制,发展土地合作、资源开发、生产服务、资产租赁、联合发展等多种形式,拓宽了农村集体经济发展的有效路径。从实践看,有的地区将集体资源资产入股乡村新产业新业态,有的地区在探索社会资本与集体经济组织合作的新模式新途径,这些都值得借鉴和推广。

二 上海在深化农村改革、促进新型农村集体经济发展方面取得的成就

党的十八大以来,上海持续加大农村集体产权制度改革推进力度,2019年率先基本完成镇村两级集体经济组织产权制度改革任务,实现了"应改尽改"的目标,没有出现因改革而产生的群访、集访事件,得到了中央农办和农业农村部的充分肯定。2018年4月1日,《上海市农村集体资产监督管理条例》正式实施,是《中共中央 国务院关于稳步推进农村集体产权制度改革的意见》出台后全国范围内第一部规范农村集体资产管理的地方性法规,成为上海农村改革的标志性工程。

截至2023年底,全市共有122个镇级集体经济组织、1677个村级集体经

济组织，总资产为6802亿元，净资产2206亿元，总量位居全国第二。2019年完成改革时，集体资产以份额形式量化给所有老百姓，共涉及523.4万人。

按照农业农村部清理集体经济组织成员身份重复（与外省重复、与本市不同镇重复或不同村重复）等有关要求（农村集体经济组织成员拥有"四权"，即参与权、决策权、监督权和收益权），2023年底全市已确认农村集体经济组织成员413.0万人（含48.5万已过世成员），仅享受经济权益的人员（不具有决策权）110.4万人。2017~2021年度，集体经济组织五年累计分配120亿元，参与分配1178万人次，人均年分配金额1019元。

上海农村集体经济总体呈稳步增长态势，但在发展中也面临一些瓶颈。一是集体经济区域发展不平衡，近郊集体资产占全市总资产的60%，中远郊仅占40%，村均资产最多的闵行区是最少的崇明区的15倍。二是经营模式较为单一，以出租物业经济模式为主，占比高达76%，租金是集体经济的主要收入来源，单一的产业结构和形态导致管理层级低、风险抵御能力弱、经营效益水平低。三是改革成效与农民增收的利益联结机制不强，2021年、2022年全市集体经济收益分配单位数量仅占总数的40%，分配金额分别为27亿元和27.6亿元，占总收益的35%和37%，资产回报率低于银行活期存款利率，农民从产权制度改革中的获益程度不高。

当前和今后一个时期，上海发展新型农村集体经济将实现"四个结合"：一是与农村综合帮扶相结合；二是与全域土地整治工作结合；三是与区级集体资产经营平台建设相结合；四是与乡村振兴示范村建设相结合。具体要聚焦"五个发力"。

（一）突破各种瓶颈，参与全要素市场

农村集体经济作为一类比较特殊的市场主体，在参与市场经营过程中面临一些不对等、不匹配、不公正的情况（各类资产由于权属关系、产证因素，在抵押、交易、流动等方面存在障碍和问题；在经营活动各个环节产生的所得税、红利税、增值税等税赋负担方面，承担着一般法人承担的义务），在一定程度上削弱了集体经济参与市场竞争的活力和动力。我们将积极协调、创造条

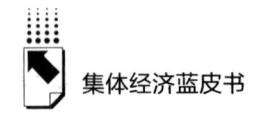

件，千方百计破除壁垒、消除障碍，体现集体资产的市场价值，减轻不平等、不合理负担，减负增能、轻装上阵，为集体经济做大做强营造良好的环境。

（二）突出新型方向，打破路径依赖

指导各涉农区立足区域实际，发挥资源优势，克服惯性思维、路径依赖，在发展农村集体经济中充分体现新型特征。近郊和中郊地区要在继续发挥物业经济能效的基础上，引导集体经济积极拓展新的产业形态，以城乡融合为导向，鼓励集体经济发展健康养老、农业休闲、创意办公、白领公寓等新型产业，逐步改变物业资产占比过高的现状，形成物业租赁、实业投资和金融产品等资产形态比例合理、有机结合的多元化格局，持续做大做强集体经济。远郊地区要充分利用全域土地整治、集体建设用地入市试点、农村结对帮扶等综合平台，盘活存量集体土地资源要素，积极探索集体建设用地入市，打造优质"造血"项目，提高集体经济发展的内生动力。

（三）发挥平台作用，实现联合发展

充分发挥区级平台作用，统筹配置辖区内集体资产、土地、项目、财政扶持资金等各类资源要素，帮助村级集体经济从"单打独斗"转向"抱团取暖"，发挥资金集聚效应。委托区、镇属企业实体运营，推广奉贤区"百村"系列公司的做法，通过"国集联动""结对帮扶"等方式，提升管理运营水平。

（四）加强监督管理，实现良性发展

升级改造农村"三资"经营管理监督平台，健全事前、事中、事后全链条监管机制。学习借鉴天津做法，以农村产权交易流程规范化试点为契机，加快交易平台建设，统一市场、统一规则、统一监管，实现交易行为和市场"溢价"有效统一，规范农村资源要素交易，加大优质乡村产业招商力度，提升产业能级。

（五）优化分配制度，体现公平合理

针对集体经济组织成员获得感较少的情况，要在增量上（特别是政府支持的增量上）区别对待，收益向现有成员倾斜，存量部分的收益则兼顾所有成员。鼓励涉农区加大镇级收益的分配力度，创新政策设计，优先照顾老年农民群体，充分体现改革的公平性、合理性、可持续性。

B.18
镇联社何以促进乡村全面振兴
——北京市平谷区镇罗营镇国家乡村振兴示范区跟踪调查

陈雪原*

摘　要： 作为乡镇级集体经济组织，镇联社是实现乡村全面振兴的基本组织单元，分析和揭示其基本功能、本质特征与组织体制，对于研究当前乡村振兴战略的一般性实施路径具有重要的现实意义。平谷区镇罗营镇在国家乡村振兴示范区创建过程中积极发挥镇联社利益联结和统筹协调作用，有效破除了"村自为战、户自为战"的发展体制桎梏。研究发现镇联社的组织比较优势集中体现在区、镇、村功能衔接与集体土地资源集中优化配置，集体资产经营与产业链垂直整合以及优化乡村治理机制等方面，进而提炼出"空间统筹、产业统筹、体制统筹"的乡村振兴战略实施的一般性路径。

关键词： 农业农村现代化　镇联社　资产经营　产业链　"五位一体"

一　"镇联社"作为乡村全面振兴基本实施单元的客观条件

2024年6月，十四届全国人大审议通过的《中华人民共和国农村集体经济组织法》，规定"农村集体经济组织，是指以土地集体所有为基础，依法代表成员集体行使所有权，实行家庭承包经营为基础、统分结合双层经营体制

---

* 陈雪原，北京市农村经济研究中心总经济师、经济学博士，研究方向为城镇化、集体经济治理与集体土地改革。

的区域性经济组织,包括乡镇级集体经济组织、村级集体经济组织、组级集体经济组织""村一般应当设立农村集体经济组织,村民小组可以根据情况设立农村集体经济组织;乡镇确有需要的,可以设立农村集体经济组织"。基于此,镇联社的存在和运行有明晰的法律基础。

镇联社作为乡镇级集体经济的一般组织形态,源于"三级所有(社—大队—生产队),队为基础"的人民公社体制中的"社"。镇联社虽然经历了60多年的发展历程,至今功能定位、发展方向等尚不明晰,相关研究也不充分,因此有进行专题研究的必要。

京郊拥有相对完整的乡镇级集体经济组织体系和较为厚实的乡镇级集体资产[①],具有40多年的镇联社发展与改革经验与政策储备。2022年,全国乡镇级集体资产8367.7亿元,其中,北京市3709亿元,占比44.3%;上海市3781.1亿元,占比45.2%。[②] 上海、北京等大都市郊区,应作为乡镇级集体经济组织研究的首选地区。

1991年,针对乡(镇)、村两级集体经济组织不健全,双层经营体制不完善,一部分乡、村集体经济实力比较薄弱的现实问题,北京市委市政府印发《关于加强乡村合作社建设 巩固发展农村集体经济的决定》(京发〔1991〕2号)(以下简称《决定》),在全国较早提出要建立乡镇级集体经济组织,一般称为"乡镇合作经济联合社",后经产权制度改革称为"乡镇股份合作经济联合社",一般简称为乡(镇)联社[③],并在1993年的《北京市农村集体资产管理条例》中予以进一步明确。镇联社与镇农工商总公司一般采取"一套人马,两块牌子"的做法,前者为产权主体,后者为经营主体。由此,形成由乡镇党委、乡镇政府和乡镇联社(乡镇农工商总公司)

---

① 尽管这些资产主要集中在近郊地区,但考虑到示范和辐射带动效应,对于远郊地区也是具有潜在价值的。
② 农业农村部政策与改革司编《中国农村政策与改革统计年报(2022年)》。根据调研情况,江苏、广东等地区有部分乡镇级集体资产尚未统计进来。
③ 根据《北京统计年鉴(2022)》,北京市共有178个乡镇,其中,建制镇有143个,建制乡仅有35个,本报告为行文便利,除了文件明确"乡联社"的情况,乡(镇)联社简称"镇联社"。

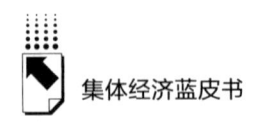

构成的基本的乡镇级组织体制架构。

2001年，随着乡镇机构改革的展开，北京多数远郊区县实行"三改二"，即在保留乡镇党委、乡镇政府的同时，或者直接撤销了乡镇农工商总公司，或者建立了隶属于乡镇政府的集体资产管理委员会（集体资产管理办公室），或者成立了乡镇集体资产经营公司。缺乏实体企业支撑的镇联社处于名存实亡的状态。近郊区县由于乡镇办企业实力较为雄厚，乡镇集体经济组织一般保留下来。2012年，为完成乡镇级集体土地所有权确权，北京郊区多数乡镇重新恢复镇联社组织[1]，但是大部分没有与实体企业建立产权关系，仅是抽屉里的一纸章程。

2004年以来，北京市城乡收入差距在达到"2.7∶1"的历史最高点后呈现缓慢波动式下降，农村地区内部差距开始凸显，进一步形成村与村之间"好、中、差"的层级[2]，强化镇域跨村统筹发展体制机制建设、实现共同富裕的需求日益迫切。近年来，上海市松江区完成所有镇联社的集体产权制度改革，东莞市以及我国台湾地区也在积极探索推进镇村统筹发展，陕西、贵州等西部地区也建立了越来越多的镇联社，反映了农村深化改革需要加强跨村统筹、乡村振兴基本实施单元亟须由村级上升到乡镇级的新趋势。实际上，与我国资源禀赋类似的日本、韩国，基层农协或基层农会一般设立在乡镇一级，具有金融、供销、推广、保险等多元功能。镇联社能够持续发展，主要有以下经济条件。

（一）乡村发展需要培育经济、人口集聚的节点和平台

传统农村的现代化转型，难以在"村自为战"的基础上独立完成，更不可能在"户自为战"的条件下推进。根据北京市"百村千户"监测点观察数据，2023年近一半的村集体经济组织已经没有自我造血机能：43个村

---

[1] 2012年4月18日，北京市农村工作委员会印发《关于进一步建立健全农村集体经济组织全面加强登记管理工作意见》（京政农发〔2012〕12号）。

[2] 陈雪原、周雨晴：《实施乡村振兴战略须视村况分类推进——以北京郊区3885个村庄为例》，《农村经营管理》2019年第9期。

集体经济组织无经营性资产，其中，城市化地区2个、城乡接合部5个、平原10个、浅山区14个、深山区12个，分别占各类地区的33.33%、23.81%、34.48%、56.00%、63.16%。

为此，必须在村以上、区县以下的乡镇（包括县城）建立产业结构升级、本土性经济和人口集聚的节点和平台，以便在比村级更大的空间范围内集中优化配置资源和培育主导产业。在"中心-外围"的空间发展格局条件下，通过培育产业链、创新组织体制等，有效发挥中心对外围的带动和辐射作用。例如，海淀区温泉镇推动"一镇一园"集体产业"创客小镇"建设，依托镇联社统筹镇域内7个农村集体经济组织，共享分红收益。2022年，全镇有农村集体经济组织9506个股东，人均分红1.54万元，较2016年增长102.6%；2023年人均分红突破1.6万元，其中来自镇联社的收益1.06万元，约占2/3。[1]待"一镇一园"项目三期完成建设和运营后，集体产业规模将达到总计80万平方米，人均超过80平方米，预期收益突破4万元/人。

（二）土地资源集中优化配置与以村级为单元的核算体制产生矛盾

"村村点火、户户冒烟"的碎片化、分割式的发展体制格局条件下，既与在更大范围内集中调配资源形成冲突，无法地尽其利，也缺乏有效的村与村之间利益联结机制，无法实现地利共享。一般村域规模3~5平方公里，这种小单元核算体制，缺乏培育与运营产业链、价值链的空间。如房山区十渡风景区、坡峰岭风景区、昌平区碓臼峪风景区等，由于缺乏跨村的大景区空间规划统筹，经常出现季节性的严重交通拥堵问题，而相邻村之间发展阶段的差异也进一步固化。2000年前后，北京市虽实施了合乡并镇，由于没有同步进行合村并居，乡镇单元规模在扩大的过程中管理幅度过快增长，进一步放大了村级核算体制与集中优化资源配置之间的矛盾。

---

[1] 农业农村部政策与改革司编《中国农村政策与改革统计年报（2022年）》，中国农业出版社，2023。

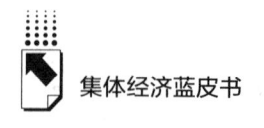

自2014年实施疏解非首都功能和2017年北京市新城市总规批复以来，城市功能已经全面覆盖农村地区，京郊已进入城乡功能一体化布局的新阶段，找到京郊乡村振兴战略实施的逻辑原点，区、镇、村必须明确自身在首都城乡功能一体化、专业化中的清晰定位。如粮菜保供、休闲旅游、生态涵养等不同功能区，需要在一个乡镇或一个区县范围内进行集中优化布局，为此，需要提升集体经济统筹的层级，发展跨越村级的经济共同体，即乡镇一级的集体经济联合组织，支撑区、镇、村三级功能的有效衔接，协调平衡功能差异条件下地区间的利益关系，统筹推进现代化转型。

（三）以乡镇为基本生产单元将农业建设成大产业

农业具有市场风险和自然风险"双重风险"特征，如果仅关注生产环节，会面临在"歉收"与"低价"之间徘徊的尴尬境地。推进农业的产业化经营，需要在生产基地的基础上，建设由行业排头兵引领的全产业链，构建现代农业产业组织体系。

北大荒农垦北安分公司的调研数据显示，一般一个玉米、大豆的旱田生产单元按照3万~6万亩设置，配备3~6人，农业劳动力管理幅度可以达到1万亩/人。2022年，全国县级平均耕地规模为67.3万亩，平均播种面积为89.7万亩。每个区县平均有13.6个乡镇，镇均耕地5万亩，镇均播种面积6.6万亩，每个乡镇基本上可以作为一个生产单元。因而，区县层级可以与区域龙头企业合作，成立农业科技服务中心，作为农业社会化服务承接主体，委托各乡镇联社及下属农服产业公司具体实施。同时，村级集体经济组织主要发挥农地资源整合、居间服务的功能和作用，培育农业生产基地。作为耕地资源高度稀缺地区，2022年北京市178个乡镇平均耕地播种面积约1万亩，至少需要3个乡镇才能达到一个生产单元配置的最低阈值（每3万亩可以配置一台375马力以上的联合整地机）。对此，可以镇联社为基本单元，研究调整农机配套参数，达到合理配置资源的目的。而京郊以林果业为主的地区，可以在镇联社下设农服公司从事多品类农产品生产。

目前，政策制定部门、理论界以及实践部门对镇联社的作用尚未给予足够的重视，镇与村之间、村与村之间的产权关系尚不明确，利益联结机制尚不健全。2021年印发的《中华人民共和国乡村振兴促进法》要求把乡镇建成"乡村治理中心、农村服务中心、乡村经济中心"。建立健全以镇联社为主体的乡镇级统筹发展体制机制将成为新一轮全面深化农村改革的关键。①

本报告在对镇联社政策与实践进行回顾和梳理的基础上，分析镇罗营镇联社在资源整合、资产经营和乡村治理等领域发挥的重要作用，提出以乡镇为基本实施单元，依托镇联社推进"空间统筹、产业统筹、体制统筹"的乡村振兴的一般性路径。

二 "什么是镇联社"：基于政策与实践的历史演进

镇联社，顾名思义，是"村股份社"（村集体经济组织）在乡镇一级的联合组织，具有综合性和社区性，与在市场监管部门登记注册的公司、农民专业合作社相区别，也与社区性的村民自治组织有着本质的不同。《决定》明确指出，"现在的乡、村合作经济组织，是在原来农业生产合作社和人民公社的基础上经过改革形成的，是社会主义劳动农民集体所有制的合作经济组织"。其中，"在乡范围内设村合作社的联合组织，名称为乡合作经济联合社，简称'乡（镇）联社'"。

（一）基本功能

组织的基本功能属性从根本上决定着组织行为的总价值观、规定着组织和组织内部各分系统的运行机制与发展方向。《决定》指出"乡、村合作经济组织在农村经济中居于主导地位，是党和政府联系农民的重要桥梁和纽带，在推进农业现代化，促进农村经济社会协调发展，以及在商品生产中争

---

① 2023年7月，中央深改委通过《深化农村改革实施方案》，要求着力巩固和完善农村基本经营制度。镇罗营镇联社完成了由村级向乡镇一级"统"的延伸。

取和维护农民利益，带领农民共同致富等方面，具有不可替代的作用"，"乡、村合作经济组织实行种植业、林业、畜牧业、渔业全面发展，农业、工业、建筑业、运输业、商业、服务业综合经营，并在本乡、本村范围内，兴办各种公益事业"。与日、韩农协以及台湾农会类似，镇联社具有多元功能，并在农村经济组织体系中居于核心位置，主要表现在以下四个方面。

1. 统筹发展

集中优化配置土地资源，系统谋划和打造生态化、系统化的全产业链，保障集体资金安全与集体资产保值增值是镇联社首要和基本功能。为此，需要立足镇域功能定位，明确镇域主导产业，类似玉米、大豆等大田作物的"供、耕、种、防、收、储、运、加、销"各环节，使产业链实现纵向与横向延展。为此，镇联社一般要下设资产经营公司作为一级公司和不同产业或片区的二级公司作为市场经营主体，并围绕镇域主导产业开展经营活动。①

2. 社会治理

建立乡镇经济中心、服务中心和治理中心，明晰乡村两级之间的产权关系和治理边界，既支持村集体经济组织及其成员的基本生产、生活，又谋求共享镇域各村集体发展新成果，形成镇村互促、相互制约、民主管理、民主决策的乡村治理结构和治理机制。

3. 执政基础

镇联社属于公有制经济组织，承担着落实国家发展战略和政策的政治任务，是确保党在农村地区执政地位、执行"党管农村"路线、领导农民群众的经济基础。作为集体资产的所有者载体，要服从镇党委的统一领导与镇政府的外部监督，落实党和政府制定的有关公共政策。

4. 引导教育

开展课题研究、改革试验、农民培训与农技推广等各项工作，让农民

---

① 《中国农村政策与改革统计年报（2020年）》中数据表明，2020年，全国集体资产7.7万亿元，主要由组级、村级和镇级构成，分别为9373亿元、59818.6亿元、7868亿元。但经营性资产占比在各级之间不同，呈现随统筹层级上升而逐级上升特征，其中，组级集体资产中，经营性资产占比为37%，村级为42.1%，镇级为76.3%。可见，镇级集体经济组织社会性功能趋于弱化，更多的是参与市场竞争。

在团体生产、生活实践中得到教育，提高综合素质，融入现代社会发展进程。

（二）本质特征

近年来，随着疏解非首都功能、促进集体建设用地集约利用的展开，北京市大兴区、通州区、平谷区等区县陆续组建了以土地资源联合为纽带的乡镇级联营公司。镇级联营公司需要贯彻乡镇党委政府的意志，发挥部分镇联社的功能和作用。通过对二者进行比较，可以进一步理解和把握镇联社的若干本质特征。

1. 公有性：公有制条件下节约交易成本

镇联社属于集体经济组织，资产具有不可分割性。即使"乡（镇）合作经济联合社"经过乡镇级集体产权制度改革，改制为"乡（镇）股份合作经济联合社"，其股权本质上仍是"份"，即一种比例关系，而不具有物权分割意义。因此，可以大幅降低村与村之间的联合成本。联营公司属于村集体之间联合兴办的乡镇企业，村集体经济组织在联营公司里的出资属于物权，产权是清晰可分割、可穿透的。[①] 镇联社也可以股东身份加入联营公司，根据出资额承担相应的市场风险。

2. 社区性：内化社会成本

镇联社覆盖全镇所有村，具有明确的乡镇行政边界。这种社区性要求镇联社中有一定数量的公益性资产用于服务镇域社区整体发展。而联营公司的社区性较弱，边界相对灵活，可以涵盖全镇所有村，也可以是片区性的若干相邻村，也可以先成立片区联营公司，再逐步扩容覆盖全镇，也可以基于单一项目以股权投资形式成立联营公司。

3. 合作性：团体社员利益最大化

镇联社是村集体经济组织作为团体股东的联合体，股东之间是合作关系，经营的首要目标不是利润最大化，而是各村集体经济组织的团体股东

---

① 指可以穿透到村股份社。

利益最大化。《决定》指出"乡联社与村合作社是经济合作、联合的关系，根据联合社章程履行各自的权利和义务，经济彼此独立，不得无偿调拨"。联营公司是村集体之间通过联合投资形成的新办企业，属于村集体的下属子公司，村集体与联营公司为股权投资关系，应以利润最大化为首要目标。

4. 稳定性：保持长期运行，不能轻易解散或破产

镇联社属于镇域内镇级存量集体资产的所有者，有一定的社会性负担，原则上不能破产。在政社不分的条件下，有可能存在不合理负债、产权不清晰等历史问题，需要建立健全政府部门对集体资产的监管体制机制；而联营公司属于新设企业①，重点是集体建设用地资源的统筹，产权关系清晰，便于与市场对接，并承担相应的市场风险。

5. 开放性：兼顾"社"的社区封闭性与市场开放性

镇联社通过下设公司，既可以在社的层面保持封闭性，促进集体经济组织经济、社会、政治等多种功能和目标的实现，又可以聚合内部、外部优质资源，与产权开放的市场主体有效融合，保障集体经济的效率，并且可以不受地域的限制实现产权社会化。相对而言，联营公司更类似于纯粹的市场主体。

（三）组织体制："五分开"

1. 组织形态：所有权与经营权分开

集体经济组织形态一般为"社+公司"，如"镇联社+公司（总公司+产业公司或片区公司+三级及以下各级公司）"，各个层级功能具有专业化分工特征。作为产权主体的镇联社与作为经营主体的下属企业之间具有委托-代理关系。镇联社内部建立法人治理结构，负责镇域集体经济长期规划、投资、收入分配、选人用人以及对村集体经济组织财务进行规范管

---

① 《北京市农村工作委员会北京市行政管理局关于本市农村集体经济组织投资兴办企业工商注册登记有关工作的通知》《北京市乡镇统筹利用集体产业用地试点民主决策程序及实施主体组建运行管理暂行办法》。

理；产业公司（或片区公司）及其下属公司作为产权开放、有限责任的市场主体直接参与市场竞争。

在实践过程中，乡镇级集体经济组织大致分为四种基本类型，即除了镇联社之外，还存在另外三种类型。（1）总社。北京市海淀区东升镇、海淀镇等少数地区土地镇级"一级所有"，一般称为总社，而分社不拥有土地所有权。尽管产权制度改革完成后总社登记为股份合作经济联合社，实际上仍是"总社"。① （2）联营公司（与上文提及的新成立的土地联营公司性质不同）。北京市丰台区、石景山区等地在集体改制的过程中，村级由"社"改制为股份合作（集体所有）性质的有限责任公司，乡镇级集体经济组织改制后组建镇级资产联营公司，未再成立联社。北京市丰台区卢沟桥农工商公司改制后形成的集体股由镇联社持有，其他股份由各个村级公司联合持有。（3）总公司。在集体土地镇级所有的情况下，还可能出现总公司（或与总社并行）的类型，如北京市海淀区四季青镇农工商总公司、玉渊潭农工商总公司。② 由于下面没有村级分社或村级股份社，这些总公司虽然名义上也有"××股份社"的牌子，但主要是股东管理机构，而决策和运行主体主要在总公司。

2. 公司层级：公司层级功能分开

总公司、产业公司与片区公司、市场化公司共三级。一是总公司，类似集体资本投资公司，往往与镇联社"两块牌子，一套人马"，不从事具体生产经营活动，是战略决策、资本投资和风险监督的主体，主要目标是优化投资战略布局，采用新科技，拓展新领域，力求始终占领产业链制高点，掌控产业结构的升级方向和目标，促进产业结构不断升级和保持领先位置，以集

---

① 海淀区东升镇、海淀镇等改革后，均称为联社，而不再称"总社"，村级实际上明确了资产所有权，名称中也不直接显示"分社"字样。镇联社实际上只是村股份社的最大股东，并将村域范围内的集体土地交由相应分社使用。但是，土地所有权在乡镇一级，从土地所有制意义上看，产权关系实质上仍然是"总社"与"分社"。

② 总公司实际上是镇级社的经营主体，受镇级社的委托行使镇级社的经营管理职能，土地二级所有的镇也有总公司。但是，受历史惯性影响，总公司发挥着决策作用，镇级社的影响力相对较小。为此，从控制权的意义上，也可以将总公司列为镇联社的一种变体形式。

体独资为主。二是农业公司、物业公司、投资管理公司等产业公司，定位为延长产业链和拓展产业体系的主体，重点任务是进行专业分工，打造专业品牌。如农业公司负责农业生产前端的生资供应、资金筹措，中端的技术服务、规范管理和后端的市场销售、加工等。村集体经济组织主要负责农地资源整理，组织农户开展农业生产和经营管理。片区性联营公司可以根据片区组团发展需要设立，功能与联营总公司类似。三是市场化公司，专注于市场竞争，与一般性的社会企业已经基本上没有差别了。

3. 资产结构：重资产与轻资产分开

主要是重资产与轻资产两大类。重资产经营风险较小，多为集体土地、房屋等不动产租赁类项目，适合由镇联社（总公司）全资子公司直接经营。而轻资产一般为投资管理类项目，技术含量较高，需要引入职业经理人团队有效控制风险。

4. 乡村两级治理边界分开

《决定》指出，联社与团体股东（村股份社）之间具有双重关系：在经济上彼此独立，法人之间是合作、联合的关系，根据联合社章程履行各自的权利和义务。同时，受乡镇党委的委托领导全乡镇的经济工作，作为全乡（镇）范围内各村股份社、专业合作社、个体企业、私营企业、新经济联合体、直属企业等的指导、管理、协调、服务组织，在工作上联社与村股份社之间具有一定的领导与被领导关系。团体股东（社员代表）大会中的各村股东名额一般可根据辖区内村社数量、村集体经济组织成员数量等在每个村设立1~2名。

明确镇（股份）联社管委会（董事会）、监委会（监事会）和经理层的职责分工。管委会要突出战略决策与资本投资两大功能，指导各社解决重大问题。《决定》指出，管委会可设立正副主任，可由镇党委书记（助理、副镇长）、村支部书记或退休的人大主席[1]等担任，委员职数可以根据经济

---

[1] 管委会一般由集体经济组织成员参加，镇党委书记等具有公职人员身份的各类公务员按规定不可担任。但在运行初期，考虑到便于推进工作等因素，在满足"不取酬"和"经上级组织部门同意"两个条件的情况下，如北京市昌平区等一些地方，也允许公职人员参加。

活动规模和实际分工需要确定，如种植业、养殖业、林业、服务业等行业，一般可由各村支部书记担任。各委员均不领薪。监委会发挥风险控制和资产经营定期监督职能，可以请纪委有关人员参加。[①] 管委会、监委会及经理层集聚各社的业务骨干，建立例会制度，明确责任清单。经理层应以职业经理人为主。

做好资产管理和民主管理，坚持"民主办社"。建立健全资产分级管理制度、使用责任制、提取折旧制度，财、账、物分管制度，离任审计制度，加强资产管理。人事任免、制度规定、重大事项、重大改革、合同管理、镇域规划建设等事务报镇党委、政府后由社员代表会讨论决定。明确社长、管委会审批额度和权限。

5. 乡（镇）党委、政府与联社之间的关系：政社分开

镇党委、镇政府和镇联社的关系既不是"三套马车"的平行关系，又不是"祖孙三代"的层级关系，是在党委统一领导下，分工协作，各负其责，从制定政策、政治思想工作[②]，提供行政保证和支持[③]，发展经济和搞好生产、经营管理等，共同推进镇域农村经济社会可持续发展。

镇党委作为领导主体，主要抓改革、政策研究和干部群众的思想教育工作，是包括镇联社在内的镇级各类组织的领导核心[④]，凡是重大决策要首先经过镇党委会决定或提议，但不干预联社经济事务等日常工作。

镇政府作为专业化的监管主体，负责本区域的行政工作，依照党的政策和行政法律有责任管理、指导、协调镇联社的工作，通过镇农资委（镇农村集体资产监督管理委员会）抓镇联社经营管理的法规制度、资产管理与

---

① 关于监委会，不同地区设置名称与方式有所差异。
② 《中华人民共和国乡村振兴促进法》第42条指出"村民委员会、农村集体经济组织等应当在乡镇党委和村党组织的领导下，实行村民自治，发展集体所有制经济"。
③ 《中华人民共和国乡村振兴促进法》第46条要求"各级人民政府应当引导和支持农村集体经济组织发挥依法管理集体资产、合理开发集体资源、服务集体成员等方面的作用，保障农村集体经济组织的独立运营"。
④ 《中华人民共和国乡村振兴促进法》第42条指出"村民委员会、农村集体经济组织等应当在乡镇党委和村党组织的领导下，实行村民自治，发展集体所有制经济"。

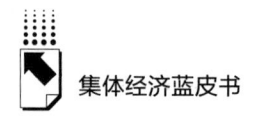

指导服务。①

镇联社受镇党委、镇政府的委托，负责指导、管理、协调全乡的经济工作，保证经济指标的实现，为全乡镇经济组织提供必要的服务。在联社运行到健康成熟阶段，赋予联社在投资额、经营面积等方面一定的自主审批权限，并同步强化内控机制。②

三 案例调查与情况介绍

（一）案例调查

在研究方法上，本报告采取探索式的单案例研究方法。两年多来，通过持续跟踪调研和直接介入方案设计和文件起草、开展典型乡镇合作经济联合社案例解剖等方法，保证研究的深入和完整，把握和揭示事件发生的因果机制。

在资料收集方面，本报告整理的资料主要包括镇罗营镇国家乡村振兴示范区迎检材料，镇罗营镇、村史志资料，镇罗营镇下辖20个行政村的"三资"平台数据以及互助养老、旧村改造、休闲综合体、转化集体经济薄弱村等改革创新典型经验材料等。

（二）案例选取的理由

本报告选取镇罗营镇联社开展研究，主要基于以下原因。第一，典型性。北京近郊有大量乡镇联社成功运营的经验，但主要依赖特殊的区位优势，对全国而言不具有普遍性。镇罗营镇作为一个京郊经济薄弱和地理区位偏远的乡镇，有发展联社的意愿和内在动力，并付诸实践，取得成效，更能

---

① 《中华人民共和国乡村振兴促进法》第46条要求"各级人民政府应当引导和支持农村集体经济组织发挥依法管理集体资产、合理开发集体资源、服务集体成员等方面的作用，保障农村集体经济组织的独立运营"。
② 镇联社在成熟、健康运行的条件下，可以尝试和探索镇政府与镇联社权利平行，在做好内部风控的同时，对镇人大负责，并统一于镇党委统一领导的新型乡镇治理的组织体制和运行机制。

证明发展镇联社的一般规律性，具有更广泛的借鉴和示范推广价值。第二，针对性。北京近郊的乡镇联社案例，无论从经济规模、产业分工、组织体系、经营管理还是收益分配等多方面来看，均比镇罗营镇联社更为合适作为分析案例。但是，这些案例都不便于揭示联社在起步阶段的从"无为"到"有为"的质的变化过程及其内在动因。第三，实感性。镇罗营镇联社的实际运行，集中发生在成功申请国家乡村振兴示范区后的两年，笔者直接参与了相关镇集资委、镇联社股份量化改革及集体林场等下属公司筹建的文件起草、设计，具有更直接的体验，熟悉来龙去脉，便于进行深入的理论总结和提炼。第四，实践性。2004年，镇罗营镇率先开展以旧村改造为主要形式的乡村建设行动，至今已历经二十年，形成了桃园、东四道岭、核桃洼等"六大新村"，具有历史纵深。镇罗营镇的丰富实践经验说明，乡级产权制度改革、村组织户、土地利用更新、人才引入、项目实施、互助养老等一系列改革举措在一个乡镇可以做到高度集成，从而形成依托镇联社推进乡村全面振兴的新鲜经验。

（三）背景介绍

平谷区镇罗营镇自2022年7月成功获批中央彩票公益金支持革命老区国家乡村振兴示范区项目以来，在中央、市、区各级部门支持和指导下，积极探索创建具有首都特点的国家乡村振兴示范区。镇域总面积80.9平方公里，辖20个行政村，有户籍人口1.1万人、常住人口0.76万人。目前，已经培育形成湖畔耕读园、乡村民宿、马文化体验基地、植物工厂、休闲康养、红果直供直销等一批特色产业，截至2023年底吸引游客比2019年增长400%，特色产业增收20.8%；建立了稳定的联农带农富农机制，乡镇级组织体制机制不断完善，村集体收入同比增长63%，所有村集体全部消薄，农民人均可支配收入增长8%，远超平谷区平均增速；社会治理机制不断优化，接诉即办成绩一直在平谷区名列前茅。2023年和2024年，先后完成农业农村部、财政部国家乡村振兴示范区中期考核和最终考核，荣获"双A"等次的优异成绩。

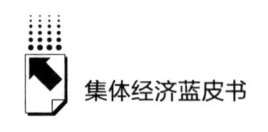

四 案例分析：镇罗营镇联社的主要做法和成效

（一）土地：通过乡镇全域土地更新提高资源空间配置效率

随着非首都功能疏解、逆城镇化进程的持续推进，村庄需要承载的不同类型的首都城市功能逐渐清晰，村庄功能专业化过程趋于完成。作为最基层的治理单元，镇罗营镇政府在镇域国土空间规划编制与实施的过程中，势必要直接面对村与村之间的若干利益协调问题。镇罗营镇通过建立镇联社的产权联结机制，统筹解决了"村自为战"、站位不高、项目选择随意、"小而全"以及发展不均等一系列棘手问题，取得了显著的成效。

一是六个村庄先后完成旧村改造。2004年以来，借助旧村改造试点、新农村建设、泥石流灾害搬迁、联户抵押担保等扶持政策，镇罗营镇通过原址翻建、村内片区整合集建、村内易地迁建等不同方式，陆续完成了玻璃台、东四道岭、桃园等六个村庄的新村建设任务，带动镇域土地资源利用发生局部结构性变化。土地更新顺应了由传统农业条件下村庄产业和功能扁平化、单一化向城乡一体化时代承担差异化、多元化的城市功能转变的客观要求，农地利用的生产功能逐步转向生产、生活、生态的复合功能，村庄之间的产业业态随之发生分化。玻璃台、张家台等率先完成改造的村庄，乡村旅游、生态农庄、高端度假等新产业、新业态如雨后春笋般涌现。

二是集中优化配置集体建设用地资源，培育区域经济增长点。示范区针对下营村千亩梯田特色产业展销项目和大庙峪旧村改造项目实施了土地利用规划调整。通过编制分区规划运行维护方案、项目综合实施方案，对应调整完善镇域国土空间规划、村庄规划，分别为两个项目调整置换规划建设用地0.9公顷和0.35公顷，协调20多个单位，解决了30多个审批环节的问题。以千亩梯田展销项目为例，项目所形成的资产831万元，资金来源为统筹资金，用地指标为全镇集体建设用地，完成结算评审后，下营村股份经济合作社将该处资产移交镇联社下属总公司进行经营或对外招商。同时，为保障下营村占地利益，以资产总价452万元①设立集体土地股，占项目总资产的35.23%。结合一般镇联社团体股70%的惯例，在进行收益分配时下营村的集体土地股缩股30%，这意味着在单纯土地价值方面镇与村两级也按照3∶7比例进行分配。最终，下营村在该项目中的土地股权比例调整为24.66%。大庙峪旧村改造项目已经完成主体建设任务，收益分配方案正参照该项目设计。

镇罗营镇股份经济合作联合社股权结构和组织架构如表1和图1所示。

表1 镇罗营镇股份经济合作联合社股权结构

单位：个，%

序号	村名	总股数	总成员数	比例
1	核桃洼	117	107	1.07
2	清水湖	435.5	402	4.03
3	玻璃台	264	238	2.38
4	东四道岭	97	93	0.93
5	季家沟	271.5	250	2.50
6	北四道岭	228	218	2.18
7	大庙峪	217	202	2.02
8	桃园	374.5	333	3.34
9	东寺峪	83.5	76	0.76
10	张家台	277.5	255	2.55
11	上营	1459.5	1357	13.60
12	东牛角峪	340	321	3.22
13	上镇	1791	1636	16.39

---

① 参考《关于更新出让国有建设用地使用权基准地价的通知》（京政发〔2022〕12号）的文件精神，将千亩梯田特色产业展销市场地块归结为十二级商业类（区片编号Ⅻ-平1，区片价格1310元/平方米），土地价值暂计为452.08231万元（1310元/平方米×3451.01平方米）。总计项目资产价值1283万元，其中投资形成固定资产原值831万元，由联社直接持有；土地价值452万元，由下营村以集体土地股形式持有。

续表

序号	村名	总股数	总成员数	比例
14	见子庄	271	246	2.46
15	北水峪	129	115	1.15
16	关上	1860.5	1697	17.00
17	杨家台	249.5	236	2.36
18	下营	1107	1020	10.22
19	五里庙	901	821	8.23
20	西寺峪	385.5	358	3.59
合计		10859.5	9981	100.00

注：各村股份比例依据2010年完成产权制度改革后所确定的集体经济组织成员人数比例确定。

（二）资产：优化镇级集体经济组织体制，实施价值链管理

一是明晰镇级集体资产内部产权关系，合理确定乡村两级的治理边界。在2019年全市统一清产核资[1]的基础上，推进乡村振兴示范区建设以来形成的镇级集体资产的清产核资工作，明确镇级集体资产的总量、结构和布局。平谷区农业农村局制定了《关于改革创新推进乡村振兴示范区项目建设及资金管理使用的意见》，明确"经营性、非公益性资产，归镇级经济联合社所有，由该联合社负责使用及维护"。同时，镇联社研究制定了《镇罗营镇合作经济联合社资产量化方案》，设立团体股，依据2010年20个村集体产权制度改革时界定的成员规模，按照一人一股的标准，明晰了20个团体股东各自的占股比例（见表1），作为未来镇股份经济合作联合社收益分配的基本依据。具体操作上，依据不同项目类型明确权属关系，

---

[1] 与北京市近郊区乡镇级集体经济组织不同，由于镇罗营镇级集体资产已经合并到镇财政所，在2019年进行清产核资的时候，镇合作经济联合社只有名称，无资产、无账户、无人员。见《中共平谷区委农村工作委员会平谷区农村合作经济经营管理站关于转发市农委等10委办局〈关于全面开展农村集体资产清产核资工作的通知〉的通知》（京平农工发〔2018〕19号）。

统筹实施类项目，按照项目占地村、联社（非项目实施村）7∶3比例分配[①]；定向实施类项目，全部收益归定向实施村集体；联合投资类项目，依据投资比例进行分配。存量积累性资产、中央专项彩票公益金投资、市区财政资金投入等统筹实施类项目形成的经营性资产，原则上确权登记到镇联社。全镇20个村集体经济组织依据在镇联社的股份比例共享镇联社预期收益，各村集体经济组织成员按照在村股份社中各自股份比例共享村级所获得的收益。

二是理顺组织体制，培育区域产业品牌，实施价值链管理。镇罗营镇乡村两级集体经济的组织架构为四个层次的复合结构，分别为镇联社及其下属企业和村股份社及其下属企业。随着乡镇级集体经济规模的扩大，"镇联社（总公司）+产业公司+村股份社"的集团化组织体制逐渐形成，并初步构建"三级中心"。

（1）镇联社（与镇总公司合署办公，相当于公司集团中的母公司）作为投资中心，重点研究未来投资布局，打造镇域经济的拳头产品。2023年，镇联社出资50万元成立了"北京山水镇罗营旅游文化发展有限公司"，作为镇联社下属的镇级经济发展总公司，下设办公室、财务部、纪检部、资产资源管理部、资产资源运营部（计划根据产业发展实际情况进行二次细化，如旅游业、农业等细分领域）等。主要职责是统筹镇域内各类资源资产，对接市场主体开展合作，吸引外部投资，在对主导产业进行巩固提升的基础上，按照不同层级设计配套产业，逐步丰富各类集体产业业态，打通镇域内部全产业链条。

[①] 以千亩梯田项目为例，假设形成税后利润100万元，提取10%法定公积金（超过25万元可不再提取）和任意公积金（比例由公司章程决定，此处按5%计）后所剩余税后利润为85万元。按照30%的比例提取税后利润25.5万元上缴镇联社，剩余70%的税后利润59.5万元按照土地股24.66%比例给付下营村股份经济合作社，通过土地股获得收益14.67万元。完成以上收益分配后剩余利润44.83万元，根据"表1团体股股权比例"，下营村股份经济合作社所占股权比例为10.22%，通过团体股获得收益4.58万元，总收益19.25万元（团体股收益+土地股收益）。

集体经济蓝皮书

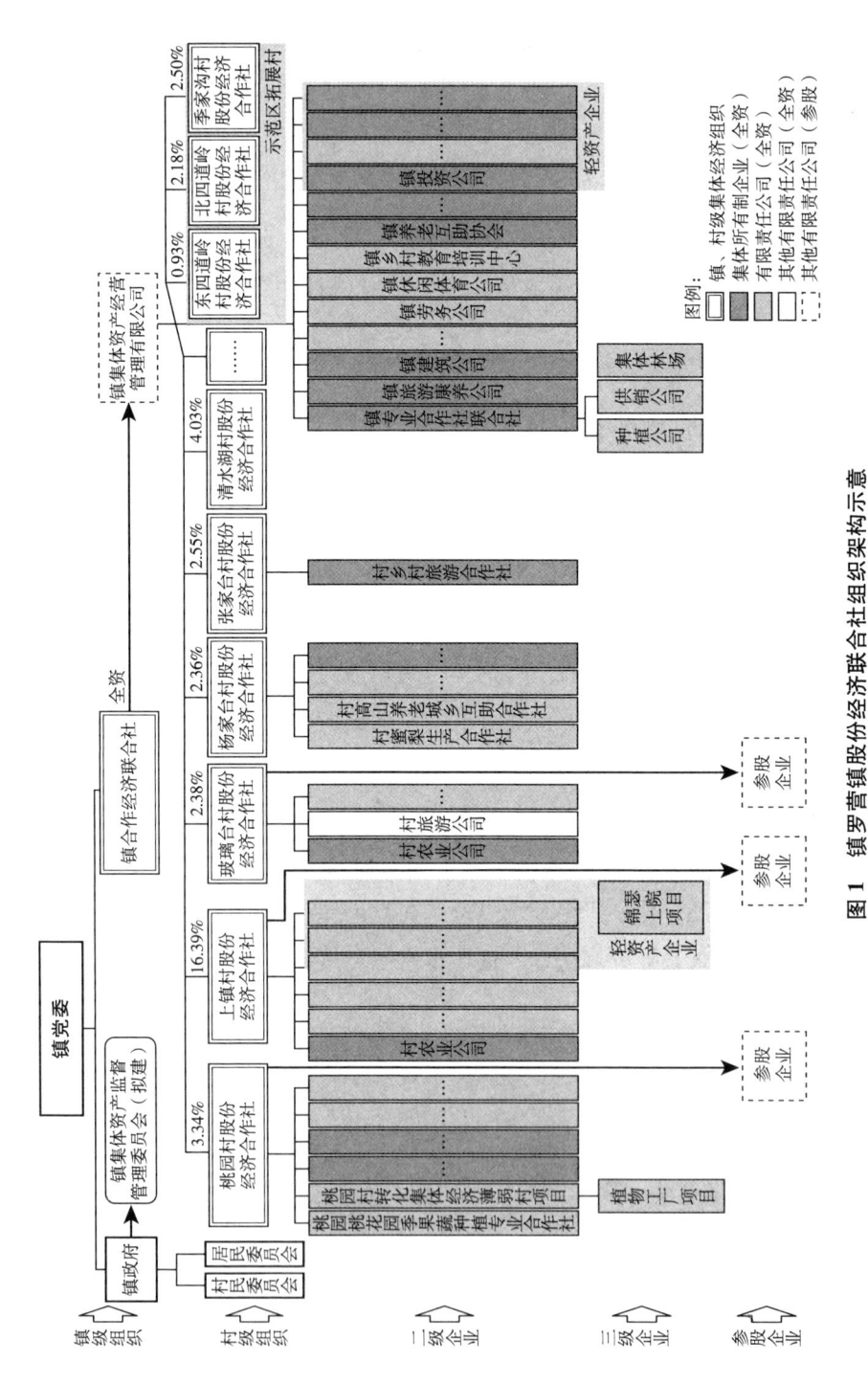

图 1 镇罗营镇股份经济联合社组织架构示意

（2）产业公司作为利润中心（运营中心），按照农（林）业、旅游、物业、运输等专业板块组建，主要任务为通过产业链条的统筹，实现利润的最大化。如筹建中的镇级集体林场公司，计划按照镇联社占30%、各村占70%的股权结构，各村之间再按生态林及平原造林面积确定70%部分中相应的股份比例。集体林场公司先按70%的团体股进行初次分红，然后对镇联社的30%部分进行二次分配。目前，集体林场年均预期收益约600万元①。

（3）村集体经济组织（及其下设的专业合作社、农户）是成本中心，发展红果、蜜梨、大桃等"一村一品"生产基地。村集体经济组织负责组织农户进行生产经营活动，而产前的种、药、肥等生资采购以及产后的储、运、加、销等市场化经营任务逐步由乡镇级集体经济组织及其下设农业企业负责。以五里庙村红果产业为例，通过搭建从村生产基地、糖葫芦加工到城市社区卖场的"直供直销"农产品垂直供应链，农产品流通模式完成了由"产加销分割"到"直供直销"的变革。

（三）治理：发挥"龙头"引领和统筹作用，优化乡村治理机制

长期以来，在镇级"龙头"缺位、村级"各自为战"的分散化组织体制结构条件下，乡村治理领域研究主要集中在村级，无法从更高层级解决"内部人控制""干部经济""老板经济"等治理异化的难题。镇联社作为镇级治理中心的重要构成部分，可以成为支撑乡村治理机制重构的有效内核。

一是深化法人治理结构改革，提升经营管理水平。镇罗营镇结合镇联社股份合作制改革工作，起草并修改完善了《镇罗营镇关于加强股份合作经济联合社经营管理的实施方案》《镇罗营镇股份合作经济联合社章程》，进

---

① 在座谈中了解到，目前已经完成1200亩的平原造林和移交审定，还有新完成的800亩待移交。每平方米养护费用2.2元（市级资金1.9元，区级0.4元，中间扣除0.1元），合计年养护费用300万元。另有11万亩生态林，按照生态效益金70元/亩的40%用于统筹核算为28元/亩，共计300万元。集体林场一年合计收入为600万元，按50%的成本估算，每年可以为集体林场和联社带来约300万元的利润。

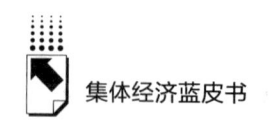

一步明晰了镇联社与村股份社之间的产权利益联结关系。

二是明晰与乡（镇）党委、政府之间的功能关系。依据镇党委、镇政府《关于成立镇罗营镇农村集体资产监督管理委员会的通知》《镇罗营镇农村集体资产监督管理委员会议事规则》等文件，组建了镇级集体资产监督管理委员会，明确了镇政府与镇联社之间的监督与被监督关系。

五 "三统筹"：乡村全面振兴的实践逻辑及一般路径

镇罗营镇联社的功能和作用的发挥，主要是在镇党委领导下，统筹区域经济社会发展，推进乡村全面振兴，涉及空间、产业、体制、社会等诸多方面。其中，空间功能定位是逻辑原点，延展产业链是主体内容，体制机制创新是动力来源，并且彼此之间相互贯通联系。由此，有必要集中从空间统筹、产业统筹与体制统筹三个维度，兼顾集中城镇化地区的一些新元素，在更广阔的视野下总结镇联社促进乡村全面振兴实践逻辑的一般性路径。

（一）空间统筹

集镇具备相对独立完整的空间地理单元，在历史上发挥着传统村落贸易中心的作用，与目前的乡镇辖区相对重合，也多为乡镇政府所在地。为此，适宜选择乡镇作为乡村振兴的基本实施单元，进行空间布局的优化与统筹。

镇联社要根据乡镇国土空间规划，统一布局二、三产业园区，现代农业园区，城镇社区和新型农村社区，使各类用地按照规划集中优化配置。落实区县分区规划，在一个镇域范围内，一般会形成"两类园区+两类社区"的"四区联动"空间发展格局。

二、三产业园区。按照"一镇一园"的思路，立足"创新孵化园"的功能定位，发展以信息服务、金融或高端制造为主的产业园区，打造具备产业与功能集聚能力和人口承载能力的小城镇内核，形成区域经济发展的主导力量，周边可以建设配套性的产业园区。

城镇化社区。以镇区为重点，推进集租房、区域养老中心等项目建设，为园区职工提供配套住房，为镇域农民提供保障房。按照"户有所居"的思路，加快农村居住形态由"一户一宅"向农民集中上楼转变，建设多功能的新型小城镇综合体。集约出的建设用地指标，可以用于支撑镇域集体产业园区或都市型现代农业园区建设。

现代农业园区（基地）。借鉴镇罗营镇东四道岭村有机大桃科技示范园区、桃园村植物工厂发展经验，在村一级发展专业性的农业科技园区。五里庙马文化博览园等集生产、休闲、观赏、生态等多功能于一体的现代农业休闲园区是可资借鉴的另一种类型。园区周边布局圈状或带状的规模化的农业产业基地，不断延伸农业全产业价值链，推进产业与基地实现一体化。

新型农村社区。关于农民居住形态，可以通过旧村整体翻建、局部配套提升或异地集建的方式，本着"一户一宅"的思路，在原地或就近改造成保持庭院格局的独栋或联排别墅，提升农民居住幸福感和舒适度。结合乡村民宿、休闲观光，构造田园综合体。集约出的建设用地指标，可用作农业园区或基地中的"点状供地"。

（二）产业统筹

首先，要摆脱从超小型农户出发，通过农民专业合作社、家庭农场等方式逐级提升农民组织化程度的传统思路。立足国土空间规划功能定位，明确区域主导产业发展方向，将镇联社作为"龙头"，由上而下延伸产业链和价值链，实现镇带村、村带户，推动整个区域经济的可持续发展。主要可采用以下方式。

多维度拓展都市型现代化大农业的空间。一是生产功能主导。充分盘活碎片化的耕地资源，重点依托乡（镇）联社下属的农业公司，推进现代农业产业园区、农业科技园区与农业基地的优化布局和配套协调。二是生活功能主导。村庄内部拆旧腾退还绿后，新增建设用地指标优先服务于村庄，补充休闲活动功能场所，发展休闲农业、文旅农业，提升农业附加值。鼓励产业用地复合利用，提高土地利用效率。三是生态功能主导。修复采矿用地，

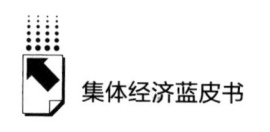

扩大绿色空间规模。结合碳中和、碳足迹等新政策，提升生态价值。

园区之间的配套协调。产业集群形成联动，集体产业园区主动承接核心园区的产业外延或外溢，如高新技术、中试、物流，进而发展会展、金融、科技服务等配套产业。如作为中关村科技园核心区溢出范围，北京市海淀区东升科技园一期占地面积300亩，定位于科技物业服务业，2022年园区产值328亿元，亩均过亿元。

园区与社区之间的一体化联动。按照职住平衡的基本思路，为科技园区配建人才公寓、青年公寓等集租房，满足园区周边新增居住人口的服务需求，形成集体经济稳定的收入来源。结合"直供直销、地产地销"、民宿经济，促进农业园区与社区融合发展。

（三）体制统筹

强化区级主导，建立健全"区—镇—村"三级联动体制机制。区域统筹发展涉及人、地、钱、组织等的利益，需要区委区政府发挥好"上下左右，协调各方"的总开关作用。区级的主导作用，主要体现在村镇体系规划调控、产业与空间优化布局、农业产业链条的延伸和完整性建设、产业化龙头企业的引导控制、城镇地方国有经济帮扶农村集体经济等方面。

镇联社发挥镇域"龙头"引领带动。理顺和健全乡镇级集体经济的经营体制和治理机制。着力在集体产业用地、闲置农宅或公共设施用地运营方面，统筹各村之间的利益，搭建平台，推动项目实施。推动多方参与，吸纳不同类型人才。

政府职能部门之间的政策配套与有效衔接。一是区县主导搭建规划与自然资源、发改、住建、财政、人社等多个部门统筹协调平台和工作机制，实现政策匹配衔接。二是优化国有经济与集体经济之间的对接帮扶运行机制。例如，国有园区与集体产业园区对接；首农、峪口禽业等涉农国有经济与集体经济、合作经济、家庭经济构建现代农业产业组织体系等。三是激活和提升资金使用效率。通过设立专项资金、发行地方政府债券等方式，提供稳定、长期的资金支持。引导政策性金融机构为乡村振兴提供贷款、担保等金融服务，降低融资成本，提高融资效率。活用征地补偿款等其他符合规定的资金。

六 结论与对策建议

（一）基本结论

北京市平谷区镇罗营镇在国家乡村振兴示范区创建过程中研究探索发挥镇联社统筹协调作用，构建了乡村全面振兴的新型组织体制和内在动力机制，加快了乡村振兴战略实施的步伐。特别在区、镇、村功能衔接与集体土地资源集中优化配置、集体资产经营与产业链培育以及优化乡村治理机制三个方面展示了镇联社具有的显著的组织比较优势。为此，从根本上破解"村村点火、户户冒烟"的传统的农村发展体制格局，打造乡村振兴的经济增长点，需要将统筹层级由村级提升到乡镇级，建立健全乡镇联社的组织体制，进而以乡镇为基本实施单元推进乡村全面振兴。

（二）对策建议

发挥镇联社促进乡村振兴的基本功能和主导作用，需要夯实若干薄弱环节，建立健全以镇联社为龙头的镇域集体经济系统的微观组织制度基础。主要包括：农户家庭由"小而全"的全能型"市场主体"走向专业化生产，聚焦生产单一环节的"生产主体"；镇村两级集体主导进行土地利用更新，完成土地空间功能结构的重构，促进集体土地资源实现资产化和重新定价；引入职业经理人，推进集体经济所有权与经营权分离，加快集体经济提质增效与可持续发展；落实民主管理，推动乡村协同治理，优化农村社会治理结构与治理机制，把乡镇建成乡村治理与服务的中心；结合村庄布局调整与土地整治，建设区域养老服务中心，统筹解决乡村互助居家养老与住房难题等。

B.19
北京市朝阳区农村集体产业项目落地难制约因素与对策研究

潘佳瑭*

摘　要： 促进集体产业项目落地，形成乡村发展的内生动力，一直处于不断探索实践中，在大城市近郊区具有一定的前沿性、探索性和代表性。北京市朝阳区农村作为疏解非首都功能的重点区域，当前面临产业结构调整和环境治理双重任务和诸多挑战，疏解任务重，发展压力大。本报告以朝阳区为例，针对城近郊区集体产业项目落地难的问题进行梳理和探讨，认为制约因素主要体现在政府与集体、乡集体与村集体、乡村集体与合作方之间的关系以及人才短缺等方面。为破解集体产业项目落地难题，推动产业转型升级，建议：（1）多措并举，突破资金瓶颈，如征地补偿、以地生财和融资支持；（2）完善乡级统筹，促进均衡发展；（3）坚持建管并重，培养人才队伍。

关键词： 城近郊区　集体产业项目　乡级统筹

疏解非首都功能，形成新增长极，是推进北京中心城区发展的战略部署。2014年2月，习近平总书记在北京市进行考察调研，就全面深化改革、推动首都更好发展特别是破解特大城市发展难题做出重要指示，要求调整疏解非首都核心功能，遏制城市"摊大饼"式发展。[①] 2015年2月，习近平总

---

* 潘佳瑭，北京市朝阳区经管站三级调研员，高级经济师，研究方向为经济管理、公共政策、世界经济与国际关系。
① 《习近平在北京考察　就建设首善之区提五点要求》，新华网，2014年2月26日，http://www.xinhuanet.com//politics/2014-02/26/c_119519301_3.htm。

书记在中央财经领导小组第九次会议上讲话,要求通过疏解北京非首都功能,调整经济结构和空间结构,探索出一种人口经济密集地区优化开发的模式,促进区域协调发展,形成新增长极。① 近年来,朝阳区在推进农村城市化的同时,以农村地区为主战场,大规模实施功能疏解,取得重大进展,但集体产业发展相对缓慢,产业项目一直存在落地难问题,亟须制定有针对性的措施,加快农村产业转型升级,培育符合首都功能的新业态。

一 发展困境

朝阳区处于北京中心城区规划范围,下辖建成区24个街道和农村地区19个乡,其中,农村地区面积350.5平方千米,占辖区面积的3/4,是北京东部地区最大的城乡接合部。② 由于区位比较特殊,朝阳区农村集体产业长期以土地和房屋出租的"瓦片经济"为基本形态,具有特定的路径依赖和政策背景,既受到城市建设征地安置和绿化隔离地区建设的深刻影响,又面临大规模疏解非首都功能的倒逼压力。

(一)疏解任务重

长期以来,城乡接合部低端产业和外来人口大量聚集,土地利用低效、建设无序、管理粗放、环境脏乱、安全隐患多、交通压力大、社会治安差、基础设施落后等问题比较突出,成为治理"大城市病"的重点区域。据调查,朝阳区大力整治农村有形市场、群租房、"七黑四小"③ 等各类出租房屋,2014~2023年累计腾退建筑3690万平方米,腾退土地4260公顷。④ 通

---

① 杨奎等:《新时代首都发展的战略擘画》,人民出版社,2022,第21页。
② 北京市民政局官网数据摘录。
③ "七黑"是指无证照超范围经营的歌舞厅、洗浴、电子游艺、美容美发、旅店、废旧金属回购、二手手机旧货等经营性场所;"四小"是指不符合卫生标准的小饭馆、自然形成的小市场、没有经营手续的小商店、不具备生产条件的小作坊等低级次产业。
④ 城乡接合部是功能疏解的主要区域,占朝阳区疏解任务的95%以上。以实施《北京市创建"基本无违法建设区"三年行动计划(2021—2023年)》为例,朝阳区2021~2023年三年间累计腾退建筑828.2万平方米,腾退土地784.2公顷,分别占全区疏解任务的96.2%、97.7%。

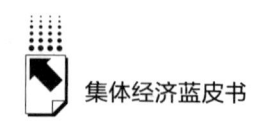

过整治，全区常住外来人口由2015年峰值时期的184.0万人减至2022年的124.3万人，净减少约60万人，其中大多数属于农村地区疏解人口，城乡接合部环境显著改善。为持续优化发展环境，预计到2035年前朝阳区农村地区还需腾退建筑1140万平方米，腾退土地919公顷。随着功能疏解不断推进和城乡规划逐步落实，城乡接合部"瓦片经济"面临推倒重来的急剧变化，加快产业项目建设刻不容缓。

（二）发展压力大

农村集体产业及其租金收入（地租或房租）是城市化进程中农民就业安置和增收致富的重要物质保障，事关农民长远生计和社会长治久安。受不同时期城市建设、适用政策、区位特点、管理体制等因素影响，朝阳区乡域经济发展差距一直较大，随着城市化的推进，产业失衡问题更加突出。而随着功能疏解的不断推进，集体收不抵支问题将更趋突出，发展压力空前增大，唯有加快产业项目建设，形成稳定收入来源，才能确保集体资产保值增值，让产权制度改革红利惠及广大集体经济组织成员。

（三）项目落地难

产业用地是推进首都绿化隔离地区建设的一项特殊政策安排。2000年3月，市政府为从根本上改变"摊大饼"式建设引发城市绿地空间不足及城乡接合部环境脏乱问题，决定以实施大范围绿化、旧村改造和新村建设、发展集体产业为重点，加快规划市区内绿化隔离地区建设，促进城市生态环境改善和首都经济社会可持续发展。经过20多年的持续推进，朝阳区城乡接合部绿化建设成效显著，搬迁上楼工作取得积极进展，然而受政策供给、经济基础、项目筹划、收益分配等因素制约，集体产业项目建设相对滞后。据调查，2014年以来朝阳区建成投入运营以及在建的集体产业项目仅23个，涉及12个乡，其中7个乡竟然均无新建项目，截至2023年底正在筹建的项目有16个（见表1），它们全面建成后可确保每个乡均有产业项目，但从历史经验教训看，这些项目能否顺利落地仍有较大的不确定性，远远无法满足农村城市化发展和产业转型升级需要。

表1 2014~2023年朝阳区农村产业项目建设情况

项目状态	项目数（个）	占地面积（公顷）	建筑面积（万平方米）	其中：地上（万平方米）	投资总额（亿元）
建成	12	39.6	140.6	93.4	99.9
在建	11	51.0	131.3	86.0	85.8
筹建	16	98.9	296.9	212.4	209.2
合计	39	189.5	568.8	391.8	394.9

二 制约因素

过去20多年来，对于农村集体产业项目建设，政府部门和乡村集体有"确实难"的共识，问题似乎很清楚，但始终无法解决，亟须进行系统梳理，找准关键堵点，寻求化解之道。一项有关"影响农村集体产业项目落地的主要因素"的调查显示，大多数被调查者认为，资金是首要影响因素，对产业项目落地的影响程度占比高达40.9%（见表2），政策因素影响次之，占比为35.3%，人才因素影响占比为23.8%。[①] 应该看到，朝阳区农村集体产业项目建设有特殊的制度背景，政府与集体的目标存在一定差异[②]，在政策既定的情况下，项目从前期筹划到落地建设，是各方持续不断协商的过

---

① 调查时间为2023年11月1~13日，调查以半开放式问卷形式进行（列出8种因素，加上调查对象认为应当考虑的因素，共涉及10种因素），调查对象共47人，涉及小红门、十八里店、南磨房、王四营、高碑店、平房、将台、常营、崔各庄、金盏、孙河11个乡，有关乡分别组织3至5名熟悉产业项目筹划的人员进行讨论，形成一致意见后填写问卷。
② 市、区政府部门主要关注长期的规划刚性、环境建设、税收贡献等公共利益；乡政府既关注中期的规划调整、环境整治等公共利益，又关注租金收益等集体利益；乡村集体则更注重租金收益，希望规划更具"柔性"。

程，项目能否顺利落地建设，主要取决于集体经济实力、乡级统筹模式和项目筹划能力。

表2 不同因素对农村集体产业项目落地的影响程度

因素	影响程度(%)	具体内容	具体影响程度(%)
资金	40.9	对外合作谈判很难达成共识	11.5
		建项目缺资金	9.9
		集体获得贷款难	8.4
		地上物拆迁腾退成本高	6.0
		借贷成本高(利息负担重)	5.1
政策	35.3	办理项目审批手续难	31.4
		土地价值评估*	2.6
		产业项目只能租赁不能交易*	14.3
人才	23.8	缺项目经营人才和管理团队	14.3
		好项目难找	9.5

＊表示部分调查对象认为应当考虑的因素。

（一）政府与集体关系影响项目落地

对于朝阳区农村集体产业项目建设，应当基于农村城市化的特定背景进行考察分析。应该看到，绿化隔离地区政策有其特殊性，政府与集体之间存在利益分割不明晰的问题。一是绿化隔离地区农民利益保障不足。二是产业用地政策无法保障集体利益。为防止社会资本损害农民集体利益，现行的产业用地政策对产业项目开发主体做出严格限定，立项主体必须是集体经济组织或集体企业，且不得改变土地使用权主体。由于集体产业项目建设所需资金数额较大，少则数亿元，多则数十亿元，而乡村集体收入主要用于发放集体就业人员工资、自谋人员就业补贴、老年人生活补贴等费用和维持乡村公共公益事业开支，无力额外筹资建设产业项目，只能寻求与社会资本合作，签订合作协议，约定项目建成后租金收益按比例分配，集体通常仅能分到

30%左右，最低的只有10%①。按上述比例折算，每个劳动力平均产业用房面积缩减至15平方米，最低的只有5平方米，显然难以保障集体经济持续发展和安置就业所需资金。三是产业用地规划指标不足。总体上看，过去20多年城乡接合部产业用地指标呈现逐步收紧的态势。2000年初朝阳区农村集体规划产业用地面积超过1000公顷，2012年缩减至902公顷，近年来遵循节约集约用地原则，特别是在减量发展条件下，进一步调整为按劳动力人均50平方米核定产业用房。依据各乡劳动力安置人数和产业用房核定标准测算（假定容积率为2.0），朝阳区农村集体产业用地总量仅剩338.7公顷，较2012年减少将近2/3，对农村产业发展构成挑战。四是产业项目审批程序依然复杂。目前产业项目审批程序已大大简化，但两个环节所需时间仍然较长。首先是释放指标环节（控规批复），需区政府组织召开区级联审会，后由市城乡办组织召开市级产业项目专题会，主管副市长听取汇报同意后方可释放指标（此会议近两年仅召开三次）。其次是办理占地手续环节，控规确定后，方可申报取得多规合一平台初审意见，继而申报立项手续，后续申报取得多规合一平台会商意见，办理项目规划许可证，取得立项手续之后，集体土地还需办理占地手续，国有土地需办理协议出让手续。一些乡村基层干部反映，当前影响集体产业项目落地的最大痛点在于审批环节。

（二）乡集体与村集体关系影响项目落地

围绕产业项目建设及土地收益分配，乡村集体之间存在糊涂账，多数乡集体未能真正统筹好项目建设。一是建设主体不明确。朝阳区绿化隔离地区各乡产业用房指标是根据全乡所需安置劳动力人数核定的，客观上存在乡域规划与村级所有的矛盾。从规划布局看，项目选址只能集

---

① 如豆各庄乡金丰置业项目由乡集体对外合作建设，地上建筑面积22.2万平方米，集体分配比例低于30%，其金田影视基地项目同样由乡集体对外合作建设，一期地上建筑面积3.3万平方米，集体分配比例为35%；十八里店乡周庄商业楼项目由周庄村集体对外合作建设，地上建筑面积10万平方米，村集体分配比例为40%；三间房动漫大厦建筑面积10.04万平方米，集体分配比例为10%。

中在区位优势较为突出的少数村，而不可能零星分布于各村，项目建设主体也应该是乡集体，而不是项目所在的村集体，项目收益应由各村共享，而不是由个别村独享。然而围绕产业项目建设，乡村集体利益没有得到妥善处理，有两种现象值得关注：一种是多数产业项目由乡集体主导建设，但未对被占地村集体做出适当补偿[1]；另一种是少数项目由村集体主导建设，涉及占用其他村的建设指标，但项目收益由其独享或由其与合作方共享，没有兼顾其他村集体利益。二是统筹方式不明确。对于乡集体统筹建设的产业项目，如何确定对被占地村集体的补偿标准，被占地村集体是否可以持股，各方持股比例是否合理，目前均无定论。乡集体与村集体谈判时往往莫衷一是，各行其是，具有较大随意性，只能通过持续博弈才有可能形成共识。相对而言，乡集体资源整合能力通常强于村集体，由于项目统筹方式不明确，若由村集体主导项目建设，而乡集体被排除在外，项目能否顺利落地与乡集体没有直接关系，乡集体对项目的支持与配合自然会打折扣；反之，若由乡集体主导项目建设，而村集体被排除在外，项目能否顺利落地与村集体利益无关，村集体也不可能积极主动支持项目建设。

（三）乡村集体与合作方的博弈影响项目落地

在自身筹资困难的情况下，多数乡集体不得不采取"集体出地，老板出钱"的方式，寻求与社会单位或个人进行合作，但双方有各自的小本账，进展大多不理想，过程大多不愉快。一是产业用地价格难以确定。农村集体经济组织可与社会单位、个人以土地使用权入股、联营等形式共同举办企业，然而产业用地指标究竟值多少钱，始终是双方谈判的核心议题。为获得更多利益，合作方总是开出苛刻条件，尽可能压低地价，以获取对合作企业的控制权，力求持有更多股份或给付较少租金；乡村集体从维护自身利益出发，感觉自己吃亏，力争获得更多股份或较多租金，不愿过多让步，导致谈

---

[1] 2016年的一项调查显示，朝阳区乡集体无偿或低价占用村集体土地的情况比较普遍，当时至少涉及80个村，其中37个村未获任何补偿，43个村获得低价补偿，亩均补偿费仅4838元，远低于同期集体土地流转收益水平。

判久拖不决，不了了之。二是影响项目落地的不确定性因素较多。即使乡村集体与合作方好不容易达成协议，也可能面临多种因素干扰，导致项目搁浅，如合作方融资遇到困难，资金无法及时到位，或者有意调整规划（如限高），与行政主管部门沟通数年无果，或者主要乡领导有新的想法，抑或出现重要人事调整或政策变化。三是现有区级统筹模式有待优化。现有区级统筹模式难以保障集体利益，亟须探索新的筹资建设模式。

（四）人才因素影响项目落地

与专业队伍相比，乡村集体缺少优秀的项目经营人才和管理团队，在项目前期筹划、招商招租、市场运营等方面存在明显短板，亟待加强专业队伍培养，为发展壮大集体经济提供人才保障。

三 对策建议

朝阳区农村集体产业项目建设面临的最大瓶颈是缺资金，破解项目落地难问题，关键是做好建设资金筹措工作，完善乡级统筹，促进乡与乡、村与村之间均衡发展，切实保障城市化进程中的农民利益，让农民更好地融入城市，实现安居乐业，促进社会和谐。

（一）坚持多措并举，突破资金瓶颈

可以采取征地补偿、以地生财等方式，多渠道解决集体筹资难的问题。一是征地补钱。对于朝阳区来讲，可以分期分批将规划中心城区范围内各乡（镇）建成的集体绿地征为国有，土地补偿费用于各乡（镇）统筹建设集体产业项目。[1] 从费用构成看，目前大多数地上附着物已完成拆迁腾退，农业人口整建制转居转工也将于2024年全部完成，对集体绿地实施征用的成本

---

[1] 按照有关法律规定，在集体土地归各村农民集体所有的情况下，土地补偿费归被征地村集体经济组织所有，但乡集体可与村集体签订协议，以有偿借款的形式筹集产业项目建设资金，待项目投入运营并产生收益之后连本带息偿还给村集体。

大幅度下降，征地条件基本成熟。如将其征为国有，不仅可彻底解决绿化隔离地区建设历史欠账问题，①而且有助于拓宽集体产业项目建设筹资渠道。二是以地换钱。建议借鉴大兴区经验，争取市政府政策支持，适当增加集体产业用地指标并公开上市交易，土地出让收入在提取15%的调节金、支付占地补偿费之后，其余部分专款专用，由乡集体统筹建设产业项目。对于增加的产业用地指标，可根据各乡筹建的集体产业项目建筑面积，按1∶0.5的比例确定，或者结合各乡功能疏解进展、后续任务完成情况，按"拆10留9还1建3"的比例确定。三是拿地借钱。集体产业项目属于风险较高的重资产投资，变现能力较差，特别是集体产业用地使用权不可转让，故以此申请贷款难度较大，建议出台集体产业项目融资支持政策，以产业项目未来收益作为抵押，向银行机构申请低息贷款，由区财政提供一定年限的贴息支持。四是对口帮扶。鼓励集体经济实力较强的乡以集体资产做担保，为集体经济薄弱的乡申请贷款用于建设产业项目提供支持，由后者承担贷款本息偿还义务，通过对口帮扶促进集体经济均衡发展。

（二）完善乡级统筹，促进均衡发展

在保障被占地村集体利益的前提下，明确乡集体作为本乡集体产业项目建设的主体地位，同时明确乡级统筹模式，促进各村均衡发展和农民共同致富。一是处理好乡村利益关系。鉴于地上附着物拆迁腾退、农业人口转居转工所需资金已由财政负担，乡集体占用村集体土地建设产业项目的，不再将拆迁腾退补偿费和转居转工费用纳入产业用地成本，仅向被占地村支付占地补偿费。占地补偿费可在最低征地补偿标准的基础上适当上浮，由乡集体按每亩20万~35万元的标准一次性支付给被占地村集体。乡集体占用村集体

---

① 鉴于朝阳区已累计支付功能疏解资金约500亿元，7.7万农业人口整建制转居转工所需资金911亿元也被列入2024年财政预算，故征用集体绿地时只需支付土地补偿费和青苗补偿费即可，无须支付地上附着物补偿费和人员安置费，若用5年时间分批征用朝阳区全部绿地（94387亩），按每亩综合补偿30万元（假定每亩土地补偿费、青苗补偿标准分别为20万元、10万元）的较低标准测算，共需资金283亿元，市、区财政每年分别分担40亿元、17亿元，此资金额度应属市、区财政可承受的范围之内。

土地从事其他经营性活动的，需对被占地村做出适当补偿。稳步推进乡级集体产权制度改革，产业项目收益由乡集体统一核算，将形成的利润纳入乡集体对各村（包括被占地村）的年终分红中。二是妥善解决历史遗留问题。对于村集体利用规划产业用地建设的项目，归村集体所有的部分可由乡集体按重置成新价并适当上浮的价格进行收购，由社会合作方投资并归其所有的部分，可通过协商予以回购，经协商无法回购的部分，不计入规划产业用房指标。对于产业项目占用村集体土地的，由乡集体根据土地使用权剩余年限，参照占地补偿标准进行折算并予以补偿。

（三）坚持建管并重，培养人才队伍

一是把握建设指标释放节奏。考虑到2035年功能疏解任务将全面完成，产业项目建设周期为3~5年以及通常1年左右的产业培育期，建议结合功能疏解任务，重点发展科技服务、金融、传媒、文创、会展产业，优先建设集体产业项目，力争2030年之前全部建成，实现"瓦片经济"向楼宇经济平稳过渡。坚持市级总量把控产业项目建设指标，将项目审批权限下放到规自分局和区发改委，由区政府统筹安排，有序推进产业项目建设。二是做好项目筹划。综合考虑项目建设体量、投资强度、市场需求等因素，对接目标客户，提供定制化服务，高标准筹划产业项目。三是加强项目运营。坚持合作双赢，导入优质外部资源，实现集体重资产和外部轻资产的优势互补，提升品质，确保高效运营。选派精明能干的"自家人"参与运营管理，通过实战培养优秀人才，逐步打造自身品牌和管理团队，提升项目收益水平。

B.20
嘉兴市深化新型农村集体经济发展路径研究

贺学明 冯涛 杨霞菲 张文怡*

摘 要： 2023年"中央一号文件"强调，探索资源发包、物业出租、居间服务、资产参股等多样化途径发展新型农村集体经济。嘉兴市始终牢记习近平同志"成为全省乃至全国统筹城乡发展的典范"的殷切嘱托，以实施"强村"计划为抓手，不断激活农村集体经济发展活力，持续推动农村集体经济发展壮大。但是近年来，村级集体经济增收乏力问题日益凸显，如何解决农村集体经济增收难问题以及推动农村集体经济可持续发展是一个摆在我们面前的重要课题，也是建设共同富裕典范城市、谱写中国式现代化嘉兴新篇章的一个重要任务。

关键词： 新型农村集体经济 "飞地抱团" "三资"管理

一 嘉兴市农村集体经济发展现状

（一）村级集体经济发展基本情况

1. 总体情况

近20年来，嘉兴市村级集体经济发展水平总体向好，村级集体经济持

---

* 贺学明，嘉兴市农业农村局三级调研员，研究方向为农村土地和农村"三资"管理；冯涛，嘉兴市农村合作经济指导服务中心经济师，研究方向为村级集体经济发展和农村土地；杨霞菲，嘉兴市农村合作经济指导服务中心经济师，研究方向为农村"三资"管理和新型农业经营主体；张文怡，嘉兴市农村合作经济指导服务中心经济师，研究方向为村级集体经济发展和村级财务管理。

续稳固提升，尤其是自2009年连续实施四轮强村计划以来，各项指标增速明显。如表1所示，2022年，全市农村集体资产总额、总收入、经营性收入分别为540.00亿元、52.65亿元、21.47亿元，较2002年分别增长了5.5倍、7.7倍、5.9倍。其中，2002~2008年增速较慢，2009~2022年增速明显变快。

2. 村均收入情况

村均总收入、村均经营性收入从2002年的58.15万元、29.62万元增长到2022年的612.88万元、249.97万元，分别增长了9.5倍和7.4倍。

3. 补助收入情况

全市补助收入从2004年的0.47亿元增长到2022年的26.57亿元，增长了55.53倍（2004年统计年报开始统计补助收入）。2007~2012年，补助收入占总收入的比重保持在35%左右，2012年之后占比逐年递增，自2015年达到50%之后，至2022年一直相对稳定在50%至55%之间。

表1 2002~2022年嘉兴市农村集体经济发展情况

单位：万元

年份	资产总额	村均总资产	总收入	村均总收入	经营性收入	村均经营性收入	补助收入
2002	827801	792.15	60765	58.15	30956	29.62	/
2007	788671.92	828.44	98245.36	103.20	38623.05	40.57	35848.23
2008	843185.77	923.53	103556.28	113.42	40430.67	44.28	37839.72
2012	1384695.43	1557.59	149240.69	167.87	62887.32	70.74	53135.63
2017	2619934.25	3042.90	295177.46	342.83	102181.63	118.68	161417.3
2022	5400046.52	6286.43	526467.94	612.88	214724.59	249.97	265708.05

（二）县市区村级集体经济发展情况

1. 村均收入比较

从图1所示的2022年数据来看，各地发展差距较为明显。村均总收入

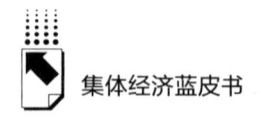

方面,南湖、秀洲、平湖、海盐四地为300万~500万元;海宁、桐乡、嘉善为500万~800万元。村均经营性收入方面,各地分布较为集中,南湖、秀洲、海盐、桐乡、平湖五地均为150万~250万元;嘉善、海宁超过300万元。南湖、秀洲、海盐的两项村均收入都处于全市相对较低水平;平湖、海宁的两项村均收入发展水平相对一致,都处于中间偏高水平;嘉善的两项村均收入均处于全市较高水平;桐乡的两项收入增长不协调,村均总收入处于全市较高水平,但村均经营性收入处于较低水平。

2. **人均收入比较**

人均总收入方面,如图1所示,各地差异明显并呈阶梯式分布。南湖、平湖较为接近,均为950元左右;秀洲、海盐均为1200元左右;海宁、桐乡较为接近,均为2020元左右;嘉善最高,为2988元。人均经营性收入方面,南湖、平湖低于500元;秀洲、海盐、桐乡为500~700元;海宁、嘉善为1200~1500元。南湖、平湖的两项人均收入较为接近且均处于全市较低水平;秀洲、海盐的两项人均收入较为接近,并均处于中间水平;海宁、嘉善的两项人均收入都处于较高水平且增长协调;桐乡的两项收入增长不协调,人均总收入处于较高水平,但人均经营性收入处于较低水平。

(三)与全省兄弟地市比较情况

1. **收入增速比较**

如表2所示,2018~2022年浙江省11个地市村集体经济总收入和经营性收入整体增长速度普遍较快。总收入方面,嘉兴年均增长率排名全省第七,最高的是温州和衢州,分别达到了22.57%、22.54%,丽水、湖州、舟山、杭州、嘉兴处于中游水平,台州、金华、绍兴、宁波年均增长率不到10%。经营性收入方面,嘉兴年均增长率排名全省第五,最高的是衢州33.21%,其次是温州、丽水、湖州年均增长率为20%左右,嘉兴、杭州、舟山、绍兴年均增长率为10%~14%,台州、金华、宁波年均增长率不到10%。

图1 2022年嘉兴市各县（市、区）村集体经济发展对比

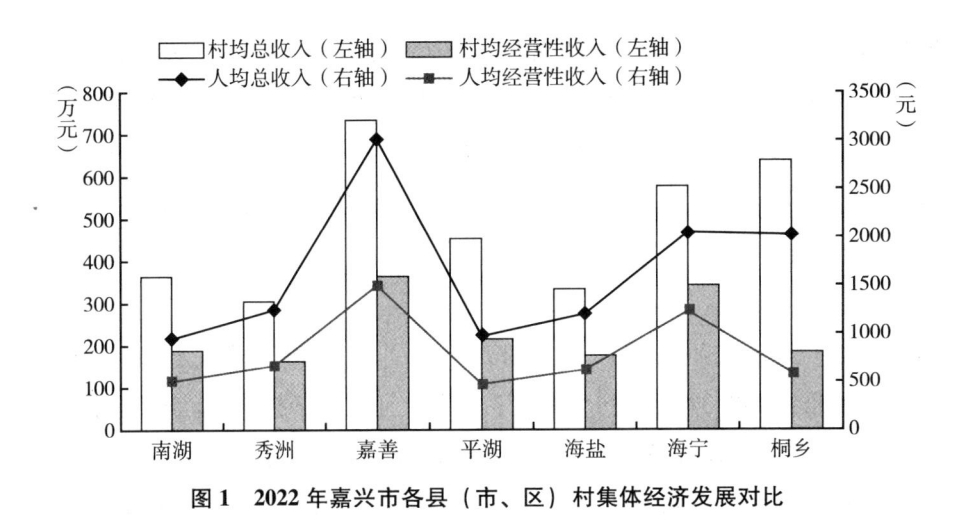

表2 2018~2022年浙江省11个地市村集体经济发展年均增长率情况

单位：%

地区	总收入 排名	总收入 增长率	经营性收入 排名	经营性收入 增长率	村均总收入 排名	村均总收入 增长率	村均经营性收入 排名	村均经营性收入 增长率	人均总收入 排名	人均总收入 增长率	人均经营性收入 排名	人均经营性收入 增长率
杭州	6	12.21	6	13.38	7	12.85	8	14.03	5	11.56	5	12.73
宁波	11	5.04	11	5.58	11	6.05	11	6.60	10	4.50	11	5.05
温州	1	22.57	2	25.11	1	33.76	1	36.53	2	17.04	3	19.46
湖州	4	14.34	4	19.15	6	14.98	4	19.82	4	11.94	4	16.65
嘉兴	7	10.93	5	13.85	8	10.99	9	13.92	7	7.76	6	10.59
绍兴	10	5.64	8	10.85	9	9.54	7	14.95	11	3.94	8	9.07
金华	9	7.15	10	9.24	5	15.58	5	17.84	9	6.91	9	9.00
衢州	2	22.54	1	33.21	3	22.45	3	33.12	1	18.40	1	28.71
舟山	5	13.56	7	11.80	4	17.15	6	15.33	8	7.40	10	5.73
台州	8	8.72	9	9.25	10	7.94	10	8.46	6	8.54	7	9.07
丽水	3	16.38	3	23.36	2	27.23	2	34.87	3	14.92	2	21.81

多数市的村均总收入、村均经营性收入的年均增长率与总收入、经营性收入相对一致且呈略高趋势，其中温州、金华、丽水的两项村均收入的年均增长率明显高于总收入、经营性收入的年均增长率，超出部分最高的超11个百分点（温州、金华、丽水2018~2022年村经济合作社数量整体减少

26%~30%，减少数量和比例相对较高，其余地市减少情况一般在5%以内）。人均总收入、人均经营性收入的年均增长率与总收入、经营性收入相比，整体分布较为一致且一般略低，温州、衢州、舟山三地的人均两项收入的年均增长率明显低于总收入、经营性收入的年均增长率，其中相差最多的超6个百分点。

2. 村均收入比较

如表3所示，2022年，嘉兴村均总收入、村均经营性收入分别为612.88万元和249.97万元，均位列全省第二且仅次于杭州，但与杭州的差距较大，尤其是村均经营性收入仅为杭州的42.66%。村均总收入方面，全省平均322.17万元（按照全省总收入与总村数比值计算），各地市呈橄榄形分布，杭州、嘉兴处于上端，湖州、宁波、温州、绍兴、舟山、台州、金华处于中间，衢州、丽水处于下端；村均经营性收入方面，全省平均为207.76万元，各地市普遍较低且分布较为集中，金华、绍兴、舟山、台州、湖州5个地市在100万至200万元之间，宁波、温州、嘉兴3个地市在200万至300万元之间。

表3 2022年浙江省11个地市村集体经济发展村均收入对比

单位：万元

村均总收入	城市	村均经营性收入	城市
0~100	丽水(75.01)	0~100	丽水(41.89)、衢州(61.73)
100~200	衢州(128.44)	100~200	金华(145.14)、绍兴(152.39)、舟山(154.36)、台州(186.29)、湖州(187.34)
200~300	金华(221.26)、台州(245.31)、舟山(246.98)、绍兴(277.77)	200~300	宁波(205.08)、温州(220.82)、嘉兴(249.97)
300~400	温州(326.13)、宁波(350.10)、湖州(370.32)	300~400	—
400~500	—	400~500	—
500~600	—	500~600	杭州(585.91)
600~700	嘉兴(612.88)	600~700	—
700~800	杭州(785.05)	700~800	—

3. 人均收入比较

如表4所示，人均总收入方面，2022年全省为2037.71元，嘉兴位列第四，杭州最高，超4000元，丽水、衢州不到1000元；其余包括嘉兴在内的8个地市分布较为集中，均在1400至2000元之间。人均经营性收入方面，全省为1314.09元，嘉兴位列第九，各地市差距明显，但普遍较低，包括嘉兴在内的8个地市低于省平均水平。综合来看，在人均村集体经济发展方面，嘉兴位于全省中游水平，与绍兴、湖州、舟山较为接近。

表4　2022年浙江省11个地市村集体经济发展人均收入对比

单位：元

人均总收入	城市	人均经营性收入	城市
0~1000	丽水（639.29）、衢州（924.12）	0~500	丽水（357.05）、衢州（444.11）
1000~2000	舟山（1496.16）、绍兴（1563.23）、台州（1646.59）、湖州（1815.60）、温州（1868.62）、嘉兴（1970.58）	500~1000	嘉兴（803.72）、绍兴（857.65）、湖州（918.50）、舟山（935.09）
2000~3000	金华（2019.95）、宁波（2393.09）	1000~1500	台州（1250.36）、温州（1265.24）、金华（1324.98）、宁波（1401.83）
300~4000	—	1500~3000	—
4000~5000	杭州（4282.19）	3000~3500	杭州（3195.93）

二　存在的问题

（一）村级集体经济发展增速有所放缓

近年来，在城市化发展的导向下，农村可供开发用于发展村集体经济的资源基本被掏空。一方面，随着全域土地综合整治、"退散进集"、"三改一拆"等工作的推进，低小散企业向工业园、创业园区集聚，一些村原先用于出租的经营性资产减少，村集体资源越发匮乏。另一方面，由于土

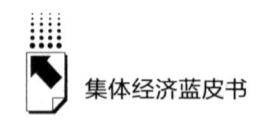

地资源受限以及保底收益分配机制问题,作为嘉兴市村级集体经济发展最稳定最主要方式的"飞地抱团"项目发展遇到了瓶颈,导致村级集体经济增长后劲不足。2022年,全市总收入增幅降至3.89%,经营性收入增幅降至8.86%。

(二)村级集体经济发展水平不平衡

虽然嘉兴市村级集体经济村均年总收入、经营性收入位居全省前列,但由于国民经济水平、地理区位差别,县市区之间、村与村之间差距较大,发展也不平衡。2022年,全市收入最高的50个村中,嘉善有19个,占比为38%;桐乡有16个,占比为32%;平湖、海宁各7个,占比均为14%;南湖有1个,占比为2%;秀洲、海盐没有一个村进入前50名。村均收入方面,嘉善县村均总收入735.95万元,村均经营性收入364.82万元,分别是秀洲区(全市最低)的2.4倍和2.2倍。单个村方面,全市总收入最高的海宁市华丰村为3019.79万元,最低的秀洲区旗星村仅为156.33万元。经营性收入最高的海宁市华丰村为2879.75万元,最低的南湖区脊山村仅为52.94万元,差距明显。

(三)村级支出给村集体长远发展带来压力

随着城乡一体化融合发展和新农村建设的推进,农村的治理水平和村庄面貌都有了较大的提高,同时也造成了村集体支出大幅提高的局面。2018~2022年,村集体支出年均增长率达9.4%,其中除去经营支出和管理费用,农业发展、环境保洁和利息支出占比在53%左右,比重很大。尤其是在环境保洁方面,以外包形式发包给第三方,并由其开展环境保洁管护的费用给村集体支出造成了巨大的压力。据统计,全市村集体平均每年每户在这方面的费用投入达到了1500元。虽然村庄公共设施建设、环境保洁管护、大病无忧等都有财政补助,但是补助资金远达不到该类项目的总体支出,缺口部分需要村集体自身去负担。村集体负担越发沉重,导致村集体年结余资金越来越少,影响了村集体经济发展动能。

（四）村集体经济发展奖惩机制有待完善

镇（街道）对村发展壮大村级集体经济的考核力度还不强，从抽样调查来看，在村目标责任制考核中，村级集体经济发展分数平均占比只有1.3%，高的有3%，低的只有0.09%。部分村干部在发展壮大农村集体经济方面还存在"不想干"和"不会干"的问题。一方面，村干部的主要精力放在拆迁、村庄的治理上，对集体经济重视不够，没有太多精力思考如何发展集体经济。比如个别地方的村干部对村集体发展扶持政策不知晓。另一方面，部分村干部存在年龄结构老化、专业技能不足、缺乏开拓创新精神等问题，对发展村集体经济心有余而力不足。村级集体经济发展与基层干部收入、表彰、晋级等机制不挂钩或者挂钩不明显，缺乏适应市场经济发展需要的奖励激励机制。

三 嘉兴市深化新型农村集体经济发展思路

（一）激发党建引领农村集体经济发展的内生动力

"火车跑得快，全靠车头带"。集体经济发展得好，需要一个强有力的基层党组织。党组织带富能力是农村集体经济发展壮大的一个关键因素。要发挥党建引领推动作用，把发展农村集体经济作为农村基层党组织建设的核心工作来抓，强化基层党组织对农村集体经济的集中统一领导，推进集体经济发展各项工作。因此，发展壮大农村集体经济必须把党的全面领导贯穿强村富民、共同富裕全过程，在完善考核和激励机制、探索村干部激励机制、实施好农村党员干部"素质工程"等方面下功夫、找突破，不断激发党组织引领农村集体经济发展的内生动力，不断提高农村党员干部发展集体经济的本领，增强党组织的创富、带富能力，推动党的政治优势更好地转化为区域发展优势，实现村级集体经济稳定和可持续发展。

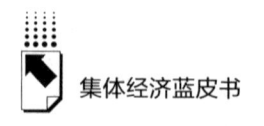

（二）因地制宜探索农村集体经济发展途径

2018年9月，习近平总书记于中央政治局第八次集体学习会上强调，把握乡村的差异性，因村制宜。[①] 各地有各地的资源禀赋和实际情况，各村有各村的经济基础、自然条件、资源禀赋、交通便利等优势，没有两个完全一样的村，更没有完全相同的农村集体经济发展模式。发展农村集体经济不是简单地照搬照抄其他村庄成功的经验，更不是追求一个模式、一个标准，而是要因地制宜探索走适合自身实际的路子。因此，各地发展壮大村级集体经济还得以自身实际情况为根本，通过产品、文化、特色产业、乡村旅游、劳务服务、农事服务等各类优势资源来发展壮大村级集体经济，在设定目标、制定政策、发展路径等方面找准切口，选择一条适合自身发展的路子，切不可盲目地照抄照搬。

（三）提升财务管理水平推动农村集体经济发展

农村集体经济发展不仅需要"开源"，还需要"节流"。将农村集体资产财务管理作为农村集体资产管理的核心工作，能够确保各项资金的有效使用，保障资金安全。因此，在当前农村集体经济发展的大背景下，抓好农村集体资产财务管理是推动集体经济的发展的一项基础性工作。只有严格落实村级各项财务管理制度，加强农村集体资产财务管理工作，全面提升农村集体资产财务管理水平，创新农村集体资产财务管理工作，加强村集体"三资"监督管理，才能调动广大农民群众参与的积极性，不断推动农村集体经济的快速发展，实现集体资产的保值和增值。

（四）不断强化农村集体经济发展扶持政策

嘉兴市农村集体经济在连续实施四轮强村计划后，发展活力得到了有效

[①] 《习近平在中共中央政治局第八次集体学习时强调 把乡村振兴战略作为新时代"三农"工作总抓手 促进农业全面升级农村全面进步农民全面发展》，光明网，2018年9月22日，https：//politics.gmw.cn/2018-09/22/content_ 31318204.htm。

的激发，成效良好。事实证明，农村集体经济发展离不开政府的政策扶持。政策扶持是关键，是政府优质资源的让渡，也是目前农村集体经济发展最"止渴"、最不可或缺的关键要素。在目前阶段，农村集体经济的健康可持续发展尚离不开相关政策的扶持。因此，在今后的一段时期内，各级政府部门要根据当地农村集体经济发展情况积极出台完善扶持政策，确保扶持政策匹配、适合该阶段的村情，从资金、土地、人才、金融等方面全方位给予农村集体经济发展要素保障，助力农村集体经济更好发展。

四 嘉兴深化新型农村集体经济发展的工作举措

（一）聚焦抱团共富，深入实施"飞地抱团"

一是深耕"飞地抱团"。大力实施"飞地抱团"，鼓励村集体与国资合作共建"飞地抱团"项目，推进"飞地抱团"扩面提质。加强"飞地抱团"调查研究，优化项目运行机制，推动发展模式由债权投资向股权投资、债权+股权投资转变，确保参与村在获得即时收益的同时享受资产增值长远红利。二是鼓励发展物业经济。鼓励村单独或抱团在优势地段建设或购置厂房、店面、公寓等发展物业经济。支持村集体挖掘闲置、低效集体资产，通过股份合作、自主经营、租赁等方式进行盘活利用。三是推进村集体抱团式发展。推动强村带弱村联动发展，完善经济强村与相对薄弱村结对机制，推进村集体片区化、组团式发展。鼓励以村集体为主体建设"共富体"项目，积极推广投资规模适度、见效快、风险低的共富大棚、共富菜园、共富码头等共富产业模式。

（二）聚焦市场运营，审慎推进强村公司

一是推行强村公司机制。坚持"审慎组建、规范管理、稳健经营"原则培育强村公司，鼓励强村公司重点围绕劳务输出、物业服务、家政服务和农村环境长效管护等开展运营。规范公司运行机制，确保强村公司健康发

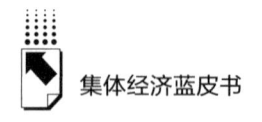

展。二是开展农事集成服务。鼓励村集体领办、创办服务实体，围绕区域特色产业，开展生产资料供销、农业机械服务、统防统治、技术咨询等社会化服务。鼓励有条件的村集体单独或联合建设现代化农事服务中心，聚焦统一机械作业、育供秧、植保、烘干等服务环节，对粮油等主要农作物集成式提供农业产前、产中、产后服务。三是创新劳务服务增收。支持村集体领办、创办劳务服务实体并创新经营方式，通过投资收购、人才培育等提升服务资质，提高竞争能力，拓宽业务范围。鼓励各级政府向村集体领办、创办的劳务服务实体购买服务项目。

（三）聚焦资源盘活，因地制宜创新增收

一是盘活农村土地资源。支持村级组织作为实施主体开展农村土地整治，产生的结余指标优先用于村级集体经济发展项目或由县、镇两级按收储价对村集体进行补偿。统筹推进高标准农田建设和农业标准地改革，探索推进小田并大田，归整一般农用地，建设高标准设施大棚，打造成农业小微产业园、农创园，发展生态高效农业。支持海盐县开展集体经营性建设用地入市试点，所得收益按有关规定用于所在村发展集体经济。二是盘活闲置农房。总结提炼"新乡邻""蓝领公寓""云管家"模式经验，推广村集体通过统一收储、统一修整、统一出租、统一经营等方式盘活闲置宅基地和农房。探索农村宅基地自愿有偿退出机制。三是鼓励实施电商兴村。支持村集体打造特色产品电商平台，采取网络直播、直播带货、社区团购等模式，销售当地新鲜农产品、预制菜、传统小吃、工业品等。推进电商专业村和示范村建设，大力培育农村电商人员，推广以村集体为主的"共富工坊+电商+平台"经营模式，开展品牌设计、品牌推广、产品营销等服务。

（四）聚焦成果共享，深化产权制度改革

一是推进成员身份认定。加快推进村集体经济组织成员身份资格认定，形成股东成员、股东非成员、成员非股东三类人员清单，并对清单进行动态管理。二是开展股份分红。完善村集体经济收益分配机制，指导有可分配收益的村经济合作社按章程开展股份分红，到2025年分红村比例达45%。三是深化农村产权交易。持续推进农村产权交易平台建设，确保将农村集体资产与资源的发包、出租和出让等统一纳入各地农村产权交易平台进行交易，实现"应上必上"。探索农村集体资产股权流转、抵押等有效实现形式。四是加强农村集体"三资"管理。完善农村集体"三资"管理制度，严格执行村级资金"非现金"收支、村级小微权力清单等制度，大力推广代理会计下沉劳务用工管理、非生产性开支监督管理和闲置资金竞争性存放管理制度。深化村集体经济组织统一收据（电子）应用，提高农村集体"三资"数字监管水平。

（五）聚焦要素保障，激发村级内生动力

一是完善考核机制。开展农村集体经济发展水平评价，并将评价结果纳入年度乡村振兴考核特色指标和红色根脉提升工程，进一步压紧压实县、镇、村三级发展壮大村级集体经济的主体责任。探索村级集体经济发展与村干部收入挂钩机制。二是强化农村人才培育。全面实施"领雁计划"，深化推行"导师帮带制"，选好派好第一书记、农村工作指导员，提升村干部乡村经营能力。完善乡村人才扶持政策，深入实施"两进两回"行动，推进万名农创客培育工程，引导各类人才参与农业农村建设和三次产业融合发展。三是保障农村发展要素。加强与财政、自规部门的沟通协调，加大对集体经济发展方面的财政奖补和用地保障力度，确保市级强村富民乡村集成改革扶持项目财政资金奖补和建设用地指标及时到位。鼓励各金融机构加大金融支持力度，对符合条件的村集体发展项目给予优惠利率。

B.21
数字赋能新型集体经济发展

——宁波市江北区构建农村集体资产"智管家"监管平台

王君波 朱芸 钱力 张兆康[*]

摘 要： 从聚焦热点、重点和难点出发，宁波市江北区在实施全国农村集体产权制度改革试点中，因地制宜地推出了集"登记、管理、监督、公开、交易"全周期监管于一体的农村集体经济数字管理系统。通过持续的改进和深化，打造集体资产"智管家"主体，变"账表查"为"图像看"；组装资产交易"智管家"躯体，变"线下跑"为"数据跑"；注入数据信息"智管家"能料，变"分散式"为"联动式"，植入权力职责"智管家"程序，变"条文式"为"导图式"，有效提升了资产收益，使江北区行政村农村集体经济总收入达到3.55亿元，同比增长23.47%，经营性收入突破2.06亿元，同比增长20.87%，书写了农村集体经济高质量发展的"江北答卷"。

关键词： 数字赋能 新型农村集体经济 集体资产

21世纪以来，随着城镇化快速推进，宁波市江北区集体资产规模迅速扩大，20多年来集体资产、收入、经营性收入总量分别增长了32倍、35倍和27倍，集体经济成为农民共同富裕的重要经济基础，是农民关注的热点、

---

[*] 课题组组长：王君波，宁波市江北区农业农村局党委副书记、副局长，研究方向为农经工作。课题组成员：朱芸，宁波市江北区农业农村局农村合作经济指导科科长，研究方向为农经工作；钱力，宁波市江北区农业农村局农经服务站站长，研究方向为农村集体资产管理工作；张兆康，宁波市江北区农业农村局三级调研员，研究方向为农村改革工作。

焦点，也是各级政府监管的难点。一方面，农村集体资产底数不清、位置不明，财务公开专业性强，村民看不懂、看不清，信息不对称；另一方面，会计信息无法全面反映资产状况，存在监管盲区，侵占集体资产等腐败现象时有发生，农村集体资产利用低效。为有效破解资产管理瓶颈，江北区运用地理信息技术和数字化思维，构筑涵盖"登记、管理、监督、公开、交易"全周期监管的农村集体经济数字管理系统。2023年，江北区累计完成农村集体资产交易项目58宗，交易额达8250万元，标的平均曝光度由8.6次增长至279次，平均溢价率达12.6%，有效提升了资产收益。

一 问题导向

（一）聚焦热点，形势所迫

农户端：城乡一体过程中，城乡壁垒随着户籍制度改革被打破，城乡人口正有序流通。农民在进城过程中，"权随人走、带权进城"，与权力相关的农村集体经济、集体资产日益受到关注。现有的农村公开机制存在获取信息难、向上诉求难、专业限制高等障碍。2019~2023年，江北区仅集体经济相关的咨询事项就达286件，并呈逐年递增趋势。

（二）聚焦重点，现实所困

农村端：管理农村集体资产、发展集体经济是各地村干部的重要职责，理应做出成效，但现实状况困难重重。一方面，随着各项工作重心下移，村级组织承担的事务越来越多，干部疲于应对，效率低下。另一方面，村干部老龄化严重，思想跟不上时代的发展。新当选的村干部不熟悉农村情况，对集体资产的认识只停留在会计"账面"上，对于土地、山林等资源类资产的重视不足，掌握不全。据江北区农业农村局农村合作经济指导科统计，江北区农村集体资产账面总额52亿元，而账外的土地、山林、河塘等资源性资产同样价值连城。

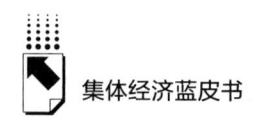

（三）聚焦难点，治理所需

政府端：集体经济的发展也伴随着腐败的滋生。2023年以来，全区发现并纠正违反规定、侵占集体资产等问题27个，处理农村干部10人，其中受到党纪政务处分7人。监管集体资产、发展集体经济是当下各级政府的重要使命，但现实困难重重，有心无招。一方面，条线人手不足，特别是街道（镇）没有农村经营管理机构，从事人数平均不到2人，以传统的"记账+查账"方式监管集体资产，方法落后、力不从心。另一方面，部门之间存在数据壁垒，各条线分别管理农村党务、村务、财务等事项，没有形成统一的治理合力。

为有效突破集体资产监管瓶颈，2018年以来，江北区以全国第二批农村集体产权制度改革试点为契机，运用数字化、互联网等现代科技和管理理念，构建了农村集体资产"智管家"应用，涵盖"登记、管理、监督、公开、交易"全周期监管，创新性将农村集体产权制度改革成效汇集体现在"一张图"上，实现了集成管理。

二 主要做法

（一）围绕四个导向，梳理核心业务，推动流程再造

围绕发展壮大集体经济的需求导向，解决资产闲置、"三资"腐败的问题导向，提高工作效率、提升群众满意度的效果导向，叠加乡村治理场景的未来导向，梳理出"农村集体经济发展一件事"的5项二级核心业务（摸清家底、风险防范、保值增值、财务管理、阳光公开）、18项三级任务、56项四级任务。对"财务运行""阳光公开""综合监督"等业务流程进行再造。例如：将村社概况、"三务"信息、资产信息、人员信息、收益分配等内容绘制成村社集体经济画像、农户权益信息画像、资产画像，借助数字图像技术实现"码上公开"。

（二）围绕核心指标，加强数据归集，实现"图"管资产

围绕资产经营水平、资源激活率、经营性收入等 20 个指标，明确数据需求 47 类、数据项 531 个、资产信息要素 20 项，通过实地测绘与台账查阅两大方式，经过村社全面清查、乡镇审核，基本完成数据采集工作。同时按照资产性质、类别、经营水平、经营状态等维度划分多个图层形成"一村一图""一物一码"，实现资产信息一键查询。

（三）围绕监管重点，实行三色预警，构建协同体系

围绕农村集体经济发展监管重点，将低价合同、长期合同、闲置资产等 10 类事项按风险等级设立红、橙、黄三色预警机制，实现资产管理动态化和分析预警即时化。协同业务部门 9 个，打通跨部门、跨层级系统 4 个，打破信息壁垒，实现数据共享。各级监管人员可根据工作职责，查看预警信息，开展分析研判，进行分类处置，督促整改到位。

（四）围绕应用场景，建立集成界面，强化数字赋能

围绕摸清家底、风险防范、保值增值、财务管理、阳光公开五大场景对主要服务对象和使用群体构建"一舱两端"三大界面。数据驾驶舱面向党政领导，呈现可视化集体经济画像，提供决策参考。治理端"浙政钉"面向村、镇、区三级管理人员，实现集体资产事项全流程留痕管理。服务端"浙里办"面向农民，可实现浏览查询，参与监督村级资产管理。例如：系统集成票据管理功能，实现票据申请、发放、使用、核销、预警闭环管理。2021 年 3 月 25 日，全国农村第一张机打"二维码收据"由该系统在甬江街道外漕村开出。

三 应用特色

（一）数据赋码关联化

已入库 50 余万项三资数据字段，1300 余万项人员数据字段，所有基础

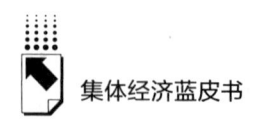

信息数据通过编码和身份证号码为唯一标识进行关联，利用数据属性划分、归类、关联等手段建立集体经济"一村一画像"，集体资产"一物一画像"、集体成员"一户一画像"。同时，将集体经济发展过程进行赋码管理，数据呈现为资金码、资产码、人员码、交易码、公开码等。解决数据分散、独立等问题，增强数据黏性。

（二）资产监管可视化

以农村集体资产"一张图"赋能集体经济发展为切入点，回流"浙农经管"相关数据15项，归集本地数据13项，将涉及132平方千米的土地、470万平方米的厂房等资产进行治理，以"一物一码一图"方式采集本区110个村集体经济组织的2万条资产信息并将其入库，复用电子地图组件，从资产类别、经营效益等视角，多图层直观化地呈现资产现状，通过"一点一看一查"，创新集体资产监管模式。解决农村集体资产家底不全，监管效率低下等问题。

（三）资产交易多样化

关口前移，搭建可配式资产交易模块。联合审管办等部门，从资产交易、产业招引等方面集成线上办理，实现审批前移、监管前移、服务前移。通过设定数据标准，对接各个交易平台，以"一张图"数据为基础，自动推送，减少交易采集费用。建立各类别资产经营业态、经营状态、经营效益分析模型，通过"网上竞拍""交易赋码"等形式逐步提高资产收益，解决集体资产交易流量低、受众面小、采集费用高等问题。

（四）风险预警一体化

拓展"预警中心"板块。将问题合同、问题资金、问题资产等10多类事项按运行规则设置风险监测指标，建立红、橙、黄三色预警机制。全程监督合同执行、资产运营、资金流转等业务，自动提醒各类风险事项到点人，并督办处理。2023年以来累计处理红色预警事项1526件，橙色预警事项1180件，黄色预警事项953件，人大通过系统再监督督办风险事件23起，处置率超95%。将部分信息向审管办、民政、审计、纪委、人大等9个部门开放，整合部门监督力量，重塑监督制度，形成共同监督合力。

（五）监管处置精准化

协同业务部门9个，打通跨部门、跨层级系统4个，打破信息壁垒，实现数据共享。通过对数据池的分析、比对，从原来零散的、看似毫无关联的数据背后发现隐蔽性的问题，及时进行预警处置。部门可直线督办街道或村社，减少层层传递，2023年以来人大或纪委督办风险事项1850件，下达巡察或再监督指令23件。由此，合同期限和租金超期事项同比减少82%，低价合同的情况逐年改善，如甬江街道北郊628亩土地和220间老屋共计0.53万平方米宅基地，房屋租金收入由原来的每月15元/平方米增长到每月30元/平方米，土地流转租金收入从每年200~400元/亩增长到每年1000元/亩。监督从被动转向主动，推动农村集体经济监管理念方式、手段工具、制度流程的改造重塑，源头微腐败得到精准防控。

（六）职责任务明晰化

整合各部门农村小微权力、集体经济发展、产业招引等11项村级相关管理制度，逐条进行数字化改造，将规定内化于系统中，勾绘流程导图，并在系统中高亮显示进度节点，实现制度约束集成化、可视化。梳理各操作、监管人员岗位职责和履职标准，将规定纳入"我要办""我能办"，集成工作待办、工作流程、工作评价，增强用户黏性，实现工作职能提示化、明晰化、简约化。

（七）阳光公开互动化

建立"数据共享池"，将农村"三务"信息、人员信息、治理信息等内容全部进行数字化处理并汇集融入"公开码"中，替换原先纸质公开形式，部分内容经权限配置后对群众和部门公开。变"碎片公开"为"集成公开"，变"表格公开"为"图版公开"，变"短期公开"为"永久公开"。同时，叠加交流互动功能，探索将互动信息接入基层治理"四平台"或

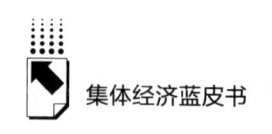

"12345"等问题处置中枢，突破村民监督专业和时空的限制，保障了群众知情权，增强了群众参与度，形成乡村治理共商共建共享的发展共识，凝聚治理合力，提升群众满意度和获得感。

四 工作成果

通过数字化技术梳理出任务清单，结合各部门权责清单，逐步打造多跨应用场景。

（一）打造集体资产"智管家"主体，变"账表查"为"图像看"

建设集体资产"一张图"，联合资规、经信等部门通过实地测绘与图上打点两大方式，将全区近2万条集体资产信息以"一物一码一图"形式上图入库，涉及51亿元资产，132平方千米土地，470万平方米厂房。根据管理需要，从资产类别、经营效益等视角，多图层直观化地呈现资产现状，通过"一点一看一查"，创新集体资产监管模式，解决农村集体资产家底不全、监管效率低下等问题。

（二）组装资产交易"智管家"躯体，变"线下跑"为"数据跑"

关口前移，探索可配式资产交易模块。联合审管办、市场监督、资规等部门，从产业结构、能效、环保等方面集成线上办理，实现审批前移、监管前移、服务前移。通过设定数据标准，对接各个交易平台，以"一张图"数据为基础，自动推送，减少交易采集费用。建立各类别资产经营业态、经营状态、经营效益分析模型，通过"网上竞拍""交易赋码"等形式逐步提高资产收益，解决集体资产交易流量低、受众面小等问题。

（三）注入数据信息"智管家"能料，变"分散式"为"联动式"

建立"数据共享池"，将"三务"信息、人员信息、治理信息等内容全部进行数字化处理并汇集融入"公开码"，经权限配置后对群众和部门公开。叠加交流互动功能，融入"浙里办"，将互动信息接入基层治理"四平台"，打破城乡边界，实现全域治理。围绕农村集体经济发展监管重点，将低价合同、长期合同、闲置资产等10类事项按风险等级建立红、橙、黄三色预警机制，协同纪委、人大等部门进行监管、督办、查处，实现资产管理动态化和分析预警即时化。

（四）植入权力职责"智管家"程序，变"条文式"为"导图式"

整合农村小微权力、集体经济发展、产业招引等村级相关管理制度，逐条进行数字化改造，将规定内化于系统中，勾绘流程导图，并在系统中高亮显示进度节点，实现制度约束集成化、可视化。梳理各操作、监管人员岗位职责和履职标准，将规定纳入"我要办""我能办"，融入"浙政钉"，集成工作待办、工作流程、工作评价，增强用户黏性，实现工作职能提示化、简约化。

五 改革破题

通过"智管家"应用的开发，打破部门之间数据壁垒，创新集体经济监管模式，探索出了一条可复制、可推广的"共同富裕"路径。

（一）流程再造，突破资产监管转型瓶颈

通过数字化改革，将集体资金收支流程由线下变为线上；将集体资产监管流程由账表变为图像；将集体经济风险流程由事后变为事前，实现监管理念方式、手段工具的升级改造。例如：以资产租金收款管理为切口，进行数字改造替代原先手工凭据，开发线上收款、预警、处置闭环管理功能。

（二）制度重塑，破除集体经济发展障碍

通过线上数据归集，部门协同，重塑集体经济发展、集体收益分配等制度。将闲置低效资产分析与决策由人工变为智能，产业招引与准入由分散变

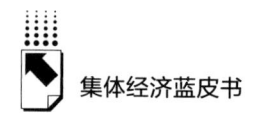

为集中，集体产权的交易由线下变为线上，盘活集体资产，增加资产效益，提升物业能级，促进农村集体经济发展从粗放向精准、从低效向集约、从局部到整体的优化转变，破除集体经济发展体制与机制障碍。

（三）场景装配，破解系统地域保护难题

通过对"智管家"功能梳理，制定各独立模块技术参数，单列"资产管理""财务管理""交易管理""农村治理""人员管理"等应用，破解各地使用需求不一难题。通过采用XML等常用数据标准，将前置服务器作为交换核心，打通独立模块与其他平台对接通道，减少重复建设。例如：以"一张图"为核心的"资产管理"功能可与各地市场交易平台对接，保留地区差异，破解集成软件地域保护性强、复制性弱等难题。

B.22
无锡市发展壮大新型集体经济 促进农民农村共同富裕

范展智 华宇峰 黄翔宇 徐国彬*

摘　要： 近年来，无锡市发展壮大农村集体经济，在强化资产监管、深化农村改革、探索转型发展、开展"两项清理"、加强政策与资金支持等方面取得了显著成效。结合当前仍然存在的突出问题，报告提出如下对策建议：完善村集体管理运行，打消不敢发展的顾虑；创新联合发展平台，弥补不会发展的不足；推动制度改革，保障集体经济发展用地；争取财政支持，减轻集体经济发展负担；丰富项目供给，挖掘优秀市场资源；紧密利益联结，让农民享受发展红利。

关键词： 集体经济　共同富裕　无锡

农村集体经济是社会主义公有制经济在农村的主要实现形式，是农民、农村实现共同富裕的物质基础。新形势下，进一步发展壮大新型农村集体经济，对深入贯彻落实习近平总书记关于"千万工程"的重要指示批示精神，巩固夯实党在农村的执政基础、乡村全面振兴的物质基础和乡村治理体系的组织基础，推动全面建成农业农村现代化、带领广大农民群众实现共同富裕具有十分重要的现实作用和长远意义。

---

* 范展智，无锡市农村经营管理中心主任，研究方向为农村集体资产管理和农村集体经济发展；华宇峰，无锡市农村经营管理中心，研究方向为农村集体经济发展和产权制度改革；黄翔宇，无锡市农业农村局集体资产管理处处长，研究方向为农村集体经济发展和产权制度改革；徐国彬，江苏省农村经济研究中心副主任，高级农艺师，研究方向为农村综合改革、农村经济发展与农民增收。

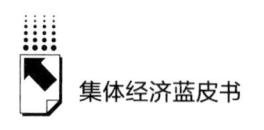

一　无锡市集体经济发展基本情况

近年来，无锡市坚持改革、管理、发展一体谋划、一体部署、一体推进，抢抓乡村振兴新机遇，把壮大农村集体经济作为引领农民实现共同富裕的重要途径，实践出一条富民兴村高质量发展之路。2023年，全市村均集体年收入1126万元，相对薄弱村收入全面超250万元；农村常住居民人均可支配收入44617元，城乡居民收入比仅为1.72∶1，2023年全市村级股份经济合作社分红达8.8亿元。

（一）持续强化资产监管，规范集体经济发展

构建集体资产监管工作、制度、平台和监督四大体系，农民群众全程参与，信息向农民群众全面公开，充分保障农民群众的知情权、参与权和监督权，推动各项工作顺利实施。建设无锡市农村集体"三资"监管平台、无锡市农村三务公开"户户通"平台，并与市纪委"e银通"系统和省农村产权交易平台实现一体运行，平台数据应进尽进。建立集体资产出租指导价、农村产权交易规范运行和集体资产监管责任追究等长效机制，形成集体资产入库、产权交易、合同管理和财务收支的监管闭环。

（二）全面深化农村改革，促进集体经济发展

全面完成股份合作制改革，组建村（社区）股份经济合作社967家，股改完成率100%，充分发挥股份经济合作社在发展集体经济、服务集体成员、规范收益分配、带领农民共同富裕等方面的主体作用，探索集体股权继承、转让和赠予办法，坚持将集体经济发展成果惠及农民，集体经济组织累计股份分红近83亿元。推进国家级"政经分开"改革试点，超过1/5的农村集体经济组织和自治组织实现资产财务和职能事务分离。股份经济合作社通过注册登记成为独立市场法人，领办创办农民专业合作社、公司等实体，与其他组织开展合作联合参与市场经济活动。开展省级闲置农房盘活利用模

式改革试验，建立农民闲置住房收储机制、统筹利用机制和利益联结机制。推进农村集体经营性建设用地入市改革，在试点地区建立健全市场交易规则和增值收益分配机制。

（三）积极探索转型路径，带动集体经济发展

制定《关于开展"村企共发展同奔现代化"行动的实施意见》，广泛动员企业、商会、协会等社会力量与资源条件，发展需求相匹配的村特别是集体经济相对薄弱的村联建，推动村企共同合作、共同发展、共同受益。出台《关于发展壮大新型农村集体经济促进农民共同富裕的实施意见》，总结推广党建引领、农旅融合、飞地经营、电子商务等经验模式，推动各地因地制宜、"一村一策"，培育村级集体经济发展新的增长点。组建镇村联合发展平台，鼓励镇（街道）统筹协调镇村空间布局规划、建设用地指标、工业园区建设等项目建设资源，通过镇村联合发展平台在更高层次上盘活村级资金、资产、资源，整合规划、土地、人才、资金、政策等要素，开发联合集体经济发展项目。在"五园五区六带"中选择部分镇村，由镇村联合发展平台或村集体承接物业服务、农贸市场、乡村建设、配套工程等优质项目资源试点。打破村域界限，鼓励企业与镇村联合发展平台合作，把企业的资金、技术、人才、市场优势和乡村的资产、资源优势更加精准地结合起来，从而集聚更多资源要素，寻求更多更好的合作资源与合作机会。

（四）研究制定政策文件，扶持集体经济发展

在省内率先出台《关于财政政策支持推动农村集体经济发展的若干意见》，明确所得税、房产税、契税等减免政策，对符合条件的集体经济组织参照享受小微企业税收优惠政策。制定《关于实施村级集体经济"千万"计划的意见》，明确拓展集体经济发展空间、完善管理运行机制、规范集体资产管理等16条发展举措。印发《关于开展新一轮集体经济相对薄弱村"五增行动"的实施意见》，设立相对薄弱村专项资金，采取"输血"和"造血"相结合，通过项目帮扶、部门结对、领导挂钩、财政托底等多种方

式，推进相对薄弱村脱困转化。出台《关于坚持党建引领开展"双百行动"推进乡村产业高质量发展的实施办法》文件，分别对重点提优村、重点帮促村两类村，组织"百个单位帮百村"、"百名第一书记带百村"和"百名专业人才助百村"，发动党政机关部门、企事业单位等"组团式"结对帮扶，选派第一书记驻村帮带，推动专业人才助力乡村产业提质升级，合力实施一批产业项目带动发展。

（五）开展"两项清理"专项行动，解决历史遗留问题

解决村级集体应收未收账款总量大、时间长、收缴难以及因发展过程中签订的显失公平的资金出借和资产（资源）出租等长期困扰农村基层的突出问题，切实防止集体资产流失，实现集体资产保值增值，促进村级集体经济持续健康稳定发展，无锡市农业农村局联合纪检委、中级人民法院、公安局、民政局、司法局、财政局、自规局、审计局和税务局在全省率先全域化、深层次开展村级集体资金出借和资产出租问题专项整治（简称"两项清理"），对村级出借资金、欠缴租金和相关不规范合同进行全面清理。制定《关于开展村级集体资金出借和资产出租问题专项整治工作的实施方案》《关于进一步深化村级集体资金出借和资产出租问题专项整治工作的通知》，提出工作目标、细化工作内容、明确工作要求；制定《无锡市村级集体资金违规出借和资产出租问题专项清理整治工作分类处置指导手册》《无锡市村级不良资产和债务核销办法》，为基层实际操作提供参考；开发信息化平台，所有问题录入系统，做到所有问题纳入清单化管理，所有问题处置追踪可查；指导各地建立健全资产出租指导价制度，规范出租合同文本，建立长效管理机制，鼓励各地实行资产出租"先付后用"原则，杜绝欠租现象。截至2023年底，共梳理问题27623条，涉及金额43.55亿元，追缴到账金额19.67亿元，村均增收216万元，问题整改率达到97%以上。

（六）加强各类资金支持，激励集体经济发展

市级财政近年来每年安排4000万元，采取目标考核、分档分年度以奖

代补的形式，对重点帮促村结合村情实际发展特色产业、创新运营模式盘活存量资源取得的成效达到既定标准的予以奖补，对未达标准的重点帮促村，及时收回前期已拨付资金。各市（县）区根据实际进行配套奖补，市、区两级总体资金扶持量每年将近亿元。推广银行业保险业服务乡村振兴试点经验，开展"整村授信"活动。银行和保险机构创新开发符合村实际需求的金融产品和服务方式，在授信审批、贷款利率、担保条件、贷款期限等方面制定优惠政策，加大金融支持。

（七）总结推广经验做法，引导集体经济发展

举办"共同富裕无锡实践"新型农村集体经济发展典型案例推介，将典型案例汇编成册，重点宣传、推广基层实践总结的8种发展类型：发挥基层党组织的领导核心作用的党建引领型；推动三次产业融合发展的产业发展型；由村集体经济组织领办或者组建农民合作社、劳务合作社的生产服务型；打通"绿水青山"向"金山银山"转化通道的农旅融合型；盘活集体闲置资产资源的资产盘活型；村村、镇村之间抱团联合异地发展的"飞地"抱团型；发展电子商务、直播带货等数字经济的电子商务型；发展混合所有制经济，推动城乡要素互换、优势互补的村企共建型。

二 存在的主要问题

当前，无锡市农村在工业化、城市化快速推进，国际国内经济发展格局条件变动的形势下，发展壮大集体经济，促进农民农村共同富裕也面临一系列困难和问题。

（一）发展动力欠缺，农民群众参与度不高

不少村干部认为村级经济少载体、无手段，面对集体经济发展周期长、见效慢，信心不足，作为不大。有的村干部在集体资产监管日益严格的情况下担心经营失败被追责，缺乏敢试敢闯的担当、创新创业的能力和有力有效

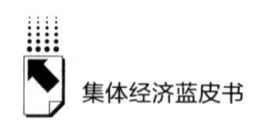

的举措。不少地区把集体经济发展仅仅看作是村集体和村干部的事，带领农民共同富裕的意识不足，联农带农机制尚未完全形成，发展集体经济的过程带动和成果分享还没有与农民群众紧密结合起来。部分地区股份经济合作社与社区脱离挂钩，社区工作人员不再经营发展集体资产，本集体经济组织成员中优秀的年轻人在更好的单位就业，导致集体资产管理人员年龄偏大、信息化水平较低，集体资产管理面临后继无人管理状况。

（二）产业支撑不够，发展呈现不平衡性

不少镇村农业用地零散，规划不确定因素多，加上农业项目投资回报周期长、比较效益低，社会资本投入热情不高，优质发展项目难以落地。不少乡村民营工业企业转移或迁入工业园区，在村的企业大多是体量小、实力差、技术水平低的低端产业，再加上发展基础、地理区位等差异，全市集体经济发展呈现不平衡性。2023年，全市集体资产规模排名前10%的村（社区）其资产超过全市村集体总资产的50%，其收入超全市村集体总收入的35%，全市经营性收入5000万元以上的村（社区）有8个，经营性收入低于300万元的村（社区）有250个，低于100万元的村（社区）有48个。

（三）村级开支较大，增收渠道逐渐收窄

无锡市一般的行政村包括人员工资、办公费用、固定的村民福利等刚性开支，开门运行费用在200万元以上，且随着物价上涨，大的村（社区）没有500万元都"开不了门"。随着城市建设推进，各地区低效用地腾退以及土地资源整合，村级资产资源变成了资金，原来稳定的租金收入变成较低的银行利息收入，村集体失去了资产增值保值的渠道。另外受城市规划影响，不少村集体经营性厂房老旧无法升级改造，吸引不了优良的企业入驻，租金收入也低于镇工业园区。"费改税"后，多种规费减免优惠政策无法继续实行，村域经济规费分成被取消，村域企业运营缴纳税金也分成不到村集体。加上各级财政公共财力投放十分有限，全市村级经济每年的收入增长仅3%左右，低于无锡市人均收入增长率，收支不平衡给村级经济的发展带来沉重负担。

三 对策建议

发展壮大村级集体经济是一项系统工程，需要上下齐心协力，多部门密切配合。建议重点从制度、机制、政策和市场角度增强村级经济造血功能。

（一）完善管理运行，打消不敢发展集体经济的顾虑

制定村级集体资金使用管理办法，明确村集体资金出借、资产出租的条件和程序，鼓励村集体在依法依规、程序规范、手续齐全的前提下，将所属资金、资产、资源投入市场化运营。制定农村集体资产监管责任追究制度，在风险可控的前提下，给村集体利用资金、资产和资源参与市场投资和风险提供相对宽松宽容的监管环境。

（二）创新联合发展，弥补集体经济发展不充分

将镇村联合发展确定为发展村级集体经济的重要渠道，由镇一级统筹协调镇村空间布局规划、建设用地指标、工业园区建设等项目建设资源，通过全面组建镇村联合发展平台（有条件的地区组建县级联合发展平台），在更高层次上盘活村级资金、资产、资源，整合规划、土地、人才、资金、政策等要素，开发村级集体经济发展项目。打破村域界限，鼓励企业与镇村联合发展平台合作，把企业的资金、技术、人才、市场优势和乡村的资产、资源优势更加精准地结合起来，从而集聚更多资源要素，寻求更多更好的合作资源与合作机会。鼓励镇一级引进优质项目投放联合发展平台，引导村集体培育发展壮大辖区企业，增加村集体稳定的经营收入。

（三）推进土地制度改革，保障集体经济发展用地

推进农村宅基地制度改革，探索宅基地所有权、资格权、使用权分置实现形式和农村宅基地有偿退出机制，鼓励村集体将农民闲置宅基地统一组织

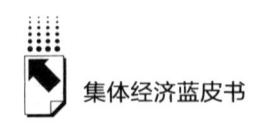

起来进行市场化利用。建议自规部门借助农村集体经营性建设用地入市试点，探索就地入市、异地调整入市和集中整治入市等模式，推动村集体充分利用入市土地全方位参与市场与产业获取长期稳定的增值收益。在无锡市自然资源要素配置改革中，对村集体腾退的开发边界外低效集体产业用地，争取给予建设用地流量指标返还。

（四）争取财政支持，减轻集体经济发展负担

与各级财政部门紧密沟通，建立村级公共事业建设支出市（县）区、镇（街道）财政和村集体经济组织合理分担机制，将村民委员会运转经费纳入市（县）区、镇（街道）基本财力保障范围，社区居民委员会运转经费、社区工作者薪酬待遇和公共事业建设费用由财政保障。积极争取将支持新型集体经济发展列入全面推进乡村振兴、加快农业农村现代化的支持政策，设立市级专项资金，发挥财政资金导向作用，对镇村联合发展平台单独或与企业合作开发的各类产业发展项目进行奖补。

（五）丰富项目供给，挖掘集体经济发展优质市场资源

支持村集体优先承接或入股加油站、农贸市场、工业项目载体等优质造血项目。将"五园五区六带"规划建设项目，农村土地整治、高标准农田建设、人居环境整治、农房改造、基础设施建设等乡村建设项目，各类园区、停车场管理、安置小区物业管理服务项目等在同等条件下优先安排具备条件的村集体承接。优先安排村集体在城镇区域、工业园区和专业集市等区位优势明显、产业基础较好的地方，依法依规新建或购置物业用房、租赁公寓、农贸市场、商铺等经营用房。

（六）紧密利益联结，让农民享受集体经济发展红利

宣传以农民为中心的发展思想，将发展集体经济的根本目的是农民共同富裕这一理念厚植人心。充分发挥集体经济组织"统"的组织优势，通过引导农民承包土地规模流转，领办或者组建农民合作社、劳务合作社等

多种形式,将农民群众组织起来,动员吸纳更多的优秀青年共同参与到集体经济发展当中。在集体经济发展项目中,坚持农民的主体地位,集中农民集体智慧,吸收农民资金、资产、资源投入,吸纳农民就业。健全股份经济合作社收益分配机制,科学合理设置农民分红比例,逐步提高农民分红金额。

B.23
强化要素保障 因村制宜
推动多元发展

——张家港市发展新型农村集体经济的实践探索

王奕毅 郭晋媛*

摘　要： 改革开放以来,张家港市高度重视农村集体经济发展,坚持把农村集体经济作为乡村振兴的重要引擎,坚持"政策引导、市场主导、因村制宜、多元发展"原则,推动农村集体经济发展提质增效。本报告总结了张家港市近年来在政策扶持、资源倾斜、项目引领、发展理念等方面发展壮大农村集体经济的主要做法及现有成效,分析了发展存在的问题,并提出对策建议:突出统筹规划,强化政策引导,对经济强村和相对一般村分别打好政策扶持"组合拳";高效集聚资源,推进村级载体转型升级,做强乡村产业;构建多元格局,引导市场主体参与集体经济发展,推进共同富裕。

关键词： 农村集体经济　因村制宜　张家港

近年来,张家港市认真贯彻落实习近平总书记关于"三农"工作重要论述和对江苏工作重要指示批示精神,紧紧围绕中央、省、苏州各项决策部署,把农村集体经济发展作为乡村振兴的重要引擎,坚持因村制宜、因村施策发展乡村产业,多渠道、多类型、多元化促进新型农村集体经济发展,村

---

* 王奕毅,张家港市农业农村局农村经营管理指导站站长,研究方向为农村集体产权制度改革、农村集体经济发展等;郭晋媛,张家港市农业农村局农村经营管理指导站科员,研究方向为农村集体产权制度改革、农村集体经济发展等。

集体自主造血能力得到大幅提升，农村集体经济发展势头迅猛。作为全市乃至全省全国乡村全面振兴的标杆示范永联村，2023年村级经营性收入达3.35亿元，村民人均可支配收入7.3万元。现将张家港市在发展壮大新型农村集体经济方面的发展现状和扶持成效总结如下。

一 发展现状

经营性收入遥遥领先，造血能力显著提升。2023年全市174个村集体经济组织，村级总收入35.4亿元，其中集体经营性收入总量29.7亿元，村均经营性收入1708万元，位列苏州大市第一名。

强村群体稳中有进，百强社占比全省最高。2023年全市有103个村集体经营性收入超1000万元，是全省最大县域强村群体。全市有29家股份经济合作社上榜江苏首届"百强股份经济合作社"，包揽前两名，占比全省第一（见表1）。

表1 全市村集体经营性收入规模分布

经营性收入	3000万元以上	1000万~3000万元	500万~1000万元	500万元以下
村数（个）	15	88	51	20
占比（%）	8.6	50.6	29.3	11.5

集体资产保值增值，筑牢可持续发展根基。2023年全市村级总资产342亿元，全市村级净资产超亿元的村有43个，占比24.7%（见表2）。

表2 全市村集体净资产规模分布

村级净资产	1亿元以上	5000万~1亿元	1000万~5000万元	1000万元以下
村数（个）	43	50	72	9
占比（%）	24.7	28.7	41.4	5.2

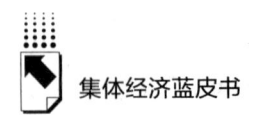

农民分红富裕富足，共享乡村振兴成果。全市农村集体分红和福利支出共计6.4亿元，其中村集体福利支出共5.3亿元，较2022年增加1.1亿元，股金分红总额1.1亿元。

二 主要做法及成效

一是统筹发展资源，夯实发展基础。充分发挥政策的激励性、扶持性作用，保障村级集体经济平稳运行。政策方面，出台"十三五""十四五"期间支持村级集体经济发展的政策意见，市级统筹安排用于发展壮大村级集体经济的资金，切实加强对经济强村的引导、对成长型村的激励和对经济一般村的扶持。2023年围绕党建引领乡村振兴，制定出台《党建引领乡村振兴重点帮促村（经济相对一般村）高质量发展二十条措施》，在政策、人才、资源、项目、资金等方面给予重点倾斜和扶持。资源方面，鼓励村集体依托"三优三保"和农村集体经营性建设用地入市，通过拆旧建新、复垦置换、化零为整等方式，全面更新闲置资源、低效资源。加大对薄弱村的土地资源支持，"十三五"期间市级统一给予每个村土地指标5亩，共计300亩，拓宽村集体新增经营性项目空间。人才方面，通过"组织点将"和"人岗双选"相结合，选派40名"兴村特岗书记"到基层一线重点培养。2021年从市农业农村局选派30名年轻干部赴薄弱村任驻村第一书记，2023年又从市农业农村局、市文体广电和旅游局遴选21名优秀骨干以"工作小组"形式项目化推进驻村工作，发挥专业技能和资源链接优势，提升村集体发展活力。帮扶方面，建立市、镇两级领导班子成员挂钩联系制度，压实市镇两级抓乡村振兴政治责任，构建基层直通点题、组织统筹破题、条线合力解题的"海棠解忧"约办机制，着力解决村级发展中的痛点、难点、堵点问题。组织全市72家机关部门和65家企业单位挂钩帮扶60个经济一般村，实现"1+1>2"帮扶工作体系，协助构建增收长效机制。

二是集聚发展动能，提升发展质效。注重有效投入，狠抓项目建设，多种形式提高集体经济运行质效。项目方面，鼓励村集体全力挖掘利用闲置资源和低产出资源，促进村级载体腾笼换凤，提高产出效益。"十四五"期间，全市规划新增村级经营性项目169个，项目总预算投资88.65亿元，其中超1000万元重大项目120个，占比71%。截至目前，已完工经营性项目133个，总投资金额65亿元，总建筑面积189万平方米。载体方面，按照"工业进园区"的要求，改造提升村级工业区，打造优质工业区；按照"商业进城区"的要求，升级村级商业载体，打造镇级商业中心；按照"村建设、政府承租"的模式，由市、镇统筹，村集体参与公共服务业建设，全市村集体共有经营性资产面积662万平方米。奖补方面，积极落实村级组织运转保障经费，"十四五"期间每年拨付市镇两级补助资金5584万元，缓解村级支出压力。对经济一般村新增经营性项目和村级联合新增超千万元项目加大奖补力度，将尽量多的奖励资金用于村集体"造血"功能的提升。激励方面，"十四五"期间创新开展榜单激励竞赛，分别对市、镇两级经济一般村经营性收入的增量、增幅情况进行排名，对年度榜单前五名予以资金奖励，在履行审核审批程序情况下，奖励总额的20%可用于奖励村干部。

三是升级市场理念，优化发展模式。不断创新模式，推动集体经济突破层级限制、打开发展空间。主体方面，早在2011年，提出并实践联合发展、异地发展等模式，逐步探索以强带弱、弱弱联合、镇村联动、村企共建的多样化抱团形式，实现了跨村、跨镇、跨市、跨苏州大市四步走的异地发展。全市共有村级集体经济联合发展公司68家，资产总量95亿元，2023年实现营业收入1.6亿元，形成了村级经济区域发展矩阵。路径方面，积极探索发展典型路径，系统总结产村联合型、能人带动型、资本撬动型、农旅互促型、美村深耕型、片区联动型、资源盘活型、抱团取暖型强村发展"八大路径"，选树16个强村典型案例印发成册，更好发挥典型示范引领作用。模式方面，进一步提升村级联合抱团的广度深度，积极创新村级集体经济运行新机制，由45个经济一般村联合张家港市创新投资集团组建张家港联创市村投资发展有限公司，总计注册资本2.45亿元，以市场化运作模式，带动经济一般村长效发展。产业方面，支持村集体通过对村域范围内亏损或倒闭企业的厂房、土地等资产进行收购，增加优质资产投资。2021年以来，

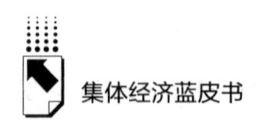

全市村集体投入33.6亿元，收购了二产、三产载体面积达76.6万平方米。鼓励村集体积极挖掘存量资源，利用辖区内既有厂房屋面资源和辖区内工业区用电量条件，投资建设分布式光伏电站项目，实现生态与经济发展"双马并行"。

三 存在问题

一是村级经济可持续发展的资源相对不足。当前村级集体收入主要来源于标准型厂房、三产商业用房等资产资源租赁，随着土地政策改变和存量资源的减少，收入增长面临较大制约。此外，因历史遗留问题，部分集体厂房、门面属于无证资产，补证工作困难重重，影响了优质项目的引入。

二是村集体的财税负担逐年上升。一方面，村级承担的基础设施建设、医疗养老服务、人居环境整治等职能日益增多，刚性支出随之增加；另一方面，不少集体经济组织已由小规模纳税人转为一般纳税人，经营业务以资产租赁为主，费用主要包括管理费用、福利费用和村级公益性支出，固定资产进项税额基本抵扣完毕，进项税额扣除金额较少，导致增值税负担较重。

四 对策建议

一是突出统筹规划，强化政策引导。坚持把村级经济发展纳入全市经济社会发展大局中统筹考虑，打好政策扶持"组合拳"，持续发展壮大新型农村集体经济，拉动促进乡村全面振兴的强引擎。经济强村重在延链促链，以产业带动增加溢出效益；成长型村重在挖掘资源，强化对"带头人"的培养；薄弱型村重在抱团发展，持续走好借力联合发展之路。重点抓好对乡村振兴重点帮促村的扶持，坚持精准帮促，推动经济一般村后来居上、跨越发展；落实挂钩结对帮扶工作，能帮尽帮、能扶尽扶，以"输血"带动"造血"，加快补齐短板弱项，以更大的决心、更强的力度、更有效的举措，增强村"造血"功能及可持续发展能力。

二是高效集聚资源,做强乡村产业。注重挖潜增效,稳妥探索破解村集体产证不全资产补办手续的可行路径,坚持"一产一策"推进农村集体无证资产尽快"转正",进一步释放村集体转型升级空间。积极推进村级载体转型升级,通过盘活存量、拆旧建新、改造升级等方式腾出载体空间。结合区域发展条件和资源禀赋,统筹规划区域特色产业聚集区的空间载体建设与创新资源配置,构建区域统筹招商运作机制,实行"村级载体进驻标准化",统一打造区域工业地产联合体,以前瞻的产业布局推动新兴的产业集聚,优化村级载体的产业结构布局和土地集约利用率,实现村级收入长效增长。

三是构建多元格局,推进共同富裕。引导市场主体参与集体经济发展,运用市场的逻辑谋事、资本的力量干事,让集体经济的增长与市场发展充分接轨。联合国资平台投资优质载体项目建设,充分发挥其资金、技术、管理等方面的优势,形成资源共享、优势互补的联合发展格局,实现更大区域集体经济发展、更多集体资产保值增值"双赢"的新局面。以产业振兴这个"牛鼻子"为支点,坚持谋划一村一策,促进农村各产业间的差异竞争、错位发展,推动农村三次产业跨界联动、资源要素跨区域聚集,推动农村集体经济向产业开发型、商贸物流型、生产服务型等多元化发展转型升级,加快推进三次产业融合发展,促进集体经济发展和农民增收富裕。

B.24 常州市武进区探索建立宅基地农户资格权保障机制

李治国　张新卫[*]

摘　要： 农村集体经济组织成员是促进乡村振兴、促进共同富裕的主力军，加强和规范成员宅基地资格权管理制度建设，是深化和保障宅基地改革的基础支撑，事关农民基本住房保障，事关宅基地权能红利释放，事关农村改革发展稳定大局。武进区持续探索研究农户宅基地资格权集成管理机制，旨在厘清"人、户、权"关系，严格规范"变、调、管"工作，建立完善宅基地资格权管理制度体系，先行先试探索制度管理和成果应用全要素实践样本，为规范权益保障，强化还权赋能，引领有效治理提供有力支撑。

关键词： 宅基地　农户资格权　农村集体经济组织　常州

常州市武进区以承担国家宅基地改革试点为契机，坚持"重规范、建体系、强基础、促改革"的推进思路，持续深化农村宅基地"三权分置"制度改革，探索建立宅基地资格权一次认定、相对固定、长期稳定、动态调整"三定一动"管理保障机制。截至2023年2月，形成了全域196个农村集体经济组织近17万户、52万人的宅基地资格权认定、管理和运用的数据成果和制度样本。

---

[*] 李治国，常州市武进区委农村工作领导小组办公室副主任，主要研究方向为乡村振兴、农村综合改革等；张新卫，常州市武进区农业农村局改革与政策法规科科长，主要研究方向为农村产权制度改革、农村宅基地"三权分置"制度改革、农村"一户三权"集成改革。

常州市武进区探索建立宅基地农户资格权保障机制

一 主要做法与成效

(一)厘清三大概念,让口径"严起来"

一是厘清集体经济组织成员概念。明确集体经济组织成员主要是指具有世居本集体经济组织的家庭历史沿革,并以家庭为单位在本集体履行相应土地承包经营、集体经济发展权利义务的人员。同时,明确享受国有企业职工和纳入党政机关、事业单位(军队)等纳入城镇保障体系的人员不属于集体经济组织成员界定范畴。二是厘清农户概念。明确了基本家庭户是指存在夫妻、父母、子女等婚姻、直系代际关系的成员组合体。打破户籍限制,明确农户即"农村集体经济组织成员组成的家庭户"。三是厘清农户宅基地资格权概念。改变以户口、房产论成员宅基地资格权的做法,明确宅基地资格权是以农户(成员户)为单位依法获得,并可以使用集体土地建设住宅、获得集体土地利益的权益资格,户内权益固化、成员共同使用。按照"一户一宅"要求,明确了建筑占地面积每人不超30平方米、每户不超140平方米的宅基地分配使用标准,农户按"户"申请宅基地和不动产确权登记。改革试点以来,已审批农户使用宅基地建房4386宗,运用农户宅基地资格权完成房地一体不动产登记颁证8万余本。

(二)注重分类指导,让权益"稳起来"

一是分类建立共性问题负面清单。坚持问题导向,细化完善宅基地资格权认定管理制度,建立宅基地资格权"人、户、权"认定管理共性问题负面清单,对照认定口径,明确不具备资格权10类人员、3类家庭户和严禁资格权分户5种情形,帮助农村基层精准把握资格权认定标准,增强政策的实用性和可操作性。二是分类保障特殊群体合法权益。对于集体经济组织成员中的新生儿和未成年子女,简化成员认定民主决策程序,仅需提供相关有效凭证后自然取得集体经济组织成员身份,共享户内宅基地资格权;在妇女权益保障方面，探索实行妇女婚前、婚后户内成员资格稳定管理机制，杜绝妇女因婚"两头空""两头占"，充分利用市场或经济手段保障离婚妇女住有所居；对于因政策性因素实施镇村区划布局调整、重大项目建设移民搬迁或因生态保护渔民上岸等特殊情形，以家庭户依法迁居到本村组内生产生活的，实施仅享受宅基地保障权益的集体经济组织成员管理，按相关政策保障其"住有所居"。三是分类化解历史遗留问题。坚持宅基地资格权管理优先导向，正确把握"先管人（资格权）、再管地（宅基地）、后管房（建房）"的逻辑关系，建立完善农户宅基地权益与资格权相匹配的保障机制，按照"人、户"双控宅基地分配标准，分类化解宅基地多占、超占、一户多宅、权属不清等历史遗留问题，为有序推动宅基地"确权、赋权、活权"提供基础支撑。

（三）实行动态管理，让成果"用起来"

一是建立信息共享机制。充分利用宅基地资格权数据库成果，精准匹配"人、户、房、地、权"信息，建成"一户一档"宅基地数据台账，按照"应发尽发"要求，房地一体不动产权属登记率达100%。全面建立宅基地资格权与宅基地审批、不动产登记、使用权流转等数据联动机制，同时建立与土地征收、人社保障、公安、金融等9个部门信息共享机制。二是探索定期调整机制。定期开展"一户三权"交叉比对验证，建立宅基地资格权人与集体经济组织成员同口径管理、同周期调整机制，定期开展成员自然增减和关系变更、分户、合户、销户等调整工作。三是实行动态管理机制。赋予乡镇信息审核、系统调整资格权数据库管理权限。结合宅基地申请审批、不动产权属变更等实际需求，进行入库成员户内关系或分户信息动态调整，并严格以户为单位享受宅基地保障、权属登记、利益分配等权益。优先将宅基地资格权原始取得归属地作为成员稳定管理的主要依据，加强"一户三权"（土地承包经营权、集体资产收益分配权和宅基地资格权）要素匹配、交叉验证集成管理，杜绝发生成员权益多地重复享受问题。

（四）完善保障机制，让要素"活起来"

一是助力数字赋能。全面建立一个库管人（资格权库）、一张规划图管地（村庄规划图）、一幅画管房（建筑风貌设计图集）、一本证管权（不动产证）的"四个一"宅基地审批管理制度，全域推行农户建房规划许可和批准"二合一"、电子化、跑一趟、不出村线上审批模式，赋能基层减负，方便群众办事。二是促进要素流动。适应区域一体化经济圈、交通圈发展需要，优化土地资源要素配置，畅通宅基地资格权村域跨组迁移、镇域跨村上升通道，允许宅基地通过本镇村域、本村组域同级集体之间开展宅基地使用权（农房所有权）流转、互换、择位竞价，探索创新"人随地走、权随地转、利随权享"的资格权转移保障机制，实现三级集体组织成员镇域自由流动，统筹保障集体经济组织成员跨组跨村使用宅基地建房现实需求。三是保障户有宜居。创新建立"留、聚、转"户有宜居多元化保障模式（即留在农村自建农房、推行农民集中居住、引导农民转移城镇居住）。宅基地改革赋能"集镇+农村"融合更新，探索权票（资格权）换房票（商品房）住有宜居保障模式，农户自愿有偿退出宅基地资格权后，可在指定房产公司购房，按不低于市场价50%的比例享受抵扣政策，礼嘉镇新辰村引导166户农户自愿有偿退出宅基地资格权入户城镇。探索推行宅基地差异化有偿使用和个性化择位竞价交易机制，着力打通宅基地所有权、资格权跨组跨村层级上升和建房瓶颈。2021~2023年，500宗分区分类宅基地有偿使用促进集体增收3000余万元。开展全省首例宅基地择位竞价农村产权交易，全区2例共27个区位竞价交易总金额386.5万元，单个区位竞拍最高价格达61.8万元。先后规划农民自建区37个，已建成集聚规模自建区21个，建成现代化宜居农房3386套。

二 经验启示

深化农户宅基地资格权管理集成改革是一项系统工程，要明确改革的目

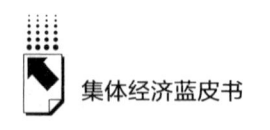

标任务，持续推进，久久为功，武进区探索创新宅基地资格权制度机制和实践路径，形成了以下经验启示。

（一）坚持问题导向，加强政策研究，凝聚改革共识

户籍制度改革和城乡融合发展，改变了农民生产依靠农业、生活依赖农村的传统生产生活方式，规范成员身份认定管理面临更多的复杂性问题。必须坚持问题导向，以建制度、促规范、强基础为目标，牢牢把握履行权利义务和家庭历史沿革的核心特征，加强成员身份属性普遍性、规律性特点研究，优先共性问题兼顾个性需求，最大程度形成概念理解共识，积极引导农村基层建立科学、合理、系统的集体经济组织成员认定管理制度体系，加快构建基层支持、群众满意、规范有序的制度管理保障格局。

（二）坚持以人为本，理顺权责关系，夯实改革基础

在改革过程中，要坚持贯彻以人民为中心的发展思想，充分尊重农民自愿选择，引导农民自觉参与，探索完善集体经济组织民主议事决策机制。理顺宅基地"三权"主体权责关系，明晰各类宅基地主体"权、责、利"边界，有效落实管理主体责任，保障利益主体权益，防范各类矛盾风险，探索共建共治共享的乡村有效治理模式，因地制宜构建农村集体经济组织新型治理体系，营造积极向上向善、合法公正的民主管理环境，促进农村社会和谐稳定，夯实宅基地改革工作基础。

（三）坚持系统观念，实行动态调整，化解改革难题

坚持系统观念，要在变化中把握事物和解决问题，避免僵化的思维模式。宅基地改革中，需要在界定"人"、规范"权"、保障"利"的前提下，建立与农村农民发展变化需求相适应的宅基地资格权动态调整管理机制。加强宅基地退出、重获、互换和跨集体建房等制度设计和路径探索，研究集体经济组织宅基地所有权主体和成员资格权层级上升机制，统筹保障集体经济组织成员"人随地走"跨组跨村使用宅基地建房现实需求。坚持

"管疏"并举,及时有效化解矛盾隐患,保持农村集体经济组织稳定可持续发展。

(四)坚持集成创新,强化信息联动,共享改革成果

围绕农业农村现代化建设需要,树立"大农村、大政务、大数据"建设与管理理念,巩固利用宅基地"人、户、房、地、权"确权登记成果,积极探索建立宅基地"制度化+数字化"集成管理创新模式。强化信息联动,建立完善集体经济组织"一户三权"数据衔接共享机制,节约管理成本,提升行政效能,全面构建区域覆盖、部门联动、层级互动、数据共享的农村集体产权数字政务集成管理格局。

三 思考与建议

(一)问题思考

一是人户对象关系混淆不清。各地农村对人(农民、村民、城镇居民、经济组织成员)与户(家庭户、户籍关系户、成员户、不动产权属户)的界定缺乏规范口径,也缺乏统一权威的法律法规依据,对各类性质的"人员"与"户"概念定义不清、对象边界不清、口径依据不清,简单化操作、一刀切做法导致矛盾频发,严重影响农村社会稳定。

二是传统管理模式根深蒂固。在户籍制度改革后,城乡人员实现户口自由流动,户籍与村集体经济成员已经不存在主要因果关系和必然联系,我省户籍制度改革已二十多年,打破了户籍二元结构的制度制约,传统以户籍迁移落户作为界定是否具备经济组织成员身份的界定口径和做法显然失去了合理性、可操作性和规范性。

三是制度集成管理融合度不高。因农户土地承包经营权制度改革、集体产权制度改革(股份制改革)、宅基地制度改革的时间和空间上跨度较大,既不是同步开展,也不是同时完成,而是一个循序渐进的过程,同时也存在

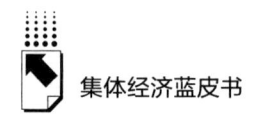

相互关联关系，没有建立也不可能统筹经济组织成员"三大权"的界定口径与管理制度。目前，各地缺乏统一规范的集体经济组织成员界定标准，即使少数地区制定了相应制度，但约束性、规范性不强，适用性不强。

四是数据碎片化问题较为突出。因城镇化进程加快，尤其在经济发达地区，农村土地资源的价值显化，争取土地利益也成为社会关注的焦点，导致大批城镇居民和财政保障人员户籍回迁，同时，因婚姻关系导致妇女及孩子户籍关系多地反复迁移，缺乏相应大数据管理机制和综合性信息化平台建设，区域化数据联动共享机制没有真正建立和落实，重复认定成员资格和重复享受"三大权"利益的问题较为突出。

（二）对策建议

一是要正确处理好个性与共性的关系。农村集体经济组织由具备身份资格的成员、所属土地资源、资产等要素构成，经济组织成员是农村集体经济组织建设、发展、管理的主体，农村集体"三权"必然由本集体成员分享，宅基地作为成员集体所有的土地资源，宅基地权利权益保障应与农村土地承包经营权、集体资产资源经营性收益分配权一体化管理，"三权"保障对象的界定与管理不应脱离经济组织及其成员这一核心口径，积极破解户籍制度改革后农村集体经济组织成员与"三权"相对应的"人、户、权"界定管理和匹配保障问题，建立完善包括宅基地资格权在内的农村"一户三权"协同规范管理制度。

二是要正确处理好点状与面上的关系。建议国家层面对已出台的《农村集体经济组织法》进行权威解读，指导各地研究细化经济组织建设、成员资格认定、农户三大权益集中与分置管理的约束性和统筹性管理细则，进一步探索完善经济组织成员（户）区域流动与对应权益保障制度机制，满足和适应成员流动（动态管理）与权益固化管理的现实需求，加强和规范经济组织成员身份"一次认定、稳定管理、动态调整"的长效管理。探索创新数字化管理，利用大数据和智能化手段加强和规范三大基础数据共建共享机制，用制度管事、用数据管人。建议整合经济组织成员"三大权"归口管理职能，建立全国经济组织成员数据库，整合形成农村"三资"与"三权"（承包经营权、股东资格权、宅基地资格权）大数据集成管理格局，化解集体经济组织成员"三权"管理、权益多地重复享受等矛盾。深化开展以县域为单元的农户"三大权"管理综合改革，归并整合管理职能，自上而下适当调整职能（条线）部门"三权"分置分管的体制机制。

三是要正确处理好流动与稳定的关系。对目前非本集体组织之间开展宅基地资格权跨村、跨镇流动尚无上位法支撑，况且成员宅基地资格权理应由本集体经济组织保障，绕过制度底线或撇开制度依据的随意操作，不仅没有打通制度通道，还破坏了现有农村集体经济组织管理架构的合法性和稳定性。应严守法律底线和制度底线，在组、村、镇三级农村集体所有制框架下，加强对涉及跨村、跨镇问题的法理性、可行性研究，重点探索制度突破、主体层级上升、资格权属性调整及使用权要素协同跨域流动的制度空间和实践路径。

案例篇

B.25 湖北省广水市乡村合作公司发展现状及对策分析

赵丽佳 谭秀露[*]

摘　要： 为解决农村集体经济薄弱和农村集体经济组织市场地位薄弱的问题，湖北省广水市从2021年开始推动村集体经济组织出资设立具有法人治理结构的乡村合作公司。经过三年的发展，乡村合作公司稳健盘活了农村资源资产，激活了内部发展动力；发展壮大了集体经济，带动了村民脱贫致富；激发了乡村治理活力，增强了乡村治理效能。但是，广水市乡村合作公司还存在缺乏生产要素、长效发展机制不完善等问题，应进一步坚持党建引领，规范管理制度，激发农民主人翁意识。

关键词： 乡村合作公司　农村集体经济　广水市

---

[*] 赵丽佳，湖北省社会科学院农村经济研究所副研究员，硕士生导师，管理学博士，研究方向为农村集体经济；谭秀露，湖北省社会科学院产业经济学专业硕士研究生，研究方向为"共同缔造"与农村集体经济发展。

作为湖北省的劳务输出大市，广水市超过1/3的户籍人口常年在外务工，耕地抛荒现象严重。同时，广水市农村集体经济薄弱，发展内生动力不足。2020年，全市年收入5万元以下村（社区）就有206个，占比51.24%。虽然《中华人民共和国民法典》第九十六条明确"农村集体经济组织为特别法人"，但是农村集体经济组织还不能进行工商注册，在参与市场经济活动中，其市场主体地位仍然是不充分的，内部治理机制也不完善。因此，自2021年起，广水市探索和引导有条件的村，由村集体经济组织出资（独资或控股）设立具有法人治理结构的乡村合作公司，推动村级集体经济组织由"特别法人"转变为"一般法人"。

乡村合作公司是广水市围绕习近平总书记"资源变资产、资金变股金、农民变股东"的重要指示要求，按照湖北省委提出的共同缔造理念，以村股份经济合作社或村集体主导的农民合作社为主体，以控股、参股的方式与农户、返乡能人、社会资本共同发起组建的具有独立法人治理结构的市场主体。农村集体经济组织以其出资为限对其设立或参与设立的乡村合作公司的债务承担责任；乡村合作公司以其财产对债务承担责任。

一 广水市发展乡村合作公司的主要做法

（一）乡村合作公司的成立

广水市乡村合作公司的成立流程是：第一，村"两委"通过召开党员大会、村民代表大会以及座谈会的形式向村民宣传、普及"乡村合作公司"的概念、意义，做好政策答疑工作，并商讨起草"乡村合作公司"章程；第二，组建农村集体资产清产核资工作组开展清产核资，制定股权配置方案；第三，村"两委"组织召开村民代表大会，审议并确定村集体经济合作组织成员登记方案及股权配置方案，推选公司法定代表人、执行董事、监事，明确财务人员，审议通过公司章程，形成乡村合作公司股东会决议；第四，由公司股东指定代表（或委托代理人）登录"湖北政务服务"网进行

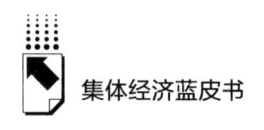

企业设立登记，填写完善名称申报信息、企业基本信息、人员信息、章程等；第五，由公司股东指定代表（或委托代理人）向公司登记机关（市场监督管理局）申请设立登记。

广水市村、乡镇、市三级都可以成立乡村合作公司。乡村合作公司主要是整合村集体经营性资产资源，开展农业产业的市场化经营，以及从事建筑、环卫、保洁、绿化、亮化等生活服务业，获取经营收益。为了避免因每个村成立经营项目相似的乡村合作公司而导致的小而散问题，几个村还可以联合成立公司，比如广水市长岭镇以土滩埔村为中心，联合建设村、红寨村、菜畈村成立联合公司，以旅游名村泉水村为中心联合周边4个村成立联合公司发展乡村旅游。联合公司实行阵地联用、办公联署、要事联商、实事联办的制度，整合联合村项目、土地、资金等，实现资源共享联用。

镇级乡村合作公司原则上不开展经营活动，主要是指导村级乡村合作公司完成集体经营性资产评估、量化折股、公司设立、人员选配、管理机制构建、党建引领等相关工作；有条件的乡镇可以联合镇供销社、农技站、农机站等，与社会资本合作，开展农资经营、农业技术指导、农业灌溉、农业机械作业等生产服务业经营，或者联合多家村级乡村合作公司成立镇乡村合作公司。比如，广水十里办事处的观音村、三合村、双塘村的3家村级乡村合作公司，联合广水市绿色生态投资有限公司合资成立了湖北十里鑫茂产业服务有限公司，该公司是广水市第一家镇级乡村合作公司。市级乡村合作公司通过整合镇村集体资产资源、涉农财政资金，支持乡村产业发展和公共基础设施建设。

（二）乡村合作公司的出资方

一般情况下，广水市村级乡村合作公司出资方由村集体经济合作组织单独出资成立。在村集体经济实力较弱等特殊情况下，在确保村级集体经济合作组织出资的前提下，村集体经济合作组织可通过控股、参股等形式联合社会资本方共同出资，建立混合所有制公司。比如广水市郝店镇两家村级乡村合作公司的子公司都是与社会资本共同出资建立的，社会资本占股49%，且不控股。湖北省盛鑫农业开发有限公司作为一家社会资本投资的公司，在铁城村成立的乡村合作公司广水市彩桃之乡运营管理有限公司下辖的铁城三颗桃种植专业合作社和铁城生态建设有限公司两家子公司各占股49%。在孟畈村成立的村级乡村合作公司广水市彭家湾营地运营管理有限公司的子公司孟畈生态建设有限公司，社会资本占股49%。

（三）乡村合作公司的管理人员

广水市乡村合作公司严格按照《中华人民共和国公司法》进行公司管理，设立并健全董事会（或执行董事）、监事会（或监事）、总经理等公司管理架构。董事会一般由村集体经济合作组织负责人担任董事会主席，负责公司经营活动；特殊情况下，乡村合作公司可与社会资本方合作，由社会资本方、村"两委"干部、村民代表组建联合董事会，共同负责公司经营活动。如公司规模较小，可设立执行董事，不设董事会。监事会一般由村干部代表、村民代表组成，负责公司运营管理监督；特殊情况下，可由社会资本方、村"两委"干部、村民代表组建联合监事会，负责公司运营管理监督。如公司规模较小，可设立监事，不设监事会。总经理一般由村集体经济合作组织负责人兼任，负责公司日常运营管理；特殊情况下，乡村合作公司可以聘请职业经理人、乡贤能人等担任公司总经理，负责公司日常运营管理。

（四）乡村合作公司运营

广水市乡村合作公司主要依托当地资源开展特色产业经营，也参与市场经济活动，承接农田整理、水利建设、村庄亮化美化绿化、乡镇保洁环卫等项目的建设运营；或者承接上级乡村合作公司产业布局或引进社会企业进驻。进驻的产业公司需要使用村集体经营性资产资源用于生产经营的，村级乡村合作公司可采取出租或"先租后股"等方式流转经营权参与产业公司经营性项目，享受租金或股权分红。条件成熟、资源充足的村可联合社会资本方共同运营打造，进一步提升村级乡村合作公司管理水平，提高村级集体经济合作组织"造血"能力。

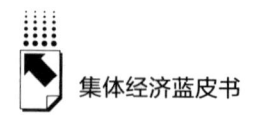

广水市乡村合作公司的运作模式主要包括承包经营模式、自主经营模式和联合经营模式三种。承包经营模式是指村乡村合作公司采取出租或"先租后股"等方式流转土地经营权的方式开展经营，比如广水市吴店镇双乡村成立的乡村合作公司广水市双乡运营管理有限公司，与湖北禾禾园林有限公司签订土地流转合同，将土地经营权流转给市场主体获得土地租金收入；双乡村集体资产油茶基地、蜜桃基地的发包或出租收益也归广水市双乡运营管理有限公司。自主经营模式是指通过整合涉农项目资金和乡村振兴资金，乡村合作公司建立农产品加工厂、仓储物流基地、网上销售渠道，开展农产品精深加工和市场销售。比如广水市双乡运营管理有限公司利用项目资金建设生姜深加工厂和仓库，建立电商销售平台，销售生姜精深加工产品和其他农副产品。联合经营模式是指乡村合作公司与社会资本合作，开展合作经营。比如广水市双乡运营管理有限公司与社会资本合作，开展农业灌溉、农业机械作业、农业技术指导以及销售化肥、种子等农业生产资料，为本村村民提供农业生产社会化服务。

（五）乡村合作公司的收益分配

广水市村集体经济合作组织单独注资成立的乡村合作公司一般按照以下比例进行收益分配：公司利润的30%支付给全体股民分红；20%设立村级"乡村合作公司"发展公积金，用于公司可持续发展；10%用于公司日常开支及职工工资；40%支付给村集体经济合作组织，其中20%用于村修路架桥等保障性基础建设，10%用于帮扶关怀村弱势群体，10%用于奖励先进、升学、见义勇为等村风建设。村级乡村合作公司当年经营亏损的，村民（股民）不分红，由镇级乡村合作公司承担村级乡村合作公司应支付给村民的土地流转费等合理费用。

广水市混合所有制公司利润分配应根据注资比例进行划分，分为社会资本方利润及村集体经济合作组织利润，村集体经济合作组织仅可对村集体经济合作组织利润进行分配处置。村集体经济合作组织获得的利润参考独资乡村合作公司利润分配标准进行分配。混合所有制乡村合作公司当年经营亏损的，村民（股民）不分红，由社会资本方按承诺兑现保底收益。保底收益所需资金由社会资本方筹措，不得转嫁给乡村合作公司。

二　广水市发展乡村合作公司取得的主要成效

（一）稳健盘活农村资源资产，激活内部发展动力

广水市乡村合作公司发挥市级平台"一线指挥部"、镇级平台"龙头"、村级平台"战斗堡垒"的三级平台作用，整合涉农项目资金资源、盘活"三地一房"资源。一是推行土地托管服务合作型模式，解决"土地撂荒"问题。合作公司作为托管方，农民作为委托方，采取全程托管、劳务托管、订单托管等方式进行托管，解决"田没人种、田种不好、种田不赚钱"问题。二是推行多元入股分红合作型模式，解决"三资闲置"问题。农户以土地承包经营权、宅基地使用权入股的，合作公司对纯利润采取"优先股保底收益+股份分红"的分配方式，即优先保证农户土地承包经营权、宅基地使用权入股保底收益，剩余利润按照约定进行股份分红；农户以资金、技术、厂房、机械等入股的，按照合同约定进行股份分红。以李店镇飞跃村为例，该村通过流转荒废闲置土地150余亩，采取"整合资金、分红托底"的方式，借助市级投资公司的项目资金扶持和镇级农技推广中心的技术支持，成功打造"梦里水寨·魅力李店"农旅综合体项目，吸引了50余户农户参与果园种植。

（二）发展壮大集体经济，带动村民脱贫致富

一是集体经济增收效应明显。2023年，广水全市264家乡村合作公司实现营收1.89亿元，盈利3452万元，带动村集体增收1799万元。二是促进了村民就业，增加了村民收入。乡村合作公司在接取小型工程、雇佣劳工和农机服务时会优先考虑本村的劳动力。广水市通过乡村合作公司已带动15000余名农民就近务工，帮助脱贫户4800余人实现再就业。广水市广水

街道办事处驼子村乡村合作公司累计分红78.3万元,发放村民薪资50.8万元,带动人均增收近千元。三是带动了乡村产业发展。乡村合作公司可以为村民提供产业发展所需的市场信息、技术支持、销售渠道等,起到"母鸡带小鸡"的孵化作用。例如,广水市长岭镇土滩埔村乡村合作公司为村民提供土豆种植技术、包装加工、对外销售等生产服务,土豆品质显著提升,市场竞争力增强,销售市场拓展到10多个大中城市。当市场价格波动较大时,乡村合作公司通过优惠价收购、延长产业链等方式,规避个体农户面临的市场风险,推动小农户与大市场的有效衔接。比如,广水市郝店镇铁城村乡村合作公司与随州市农业龙头企业湖北省盛鑫农业开发有限公司合作,建立起"桃农生产种植、合作公司品牌运营、企业加工销售"的联农带农机制,变"弱小散乱""单打独斗"的发展模式为"合作公司+龙头企业+桃农"的"抱团发展"模式,通过品牌运营,推动鲜桃销售实现从2~3元/斤"无人问津"到7~9元/斤"供不应求"的巨大飞跃,2022年累计销售优质桃300余万斤,带动桃农人均增收近万元。

(三)激发乡村治理活力,增强乡村治理效能

广水市乡村合作公司让村民切实共享了集体经济发展带来的收入增加,激励村民共建共治。一是村容村貌得到提升。乡村合作公司以破解发展难题为导向,有效解决了农村居民参与乡村人居环境治理的主动性不强的问题,实现了生态、文化、要素资源的价值转化,凝聚了干群民心。村集体依靠产业发展,有了坚实的经济基础,对村子进行修葺建设,打造"文化长廊""读书亭"等公共设施,举办"文化节""年货节"等活动,为村民提供各种公共服务。二是村民的幸福指数不断提升。广水市肖店村乡村合作公司以"政府补一点、企业捐一点、个人掏一点"的注资方式,开创了"政府引导+爱心企业+社区食堂"的模式,将公司每年收益的10%用于建设村里的公益事业,修建了家门口食堂,满足了村里留守老人的用餐需求。广水市李店镇花费50余万元对闲置的粮食仓库进行翻修整修,建成一个能容纳40名老人同时就餐、住宿、娱乐、休闲的养老中心。

爱心食堂和社区养老中心为村里的老人和困难人群提供就餐服务，解决了村老年人养老问题，提升了村民的归属感、幸福感。自乡村合作公司创办以来，广水市无访村（社区）从80个上升至329个，占比81.8%，信访指数跃居全省第6位，广水市也获评"全国信访工作示范县（市、区）"荣誉称号。

三 广水市乡村合作公司发展遇到的问题与挑战

（一）缺乏生产要素

一是缺乏专业人才。随着城镇化进程的加快，广水市农村空心化加剧，合作公司主要以村干部带头，做好"迎老乡、回故乡、建家乡"工作，组织集体经济发展的"主力军"。但是现在仍然缺乏集体经济发展的"专业型""复合型"人才。二是缺乏集中连片耕地。广水市耕地"细碎化"严重，导致集约经营困难。投资商更愿意考虑连片成块的优质土地，这使得质量较差的土地"无人问津"或价格低廉。三是缺乏发展启动资金。农村集体经济发展潜力大，但前期发动村民入股困难，资金主要来源于村干部和专项资金，资金额度有限，导致村集体经济发展资金缺口大。四是缺少先进生产技术。广水市农业科技装备水平较低，新技术新产品的研发和推广应用不足，部分地区小块农田和山田没有与之配套的小型农机，农业信息化技术应用较少。五是农业基础设施薄弱。广水市一些村庄的农田水利设施还不够完善，既限制了农业生产活动，又抑制了要素向乡村聚集，制约了乡村合作公司的发展。

（二）长效发展机制不够完善

一是监督管理机制不完善。广水市乡村合作公司运行管理有"十规范""十必须""十严禁"等条例，由市委、市政府和各镇办农村集体"三资"监督管理委员会进行全过程监督管理，但由于公司董事长、总经理、监事等基本由村支书、村委会主任等任职，可能存在"左手管右手"和管理经验不足的情况。二是风险抵御机制需要进一步完善。农村集体经济的发展不能仅局限于政府、乡镇和村内部参与，还需要农户、返乡能人、社会资本共同参与，多方力量有效投入，才能够提高集体经济的抗风险能力。但是，目前市场主体的进入意愿不强，缺乏市场参与的村集体经济规模扩大困难、抗风险能力弱、经济收益有限，难以达到带动群众致富的目的。三是利益联结机制需要进一步健全。乡村合作公司与农户的利益联结机制尚不健全，再加上农户在利益分享中的弱势地位，导致留守农村的老弱妇孺参与发展集体经济的积极性不高，存在趋利避害、主动退出的情况。

四 进一步推动广水市乡村合作公司发展的对策

（一）坚持党建引领，推动持续健康发展

乡村合作公司要坚持党建引领，利用好政府提供的资金技术支持，依托现有资源禀赋，盘活集体资产资源，将集体的"钱、地、人"统筹起来。首先，村干部和集体经济成员要打破旧思维，解放思想，学习现代产权理论和制度构架，借鉴集体经济发展成功经验，既不可妄自菲薄、故步自封，也不能夜郎自大、好高骛远。其次，要深挖本地的文化习俗、自然美景等特色资源，利用现有条件选择产业，因地制宜发展"农文旅融合"项目，让"农文旅""走出去"。最后，农村集体经济要以党建引领为核心，构建多元化参与的发展模式，吸引社会资本、合作社等主体合作，吸引乡贤能人返乡和社会人才入乡创业就业，联农带农，建立"村集体+合作社+企业+农户""合作社+企业+农户""村集体+农户"等利益联结机制，打造利益共同体，形成"家家户户都有产业""一起干一起赚"的局面。以产业融合为支撑，实现乡村振兴和脱贫攻坚有效衔接。

（二）规范管理制度，建立科学高效的组织构架

乡村合作公司要实现可持续发展，就要重新认识集体与成员的关系，构建以现代产权制度为蓝本的组织框架和管理规则。首先，明确集体经济组织的法人和股民，明晰股份占比、业务范围、利益分配机制和管理部门，建立健全民主监督机制，防止滥用职权与以权谋私等问题。其次，要以"农民变股民"与"村富带民富"的发展思路，制定科学合理的股份分红比例，让农民切实公平分享新型集体经济带来的收益，共享集体经济壮大的成果，同步实现集体经济壮大和农民增收的目标，实现小农户和现代农业的有机衔接，避免"强村弱民"的尴尬局面。

（三）激发农民主人翁意识，形成集体经济发展合力

由于长期"分田单干"，农民集体意识淡薄，对发展农村集体经济的认识不足，应通过教育引导，增强农民的集体观念、集体责任感和集体经济认同感。在教育模式上，可以组织村民到集体经济发展较好的村庄实地参观学习，也可以邀请优秀的村支部书记、集体经济组织负责人介绍经验做法，通过典型示范增强村民集体意识和集体观念。同时，要让村民参与村集体经济组织的决策监督，成立社员（代表）大会、理事会和监事会，让村民通过社员（代表）大会讨论决定集体经济发展的重大事项、做出重大决策，通过理事会开展日常事务管理，执行社员（代表）大会决议，通过监事会负责监督理事会日常工作及社员（代表）大会决议执行情况等工作，实现民主决策、民主管理和民主监督。

B.26
关于"推动镇村集体经济高质量发展"专题议政报告

东莞市政协农业和农村委员会课题组[*]

摘　要： 东莞镇村集体经济总量庞大，以物业租赁为主要发展模式，是产业空间的主要载体。对标新时代高质量发展要求，物业收益增长乏力、产业空间质量总体较低、镇（街道）属企业改革不够彻底、富余资金投资渠道较单一、基层发展能力不够强等深层次问题，成为东莞镇村集体经济高质量发展的主要问题。对此，报告提出了5点建议：(1)通过降低更新成本、做大做强生产性资产等措施改造物业提升质量和效益；(2)通过加大收储力度、优化利益分配机制等措施全力拓展产业空间；(3)通过实行控股集团化经营、开展优质资产剥离重组等措施深化镇（街道）属企业改革；(4)通过发挥国有企业平台优势搭建投资引导基金、发挥镇（街道）属企业地缘优势搭建工改工投融资平台等措施推动集体富余资金投资渠道多元化；(5)通过强化部门和基层政府统筹指导监管作用、提升基层人员综合能力等措施加强基层推进集体经济高质量发展能力。

关键词： 集体经济　基层发展能力　高质量发展　东莞

---

[*] 课题组组长：张莉明，东莞市政协常委、农业和农村委员会主任。课题组副组长：兰建锋，东莞市政协常委、农业和农村委员会专职副主任、九三学社东莞市委会主委。执笔人：许新华，东莞理工学院经济与管理学院博士、副教授、硕士研究生导师，研究方向为镇村集体经济；莫庆君，东莞市政协农业和农村委员会工作科科长，研究方向为镇村集体经济。

关于"推动镇村集体经济高质量发展"专题议政报告

党的二十大报告指出，高质量发展是全面建设社会主义现代化国家的首要任务。2022年12月，省委印发《关于实施"百县千镇万村高质量发展工程"促进城乡区域协调发展的决定》。2023年5月，东莞召开市委农村工作会议暨全面推进"百县千镇万村高质量发展工程"构建更高水平城乡融合发展格局动员大会，印发了实施方案及九大行动工作方案。为贯彻落实省委、市委"百县千镇万村高质量发展工程"战略部署和工作安排，发展新型农村集体经济，全面推进乡村振兴，实现城乡融合发展，市政协农业农村委围绕"推动镇村集体经济高质量发展"课题开展专题调研，重点就物业经济提档升级、镇村连片产业空间拓展、镇（街道）属企业改革、村组富余资金投资多元化及基层推动镇村集体经济高质量发展能力提升5个方面提出意见建议。

一 镇村集体经济发展现状

（一）经济总量庞大

本报告的镇村集体经济包括镇和村组两级集体经济[①]，从经济组织看包含两个层面，一是镇级层面的镇（街道）属企业，其改革前绝大多数为集体所有制企业，二是村级层面的经联社和经济社。截至2022年底，全市镇（街道）属企业资产总额844.78亿元，村组总资产高达2508.9亿

[①] 东莞对于镇（街道）属企业与镇级集体经济关系的认识和处理，是一个不断调整的过程。1991年，东莞市农业委员会、市委社教办公室联合印发《关于镇（区）一级设置经济联合总社的意见》，在镇级设立集体经济组织。2012年，中共东莞市委、东莞市人民政府印发《关于推动镇村集体经济转型升级加快发展的若干意见》《进一步加强镇村集体经济管理的若干意见》，镇级与村级同称集体经济。2020年，东莞市人民政府印发《东莞市镇（街道）属企业资产监督管理办法》，明确由市国资委依法指导镇（街道）属企业资产监管工作。2021年，东莞全面推行国有资产管理情况报告制度，将镇（街道）属企业资产视同国有资产向同级人大进行汇报。本报告所称镇村集体经济，沿用2012年东莞市委市政府文件称谓，镇级集体经济引用东莞市国资委关于镇（街道）属企业的相关统计数据，村组集体经济引用东莞市农业农村局相关统计数据。

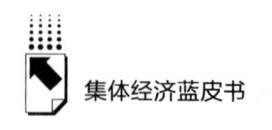

元，其中，村组净资产约占全省1/3、全国4%，纯收入超亿元村组共44个。

（二）物业经济为主要发展模式

据不完全统计，镇（街道）属企业的物业租赁收入占总收入比例约为60%，其余为非出租收入，来源于镇（街道）属企业持有的镇（街道）属物业自营、园区管理、招商引资、物管服务、劳务派遣、车辆租赁、股权投资、城市更新、土地统筹、测绘业务、光伏项目等多方面业态；村组出租物业收入占总收入的71.8%，而其他收入来源于银行存款利息、购买理财产品、拓展观光旅游、光伏发电、广告、停车收费等。

（三）产业空间规模庞大

据市自然资源局2019年调研摸底统计，东莞市32个镇街共有1821个面积75亩以上的工业园区，占地349.3平方千米，其中，镇级工业园和村级工业园面积占比约为30%。为促进产业集聚发展、保障我市产业链的完整性和竞争力，东莞市出台了《高品质、低成本、快供给产业空间建设工作方案》，计划5年内建设不少于5000万平方米高品质、低成本、快供给的产业空间，为企业高质量发展提供沃土。

（四）镇（街道）属企业改革有效推进

在1994年我国《公司法》实施前，镇政府直接或间接成立的企业性质绝大部分为集体所有制，在《公司法》实施之初，镇（街道）属企业应按有关要求进行公司化改造，但由于公司化改造所涉资产过户税费等成本较高，加之当时不进行公司化改造并不影响企业正常经营等因素，该工作未实质推进。2020年起，市国资委根据市委市政府工作部署，指导镇（街道）属企业开展新一轮改革工作，目前经各镇（街道）核定纳入清产核资范围的712家企业全部完成了清产核资，经各镇（街道）确认纳入本轮改革任务的存量镇（街道）属非公司制企业法人已基本实现应改尽改。

二 影响镇村集体经济高质量发展的因素

镇村集体经济经过几十年的高速发展，经济总量庞大，但近年来呈现增长乏力的情况：2022年，全市镇（街道）属企业总资产收益率（ROA）仅为0.37%，接近30%的镇（街道）属企业处于亏损状态；村组集体物业老旧、产权分散、历史遗留问题较多、产业空间拓展面临诸多瓶颈等。总体来说，镇村集体经济质量和效益还存在较大提升空间，要迈向高质量发展，应重点关注和解决以下问题。

（一）物业效益有待进一步提升

一是物业老旧情况普遍。如2022年厂房楼龄超15年的占比为76.7%，比上年提高3.4%，未来这种情况将越来越多。周边配套设施不够完善、生态环境品质不够高，目前仅一成厂房租价超过20元/米^2，两成低于10元/米^2。二是土地历史遗留问题不少。全市工业园涉及用地冲突约1/3、规划冲突约1/4，存在未批先建、私下流转、产权不清等情况，利益错综复杂。用地或建筑手续不齐全的物业普遍年久失修、改造困难，导致一些物业空置或租金偏低，想更新改造却发现"工业厂房拆了不能重建"。三是集体土地市场"含金量"较低。2019年，全市镇村工业园土地七成是集体土地，村集体普遍不愿意将集体土地国有化，而有融资和上市需求的企业一般不认可集体土地产权证，导致集体土地难以招引一些优质、根植性强的企业入驻，物业效益难以进一步提升。四是集体资产构成比例有待优化。公共基础设施等非生产性资产占比较大，生产性资产特别是优质资产占比不大，不利于集体资产盘活重组、做大做强。

（二）产业空间质量有待进一步提高

一是早期缺乏规划统筹，小散乱现象突出。东莞市土地开发强度超过54.5%，其中，农村物业增量少，近年年均增幅仅1.0%。存量土地利用率

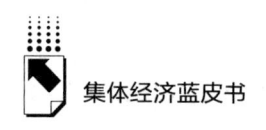

较低，且碎片化严重，全市工业用地建筑密度49.4%，平均容积率仅1.11，零散工业用地占20.6%，大于1000亩的仅占3.35%。二是"旧改"政策连续性稳定性不足。自2009年开始推行城市更新（"三旧"改造）工作，各部门出台相关政策文件至少25份，数量较多，变化较频繁，对单个工改工项目面积要求调整了至少5次，从入库最低要求的15亩调整至目前现代产业园的500亩，政策频繁调整虽然有利于推进连片改造、招引优质项目，但也卡住了一批旧项目。三是周边城市产业空间建设力度对东莞市形成巨大竞争压力。如深圳5年1亿平方米的"工业上楼"、珠海2年2000万平方米的5.0产业新空间项目、佛山"高位推动、铁军合围"的"旧改"决心、中山"商住改工"打造十大主题产业园的逆向政策等，将各市提升产业空间、招引优质企业的竞争推向"白热化"。四是推进征拆工作阻力多、难度大。东莞市在产业空间拓展工作中遇到的问题多、阻力大，特别是自建房、小产权房拆迁是项目征拆中最大的阻力。由于历史成因复杂，违建有一定的普遍性，加上缺乏法规和政策上的支持，导致征拆工作推进难度大。

（三）镇（街道）属企业改革有待进一步深化

一是仍存在集体性质企业持股现象。一些镇属企业存在经济发展总公司、镇资产管理公司、镇经济联合总社三条投资通道，如某镇经济联合总社持有镇集团公司90%股份，镇经济发展总公司和镇经济联合总社目前仍是集体企业性质。二是仍面临短期无法解决的历史权益纠纷。相当一部分企业由于在历史发展过程中监管指导不力，与经营相关的合同文件缺失或不规范，导致利益主体不明确，权益纠缠不清，不利于处理法律纠纷，甚至个别企业因此被冻结资产，严重制约镇（街道）属企业的进一步发展。三是仍存在束缚企业自主权的制度障碍。镇街的镇（街道）属企业普遍存在管理层业务水平不高、自主经营权不够的问题，难以适应市场的变化。

（四）镇村集体富余资金投资渠道有待进一步拓展

一是出于风险和责任等考虑，基层干部和村民投资理念偏保守。全市村组集体富余资金虽然高达1033.1亿元，占总资产的41.2%，但年收入仅占总收入约10%，80%的资金存于银行"趴账"。二是多元化投融资平台匮乏。东实、金控和科创等市级层面的投资平台，由于各种因素制约，暂未能实现与村组集体资金的有效合作，目前只有少量镇（街道）属企业通过吸收村组集体资金合作开展工改工项目。三是投资管理政策有待完善。股东代表大会和股东大会的表决程序虽有利于投资决策公开、民主监督，但对具有改革创新突破性质的投资决策形成较大阻力。东莞市颁布了促进村组集体资金有效利用、新型农村集体经济发展等相关工作方案，但多数为宏观指导性文件，配套政策措施有待完善，缺乏投资奖励、亏损补偿等支持和引导政策。

（五）基层推动集体经济发展能力有待进一步提升

一是市镇指导、监管力量亟待加强。镇街虽设有监管镇（街道）属企业机构，但主要挂靠在财政分局的国库支付中心，未实现独立，也没有人员编制，仅配有1~2名兼职人员，且大部分人员缺乏相关经历或专业背景，监管力量薄弱；加上当前通用的国资监管体系只适用至县级及以上，上位监管制度的空白难以找到可对标的依据，导致指导部门很难进行规范化指导。另外，新一轮机构改革后，镇街撤销了专门的农村集体资产管理机构，相关业务分拆至农口部门，不利于业务协同，对管理工作效率效能造成较大影响。二是基层组织经济职能有待增强。东莞市镇（街道）属企业、村（社区）承担着大量社会管理服务职能，且肩负上级各部门检查、考核、评比等压力，除此以外，还要兼顾各种接待任务此消彼长，一定程度上削弱了其经济职能。另外，农村公共开支负担沉重，全市村组集体2022年公益费用与干部薪酬占比超四成，削弱了集体发展能力。三是基层人员综合能力有待提升。部分基层干部高质量发展意识不强，与市镇政府强调税收和"以亩均论英雄"的招商引资思路相比，他们更看重租金，导致一些优质产业项目落地难、效率低；个别基层干部存在畏难情绪，加上利益羁绊，在群众中公信力和威信不高，致使相关工作举步维艰；产业规划、投融资、科技创新、企业管理等方面人才缺乏，且工作人员大多是同乡"兄弟"，整体素质

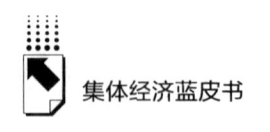

偏低，甚至对出台文件一知半解，处于"裁员裁不动，留下干不好"的尴尬境地。

三 推动镇村集体经济高质量发展对策建议

今年"中央一号文件"提出，要构建产权关系明晰、治理架构科学、经营方式稳健、收益分配合理的运行机制，探索资源发包、物业出租、居间服务、资产参股等多样化途径发展新型农村集体经济，为我市镇村集体经济高质量发展指明了路径和方向。

（一）改造升级物业资产，进一步提高物业质量

一是多措并举降低更新成本。市直部门在支持指导基层更新老旧物业过程中，要加强对土地产权的核查，特别是要厘清土地产权边界、违建违占和"一户一宅"等情况，完善产权交易制度、细化价格标准，缩小议价空间；将奖励与倒逼相结合，激发产权人退出意愿，以工业用地退出机制代替运动式征迁，避免"私利蚕食公益"的现象出现；以"转让+回购+置换"多元流转路径，鼓励存量用地在二级市场完成流转，交易租赁权、经营权等次生权利，减少产权中间交易次数和费用。二是切实处理好历史遗留问题。如允许符合工改工条件的违法用地做出罚款（处理）决定后，按现状建设用地分类完善手续；优化用地布局，灵活运用土地置换、界址调整、"三地"协议出让等政策，解决用地破碎、权属插花问题。三是鼓励集体土地国有化。在尊重农民意愿前提下，着重在城市中心、滨海湾片区和临深片区大力推动集体土地国有化的宣传，从地权换房权、长期收益提高等角度，改变不愿将集体土地国有化的观念，争取为优质产业空间建设计划实施打下扎实基础。四是做大做强生产性资产。进一步完善公共配套设施等集体资产中的非生产性资产，提升物业品质和价值，通过承包、租赁、拍卖等方式，处置低效利用资产；鼓励行业龙头企业通过资本注入、股权置换或划转或启用不动产投资信托基金等方式，盘活利用、做大做强生产性资产。

（二）平衡政策供需和利益分配，全力拓展连片产业空间

一是理念先行。前期统筹规划要遵循产城人互动的规划理念，实现生产、生活、生态功能的平衡发展，避免二次改造。要树立产业梯度发展理念，对传统产业，要避免腾笼换鸟式的一概否定、扫地出门，对照国家发改委《产业结构调整指导目录（2023年本）》，鼓励、限制和淘汰三大类产业，推进中心区与镇村域之间的圈层式产业腾挪转移。二是加强政策衔接。要制定新旧政策衔接缓冲期，与市场做好沟通和解读，以是否有利快速推进项目为首要标准，分项目、分环节自选新旧政策执行。三是加大收储模式创新力度。积极探索政府挂账收储模式，先由政府通过公开出让方式出让土地、收取土地出让金，再按有关政策规定和挂账收储协议约定向原土地权属人支付土地补偿。施行"整体评估、产权重构"模式，改造前，对土地和物业按当前市场进行整体评估，锁定每个权益人在连片空间改造项目中的权益比例，待项目改造完成后，扣除公益配套设施成本或面积部分，由权益主体按权益比例回购物业。四是形成合力攻坚克难。基层干部特别是党员干部、人大代表、政协委员等，要以身作则，发挥带头引领作用，强化自我担当的勇气，主动配合推进征拆工作。市镇干部、工作人员可采取经济和组织等手段综合施策，形成自上而下推动产业再造的良好氛围。五是优化利益分配机制。要积极探索租税联动、税收返还政策，并适度延长补贴租金、税收优惠等政策年限，做好财政资金绩效评价，支持镇村集体经济组织回购旧厂房、旧市场升级改造或参与城市建设等市重点项目。探索市、镇、村三级联合招商、利益共享机制，及"保底运营+赢利共享"等合作方式。探索企业长租自管改造模式，并设置自改主体奖惩机制，对于享受了城市更新优惠政策的自改主体，要设定合理的企业转型后产权边界，避免改变土地性质，并奖励依时转型成功的企业，清退未按时间完成转型升级的企业。六是探索资金筹集路径。探索通过"用好园区'工改居商'30%配套比例政策，弥补'征拆-出让'产生的倒挂资金缺口""充分发挥镇属、市属企业社会化融资能力，推动镇属、市属企业积极参与园

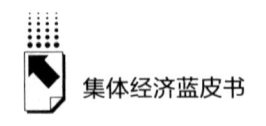

区建设""用好专项债，腾挪基建预算资金用于园区启动资金"等措施，解决园区开发建设资金筹集问题。

（三）打破传统路径依赖，全面深化镇（街道）属企业改革

一是实行（控股）集团化经营管理。有关镇街要在清产核资、划清资产权属的基础上，逐步清理注销诸如镇（街道）经济发展总公司、镇经济联合总社等持股镇（街道）属企业的集体性质企业。参照松山湖、滨海湾新区，由镇街人民政府作为全额出资人，新设或重组合并控股（集团）有限公司为一级企业，作为镇街人民政府的唯一出资通道，对二、三级企业实现控股管控。二是开展优质资产剥离重组。对于存在历史权益纠纷并长期需要为此支付较大成本的镇（街道）属企业，建议聘请律师、会计师等专业人员，梳理明确各权益主体和法律纠纷，争取彻底解决问题，若资金不足或整合力量薄弱，可考虑兼并重组、股权重构，吸引战略投资者；对于无成本支出、暂时无法注销的空壳公司，可暂时搁置历史遗留问题，将镇（街道）属企业优质资产剥离出来，重构股权架构，轻装上阵；对于严重资不抵债、毫无挽救价值的僵尸企业，部门与法院要加强联动，根据债务、产权等复杂程度，采取破产清算、司法拍卖等方式切断企业历史纠纷。三是切实加强企业自主权。组织架构上，要逐步完善法人治理结构，建立现代企业制度，根据《公司法》、市委深改委改革文件等有关规定，建立出资人、党组织、董事会、监事会、经理层的法人治理体系，完善现代企业制度，形成权责明确、制衡有效的决策执行监督机制和实施分级授权管理机制，加强专业化、体系化、制度化等建设。人才选聘上，维护企业经营自主权，激发经理层活力，建立规范的经理层授权管理体制，探索施行任期制和契约化管理、竞争性企业经理层整体市场化选聘，健全刚性考核、结果强制分布及末等调整和不胜任退出机制，实行"易岗易薪"，通过刚性全员考核体现岗位价值贡献。企业定位上，各镇人民政府（街道办事处）实现授权与监管相结合，放活与管好相统一。改制及重组完成后的镇街（控股）集团公司，要明晰企业定位，发挥好平台的投融资和资源的联动、整合优势，与国企在做好重

大项目孵化、综合服务平台搭建等方面共同发力，配合政府推动配套设施建设和融合、产业转移及新兴产业培育，大力支持镇村乡村振兴项目实施和资产运营。

（四）发挥各主体优势，推动集体富余资金投资渠道多元化

一是发挥国有企业平台优势，搭建投资引导基金。鼓励市属国企积极通过收益让渡等方式引导镇村参与股权或基金投资，在控制好风险的前提下，考虑投向收益性基础设施建设、城市更新、企业股权投资等项目。二是发挥镇（街道）属企业地缘优势，搭建工改工投融资平台。坚持"制造业当家"，由镇（街道）属企业牵头，联合市属国有企业、咨询机构和村集体，合办制造业企业，或共同搭建工改工项目投融资平台，采用项目制，即针对具体的项目成立项目公司，项目完成后予以注销。三是探索"飞地"抱团发展合作模式。探索"强村、强企+弱村、弱企"的"飞地经济"模式，将财政资金、帮扶资金、自筹资金和腾退建设用地指标等折价入股本市甚至市外"飞地"抱团发展项目，或组建设立经济实体，联合投资开发，共建共管共享经营项目，解决单村、单企产业发展水平低、市场竞争力弱等问题。四是建立健全相关投资管理政策。联合金融、投资专业机构，制定针对村组集体富余资金投资的负面清单，明确投资红线，并探索增设相关资金投资的容错机制。研究建立基金投资风险补偿机制，对于经联社或经济社投资市属国有企业设立或管理的产业引导基金进行适当投资扶持、亏损补偿。

（五）提升素质转变职能，提升基层推进集体经济高质量发展能力

一要发挥好"百县千镇万村高质量发展工程"指挥部和市国资委、自然资源局等部门的统筹指导作用。加强业务指导和培训，全面提升基层干部综合业务水平，特别是经济发展、产业规划、企业管理、经营管理等方面能力。选派年轻干部或业务骨干到镇街指挥部、各镇（街）属企业以及村（社区）挂职，加强业务指导和交流。二要加强镇街机构指导和监管作用。

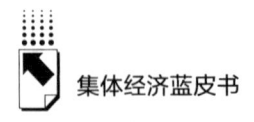

建议参照深圳宝安区成立国有资产监督管理局（集体资产管理局），统筹国有和集体资产协同管理工作，或提高国资、农资指导监管部门层级，在相关部门增挂牌子，提高配备人员素质能力，负责监督镇村经济的运行情况，及时发现问题并采取相应的监管措施。成立集体经济发展促进会，建立国有产业空间资源、股份合作公司产业用房资源等供给库，打造国企、镇（街道）属企业和村组"合作共赢平台"。三是探索镇村集体经济组织政经分离。对于镇（街道）属企业，按现有政企分开、市场化运营等改革思路，完善相关制度，减轻社会管理职能。对于经联社和经济社，要进一步深化政经分离改革，由镇街政府对城管、治安、网格、消防等具有巡查特性的多套人马进行精简、合并，统一承担其行政事务，按现有支出标准，独立核算应由经联社和经济社承担的行政事务经费，支付给镇街政府。四是提升基层人员综合能力。要优选配强一把手，坚决杜绝官德差、作风浮、能力弱的人担任一把手，将能否用心用情用力为群众谋福利、有没有能力为群众谋福利、在群众中有没有公信力和威信作为重要考核标准。要强化领导力培育，加强基层领导干部的理论和业务学习，提升识大体、顾大局、算大账的能力，提升平衡短期利益和长期利益、个人利益与集体利益、市镇利益和村集体利益的能力。要充实专业人才队伍。选聘职业经理人，以及企业管理、产业规划、策划营销、财务金融、项目投资、勘探测绘等关键岗位的专业技术人才，适当借力行业专家、律师事务所、会计师事务所、专业咨询机构、专业投资机构，共同研究如何高效推进镇村集体经济高质量发展。做好培养工作，把培养的目标锁定在返乡大学生、退伍军人、致富能人上，并建立完善相应教育培训机制，培养、选拔一批素质高、文化高、品质好、能力强、有奉献和创业精神的优秀年轻党员充实村两委干部，把优秀人才选拔到村班子带头人岗位上来，优化人才结构，增强队伍活力。

B.27
东莞市组级经济优发展、强监管的调研报告

东莞市农村集体资产管理办公室调研组*

摘　要： 东莞市约六成村（社区）存在组级经济。在村组两级经济中，组级以三成的资产，贡献了四成的收益，承担了近六成的分红。统筹组级资源，是东莞破解空间碎片化困局、推动城乡融合发展的必由之路。受思想观念、发展水平、有效管理等制约，在错失土地股份合作制、土地确权、组织登记发证等重要节点机遇后，东莞组级经济统筹进入了稳扎稳打、久久为功的新阶段。研究建议：（1）通过"一村一组"、项目统筹、直接合并等模式，多元推进组级经济统筹；（2）对于暂时不能统筹的组级经济，通过搭建新平台、树立新典型、创设新机制等方式，分类引导其提质增效、均衡发展，为统筹创造条件；（3）通过推动"组财村管"、村级财务室规范化建设、农村集体经济地方立法等举措，全面加强组级经济监管。

关键词： 组级经济　集体经济　东莞市

组级经济是东莞市农村集体经济的重要组成部分，是实施"百千万工程"、推动新型农村集体经济高质量发展不可或缺的一环。东莞市农村集体资产管理办公室将"优化组级经济发展、强化组级资产监管"作为学习贯

---

* 调研组组长：刘文锋，东莞市农村集体资产管理办公室主任。执笔人：王尚友，东莞市农村集体资产管理办公室综合培训科科长，研究方向为农村集体经济发展与基层治理；陈炳旺，东莞市农村集体资产管理办公室综合培训科副科长，研究方向为农村法治与党建引领；李玉菁，东莞市农业农村局工作人员，研究方向为农村"三资"管理。

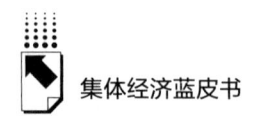

彻习近平新时代中国特色社会主义思想主题教育调研课题，组织开展了专题调研。

一 基本现状

（一）组织数量

2022年，东莞市共有2235个组级集体经济组织，占村组两级的80.6%；其中，以经联社分社形式存在的126个，占组级组织的5.6%，分布在虎门、大朗等8个镇街23个村（社区）（见表1）。全市有31个镇街存在村组两级经济（企石镇2022年全面合并），最多的沙田镇有182个，最少的洪梅镇有4个；有330个村（社区）存在两级经济，占59.4%，最多的沙田镇泥洲村有28个经济社，有22个村（社区）仅有1个经济社。组级经济组织分布在六成的村（社区），数量占村组两级的八成。

表1 2022年东莞市经联社分社*分布情况

单位：个

镇街	村(社区)	分社	镇街	村(社区)	分社
石龙	1	6	大朗	7	27
虎门	9	62	黄江	1	8
东城	1	1	凤岗	1	9
寮步	2	8	桥头	1	5

* 东莞市人民政府办公室2012年8月印发的《东莞市农村（社区）集体经济统筹管理实施办法》提出：根据各村（社区）组级经济发展水平和资产资源现状，统筹集体经济主要采用如下三种实施方式：一是直接合并。组级经济发展基本平衡的村（社区），撤销组级经济社，村组两级经济一步到位直接合并为村一级经济，原经济社的资产、资源、债权、债务、权益、股东全部并入经联社。二是设置分社，即分步合并。组级经济发展、存量资源差异大的村（社区），先撤销组级经济社，同时在经联社下相应设立若干个分社，原经济社的资产、资源、债权、债务、权益、股东全部过渡到分社中，分社资产资源属原股份经济合作社全体股东所有，但分社只是经联社的下设部门，不具备独立法人资格，无公章和独立账户，不能对外独立开展经济活动。待条件成熟时再行撤销分社，实现完全合并。三是财村管。如不具备合并条件，可保留组级经济社法人主体，由村组签订协议明确托管事项，实行组级经济村级托管。

来源：东莞市农村集体资产管理办公室调查数据。

（二）经济总量

2022年，全市组级总资产711.3亿元，占村组两级的28.4%；经营纯收入98.7亿元，占村组两级的42.5%；股东分红60.9亿元，占村组两级的57.8%。组级以三成的资产，贡献了四成的收益，承担了近六成的分红（见表2）。

表2　2022年东莞市组级经济总量情况

单位：亿元，%

指标	组级	占村组两级比重	指标	组级	占村组两级比重
总资产	711.3	28.4	纯收入	98.7	42.5
净资产	600.2	28.6	公益福利	15.2	15.8
总收入	118.7	39.9	股东分红	60.9	57.8

资料来源：东莞市农村"三资"监管平台统计数据。

（三）发展质量

2013~2022年，组级总收入、纯收入、股东分红年均增速分别比村级高2.6个、1.2个、0.7个百分点，总资产、净资产、公益福利年均增速分别比村级低0.05个、0.6个、4.5个百分点（见表3）。2022年，组级出租收入、物业面积、出租价格增幅高于村级2.8个、0.9个、2.1个百分点，物业闲置率、活期存款占比低于村级0.6个、2个百分点（见表4）。村组两级经济发展基本同步，但由于组级生产性投入较多、公益性投入较少等原因，近年收益情况优于村级。

表3　2013~2022年东莞市村组经济年均增速情况

单位：%

指标	村级	组级	指标	村级	组级
总资产	7.12	7.07	总收入	5.8	8.4
净资产	7.9	7.3	纯收入	10.0	11.2
公益福利	6.1	1.6	股东分红	10.3	11.0

资料来源：东莞市农村"三资"监管平台统计数据。

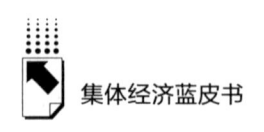

表4 2022年东莞市村组经济效益情况

指标	组级	增速(%)	村级	增速(%)
出租收入(亿元)	90.6	8.1	123.1	5.3
物业面积(万 m^2)	4381.9	2.0	6218.3	1.1
物业闲置率(%)	1.0	0.8	1.6	0.4
出租价格(元/m^2)	17.4	6.7	16.8	4.6
活期存款(亿元)	116.6(占29.5%)	14.7	201.1(占31.5%)	26.9
定期存款(亿元)	209.2(占52.9%)	11.1	301.5(占47.3%)	-7.0
投资理财(亿元)	69.4(占17.6%)	20.6	135.3(占21.2%)	8.8

资料来源：东莞市农村"三资"监管平台统计数据。

（四）全局定位

2021年，全国组级经济组织数量占村组两级的89.4%，比东莞高出8.8个百分点；全国组级经济组织总资产、净资产占比13.0%、16.5%，比东莞低15.2个、12.3个百分点。全省组级经济组织数量、总资产、净资产、经营总收入、纯收入占比分别比东莞高出10.8个、6.5个、8个、7.6个、15个百分点（见表5）。东莞组级资产总量占全省的19.8%、全国的6.8%；在村组两级构成中，组级数量、资产和收入占比均低于全省水平，组级统筹工作走在全省前列。

表5 2021年东莞市与全省全国组级经济占比情况

单位：%

地域	组织数	总资产	净资产	总收入	纯收入
东莞	80.6	28.2	28.8	38.4	41.0
全省	91.4	34.7	36.8	46.0	56.0
全国	89.4	13.0	16.5	—	—

资料来源：农业农村部政策与改革司《中国农村政策与改革统计年报（2021年）》，中国农业出版社，2022；《广东省农村统计年鉴2022》，中国统计出版社，2022。

二 探索经历

为加强组级经济统筹管理，东莞市曾开展了两次改革探索。

（一）土地股份合作制

1980年，东莞有4174个生产队。随着农村工业化的推进，东莞农民逐步"洗脚上田"。为顺应生产力发展需要，部分管理区①自发推行土地股份合作制，逐步将农户承包经营的土地从个人手中集约到组级"小集体"，再从组级"小集体"集约到村级"大集体"手中。1990年设置社区集体经济组织时，全市登记的经济社为2705个。为解决"大部分管理区保持着实行家庭联产承包制初期的均包制，土地零星分散，既不方便耕作，又不利于农业生产率的提高""随着农村工业化、城市化建设的发展，征用了一些农户的耕地，离土农民的出路面临新的选择，生活出现了后顾之忧"等问题，东莞市农业委员会在桥头镇开展农村股份合作制改革试点，总结出"以土地为内容的股份合作制""社区型股份制""集资型股份合作制"等三种模式。② 通过推行股份合作制，特别是土地股份合作制，桥头镇只有桥头管理区保留组级经济，其余15个管理区均合并成一级经济。1995年10月，时任省委书记谢非到桥头镇考察，认为东莞全面推行农村股份合作制的时机还不成熟③，全市推广计划最终没有实施。

---

① 东莞根据广东省的部署，于1987年成立管理区，作为镇人民政府的派出机构；1999年，撤销管理区，设立村委会。
② 东莞市农业委员会1994年12月21日编印的《东莞农情》第32期中《我市农村股份合作制试点工作总结》。
③ 谢非在1994年4月召开的珠江三角洲地区农村股份制改革座谈会上指出："我们搞农村土地股份制，如果不是以稳定、提高农业为前提，而是为了用地，出发点和目的一开始就是为了这个，不是用地的话我就不搞股份制，那是不行的""这个工作在三角洲可以推行，但三角洲也要逐步，不要一下子把它搞起来，也不要刮风，把工作做深、做细，逐步推行"。参见马恩成主编《广东农村改革试验区实践》，中国农业出版社，2016。

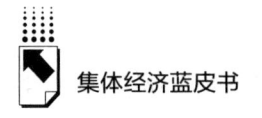

（二）组级经济统筹

为加快推进协调发展、整合资源、加强管理、降低成本，东莞市于2012年8月提出通过直接合并、设置分社、组财村管等方式，在2014年底前基本实现统筹发展。据市农业农村部门统计，采取直接合并、设置分社、组财村管进行统筹的村（社区）分别占13.7%、63.5%、21%，2014年组级集体经济组织减至2288个。由于经联社分社不是一级法人主体、不能作为集体资产资源的载体，在2021年农村基层换届选举中，市农业农村部门根据农业农村部登记赋码发证要求，引导恢复经济社设置，原设置分社的，民政部门不再设置村小组。① 2021年底，在市农业农村局登记的经济社有2095个，在市"三资"监管平台核算的组级集体经济组织2306个，在市民政局登记的村小组1195个。组级经济统筹未能取得预期效果。

三 制约因素

东莞市组级统筹之所以如此曲折，主要存在三大制约因素。

（一）思想观念的制约

东莞市从1958年开始推行"三级所有、队为基础"的管理体制，生产队共同劳动形成的共同体意识在几代村民心中根深蒂固。加上部分村小组间姓氏房派不同（如长安镇乌沙社区下辖蔡屋、陈屋、李屋、江贝四个小组，分别以蔡、陈、李、戴为主姓），宗族观念进一步强化了组级的圈层意识。

---

① 中共东莞市委组织部、东莞市民政局、东莞市农业农村局《关于坚持和强化党的领导规范我市村民小组建设的实施意见》（东组通〔2022〕19号）提出："村民小组一般根据村民居住状况、集体土地所有权关系分设，原则上只减不增，没有组级集体经济的一般不设立村民小组。"

（二）发展水平的制约

在全市 330 个存在两级经济的村（社区）中，组强村弱的（组级纯收入大于村级）201 个，占 60.4%。人均分红最高的长安镇乌沙社区，村组两级人均分红 7.5 万元，其中组级人均 6.26 万元，最高的江贝小组 8.33 万元，最低的陈屋小组 4.54 万元；人均分红水平全市中等（排名 155）的常平镇板石村，组级人均 1.04 万元（村级无分红），最高的南埔小组 1.5 万元，最低的吴屋小组 5200 元。人均分红水平全市靠后（排名 369）的沙田镇西太隆村，组级人均 0.41 万元（村级无分红），最高的西头围小组人均 0.78 万元，最低的渡上小组人均 200 元。村与组、组与组之间发展水平的差异，客观上增加了统筹的难度。

（三）有效管理的制约

农村基层干部普遍认为，经济发展空间越大越好，社会管理则是越精细越好。农村是一个熟人社会，基层有效治理，特别是规模较大村（社区）的治理，离不开小组这一层级。如凤岗镇雁田村，辖区面积 24 平方千米，户籍人口 4100 多人，常住人口 13 万人，虽然早已实现了土地统筹，但为了层级管理的需要，依然保留设置 9 个分社。

四　他山之石

（一）浙江：存而不论

1992 年 7 月，浙江省人大常委会通过的《浙江省村经济合作社组织条例》规定"村经济合作社一般以行政村为单位设置"；2014 年开展农村产权制度改革时，也只发放"村股份经济合作社"登记证，在名义上实现了两级变一级。嘉兴市农业农村部门表示，"嘉兴村级资产和组级资产没并过""名义上是没有了组一级，但是老百姓对于组一级资产都是有概念的，也是

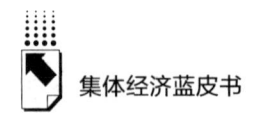

有区分的""组一级资产,小组里以'流水账'的形式还是记录的"。① 宁波市农业农村部门表示,"严格来说,也是两级,但组级不赋码""组一级也是有的,但现在都淡化了,资产都是以村为单位管理",组级资产交易、对外签合同"其实也不是代理,就是直接由村里签"。②

(二)深圳:扁平管理

1994年4月,深圳市人大常委会通过了《深圳经济特区股份合作公司条例》(简称《条例》),并于1997年9月、2010年12月、2019年8月进行了三次修订。《条例》规定,股份合作公司是"以行政村或者村民小组(自然村)为基础组成的合作经济组织",无论是村级还是组级,均统一称股份合作公司。为便于区分,在日常管理中会"划分一级和二级股份合作公司,但都是一样进行监管,扁平化""制度设计中,一视同仁,不区分一级和二级""一级对二级公司有指导,但二级公司有自己很大的话语权""一级和二级公司的董事会成员交叉任职,制度中没有禁止,也没有鼓励"。③

(三)中山:统一核算

2007年9月,中山市委、市政府召开会议,提出"用三年左右时间基本完成村级统一核算改革"。2012年6月,中山市政府印发《关于深化完善我市农村股份合作制和村级统一核算改革的意见》。2018年3月,中山市人民政府在《关于进一步推行和完善我市农村股份合作制改革的指导意见》中提出,"理顺村、组两级集体经济组织的关系。(1)对于已实行了村、组两级集体经济组织经济合并,全面实现村一级统一核算的村(社区),深化和完善农村股份合作制改革工作以村级股份合作经济联合社(简称'股联社')为主体进行。(2)对于实行村、组两级集体经济组织经济账务合并,

---

① 2023年11月6日与嘉兴市农村合作经济指导服务中心的咨询对话。
② 2023年10月31日与宁波市乡村振兴促进中心的咨询对话。
③ 2023年12月6日与深圳市宝安区集体资产事务中心的咨询对话。

但保留组级二级核算科目，或者其他实行维持村、组二级核算的经营管理模式的，深化和完善农村股份合作制改革工作要以组级集体经济组织为基础进行"，① 暂缓强制推行村级核算。目前，中山市有122个村（社区）真正实行村级统一核算，约占288个村（社区）的4成，此外有49个村统筹了组级资源进行发展。②

五 对策建议

统筹组级资源是东莞破解空间碎片化困局、推动城乡融合发展的必由之路，应坚定不移地推动。在错失土地股份合作制、土地确权、组织登记发证等重要节点机遇后，推进组级经济统筹管理必须稳扎稳打、久久为功。

（一）多元推进统筹

推进组级经济统筹，数量原则上只减不增，方式可多种多样。总结近年农村基层的经验，可通过三大路径推动。一是"一村一组"模式。如塘厦镇凤凰岗社区，将原第一至第七组级经济社合并为1个新经济社（东莞经济社在提取公积公益金比例等方面与经联社不同，经济社提取10%、经联社提取20%），签订了组财村管托管协议，形成了1个经联社下辖1个经济社，经济社理事会、监事会、股东代表与经联社合一的独特架构。二是项目统筹模式。如麻涌镇东太村，通过办理共有产权证方式，统筹项目范围内21个经济社78个地块641亩土地，并以修改章程授权的形式，由经联社股

---

① 《关于深化完善我市农村股份合作制和村级统一核算改革的意见》提出："进一步厘清村、组之间资产管理和利益分配关系，特别是实行村级统一核算后，组级分配保留差异的村（居）要加快整合资源要素，明确以村级集体经济组织的名义统一对外开展经济业务，建立村级统一核算资产管理长效机制。"2023年8月，中山市人民政府决定废止《关于深化完善我市农村股份合作制和村级统一核算改革的意见》（中府〔2012〕75号），文件废止后，相关工作按照《中山市人民政府关于进一步推行和完善我市农村股份合作制改革的指导意见》（中府〔2018〕28号）执行。
② 《中山市农业农村局关于市政协十三届一次会议第131355号提案答复的函》（农农函〔2022〕144号）。

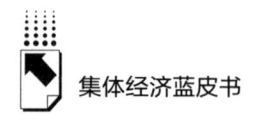

东代表会议行使共有产权土地开发的决策权,探索出不打破原组织架构基础上实现资源共有、共治、共享的有效形式,被市改革办评为2020年度东莞市基层优秀改革创新案例。三是直接合并模式。如企石镇,2021年将铁岗村等7个村共69个分社并入经联社,设置1~2年过渡期,逐步完成原登记信息注销和资产转移等工作,成为全市首个全面统筹组级经济的镇街。

(二)分类指导发展

对于暂时不能统筹的组级经济,应旗帜鲜明、因地制宜引导其提质增效、均衡发展,为统筹创造条件。一是搭建一个新平台。依托东莞市乡村振兴促进会,建立健全资金项目对接、政策业务培训平台,为组级经济提供个性化服务。二是树立一批新典型。参照中共东莞市委实施乡村振兴战略领导小组《关于推动新型农村集体经济高质量发展的指导意见》,围绕盘活土地资源、优化物业资产、融通富余资金、培育特色经济等四大路径,总结推广一批组级经济发展典型,引导差异化发展。三是创设一套新机制。鼓励组级打破组域边界,发展跨组的"飞地"抱团项目;打破集体与个体边界,发展集体与村民资本联合、劳动联合的"共富"项目,探索"在地"与"异地"有机结合的强组富民新机制。

(三)全面加强监管

一是全面推行"组财村管"。落实市政府《东莞市农村(社区)集体资产管理实施办法》要求,由经联社对经济社重要合同签订、重大开支审批、集体经济组织公章保管和使用等实施监督指导。二是全面加强村级财务室规范化建设。根据市委组织部《关于坚持和强化党的领导规范我市村民小组建设的实施意见》精神,推动村组两级财务人员集中办公,由委派会计统一保管组级集体经济组织公章,统一审核组级会计凭证和会计报表,统一对组级财务人员实施业务指导监督和工作绩效评价。三是加快出台《东莞市农村集体资产管理条例》,为加强组级经济监管提供法律支持。

B.28
东莞市村组开展股权投资的调研报告

东莞市农村集体资产管理办公室调研组[*]

摘　要： 东莞市引导村组开展投资理财起步较早、金额较大、配套政策较完善。全市村组投资理财215.3亿元，综合年化收益率4.5%，其中股权投资39.1亿元，预期平均年化收益率6.9%。推动村组股权投资，应当处理好有效市场和有为政府的关系，在鼓励自主探索的同时加以适当引导。研究建议：（1）明确目标方向，坚持市镇村三级联动，坚持金融投资与实体经济投资、直接投资与间接投资相结合，稳步推进村组股权投资扩面、提质、增效；（2）完善考评导向，引导村组进一步优化存款和投资理财结构，推动村组富余资金实现量的合理增长与质的有效提升；（3）发挥东莞市乡村振兴促进会农村集体资产专委会的平台作用，以"新主体、新路径、新机制"为主攻方向，探索拓展村组股权投资新的实现形式。

关键词： 村组经济　股权投资　东莞市

根据东莞市人民政府关于"市农业农村局（市农资办）会同市金融工作局、市自然资源局等单位，研究支持农村集体资产对优质企业产业项目开展股权投资有关事宜，积极引导农村居民开放思想，与企业共同享受发展红

---

[*] 调研组组长：张卫国，东莞市农村集体资产管理办公室副主任。执笔人：王尚友，东莞市农村集体资产管理办公室综合培训科科长，研究方向为农村集体经济发展与基层治理；李玉菁，东莞市农业农村局工作人员，研究方向为农村"三资"管理；陈炳旺，东莞市农村集体资产管理办公室综合培训科副科长，研究方向为农村法治与党建引领。

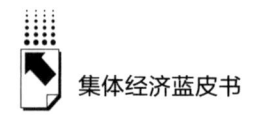

利,进一步提升农村集体经济发展质量"的要求,东莞市农村集体资产管理办公室结合学习贯彻习近平新时代中国特色社会主义思想主题教育,组织开展了村组股权投资情况专题调研,形成了本调研报告。

一 政策回顾

东莞市引导村组开展投资理财起步较早,大致经历了松绑、定向、规范、完善提升四个阶段。

(一)政策松绑阶段

2009年8月,东莞市人民政府副市长李小梅在全市农村集体资产管理工作会议的讲话中提出,"货币资金充裕、暂时缺乏合适发展项目的村组,可合理选择金融产品服务,拓展资本运营",释放了鼓励村组投资理财的政策信号。在政策引领下,东莞信托有限公司自2010年开始研发和推广村组理财产品,并先后试点"景信理财4号""聚龙增值1号"等集合资金信托计划。

(二)政策定向阶段

2012年8月,中共东莞市委、东莞市人民政府《关于推动镇村集体经济转型升级加快发展的若干意见》(简称《意见》)明确提出:要扶持培育稳健高效专业的投资型经济,支持村组集体经济组织通过信托投资等多种方式,参与开发市投建的供水、燃气、环保、收费高速公路等基础设施和城市公共服务项目,对于村组集体经济通过信托方式投资市重点工程等优质项目的,除约定的回报外,按照集体经济组织投资相关信托计划总额的1‰~5‰给予现金奖励;支持村组通过委托专业投资机构,参股村镇银行等风险控制力强、经营稳健、管理规范、收益良好的金融企业;支持村组以跟进投资或通过投资股权、基金等方式,参投成长性良好的创新型企业。配合《意见》实施,东莞信托有限公司推出规模为40亿元的"东莞高速集合信托计划",成为引导村组投资理财的示范性项目。

（三）政策规范阶段

2019年4月，东莞市农业农村局和东莞市金融工作局联合印发《关于促进村组集体资金有效利用的工作方案》，提出搭建村组与市镇重大项目、村组与银行普惠理财、村组与辖区成长企业等三大投融资平台，完善定向奖补、资金退出、督查考评等三大机制。同年7月，经市政府同意，东莞信托有限公司举办"金融创新助力乡村经济振兴发展——村组资金投资理财"报告会，推出规模为40亿元的"滨海湾新区建设集合信托计划"和8亿元的"中堂城市更新集合信托计划"；9月，东莞市科创融资担保有限公司推出"村融通"产品，探索出村组资金通过银行委托贷款、国有担保公司兜底风险扶持实体企业的新渠道。

（四）政策完善提升阶段

2022年11月，东莞市农业农村局和东莞市金融工作局将《关于促进村组集体资金有效利用的工作方案》修改为《关于促进村组集体资金多元有效利用的指导意见》，提出引导优化村组银行存款结构，引导村组资金投向市镇重大项目，引导村组回购土地、增持物业，引导村组拓展股权、债权、基金投资，引导村组共享发展成果等五大路径，建立村组投资理财项目对接、完善村组投资理财考核评价、调整村组投资理财收益分配、建立农村基层金融知识培训等四大机制。2023年，全市村组用于投资理财的资金215.3亿元，综合年化收益率为4.5%。

二 存量情况

2023年7月，东莞市农资办印发《关于填报村组资产开展股权投资情况的通知》，以村（社区）为单位对村组股权投资进行调查。调查所称股权投资，是指区别于物权和债权投资，通过投资取得被投资单位的股份，以获得投资收益的行为。调查显示，截至2023年6月，全市村组已开展股权投资项目212个，涉及17个镇街78个村（社区），其中投资市镇村重大项目27个、投资金融企业或金融组织23个、投资非金融类企业或组织68个、投资其他方向94个，通过集体经济组织直投占83%，以货币资金形式投入占82.9%；投入金额39.13亿元，预期平均年化收益率6.9%。（见表1）

表1 东莞村组股权投资方向及收益情况（2023年6月）

投资方向	项目（个）	投入金额（亿元）	预计年化收益（万元）	平均收益率（%）
投资市镇村重大项目	27	4.67	2127.19	4.6
投资金融企业或金融组织	23	11.76	4199.4	3.6
投资非金融类企业或组织	68	11.91	9328.9	7.8
投资其他方向	94	10.79	11665.9	10.8

（一）投资方向及收益情况

投资市镇村重大项目的有27个，主要投向农贸市场、工业园区、商圈停车场等；投资金额4.67亿元，预期平均年化收益率4.6%；收益率在10%以上的有19个。投资额度排名前三的项目分别是：凤岗镇雁田村入股京东都市科技金融创新中心（26500万元，预期收益率4.9%）、中堂镇潢涌村入股东莞市粤明新能源热电有限公司（6682.5万元，刚投产，预期收益率2%）、凤岗镇雁田村入股天安数码城园区建设（4573万元，未估算年化收益）；收益率排名前三的项目分别是常平镇袁山贝村上刘屋小组入股袁山贝旧市场（68.4%）、常平镇袁山贝村上刘屋小组入股袁山贝新市场（29.8%）、厚街镇大迳社区入股爱高电子厂厂房项目（8.0%）。

投资金融企业或金融组织的项目有23个，主要投向村镇银行和本土商业银行；投资金额11.76亿元，预期平均年化收益率3.6%；收益率在10%以上的1个，收益率在5%~10%的3个。投资额度排名前三的项目分别是：凤岗镇雁田村入股江门农村商业银行（45935万元，预期收益率3.7%）、凤岗镇雁田村入股东莞农商行香港上市公司（30000万元，预期收益率

3.7%）、凤岗镇雁田村入股广东发展银行（12775万元，预期收益率0.9%）；收益率排名前三的项目分别是虎门镇北栅社区入股东莞银行原始股（16.5%）、长安镇乌沙社区入股长安村镇银行（6.0%）、石龙镇西湖村入股东莞银行（5.2%）。

投资非金融类（实业类）企业或组织的项目有68个，主要投向房地产、制造业、加油站、医院、酒店等；投资金额11.91亿元，预期平均年化收益率7.8%；收益率在10%以上的有49个。投资额度排名前三的项目分别是：凤岗镇雁田村入股鹏程上房地产项目（33800万元，未估算收益率）、中堂镇潢涌村入股东莞建晖纸业有限公司（29000万元，预期收益率2%）、中堂镇槎滘村入股东莞市制糖厂有限公司（6000万元，预期收益率12%）；收益率排名前三的项目分别是中堂镇东向村入股东莞市中堂东腾盐矿开发有限公司（110.8%）、长安镇厦边社区入股厦边医院（86.9%）、长安镇厦边社区入股时珍酒楼（73.5%）。

投资其他方向的项目有94个，主要投向厂房建设、"三旧"改造、返还地共同开发等；投资金额10.79亿元，预期平均年化收益率10.8%；收益率在10%以上的61个。投资额度排名前三的项目分别是：石排镇塘尾村入股塘尾工业大厦（18720万元，预期收益率16%）、石排镇石排村入股石排曾屋工业区"三旧"改造项目（9672万元，预期收益率6.6%）、石排镇庙边王村入股利屋"三旧"改造项目（9600万元，预期收益率6.9%）；收益率排名前三的项目分别是常平镇苏坑村大地堂小组入股大地堂股份厂（95%）、厚街镇溪头社区入股启宏B公司（82.9%）、厚街镇溪头社区入股向东股份四厂（71%）。

（二）投资方式及收益情况

通过集体经济组织直投的项目有176个，金额20.1亿元，预期平均年化收益率9.8%。

通过村组下属单位（企业）直投的项目有32个，金额18.9亿元，预期平均年化收益率4.0%。

其他投资方式的项目有4个，金额1293.2万元，预期平均年化收益率

7.4%。其中，万江街道曲海社区以地作价通过万江区资产经营管理有限公司入股市汽车总站734.6万元，预期收益率4.8%；望牛墩镇官洲村通过望牛墩镇对外经济发展公司统筹发展创收项目第一期97.63万元、第二期331.97万元资金，统一购买东莞信托有限公司金信5号产品，预期收益率7%；万江街道蚬涌社区以地作价通过原嘉荣木材厂入股129万元，预期收益率23.3%。（见表2）

表2 东莞村组股权投资方式及收益情况（2023年6月）

投资方式	项目（个）	投入金额（亿元）	预期年化收益（万元）	平均收益率（%）
通过集体经济组织直投	176	20.1	19755.2	9.8
通过村组下属单位（企业）直投	32	18.9	7471.1	4
其他投资方式	4	0.13	95.1	7.4

（三）投入形态情况

以货币资金入股32.4亿元，以土地或物业作价入股5亿元，其他方式投入1.7亿元，分别占82.9%、12.8%、4.3%。

三 进展情况

在面上调查的同时，东莞于2023年6月组建东莞市乡村振兴促进会农村集体资产工作委员会，并以此为平台，着力推动村组股权投资取得新进展。

（一）研究推出市级示范项目

东莞农商行股权投资项目。东莞农村商业银行股份有限公司作为专委会主任委员单位，集合部分股东腾退股权，优先安排典型村、市重点帮扶村、消薄村等入股。目前，共有31个村组集体经济组织购买1.4亿股7.4亿元东莞农商行股份，预期年化收益率5%。

市属国企基础设施股权投资项目。东莞金控股权投资基金管理有限公司作为专委会副主任委员单位，引导村组资金参与市属国企运营具有稳定收益的项目。如研究成立有限合伙型股权投资基金，投资于东莞市水务集团管网有限公司，参与污水管网建设等基础设施项目。基金以东莞金控投资基金管理有限公司为管理人（GP）；市基础设施基金作为有限合伙人（LP1）发挥引导作用，并通过东莞信托有限公司发行信托计划作为有限合伙人（LP2）引入村组资金，其中市基础设施基金对村组资金进行收益让渡，并由东莞金融控股集团有限公司作为信托计划特定服务商为村组资金的退出提供流动性支持。该项目推出后预计可撬动6亿~15亿元的村组资金。

（二）跟进落实村组意向项目

调查中，有9个村（社区）填报已有具体意向项目（见表3）。至12月，长安镇、厚街镇相关社区参股金融机构的5个项目已投资到位；高埗镇宝莲村参股高宝智能制造项目，正与镇属企业协商合作事宜；石排镇沙角村参股沙角工业大厦项目，目前正在等待控规调整；万江街道滘联社区参股DX02"工改工"项目，因成本高、资金短缺而暂停；桥头镇迳联社区参股冯如飞机项目，由于土规问题，申请不到航线，项目或将终止。实践表明，村组自发开展的股权投资项目，容易受各种因素影响而流产。推动村组股权投资，应当兼顾有效市场与有为政府的关系，在鼓励自主探索的同时加以适当引导。

表3　2023年下半年东莞村组股权投资意向及预期收益情况

村（社区）	意向项目名称	意向金额（万元）	投资年限	预期年化收益率（%）
长安镇厦边社区	东莞农商银行股权	10647	/	4.3
厚街镇宝屯社区	厚街华业村镇银行	205	长期	2
厚街镇下汴社区	厚街华业村镇银行	200	/	4
厚街镇新围社区	厚街华业村镇银行	205.2	5	3.8

续表

村（社区）	意向项目名称	意向金额（万元）	投资年限	预期年化收益率（%）
厚街镇陈屋社区	厚街华业村镇银行	200	长期	2
高埗镇宝莲村	高宝智能制造项目	1027	50	18.2
石排镇沙角村	石排镇沙角工业大厦项目	6000	30	7
万江街道滘联社区	滘联DX02"工改工"项目	9345	10	6
桥头镇迳联社区	冯如飞机项目	2184	20	15

四 深圳经验

深圳一直是东莞集体经济学习和追赶的标杆。2023年6月，市农业农村局开展《东莞市农村集体资产管理条例》立法调研走进深圳；7月，市委政研室开展集体经济多元化发展调研走进深圳；9月，市乡村振兴促进会邀请深圳市国资委、深圳高新投集团来莞分享经验，通过走出去、请进来，持续深入学习深圳推动村组股权投资的经验做法。

（一）村级做法：深圳市龙岗区南岭村

2018年，南岭村成立广东省首个村集体经济创业投资母基金——"南岭母基金"，目前共投资了12个高科技企业项目，涉及生物医药、先进制造、人工智能、新能源及电子信息，投资额度在数百万元至数千万元不等。其中，康体生命是南岭村以"创始人+投资人"身份引入的首个生物医药项目，累计投资约2000万元，5年后业务收入大幅增长至接近1亿元，投资实现了高倍数的估值增长。截至2022年，南岭村投资的第一个IPO项目海创药业上市，八成已投项目获得新一轮融资，3家已投企业评为国家专精特新"小巨人"。

（二）区级做法：深圳市罗湖区

2022年12月，罗湖区修订出台扶持股份合作公司发展"1+1"文件，在全市率先建立基金投资风险补偿机制，对于股份合作公司投资市区国企成立或管理的创投基金、股权投资基金等项目1年以上，且经区政府批准的，按照实际投资期限及投资额，每年给予年化1%且不超过100万元的扶持，扶持期限最长5年；股份合作公司退出该基金项目时，发生投资损失的，在扣除已获得扶持资金的基础上，一次性给予实际投资损失50%且不超过300万元的风险补偿。

（三）市属国企做法：深圳市高新投集团有限公司

深高新投近年积极探索与村集体经济在金融投资领域的合作新模式（见表4）。2019年，与罗湖蔡屋围等股份合作公司达成债券投资合作；2023年，与罗湖投资控股公司、蔡屋围等11家股份合作公司设立深圳首支"市、区国企+股份合作公司"股权投资基金，主要投向战略性新兴产业、重点片区开发及基础设施建设等，逐步引导股份合作公司从单一的"物业收租"向债券投资、股权投资等方向拓展。

表4 深高新投面向股份合作公司设立的投资项目

产品类型	合作金额（亿元）	股份合作公司名称	备注
债券投资	9.84	罗湖蔡屋围、盐田鑫群实业等25家股份合作公司	2019年12月设立
股权投资基金	1.7	罗湖11家股份合作公司	2023年4月设立，深圳市首支"市、区国企+股份合作公司"股权投资基金
股权投资基金	1.15	罗湖11家股份合作公司	2023年8月设立，罗湖高新投软件信息服务私募股权投资基金
创投基金	3	宝安福海街道辖区股份合作公司	2023年9月设立，"市属国企+股份合作公司"首只街道级创投基金

资料来源：根据深高新投在2023年9月举办的东莞市农村集体资金多元化发展交流工作会议发言整理，并经深高新投审核。

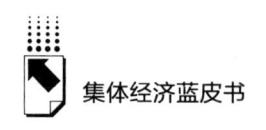

五　对策建议

（一）明确目标方向

围绕东莞市委2024年一号文件关于"促进新型集体经济多元化高质量发展，强化平台搭建、项目对接，充分调动集体经济投资积极性，引导集体富余资金通过股权、基金、信托等方式积极参与重大平台和重大项目建设"等部署要求，借鉴先行地区"物权投资→债权投资→股权投资"稳步推进的经验，坚持市镇村三级联动，坚持金融投资与实体经济投资、直接投资与间接投资相结合，稳步推进村组股权投资扩面、提质、增效。

（二）完善考评导向

根据2024年东莞市委重点工作任务分解关于"用活村集体富余资金，推动国资国企帮助村组探索优化多元投资方式，引导不少于20亿元集体资金投向基金开发、股权投资等产品项目"的要求，探索在控制活期存款占比的基础上，增加货币资金收益率作为考评指标，引导村组进一步优化存款和投资理财结构，推动村组富余资金实现量的合理增长与质的有效提升。

（三）发挥平台作用

东莞市乡村振兴促进会农村集体资产工作委员会成员主要由金融机构、村（社区）与相关单位构成，东莞农村商业银行股份有限公司任主任委员单位，东莞金控股权投资基金管理有限公司、厚街镇涌口社区、石碣镇水南村、南城街道水濂社区、寮步镇横坑社区、凤岗镇雁田村等任副主任委员单位。接下来，要充分发挥专委会资金项目对接、政策业务培训、案例研究推广的平台作用，以"新主体、新路径、新机制"为主攻方向，探索拓展村组股权投资新的实现形式。

# B.29
城镇化进程中大都市郊区新型农村集体经济发展的路径

——基于南京市的案例调查

耿献辉 周恩泽 汪博文 闫琦 董雯怡*

摘　要： 壮大新型农村集体经济是实现乡村振兴和农民共同富裕的有效路径。城镇化进程中，大都市的农村处于向城市转型的前沿，其经济、社会、生态的发展与城市相连互动。农村如何依托大都市的区位优势壮大新型农村集体经济，其路径值得探究。本报告以南京市江宁和溧水两区为例，通过深度访谈、实地调研和文本整理与分析，对南京市新型农村集体经济发展的路径与模式进行范畴化处理，提炼归纳南京市新型农村集体经济发展的路径。研究表明，南京市江宁区和溧水区紧密依托当地优势资源和发展条件，与城市现代化要素融合互动，延伸拓展特色农业产业链，发挥农业多功能性、挖掘乡村多元价值，促进农文旅融合发展，形成乡村新产业新业态，合理分配农村集体经济收益，促进农民物质和精神共同富足、富裕。

关键词： 大都市农村　农村集体经济　扎根理论

一　大都市发展新型农村集体经济的机遇与挑战

农村集体经济不仅是一种"乡村公共财力"（吕方，2019），承担了原

---

* 耿献辉，南京农业大学经济管理学院副院长、教授、管理学博士、博士生导师，研究方向为农业经济与农村发展；周恩泽，南京农业大学产业经济管理专业博士生，研究方向为农村发展；汪博文，南京农业大学金融学院本科生；闫琦，南京农业大学经济管理学院硕士研究生；董雯怡，南京农业大学经济管理学院硕士研究生。

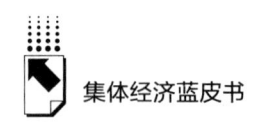

本应当由政府提供的公共服务（韩俊，2008），还是一种团结社会的机制，对乡村治理发挥着重要的作用（郭忠华，2020）。在城镇化进程中，长三角地区形成了城市群和大都市连绵带，其乡村振兴呈现和城市要素互动融合发展的特征。大都市郊区的农村存在"农田破碎化程度高"（王昉，2003）、"建设用地面积减少"（罗秀丽等，2023）、"生态休闲、耕地保护和城市扩张之间的冲突"（谷晓坤等，2014）等问题，这对大都市发展新型农村集体经济提出了挑战。这些区域的农村不仅需要提供农产品以满足附近都市居民的消费需求，还承担起休闲、文化、生态等功能（杨坤等，2020），也成为大都市农村集体经济发展的显著比较优势和特色资源禀赋条件，乡村振兴与城市经济发展、生活方式和生态系统密切联系。基于市场需求、郊区交通区位优势等条件，部分农村会走上工业化发展道路，但在土地紧张背景下，工业化发展道路面临着产业升级和市场竞争等挑战（叶敏，2019）。"绿水青山就是金山银山"，依托农村的耕地、交通、生态等区位优势，聚焦乡土特色优质农产品的产业链延伸和拓展，探索农业的多功能性和乡村多元价值，促进农文旅融合发展，提升农业附加值、拓宽农民收入来源。上海通过"体系化融合"路径让农村经济搭上城市快车，探索出"飞地型"集体经济、配套型集体经济和文旅型集体经济等新型集体经济实现模式（叶敏，2021）。

二 案例介绍与研究方法

（一）案例介绍

南京市溧水区从区域分布位置和自身集体经济发展上能够契合"大都市郊区新型农村集体经济发展路径"这一主体问题。溧水区隶属于南京市，入选2019年全国乡村振兴农村创新创业十佳优秀案例；溧水区下辖的白马镇和凤镇先后于2019年、2020年创"国家农业产业强镇"；白马镇石头寨村获评"2020年中国美丽休闲乡村"。溧水区是南京市主要发展农业的特色区县，能够准确反映"大都市郊区新型农村集体经济发展"这一研究主题满足第一条标准；溧水区关于新型农村集体经济发展的相关资料丰富且便于收集，有实地调查和访谈的条件，满足第二条标准。

南京市江宁区位于南京市东南部，三面环抱南京主城，是南京对外沟通的重要枢纽，满足第一条标准；南京市江宁区关于新型农村集体经济发展的相关资料丰富且便于收集，有实地调查和访谈的条件，满足第二条标准。

为了保证归纳结论具有普遍意义，提高范畴饱和度，研究将南京市江宁区与溧水区进行案例比较分析（见表1）。

表1 南京市江宁区与溧水区的案例选择

典型案例	代表性	特殊性	资料来源
南京市溧水区	南京郊区 农业与农村特征 自然资源禀赋	特色种植业 南京重要制造业基地 国家级农业园区	实地调研
南京市江宁区	南京郊区 农业与农村特征 自然资源禀赋	农业大区 多拆迁安置 制造业先进	实地调研

（二）研究方法

1. 扎根理论方法

扎根理论方法是依次通过开放式编码（Open coding）、主轴编码（Axial coding）和选择性编码（Selective coding）三个步骤来对资料进行分析。具体研究思路为：根据研究主题"大都市郊区新型农村集体经济发路径"，对溧水区进行深入访谈，获取一手质性资料，查阅相关文献进行比较，深入情境调研，与现有文献进行比较，总结典型事例和初始范畴；选择资料最为充分、初始范畴最多的溧水区，利用扎根理论分析方法对资料展开进一步质性分析，总结得出主范畴；通过选择性编码得出核心范畴，概括出基本因素模型，分析不同因素间的彼此相互关系，系统解释"大都市郊区新型农村集体经济发展"的路径、模式以及运行机制。

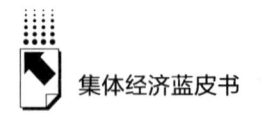

2. 多案例比较分析方法

单案例分析的范畴来源单一，不同地区在具体的模式或者运行机理上可能有所差异，仅用单案例分析可能会遗漏一些重要范畴（彭澎，2019）。本研究根据扎根理论得出的最初溧水区集体经济发展路径，再采取多案例比较分析方法，对以江宁区为代表的其他案例进行有重点的资料收集和分析，螺旋式比较分析、归纳提炼概念和范畴以及范畴间关系，确保结论更全面更具代表性。

（三）数据收集

1. 访谈

团队分别于2023年3月8日和3月9日到南京市溧水区、江宁区进行实地调研。到访之前与溧水区、江宁区当地负责人进行联系。通过线上沟通，组织当地的各位领导等进行访谈，事先告知访谈的目的和内容以做好相应的数据材料准备。其间共进行了6次半结构化访谈，在征得受访者同意后，深度访谈中使用手机录音和手写提要记录了整个访谈过程。

根据访谈直观感受和事先预期的溧水区、江宁区集体经济发展内容进行确认和补充，调研组在24小时内对访谈笔记、录音文字识别进行整理核对并整合录入电子文档。对于存在错漏的存疑信息，进一步通过电话与受访者沟通并进行确认、修正和补充，最终共获得江宁区约34000字的采访资料和溧水区约42000字的采访资料。访谈提纲如表2所示，主要包括受访者的基本信息、溧水区和江宁区的基本状况、新型农村集体经济发展现状、面临的困境和未来规划等。

2. 实地考察

除了以上正式访谈外，调研小组在调研期间，还实地调研了溧水区和平村农民合作社、黄龙岘茶文化村、傅家边村草莓园，在参观过程中与负责人、当地居民、外来居民进行交流，直观获得溧水区、江宁区新型农村集体经济发展的具体相关信息。

表 2　访谈提纲

访谈主题	主要内容提纲
受访者基本信息	性别、年龄、学历、所在部门、职责等
基本状况	区位条件、资源禀赋、人口、集体建构
集体经济发展现状	发展现状、居民就业与保障、福利与收入
集体经济发展面临的困境	集体经济发展情况、主要问题等
未来规划	规划内容、资源引用、职能分配,实施过程是否通畅,预期效果和实际效果等

3.文档资料

为了获取准确且全面的资料,课题组还通过互联网收集了新华日报、南京日报、人民政协网等本地报纸和知名网站关于溧水区、江宁区新型农村集体经济发展的新闻报道,有助于更完整地刻画与分析两区新型农村集体经济发展的路径与模式。

在全面收集语料的基础上,对语料进行整理和归类,形成访谈调查、官方文件和网络资料的三角互证(见表3),以保证语料的真实性和准确性。

表 3　调研资料获取

资料类型	资料来源	资料获取方法和主题
一手资料	实地调研、观察和开展访谈	对江宁区、溧水区进行实地观察,对其新型农村集体经济发展进行数据调研和半结构化访谈
	其他	电话访谈、线上沟通
二手资料	公开网络资料、年度总结报告、研究论文、新闻报道等	搜集江宁区、溧水区相关报道、学术研究等资料

三　案例分析

(一)溧水区单案例质性研究过程

对于溧水区农业农村局、规划和自然资源局、财政局、傅家边社区、和

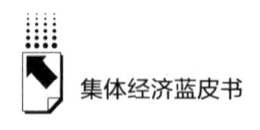

平村、洪蓝街道、晶桥镇、永阳街道等政府有关部门、街道和村镇的访谈资料进行编码。

1. 溧水区开放式编码

研究遵循质性资料分析方法细致分析材料中与大都市郊区和新型农村集体经济发展相关的词句，进行科学的概括，整理出初始概念；将描述同一现象的初始概念进行比较、辨析和聚敛，归纳出了69个初始范畴。由于案例中涉及多个经营、管理主体，在资料整理和编码中将获取的一、二手资料按照不同主体进行分类处理，进行概念化和范畴化提取，获得初始范畴。

对收集到的人口、就业与村集体结构等相关数据进行概念化和范畴化处理，即得到溧水区概况的要素，共梳理出9个概念，提炼为9个范畴。

对收集到的数据和资料中与溧水区新型农村集体经济发展相关的进行资料概念化和范畴化处理，共提取了35个概念，提炼为35个范畴。其中包括与企业联合发展、多村抱团发展等。

基于溧水区新型农村集体经济发展路径、模式及方向等材料，对收集到的数据和资料中与江宁区发展路径、模式相关的资料进行概念化和范畴化处理。共提取了13个概念，提炼为13个范畴。

对收集到的数据和资料中与溧水区新型农村集体经济发展过程中遇到的问题进行相关资料概念化和范畴化处理，共提取了12个概念，提炼为12个范畴。

项目组通过对收集到的社区概况、大都市郊区新型农村集体经济现状和发展困境与成因相关数据进行概念化和范畴化处理，即得到问题要素，共梳理出69条概念，提炼为69个范畴。

2. 溧水区主轴式编码

主轴式编码的主要目的是发现和建立主要范畴间的各种联系，展现资料中各部分的有机关联。比如，"农产品深加工、提升保鲜技术、增加农产品附加值、优质农产品建设"这几个初始范畴，发现其表达的都是产业链相关，最后找到它们所共同要表达的含义，即"产业链延伸拓展"这一主范畴。本研究经过不断比较、分析后将开放式编码的67个初始范畴整合归纳为 18 个主范畴，在这个过程中，范畴之间的逻辑关系逐渐显现并趋于具体。

3. 溧水区选择式编码

通过结合相关理论和研究，将主轴性范畴进一步归纳凝练，形成核心范畴。比如主范畴中的"管理低效、村干部待遇低、资金与税收问题、用地指标不足、制度与政策缺陷"，均为江宁区新型农村集体经济发展问题的体现，可以将其总结形成"发展困境与挑战"这一核心范畴。对各阶段形成的概念、初始范畴、主范畴、核心范畴之间的关系进行系统性分析和检验。通过不断检验分析，发现可以用 6 个核心范畴来统领溧水区新型农村集体经济发展的各个范畴（见表4）。

表4 溧水区的核心范畴与主范畴

编号	核心范畴	主范畴
1	发展困境与挑战	管理低效、村干部待遇低、资金与税收问题、用地指标不足、制度与政策缺陷
2	组织成员与收益分配	村民福利、人口结构
3	资源盘活利用	资源盘活、投资与开发、政府政策扶持
4	产业融合创新	产业链延长、特色农业、产业创新多样化
5	基础设施与公共服务	村集体收支情况、公共服务建设升级
6	因地制宜开放经营	特色发展经营模式、未来发展方向

（二）江宁区单案例质性研究过程

在完成南京市溧水区新型农村集体经济单案例分析的基础上，初步分析出了大都市郊区新型农村集体经济发展的基本路径。由于针对一个地区的单案例分析，概念与范畴还未能达到相对饱和的状态，也可能存在理论普适性不足问题，因此需要对南京市其他区域新型农村集体经济发展进行案例补充分析。基于南京市江宁区农业农村局、财政局、东山街道、黄龙岘村、秣陵街道、牌坊村、麒麟街道、汤山街道等政府有关部门、街道、村镇的访谈资料，对其进行编码，开展多案例研究。具体过程同溧水区，归纳出的核心范畴和主范畴见表5。

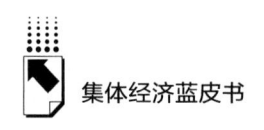

表 5　江宁区的核心范畴与主范畴

编号	核心范畴	主范畴
1	发展困境与挑战	制度与政策约束、财政压力、收不抵支
2	组织成员与收益分配	成员结构、村民收入
3	资源盘活利用	资源禀赋、资源盘活、投资与开发、政府政策扶持
4	组织建设与公共服务	集体经济发展、公共服务建设升级
5	因地制宜开放经营	发展经营模式、未来发展方向、市场推广措施

（三）多案例数据分析过程

通过对江宁区的后续扎根分析，进一步探究影响大都市郊区新型农村集体经济发展路径的主要因素，得到新增初始范畴并对主范畴进行修改完善（见表6）。

表 6　新增初始范畴和主范畴修改完善

编号	主范畴	新增初始范畴
1	投资与开发	购买社区外优质资源
2	政府支持	优化营商环境
3	组织成员结构	外来人口增加、返乡创业人口增加
4	市场推广	活动吸引游客
5	收益分配与村民福利	村民退休金、股份合作社分红、土地流转收入
6	制度与政策约束	政策门槛、手续复杂、开票工作量大、生态保护政策呆板
7	资金与税收	税收偏高、合作社税收不合理
8	财政支出压力	外来人口与公共服务、财政兜底压力
9	收不抵支	土地出让利益少、村社区支出多
10	发展用地指标不足	工业用地发展限制、企业用地政策制约

将分析江宁区得到的新范畴与溧水区农村集体经济发展案例得到的范畴进行对比，对之前的范畴有了更加明确的认识。为了使研究结果更具一般性，对这些范畴进一步修正和整合，对主范畴的命名进行修正。政府对于农村集体经济发展的支持不只限于政策扶持，还包括"优化营商环境"等，所以将溧水区原主范畴"政府政策扶持"修正为"政府支持"；加入江宁区

的"外来人口增加、返乡创业人口增加"后,组织成员与收益分配范畴得到了扩展,所以将其改为"组织成员结构与收益分配"。由于江宁区范畴中包含"市场推广",在溧水区的主范畴中没有相似范畴,且该范畴研究者认为不可删去,所以将江宁区的"活动吸引游客"和溧水区的"市场化经营旅游资源"两个初始范畴归纳产生新主范畴"市场化经营";在加入新初始范畴"村民退休金、股份合作社分红、土地流转收入"后,村民福利含义得到进一步扩展,故将其改为"收益与福利"主范畴。修正后的主范畴如表7所示。

表7 修正后的主范畴

编号	修正后的主范畴	溧水区原主范畴
1	政府支持	政府政策扶持
2	组织成员结构与收益分配	成员结构
3	市场化运营	修正后的主范畴由江宁区"活动吸引游客"和溧水区"市场化经营旅游资源"两个初始范畴归纳产生
4	收益与福利	村民福利

四 大都市郊区新型农村集体经济发展路径分析

在案例剖析提炼的基础上,对南京农村集体经济发展的核心范畴和各主体之间的关系进行分析,将大都市郊区新型农村集体经济发展路径解构为因地制宜盘活利用区域优势资源、探索乡村新产业新业态、合理分配组织收益,通过它们相互作用和相互补充,不断探索区域特色经营模式、延伸拓展特色农业产业链、催生乡村新产业新业态。对大都市郊区新型农村集体经济发展困境与挑战进行梳理,探寻大都市郊区新型农村集体经济发展路径。

(一)充分利用政府的支持政策,挖掘并盘活区域优质特色资源

政府提供资金和贷款、政策托底支持、优化营商环境、市场推广等多方面的支持,通过土地资源整合、盘活闲置房产、利用农水生态资源、开发乡

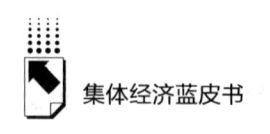

村文化遗产等途径，将隐藏在乡村的优质特色资源整合并盘活利用，将"资源变资产"，投资开发优质特色资源，为新型农村集体经济发展提供内生动力。

（二）因地制宜，创新农村集体经济组织方式和经营模式

农村集体经济组织直营。农村集体经济组织直接开发未发包到户的农户的集体土地资源，通过土地综合整治提高土地利用价值；通过土地复垦、土地整理增加农村集体经济组织可开发的耕地资源。

农村集体经济组织领办合作社。因地制宜引导农村集体经济组织领办创办生产类、服务类、资源类等合作社。村民以土地入股，村集体以资金入股，成立农民合作综合社，综合社将高标准农田整治后连片集中经营，围绕粮食生产全程机械化，多方筹措资金购买农业机械和建立加工厂房，提供社会化服务。以"支部+合作社+农户"的经营模式，盘活集体闲置的耕地、山林、水面、学校等资源，打造生态循环农业综合园区，带动乡村发展旅游经济，增加村集体经营性收入。

实现"抱团发展"。鼓励村集体经济组织之间通过入股联合、项目开发、委托经营、合资合作等多种方式实现"抱团发展"。溧水区柘塘街道17个集体经济组织与经开集团共同出资设立项目公司开展集体建设用地租赁住房试点，入股国有平台获得投资收益的模式；永阳街道实施"强村带弱村、富村帮穷村"，共建花卉产业园项目，建设大规模花卉产业基地。

村企合作共建。引导社会资本、国有资本下乡，发展混合所有制经济。溧水区将38个经济薄弱村门面房委托区产业集团经营，提高经济效益；白马镇石头寨村拿出8.46亩集体土地入股区产业集团建设党性教育培训宿舍，获得稳定的租金收入。

（三）延伸拓宽特色农业产业链，催生乡村新产业新业态

通过农产品深加工、提升保鲜技术、培育优质农产品等措施，成功延长产业链、提高产品附加价值；依托优势区位条件，发展设施农业、多种经营

都市型农业、城郊采摘农业、生态农业和循环农业，提升农业附加值；发挥农业功能并挖掘乡村多元价值，实现农文旅融合发展，促进乡村新产业新业态发展，拓宽农村集体经济收入渠道。

（四）强化农村集体经济组织建设，合理分配收益和福利

发展新型农村集体经济的根本目的是强村富民。将村集体经济组织收益按比例投资基础设施与公共服务建设，优化村民生产与生活环境；合理发放福利补助，提高村民的医疗保障水平，提高村民生活质量；合理进行农村集体经济组织收益分红，提升村民获得感与幸福感。

五 发展大都市郊区新型农村集体经济的经验启示

（一）立足资源禀赋条件和地方特色，多元化发展乡村新产业新业态

从区域优势出发，着眼于未来发展，确定主导产业、建设品牌，加强内外部合作，拓展特色产业链条，加大三次产业融合发展，提高产业竞争力。

（二）探索村企合作模式，抱团联合拓展新型农村集体经济发展边界

通过村企共建、抱团联合等互助形式寻求与现代化要素的融合，提升组织扩张性，实现共享发展。通过抱团联合发展，薄弱村主要提供项目发展所需的人力物质资源，通过资金入股项目获得分红收益，发达村主要依靠先进的经营管理技术负责项目的具体运行和主要资本的投入，明确利益分配，签订相关合约，做到过程的法制性、合理化，使得村集体间优势互补、联动发展、设施共享、流量统筹。

（三）因村施策完善农村集体经济组织成员资格认定，优化收益分配机制

完善集体经济组织成员资格认定制度，明确组织成员的资格资质，为集

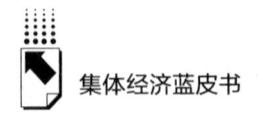

体收益后续分红打好基础;构建充分体现技术和智慧等创新要素的收益分配制度,因村施策完善对发展新型农村集体经济做出突出贡献人员的奖励机制;准确核算农村集体经济组织的收支和债务情况,制定年度分配方案,保证过程透明、结果无异议;探索股份合作、保底分红等方式,提高合作积极性和责任感。

(四)激活人、地、钱资源要素活力,完善税费、土地等支持政策

激发村干部和专业技术人才内生动力。完善村干部待遇保障机制,激发村干部干事创业的内在动力和工作热情。针对农村集体经济组织特别法人的地位,在农村集体经济组织依法行使管理集体资产、合理开发集体资源等经济职能过程中加大财税支持力度,对于其所承担的服务集体成员、基础设施建设、公益事业等社会公共管理职能提供相应的财税激励措施。建设用地指标向农村倾斜,促进三次产业融合发展。

参考文献

[1] 杨坤、罗永、胡川江等:《都市型现代农业视角下农村集体经济发展研究——以成都市为例》,《中国集体经济》2020年第11期。

[2] 叶敏:《体系化融合:大都市郊区农村集体经济的实现样态转型——以上海市F区的政策经验为例》,《华中科技大学学报》(社会科学版)2021年第5期。

[3] 叶敏、张海晨:《紧密型城乡关系与大都市郊区的乡村振兴形态——对上海城乡关系与乡村振兴经验的解读与思考》,《南京农业大学学报》(社会科学版)2019年第5期。

[4] 陈向明:《扎根理论的思路和方法》,《教育研究与实验》1999年第4期。

[5] 彭澎、刘丹:《三权分置下农地经营权抵押融资运行机理——基于扎根理论的多案例研究》,《中国农村经济》2019年第11期。

[6] 王桂玲、颜华、朱瑜:《乡村振兴视阈下农民创业行为影响因素扎根分析》,《农业经济与管理》2022年第3期。

[7] Denzin, Y., Lincoln, S., *The Sage Handbook of Qualitative Research*, Thousand Oaks: Sage Publications, 2011.

［8］韩巍:《"管理学在中国"——本土化学科建构几个关键问题的探讨》,《管理学报》2009年第6期。
［9］王昉:《工业化、城镇化进程中的农村土地问题——对上海近郊农村的调查分析》,《上海经济研究》2003年第3期。
［10］罗秀丽、李鹏山、金晓斌等:《大都市郊区国土空间优化的国际经验与成都实践》,《现代城市研究》2023年第1期。
［11］谷晓坤、刘静、张正峰等:《大都市郊区景观生态型土地整治模式设计》,《农业工程学报》2014年第6期。
［12］吕方、苏海、梅琳:《找回村落共同体:集体经济与乡村治理——来自豫鲁两省的经验观察》,《河南社会科学》2019年第6期。
［13］韩俊、张要杰:《集体经济、公共服务与村庄治理——太仓市村级集体经济及其治理调查报告》,《中州学刊》2008年第5期。
［14］郭忠华、王榕:《集体经济与村庄有效治理:基于河北省X村的分析》,《江苏社会科学》2020年第1期。

B.30
以城镇化推动农村集体经济转型发展的镇域实践
——以东莞市清溪镇为例

东莞市清溪镇农村集体资产管理工作领导小组办公室 *

摘 要： 改革开放以来，清溪镇大力推进农村工业化、城镇化，有效推动土地资源开发从分散到集约、物业资产管建从扩量到提质、富余资金利用从单一到多元、人居资本赋能从缺位到有为、资产财务管理从传统到现代"五大转变"，促进了农村集体经济持续快速健康发展。进入新阶段，新型农村集体经济高质量发展面临村域发展空间有待拓展、镇域统筹机制有待深化、市域配套政策有待完善"三大制约"。建议：（1）鼓励村组内部挖潜，进一步优化物业租赁经济，发展稳健投资经济，培育特色乡村经济；（2）推动镇村统筹发展，进一步强化镇级平台统筹功能，加强土地物业收储整备，健全镇村利益共享机制；（3）完善顶层制度设计，规范股权后续管理，引导提高经营水平，为助推新质生产力发展贡献农村集体经济力量。

关键词： 城镇化 集体经济 清溪镇

清溪镇位于东莞市东南部，地处深莞惠三市几何中心，总面积140平方公里，下辖21个经济联合社和105个经济合作社。改革开放以来，清溪镇

---

* 课题组组长：李胜堂，东莞市清溪镇党委副书记。执笔人：朱作权，东莞市清溪镇农村集体资产管理工作领导小组办公室主任，研究方向为镇村集体经济；李智文，东莞市清溪镇农村集体资产管理工作领导小组办公室副主任，研究方向为农村集体"三资"管理；岑光亮，东莞市清溪镇农村集体资产管理办公室工作人员，研究方向为农村集体"三资"管理。

立足当地比较优势，大力推进农村工业化、城镇化，走出了一条科学管理"掌控方向"，土地资源、物业资产、富余资金、人居资本"四轮驱动"的农村集体经济发展路子。2023年，全镇城镇化率达98.6%，三次产业比例为0.8∶72.3∶26.9[1]，村组两级集体总资产75.3亿元，村均经营纯收入4619万元、人均股东分红14974元，分别是全市平均值的1.05倍和1.61倍，比2017年[2]分别增长114.8%和148.1%。清溪镇以城镇化推动农村集体经济高质量发展的实践，是东莞农经管理工作精彩而生动的缩影。

一 主要做法

（一）推动土地资源开发从分散到集约

清溪镇领导很早就认识到，集体土地分户承包经营与农业生产相适应，伴随农村工业化、城镇化的推进，必须探索新的开发利用模式。20世纪90年代初，清溪镇提出全镇"一盘棋"统筹开发建设思路，土地集约利用水平较高。目前，全镇开发强度34%，比全市低18个百分点；[3] 工业生产总产值占全市6.73%，占比全市排名第二。[4]

规划引领统筹。清溪镇先后委托珠海城市规划设计院、中国城市规划设计研究院深圳分院编制全镇总体规划，绘制今后数十年的发展蓝图。同时，制定了统一的土地征收补偿标准，20世纪80年代末期至2000年统筹征收土地累计32009亩，按照人均250平方米的标准划拨工业用地给村组两级招商使用，划拨村组的工业用地超过5327亩。

---

[1] 国家统计局东莞调查队《2023年东莞市国民经济和社会发展统计公报》。2023年，东莞市人口城镇化率92.83%，清溪镇人口城镇化率98.6%；东莞市三次产业比例为0.3∶56.6∶43.1，清溪镇为0.8∶72.3∶26.9。
[2] 清溪镇农村集体资产管理办公室于2017年成立，在2021年机构改革中变更为清溪镇农村集体资产管理工作领导小组办公室。
[3] 东莞市农业农村局、清溪镇人民政府网站。
[4] 东莞市人大常委会《关于探索我市村（社区）厂房提质增效新路径的调研报告》。

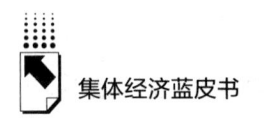

园区承载统筹。针对各村组的交界处存在不规则、不平整的边角地，清溪镇采取统筹开发工业园的模式对地块进行整合利用，规划建设占地面积6300亩的青湖工业园，有效解决村组各自开发成本高、效益低的难题。工业园区建成后，相应的返还工业用地给村组，成功招引了清华大学产学研项目（力合双清）等市重大产业项目。

共享促进统筹。清溪镇于2014年制定《清溪镇土地统筹开发利用实施办法》，提出镇村共享开发收益的土地统筹模式，开发收益由镇村按5∶5比例进行分配。2017年出台《清溪镇统筹开发工业用地及招引优质大项目收益分配实施办法》，由镇统筹协调招商，土地增值收益由镇村共享，其中村集体获得土地征收补偿款、土地出让或土地流转净收益、其他收益，促进镇村共同发展。

（二）推动物业资产管建从扩量到提质

清溪镇与东莞其他镇街一样，在"沙漏效应""共振效应""虫草效应"的作用下，形成了独特的区域发展模式，[1] 物业租赁成为村组经济的基本盘、压舱石。2023年，清溪镇工业厂房栋数、占地面积分别占全市的8.17%和7.16%，排名均为全市第一。[2]

增加物业数量。清溪镇从20世纪80年代中后期开启农村工业化，村组从"种田"转向"种厂"，厂房形态从早期"三堂会审"（利用原有的祠堂、会堂、饭堂引进"三来一补"企业）转向简易厂房、标准厂房、工业园区，物业资产规模迅速壮大。2023年，村组集体厂房448栋，占地271.11万平方米，建筑面积307.58万平方米。

提高物业质量。指导村组通过改建装修、完善配套等进行集中统租、统

---

[1] 曾平治著《区域发展模式 路径依赖的社会发生机制：以东莞市为例》，广东经济出版社，2018。

[2] 东莞市人大常委会《关于探索我市村（社区）厂房提质增效新路径的调研报告》，不区分国有、集体、企业、个人等所有权属情况，清溪全镇工业厂房4419栋、占比8.17%，用地面积14.99km^2、占比7.16%。

一招商,招引税收大户、高新企业进驻,以先进制造业替代散乱污产业,以大企业统租替换小企业分租。2023 年,先后推动大利村、渔樑围村、大埔村等厂房物业提档升级,引进更优质的承租企业。

提升物业效益。建立厂房交易指导价格模型,综合集体工业厂房的地理位置、交通状况、工业聚集度等要素,拟定区域厂房出租指导价格,为村组集体厂房物业交易提供科学决策依据。2023 年,全镇农村集体厂房物业月出租均价 18.82 元/米^2。

(三)推动富余资金利用从单一到多元

随着物业增量放缓和经营积累增加,清溪镇村组富余资金存量不断增长,货币资金(活期存款+定期存款+投资理财[①])占总资产比例从 2015 年的 12.6%上升至 2020 年的 38.1%,资产结构呈现"轻资产化"。[②] 清溪镇审时度势,持续优化投资决策程序,定期更新村组资金管理台账,引导村组树立稳中求进的投资理念,促进集体资金稳定增盈。2020~2023 年,村组货币资金占总资产比例从 38.1%降至 34.4%,活期存款、定期存款、投资理财的占比从 57.5∶5.2∶37.3 优化为 25.1∶3.0∶71.9,综合收益率从 2.3%提升至 3.4%,投资理财占比全市最高,综合收益率比全市平均高出 0.6 个百分点。

购置物业资产。鼓励村集体通过自有资金、村组合作、银行借款等方式回购厂房、增持物业,进一步壮大经营性资产。2017 年以来,全镇村组购置物业资产 52 宗,建筑面积 41.8 万平方米,每年增收 7772.3 万元。

强化理财收益。在风险可控的前提下,指导村组根据自身资金管理需求匹配理财计划,择优筛选银行理财产品、大额存单等稳健类产品,2023 年

[①] 本文所称"投资理财"指短期投资+长期投资的股票、债券、理财产品。
[②] 根据《中国农村政策与改革统计年报》,广东省村组货币资金(现金+银行存款)和短期投资占总资产的比例从 2015 年的 26.5%逐年提高至 2021 年的 41.9%,2022 年稍微回落至 41.3%;根据东莞市农村"三资"监管平台统计,东莞市村组货币资金占总资产的比例从 2015 年的 19.2%逐年提高至 2021 年的 41.4%,2022 年稍微回落至 41.2%。

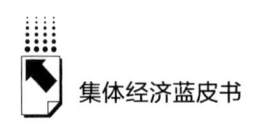

全镇村组购买理财投资项目18.6亿元，同比增长14.3%，期满可获利6130万元。

参与重大项目。支持村组通过信托投资、股权投资等方式参与城市更新项目、基础设施建设、土地整备开发等重大项目，2023年全镇村组通过东莞信托参与滨海湾新区建设项目等市重大项目1.4亿元，期满可获利770万元。

（四）推动人居资本赋能从缺位到有为

清溪镇人居环境本底好，全镇森林覆盖率为55.6%、绿化率为67.0%，空气质量常年位列东莞第一，先后获评中国最美小镇、全球绿色城镇、全国特色景观旅游名镇。清溪镇在推进城镇化过程中，逐步激活"沉睡"状态、经济效益偏低的人居资本，探索"绿水青山"变成"金山银山"新路径。

利用生态发展农文旅。围绕清溪河、银屏山森林公园等重要节点，着力打造乡村旅游精品线路。统筹整合存量土地资源，规划建设清溪湖小鹿生态园、云溪·桃花源、莞香文化森林生态园等农文旅项目。2023年，"广东·醉美清溪之旅"入选全国乡村旅游精品线路，云溪·桃花源获评"广东省乡村振兴重点项目"。

利用空间培育新业态。鼓励村组通过安装屋顶光伏和5G基站、建设停车场和充电桩、拓展户外和融媒体广告等方式，挖掘利用空间资源，培育集体经济新的增长点。2023年，清溪镇新兴经营项目收入963万元，增长185.4%，其中停车收入增长27.1%、光伏发电收入增长120.0%。

（五）推动资产财务管理从传统到现代

多年来，清溪镇坚持问题导向，以强烈的改革意识、开放意识、忧患意识和担当意识，主动承接全市农经试点任务，持续推动农村集体资产管理现代化。

产权更清晰。清溪镇作为东莞市农村股份合作制改革的试点，2002年选取土桥村开展试点，2004年铺开，2005年全面完成。通过改革，全面摸清了"家底"、确定了股本、界定了成员，建立了"盈利共享、风险共担、先提后用、按股分红"的分配机制，近3万名农民"持股进城"，有效保护城镇化进程中原村民的利益。2011年，在土桥村率先探索将部分集体股转为募集股，为完善股权管理提供了实践参考。

制度更完善。先后出台《清溪镇农村集体资产管理实施细则》等23份制度文件，率先在全市推行村级财务室规范化建设，先后开展清产核资、合同清查、"白条账"整治、财务检查等涵盖38项内容的专项检查，进一步堵塞管理漏洞，筑牢资产监管"防火墙"。

监管更科学。分别组建清溪镇农村集体资产管理办公室、集体资产交易中心和纪检监察审计办公室，分别负责农村财务管理、资产交易、审计监督工作，实现"管审分离""交审分离"，避免镇农村财务管理机构既当"运动员"又当"裁判员"。逐步打造预算管理、阳光交易、民主理财、财务监管、审计监督、审查监控、统计监测、责任追究、薪酬激励、督查考评"十管齐下"监管体系，建立"前中后"全链条监管机制。

二 存在的问题

（一）村域发展空间有待拓展

历史用地包袱偏重。部分村早期发展缺乏长远性规划，将集体土地长租给私人，仅收取较低的土地使用补偿款。截至2023年，全镇村组拥有以有偿租赁形式建成的厂房952栋，占地面积1227.55万平方米，年收取土地使用补偿款仅为2.23亿元。

存量物业老旧偏多。全镇村组集体自有厂房使用年限超20年的共有401栋，占比89.5%。集体厂房平均容积率只有1.13，低于全市平均水平（1.31），更是低于现代工业园标准（2.0）。受"三证一书"缺失、各方诉求利益不一、改造周期不确定等因素影响，部分厂房物业出现较长的空租期。

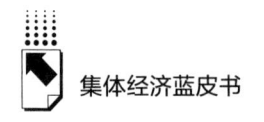

资金理财渠道偏窄。由于农村集体资金属全体成员集体所有的本质属性，目前清溪镇农村集体资金投资方式主要有购置物业资产、购买银行理财产品、通过东莞信托参与城市更新项目建设三种风险可控、收益合理的投资项目。2023年，虽然全镇村组投资理财占货币资金比例比上年提高5.6个百分点，但综合收益率却下降了0.1个百分点。

（二）镇域统筹机制有待深化

"飞地"确权问题。清溪镇按照"统一规划布局、统一调配土地、统一开发土地、统一基础设施建设"的模式开展土地开发，由于历史用地手续不完善，村与村、村与组之间存在不少"飞地"。如谢坑村，目前拥有两平方公里左右土地，本村在其他村建有工业厂房，其他村在谢坑村也建有工业厂房，村组在办理土地物业权证时面临诸多困难。

统筹载体问题。2000年1月28日，经东莞市农业委员会同意，清溪镇成立了"东莞市清溪镇经济联合总社"，作为"镇级集体经济组织"和"镇级集体财产的法人"；经济联合社是总社的"团体社员"，"在经济上是相互协作、自愿互利的关系"，[1] 利益联结并不紧密。2017年2月16日，成立"东莞市清溪控股集团有限公司"，主要经营范围包括城市综合开发与城市更新、重大基础设施建设、产业园区建设及管理、物业租赁、股权投资等，目前与村组集体经济联结还不够紧密。

（三）市域配套政策有待完善

近年来，东莞市在推动农村集体经济优化发展、强化管理等方面出台了系列文件，提出了明确指引，但在深化改革、特别是农村产权制度改革后续

---

[1] 东莞市农业农村局2000年度档案资料。《东莞市清溪镇经济联合总社章程》第二条规定："本社是镇级集体经济组织，是镇级集体财产的法人。"第四条规定："本镇辖内的经济联合社、信用合作社为本社的团体社员。总社与团体社员之间在经济上是相互协作、自愿互利的关系，独自实行自主经营、独立核算、自负盈亏。"第十一条规定："组织、协调和管理全镇性农田水利、道路、通讯、能源和市政等基础设施建设，改善投资环境和耕作条件。"

完善方面相对缺位。据统计，清溪镇全面完成农村股份合作制改革后的第十年（2015年），全镇非股东村民为8612人，占户籍人口的22.9%；2021年，非股东村民人数已超过股东；2023年，非股东村民占比达54.9%。东莞全市的情况也不容乐观，非股东村民从2014年的13.9万人逐年攀升至2023年的46.6万人，占户籍人口的比例从10.3%上升至27.8%（见表1）。土桥村作为清溪镇股份合作制改革的试点，曾探索以募集股方式解决非股东村民的利益诉求问题，由于缺乏指引，试点探索存在一定争议，需要上级顶层设计加以引导。

表1 东莞市与清溪镇股东与非股东村民情况（2014~2023年）

年度	东莞（万人） 股东人数	东莞（万人） 户籍人口	东莞（万人） 非股东村民	清溪（人） 股东人数	清溪（人） 户籍人口	清溪（人） 非股东村民
2014	121.6	135.5	13.9	29082	37228	8146
2015	121.5	137.9	16.4	28994	37606	8612
2016	121.6	140.1	18.5	28999	38891	9892
2017	121.3	143.4	22.1	28999	42398	13399
2018	121.2	148.4	27.2	29001	46051	17050
2019	121.3	154.1	32.8	29005	51632	22627
2020	121.4	156.9	35.6	29005	54439	25434
2021	121.3	161.5	40.2	29006	58966	29960
2022	121.2	166.0	44.7	29006	61110	32104
2023	121.2	167.8	46.6	29009	64326	35317

资料来源：东莞市农村"三资"监管平台统计数据。

三 对策建议

（一）鼓励村组内部挖潜

优化物业租赁经济。鼓励村组加大土地、厂房收储力度，统筹整合低效土地、物业资源，在符合规划和建筑安全要求的前提下，通过厂房加层、厂

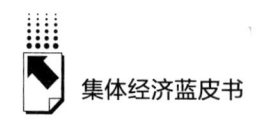

区改造等途径，推进物业提档升级。支持各村组统筹存量房屋与人才安居、长租公寓等企业合作实施综合整治类更新，将连片出租屋改造为规模化、定制化的人才公寓、长租公寓、保障性住房项目，推进物业统租整合。

发展稳健投资经济。鼓励村组抢抓物业租金下跌的窗口期，充分利用富余资金选取有价值、有发展潜力的工业厂房、商务写字楼进行投资。鼓励村组探索运用"村组之间可进行资金互助"的政策，加强村与村之间的合作，通过项目入股、有偿购股等形式，吸纳成员资金实施土地回购、物业增持、城市更新等，共享集体经济发展成果。

培育特色乡村经济。深入挖掘并充分利用丰富的生态资源和深厚的文化底蕴，探索发展"文旅+"消费新业态、新动能，推动农业、文化、旅游融合发展，为经济发展注入新动力。加强美丽乡村建设和农村风貌管控，围绕农文旅融合发展、三次产业融合发展，集中资源力量培育一批和美乡村典型。

（二）推动镇村统筹发展

强化镇级平台统筹功能。建立健全政府统筹、部门协同、镇村配合的工作机制，由镇政府实施产业导向的统筹项目，探索以股份制、合作开发等形式，在镇域范围进行土地和项目开发，发展"飞地"抱团项目，优化资源空间配置。借助清溪控股集团、镇经联总社平台，撬动集体富余资金通过信托投资、股权投资等方式投资市镇"百千万工程"、重大项目、基础设施建设，提升集体资金使用效益。

加强土地物业收储整备。开展土地物业等资产清查，推进集体资产数字地图建设，制定整合土地资源的目标任务，鼓励村组采取独资、合作等方式或者连同清溪控股集团稳步从企业和个人手中回购已流转的土地或厂房，充实镇村发展资源基础。

健全镇村利益共享机制。坚持"政府主导、统筹发展、利益共享"原则，通过"基础补偿+增值共享"模式，实现镇村共享发展成果。对已统筹但未完善手续的工业用地，尊重历史，增加村集体税收奖励；对新统筹的工业用地，出让地价款扣除开发成本后全额返村，村集体同时享受招商引进企业投产后的税收分成。

（三）完善顶层制度设计

规范股权后续管理。建议利用国家农村集体经济立法和《东莞市农村集体资产管理条例》等地方立法规定，明确股权固化后续管理指引，妥善处理好股东村民与非股东村民、成员集体所有与社区公共治理等利益纷争；借鉴深圳等地做法，建立适度开放的股权制度，增强农村集体经济发展活力。

引导提高经营水平。建议借鉴佛山市做法，由市级出台指导文件，支持有条件的村组分类探索开展引入职业经理人试点，因地制宜引进土地整理、物业招商运营、乡村旅游、金融投资等不同方向的职业经理人；鼓励农村集体经济组织根据发展需要设立独资或者控股经营项目公司，探索由国有企业、镇属企业选派职业经理人或团队，充实专业化运营力量，提升集体经济发展质效，为助推新质生产力发展贡献农村集体经济力量。

Abstract

Since the Industrial Revolution, agriculture has evolved from primitive and traditional forms into a modern stage, influenced by the industrial revolution's progression at different historical junctures. These influences have led to a continuous improvement in the quality and nature of agricultural production methods, akin to shifts in a series of fundamental "production function," with notable advancements such as the introduction of steam engines, biotechnology, and digital technologies into agriculture. In September 2023, during his visit to Heilongjiang Province, CPC General Secretary Xi Jinping introduced the concept of "new-quality productive forces," emphasizing the need to "accelerate the formation of new-quality productive forces and enhance the impetus for development." He also called for the prioritization of developing large-scale modern agriculture and building major agricultural bases, enterprises, and industries. The essence of new-quality productive forces in agriculture is the transformation of production methods from traditional to modern large-scale agriculture. *Annual Report on Rural Collective Economy Development in China (2023 - 2024)* focuses on modern large-scale agriculture, starting from the logical origins of "ultra-small farmers" and "ultra-small agricultural services." It explores the objectives, implementation pathways, and organizational entities involved in accelerating the formation of new-quality productive forces in agriculture, highlighting the role and significance of rural collective economic organizations.

This report comprises six sections: General Report; Beidahuang Reports; Agricultural Services Reports; Agricultural Models Reports; Exploration Reports; and Case Studies Reports.

The development of new-quality productive forces in agriculture is influenced

Abstract

by factors such as the introduction of advanced agricultural elements, optimization of element combinations, and the cultivation of an agricultural industrial organization system, all of which are closely related to the development level of market-based agricultural support services. The General Report provides a detailed analysis of the current status and trends of China's market-based agricultural support services, identifying key findings: rapid growth in agricultural production entrustment services; the largest scale in central regions, with Henan, Shandong, Jiangsu, and Hunan provinces accounting for 40% of the total; increasingly robust service systems for small farmers; continued dominance of specialized households in market-based agricultural support services; strong employment absorption and broad coverage by professional cooperatives; the strongest single-entity service capacity by service companies; and the fastest growth in the number of small farmers served by collective economic organizations. Based on these findings, the report recommends: vigorously developing entrustment services to promote large-scale operation in agricultural production; activating the coordinating power of rural and village-level collective economies to improve the organizational level of support services; fully leveraging the leading role of leading enterprises to build an ecosystem for market-based agricultural support services; and leveraging digital empowerment to upgrade the quality of market-based agricultural support services.

Ultra-small farmers and ultra-small agricultural services present the last-mile obstacle to the conversion of technological progress in the development of new-quality productive forces in agriculture. To overcome this, it is crucial to expand operational scales and create effective contexts for technology deployment. The Beidahuang Chapter analyzes the typical experience of the Beidahuang Farming Group, revealing the goal of transforming ultra-small farming economies into modern large-scale agricultural production. Under the condition of "ultra-small farmers," it is difficult to form scale operations from the bottom up, necessitating the activation of leading enterprises' "high potential energy" to construct "large enterprises, large industries, and large bases" from the top down. Consequently, a "big three-tiered" nested within a 'small three-tiered' system is proposed for the subjects and organizational structure of new-quality productive forces in agriculture: at the group level, 'large enterprises' are established; at the subordinate industry company (or regional branch) level, 'large industries' operating across the entire supply chain are developed; and at the county cooperative union (or state-owned agricultural enterprise), township joint cooperative, and village collective economic organization levels, a 'small three-tiered' management system fosters large-scale agricultural land operation. This leads to the establishment of a "five-in-one" socialist agricultural economy system with Chinese characteristics, dominated by state-owned economy, collective economy, cooperative economy, private economy and household economy, which is a vivid practice of implementing the requirements of the Third Plenary Session of the 20th CPC Central Committee to "promote complementary advantages and common development of various forms of ownership." Additionally, the chapter discusses topics such as the "Yichuan Model," field consolidation, and comparisons of regional agricultural service efficiency.

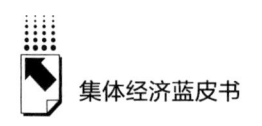

The Agricultural Services Report, focusing on the core theme of building a modern agricultural service system, introduces experiences from organizational reforms in Zhejiang Province, Wenshang County in Shandong Province, Dingzhou City and Hengshui City in Hebei Province, from the perspectives of establishing a "trinity" new rural cooperative system for production, supply, and credit, as well as "agricultural service organizations + professional farmers + village collectives" and agricultural production entrustment services.

The Agricultural Model Report addresses the question of "who will farm and how to farm well," based on a survey analysis of nine agricultural counties in southern, central, and northern Jiangsu Province. It proposes policy recommendations for ensuring food security, including optimizing the age structure of grain-growing teams, promoting appropriately scaled agricultural operations, and ensuring income for grain farmers. Furthermore, it introduces Hebei Province's efforts to promote appropriately scaled agricultural operations and the "five-in-one" business model in Gucheng County, involving the Party branch, collective economic cooperative, households, banks, and insurance companies.

The Exploration Report delves into high-quality development of new forms of collective economy in megacity regions, town cooperative unions, the implementation of collective industry projects, smart rural construction, farmer

Abstract

prosperity, and rural residential land reform, among other areas. It presents practical experiences from Shanghai, Pinggu and Chaoyang Districts in Beijing, Jiaxing City in Zhejiang Province, Jiangbei District in Ningbo City, Wuxi City and Zhangjiagang City in Jiangsu Province, and Wujin District in Changzhou City, illustrating the unique functions and roles of town cooperative unions in promoting comprehensive rural revitalization. Notably, through the analysis of the National Rural Revitalization Demonstration Zone in Zhenluoying Town, Pinggu District, Beijing case study, the special importance of town cooperative unions is elucidated.

The Case Study Report summarizes typical experiences in the development of new forms of collective economy in Nanjing, Jiangsu Province; Guangshui City, Hubei Province; and Dongguan City, Guangdong Province. Of particular note is Dongguan City's innovative practices in high-quality development of town and village collective economies, equity investment, town economy, and group-level collective economies, which hold significant value for guidance and reference.

Keywords: New-quality Productive Forces in Agriculture; Large-scale Modern Agriculture; Socialized Agricultural Services; Collective Economy

Contents

I General Report

B.1 Trends, Characteristics and Policy Suggestions
for China's Socialized Agricultural Services

Yu Junjun, Wang Hongyu / 001

Abstract: The current development status of China's socialized agricultural service system exhibits significant trend characteristics. Nationwide, socialized agricultural service organizations are developing steadily, particularly in the rapid growth of agricultural production trusteeship services. The central region has the largest scale, with Henan, Shandong, Jiangsu, and Hunan provinces accounting for 40% of the total number. The service system for small-scale farmers is increasingly comprehensive. Agricultural service households continue to play a leading role in socialized agricultural services. Professional cooperatives have strong employment capacity and broad service coverage. Service-oriented enterprises have the strongest driving force for individual service provision. Collective economic organizations are experiencing the fastest growth in serving small-scale farmers. The report proposes four suggestions for accelerating the construction of a modern socialized agricultural service system: (1) vigorously develop trusteeship services to promote moderate-scale agricultural production; (2) activate the coordination of collective economic forces at the village and township levels to improve the organization level of socialized services; (3) fully leverage the leading role of leading enterprises to build a socialized agricultural service industry ecosystem; (4) drive the quality and upgrade of socialized agricultural services through digital empowerment.

Keywords: Socialized Agricultural Services; Production Trusteeship; Cooperative Economy; Collective Economy; Supply and Marketing Cooperatives

II Beidahuang Reports

B.2 New-Quality Agricultural Productivity: Objectives, Pathways, and Essential Characteristics

Chen Xueyuan, Huang Songtao / 012

Abstract: The transformation of agriculture into a grand industry is currently the basic connotation and strategic goal for cultivating new-quality productivity in agriculture. Based on the typical experience of the Bei'an Branch of Beidahuang Group, this report proposes an analytical framework of "Large Enterprise - Large Industry - Large Base." It moves beyond the path of cultivating agricultural operating entities from the bottom up, with small-scale farmers as the starting point. Instead, it initiates from the height of a "new-quality state" of large-scale industrial agriculture. Through top-down comprehensive industrial chain design, it presents practical pathways for nurturing new-quality agricultural productivity: (1) A large enterprise led by a "head" enterprise, consisting of "Group Corporation + Industry Corporation + Farm (state-owned or collective)", where the group level is responsible for coordinating resources and strategic layout, acting as an investment center and implementing capital operations; (2) A large industry represented by the entire industry chain, with the group's subordinate industry companies responsible for integrating Beidahuang Group's industrial system, including digital platform enterprises, acting as profit centers and implementing industrial operations; (3) Formation of large farm bases for scaled land operation, mainly integrating agricultural land resources through entrusted operations and full-process trusteeship, increasing investment in agricultural technology, acting as cost centers, and implementing production operations. Furthermore, the report proposes general conditions for the development of new quality productivity in agriculture, i. e., essential characteristics: organizational integration, technological integration, full industry chain, entrusted operations, supervision and risk control, digital empowerment, etc. It also offers strategic suggestions for fostering new-quality productivity in agriculture at the district, town, and village levels.

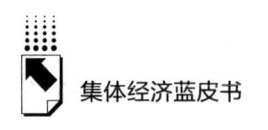

Keywords: New-Quality Agricultural Productivity; Modern Agriculture; State-Owned Economy; Collective Economy; Digital Agricultural Services

B.3 "The 'Big Three' Nested within the 'Small Three'":
The Main Players and Organizational Structure
of Modern Large-Scale Agriculture

Chen Xueyuan, Wang Zhe, Zhao Banghong and Liu Ruiqian / 036

Abstract: The answer to the question of "who will farm" lies in transforming agriculture into a grand industry, for which a new effective form of agricultural management system is needed. This report summarizes and analyzes the typical experience created by Beidahuang Group in leading the modernization of agriculture, and proposes the main players and organizational structure of modern large-scale agriculture with Chinese characteristics. (1) The logic of reform towards modern large-scale agriculture. Currently, China has entered the "third stage" of agricultural development proposed by Keijiro Otsuka: the rapid decline in self-sufficiency of agricultural products due to the decline in international competitiveness of agriculture; the basically end of the rapid transformation of rural social structure, with the clarity of various major functional areas such as grain; and the solidification of the resource endowment structure of "large country with small-scale farmers". Building modern large-scale agriculture requires overcoming the "three hurdles" of non-agricultural transfer of labor, fragmentation of farmland, and modern large-scale agriculture. (2) The experience and practices of Beidahuang Group. The reclamation area has already established modern large-scale agriculture. Building on this foundation, the group promotes agricultural modernization in rural areas, particularly in major grain-producing regions, through full-process trusteeship, cooperative farming, and full-industry chain operations. The key points of this organizational system mainly include: "Dragon Head", represented by Beidahuang Group as a large enterprise; "Dragon Body", represented by industrial companies as a large industry integrating large bases through "double control and service"; "Dragon Claws", represented by rural collective economic organizations as large bases; and "Dragon Cloud", a big data platform empowered by digital economy. (3) The target model of agricultural management system reform in rural areas. The "Big Three" management system mainly includes: constructing a "large enterprise" at the corporate group level; developing a "large industry" with full-industry chain operations at the level of subordinate industrial companies (or regional branches). The "Small Three" management system mainly includes: county cooperatives (or agricultural SOEs), township joint cooperatives (or joint ventures), and village collective economic organizations (including village land share cooperatives), jointly cultivating a "large base" for scaled farmland management. Furthermore, the report proposes countermeasures and suggestions such as implementing a shared farming system through full-process farmland trusteeship, establishing a three-tier collective economic organization system of district, town, and village, and leading the construction of a modern agricultural industry organization system by "leading enterprises".

Keywords: Agricultural Business Entities; Modern Large-Scale Agriculture; "Big Three" Nested within "Small Three"

B.4 Who Will Farm: Constructing a New-Type Agricultural Economic System with Chinese Characteristics

Chen Xueyuan / 065

Abstract: The organic integration of public and non-public ownership economies in the industrial chain is an effective approach to give play to the leading role of public ownership economy, consolidate the basic economic system, and promote the high-quality development of China's economy. The report focuses on the sharp contrast between Beidahuang Group's construction of modern large-scale agriculture and the difficulties of rural areas in stepping out of ultra-small peasant economy, elaborating on the inevitability and several essential characteristics of the formation of a new-type agricultural economic system with Chinese characteristics. Firstly, it discusses the theoretical logic of inefficient utilization of farmland under the condition of ultra-small-scale peasant households. With the continuous non-agricultural transfer of rural surplus labor, part-time operation by small-scale peasant households has become the main mode of current agricultural production, which will inevitably lead to a decline in the efficiency of farmland utilization. Secondly, the report sorts out the different stages of the development and evolution of China's characteristic agricultural economic system, following the two lines, that is, the area of the Beidahuang Group and the local rural area. Based on the mutual comparison, it reveals the objective necessity of promoting Group-locality cooperation and demonstrating the leading role of state-owned agricultural reclamation economy. Thirdly, it discusses the establishment of a new-type agricultural economic system with Chinese characteristics on the basis of Group-locality cooperation, which essentially aims to build a higher-level, wider-scope new "combined" dual management system. Furthermore, the report proposes that to construct a new-type agricultural economic system with Chinese characteristics, it is necessary to promote comprehensive institutional reforms in rural areas and establish a new agricultural management system supported by a three-tier functional division of labor at the county, town, and village levels.

Keywords: New-Type Agricultural Economic System; Group-Locality Cooperation; Modern Large-Scale Agriculture

B.5 Research Report on the "Yichuan Model" of Socialized Agricultural Services by Beidahuang Agricultural Service Group

Joint Research Group of Hebei Agricultural University and Beijing Agricultural Research Center / 084

Abstract: The report summarizes the "Yichuan Model" of large-scale land integration combined with socialized agricultural services, which was developed through the cooperation between Yichuan County and Beidahuang Agricultural Service Group. The model exhibits typical characteristics of "123+6" in which: "1" refers to one center, emphasizing comprehensive party leadership as the core; "2" refers to two platforms, utilizing the platforms for land scale integration and socialized agricultural services; "3" refers to three supports, with state-owned enterprises playing a main supporting role, party organizations at the grassroots level acting as a strong support, and financial institutions providing financial support; "6" refers to six enhancements, including increasing grain production, enhancing the income of multiple stakeholders, increasing village-level collective economic income, enhancing the revenue of government platform companies, improving the interests of construction and operation entities, and enhancing government policy-based revenue. The "Yichuan Model" effectively addresses issues such as government financial constraints, weak village-level collective economies, and difficulties for professional farmers in obtaining land. Based on enhancing soil fertility and increasing grain production, it achieves a win-win situation for multiple stakeholders. The research findings suggest that to promote Group-locality cooperation, it is necessary to: (1) Ensure that the county party committee and government act as the "overall commander on the front line";

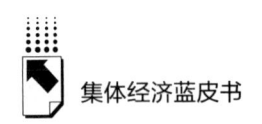

(2) Play the leading, exemplary, and driving role of state-owned enterprises and state capital; (3) Promote the scaled and integrated operation of land across the entire region; (4) Utilize the socialized agricultural service platform of Beidahuang; (5) Advance the modernization of farmers in parallel with the modernization of agriculture and rural areas.

Keywords: "Yichuan Model"; Beidahuang; Socialized Agricultural Services; High-Standard Farmland Construction

B.6 Research Report on the Conversion of Farmland into Grid Fields in Jiansanjiang Qixing Farm

Liu Ruiqian, Chen Xueyuan / 097

Abstract: The implementation of field conversion, which upgrades general farmland to grid fields, aims to reduce costs, increase production, and enhance efficiency, thereby effectively protecting national food security. The main points of the field conversion work in Jiansanjiang Qixing Farm focus on improving the implementation plan, promoting project execution, standardizing operational standards, and enhancing work quality. The effectiveness of the conversion is mainly reflected in the increased utilization rate of cultivated land, significant water-saving effects, notable achievements in protecting cultivated land, improved comprehensive benefits, and enhanced work efficiency. Furthermore, the report suggests that for the sustainable advancement of field conversion, it is necessary to establish a comprehensive operational mechanism that involves "government support + farmer enthusiasm + corporate participation."

Keywords: Grid Field Conversion; Well-Facilitated Land; The Utilization Ratio of Arable Land

Contents

B.7 Beidahuang Shaanxi-Gansu-Ningxia Regional Comprehensive Agricultural Service Center Explores a New Mechanism of "Central SOE + Private Enterprise" Cooperation

Joint Research Group of Hebei Agricultural University and Beijing Agricultural Research Center / 103

Abstract: The Beidahuang Shaanxi-Gansu-Ningxia Regional Comprehensive Agricultural Service Center has established a diversified interest-linkage mechanism through measures such as integrating land resources through village collective organizations, partnering with professional farmers to farm, constructing a platform for agricultural product sales, and leveraging the role of fiscal funds. These efforts have created a new benchmark for cooperation between state-owned enterprises and private enterprises. To further enhance the service efficiency of regional agricultural comprehensive service centers, the following suggestions are made: (1) Explore a "Central SOE + Private Enterprise" collaborative innovation mechanism; (2) Gradually establish and improve the internal management mechanism of the agricultural service center; (3) Perfect the agricultural insurance risk prevention mechanism.

Keywords: "Central SOE + Private Enterprise"; Sales Service Platform; Beidahuang; Shaanxi-Gansu-Ningxia Regional Comprehensive Agricultural Service Center

B.8 "Regional Agricultural Services + Machinery Operations Organization + Small Farmers"

—*Taking the Beidahuang Agricultural Science and Technology Regional Agricultural Service Center as an Example*

Joint Research Group of Hebei Agricultural University and Beijing Agricultural Research Center / 112

Abstract: The Beidahuang Agricultural Science and Technology Regional

Comprehensive Agricultural Service Center is committed to supporting small farmers. By establishing county-level working groups and "jointly operating" with the Machinery Operations Organization, it promotes the organization of small farmers and forms the service model of "Regional Agricultural Services + Machinery Operations Organization + Small Farmers." This model continuously optimizes farmers' experiences and creates a flywheel effect, achieving outstanding results in cost reduction and efficiency increase for farmers. The model provides insights into promoting the effective connection between small farmers and modern agriculture: (1) Socialized agricultural services are a key pathway to introduce small farmers into modern agriculture; (2) Township-level service organizations are effective resources for expanding business; (3) The "Insurance + Futures" model is of great significance for the development of China's agriculture.

Keywords: Beidahuang; Socialized Agricultural Services; Small Farmers; Machinery Operations Organization

B.9 Beidahuang Regional Agricultural Service Center's Research on Green Agricultural Production Efficiency and Regional Differences *Li Zeyuan, Sun Mengjie and Chen Xueyuan* / 118

Abstract: State-owned agricultural reclamation economies play a pivotal role in ensuring national food security, building a strong agricultural nation, and demonstrating leadership in the process of agricultural modernization. This report uses survey data from 23 regional agricultural comprehensive service centers across China in 2022 to explore the current green production efficiency of these centers in terms of grain production. It also employs natural breakpoint methods and location classification to analyze the spatial spillover and regional differences in the production efficiency of agricultural service management. The findings are as follows: (1) Agricultural land management by agricultural reclamation can significantly reduce production costs such as labor, fertilizers, seeds, and machinery; (2) The green production efficiency of agricultural reclamation areas in China can be roughly divided into three levels of "high-medium-low," with major reclamation areas such as Heilongjiang and Xinjiang having higher efficiency values, and showing a trend of diffusion outside the provinces; (3) The production of agricultural land managed by agricultural services has basically achieved economies of scale, with labor, fertilizers, and machinery being the main sources of current input costs. The level of green agricultural production efficiency and the optimization goals for the next step need to be tailored to local conditions. Subsequently, specific optimization strategies are proposed for the strengths and weaknesses of input and output in each regional agricultural service center. From the perspective of regional construction, the overall optimization goal is to prioritize improving the low efficiency areas under management. The advantage of the Beidahuang agricultural service brand in the Northeast region should be leveraged to radiate and drive the development of socialized agricultural services within and beyond the reclamation area, and across provinces, with the aim of narrowing the regional gaps in green agricultural production efficiency from both environmental and production scale benefits perspectives.

Keywords: Agricultural Reclamation; Socialized Agricultural Services; Green Agricultural Production Efficiency; Beidahuang

Ⅲ Agricultural Services Reports

B.10 Building a Modern Agricultural Service System
—Research Report on the "Three-in-One" Reform
in Rural Areas of Zhejiang Province

Shao Feng, Chen Guobiao / 134

Abstract: The "Three-in-One" reform in rural areas is a rural reform initiative that was personally advocated and promoted by General Secretary Xi Jinping during his tenure in Zhejiang. This research report comprehensively summarizes the progress and achievements of this reform over the past 17 years, deeply analyzes the current problems and difficulties, and proposes countermeasures and suggestions for continued deepening of the reform: (1) Strengthen the organizational leadership of the "Three-in-One" reform in rural areas; (2) Deepen the linked reform of the supporting system for the "Three-in-One" in rural areas; (3) Promote the standardized construction of the organizational system for the "Three-in-One" in rural areas; (4) Enhance the comprehensive coordination of the "Three-in-One" in rural areas for agricultural services; (5) Explore the innovative development of the cooperative economy in the "Three-in-One" in rural areas; (6) Strengthen the legal protection of the institutional mechanisms for the "Three-in-One" in rural areas. The research report directly led to the Zhejiang Provincial People's Congress Standing Committee's decision on "Continuously Deepening the Integrated Reform of Production, Supply and Marketing, and Credit as a 'Three-in-One' Model to Accelerate the Modernization of Agricultural Services."

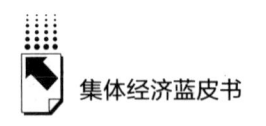

Keywords: "Three-in-One"; Rural Cooperatives; Modernization of Agricultural Services

B.11 "Agricultural Service Organization + Professional Farmers + Village Collective"
—*Research on the "Partnership Grain Farming" Model in Wenshang, Shandong Province*
　　Joint Research Group of Hebei Agricultural University and Beijing Agricultural Research Center / 145

Abstract: The "partnership grain farming" model in Wenshang, Shandong Province, has given rise to a new professional group-professional farmers. Wenshang's professional farmers exhibit typical characteristics of the new era: first, large-scale operations; second, specialized production; third, stable income;

fourth, professional identity. The process of "Group-locality cooperation" has addressed the pain point of rising land prices by partnering with professional farmers to grow crops. In this model, professional farmers are the backbone and most active element of "Group-locality cooperation"; village collectives act as the organizers and coordinators; Beidahuang Farmer Service Center provides technical support and service supply for "Group-locality cooperation"; and the interest-sharing mechanism of shared risks and benefits serves as the driving force for professional farmers to stabilize their careers. The implications of Wenshang's "partnership grain farming" model for "Group-locality cooperation" include: (1) the exploration of large-scale agricultural production in China requires the support of professional farmers; (2) "Group-locality cooperation" should focus on the cultivation of professional farmers; (3) strengthen the role of village collectives in serving professional farmers; (4) improve the service platform of state-owned enterprises to enhance the bond between professional farmers and agricultural service organizations; (5) manage the relationship with large-scale grain farmers (operational professional farmers); (6) scientific evaluation of local conditions is necessary for the promotion of the model.

Keywords: Professional Farmers; Group-Locality Cooperation; Partnership Grain Farming

B.12 Innovative Management and Strengthened Trusteeship
—*Dingzhou's Practice in Socialized Agricultural Services*
Yan Shujing / 162

Abstract: Dingzhou City has rapidly developed agricultural socialized services through policy guidance, financial support, and standardized management. The city has a total of 2242 service organizations serving over 200,000 households and covering an area of 806,200 mu. The average annual cost savings in agricultural production costs and machinery operation fees per mu are 100 yuan; the reduction in pesticide and fertilizer inputs is about 8%; and water conservation exceeds 50 cubic meters, demonstrating significant service outcomes. However, there are still constraints such as outdated management methods, unclear service standards, and low service efficiency. Suggestions are made as follows: (1) Strengthen the foundation of agricultural trusteeship, widely implement the promotion of one-village-one-product with superior seeds, and carry out pilot projects for whole village or whole region trusteeship. (2) Extend the industrial chain, establish industry associations, formulate industry service standards, and implement measures for rewarding and punishing service quality. (3) Upgrade management methods, establish a city-wide trusteeship service information platform, improve service levels, and further lead small farmers into modern agriculture.

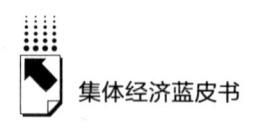

Keywords: Agricultural Production Trusteeship; Socialized Agricultural Services; Dingzhou City

B.13 Investigation Report on the Development of Socialized Agricultural Services in Hengshui City　　*Han Zhijie* / 170

Abstract: Developing socialized agricultural services is a major strategic move to build a modern agricultural management system, transform the mode of agricultural development, and accelerate the modernization of agriculture. In recent years, Hengshui City has accelerated the development of socialized agricultural production services by strengthening organizational guidance, cultivating service entities, introducing large enterprises, and exploring and promoting typical models. This has enriched the connotation of agricultural unified management. Through the scale of services, the scale, standardization, and standardization of production have been enhanced, which has improved the level of agricultural mechanization, the contribution rate of agricultural science and technology, and the labor productivity. For the problems existing at this stage, such as the excessive fragmentation of farmers' contracted land, the weak power of village collective economic organizations, and the weakening of the functions of agricultural socialized service organizations, specific suggestions are proposed: (1) Actively explore effective ways, procedures, and mechanisms to solve the fragmentation of contracted land; (2) Effectively use the results of the reform of rural collective property rights to strengthen the role of rural collective economic organizations in leading socialized organizations and playing a mediating service role; (3) Standardize and improve service quality; (4) Rely on agricultural service companies, farmers' cooperatives, and agricultural leading enterprises to establish an agricultural production trusteeship service alliance to revitalize existing facilities, equipment, technology, and talents; (5) Introduce specific supporting policies to promote the development of socialized agricultural services, improve the efficiency of government services and management systems, and Agricultural provide a favorable environment for the development of socialized agricultural services.

Keywords: Socialized Agricultural Services; Agricultural Production Trusteeship; Hengshui City

Ⅳ Agricultural Model Reports

B.14 Survey Report on Promoting Moderate Scale Operation in Agriculture in Hebei Province *Jing Haifeng* / 180

Abstract: The development of moderate scale operation is the direction of modern agriculture. This report analyzes the current status, characteristics, and development trends of agricultural scale operation in the province based on the development and statistical data of the two main forms of agricultural scale operation in Hebei Province, namely land transfer and production trusteeship. Although land transfer and production trusteeship in the province have played an important role in cultivating new agricultural business entities, reducing agricultural costs and increasing efficiency, and promoting the organic connection between small farmers and modern agriculture, there are still many difficulties and problems in the current stage of block-shaped scale operation. In addition to insufficient infrastructure supply, the bottlenecks in labor, land use, capital, and insurance for the main business entities need to be urgently addressed. Suggestions are made as follows: (1) Actively and steadily promote land transfer; (2) Vigorously cultivate scale operation entities; (3) Accelerate the development of specialized and socialized services; (4) Strengthen agricultural infrastructure construction; (5) Optimize the supply of agricultural financial services.

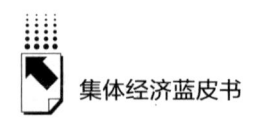

Keywords: Scale Operation; Land Transfer; Production Trusteeship; Socialized Services; Hebei Province

B.15 "Party Branch + Collective Economic Cooperative + Farmers + Bank + Insurance"

—Research Report on the "Five-in-One" Model in

Gucheng County　　　　　　　　　　　　　　　*Jing Haifeng* / 190

Abstract: Hebei Province's Gucheng County has innovatively implemented the "Party Branch + Collective Economic Cooperative + Farmers + Insurance + Bank" five-in-one business model, adhering to Party leadership, revitalizing assets, leading with key enterprises, and engaging in scale operation. This effectively activates rural resources and assets, effectively addressing the questions of "who will farm the land and how to farm it," as well as the village collective's "no money to do things and unable to accomplish them," and achieving grain production increase, collective income increase, and farmer wealth enhancement. Gucheng County's practice provides useful insights for the development of new-type rural collective economy in the new era: (1) Strengthening grass-roots organizations, adhering to party leadership, and transforming the advantages of party organization into development advantages; (2) Respecting farmers' wishes and mobilizing their enthusiasm through a reasonable benefit distribution mechanism; (3) Adhering to local conditions, based on local resource endowment, and playing comparative advantages; (4) Strengthening policy support and creating a favorable environment.

Keywords: Collective Economy; "Five-in-One Model"; Cooperative; Scale Operation; Gucheng County

B.16 Research on Grain Planting in Jiangsu Province
—*Based on Surveys in Nine Agricultural Counties in Southern, Central, and Northern Jiangsu*
Nie Zhe, Hou Lili and Zhao Jiangning / 198

Abstract: Ensuring a stable and secure supply of food and important agricultural products has always been the top priority in building a strong agricultural nation. The issue of "who will farm the land and how to farm it well" has become a hot topic of concern across society. This report summarizes the basic situation of grain production in Jiangyin City, Changzhou's Jintan District, Zhangjiagang City, Rudong County, Huai'an's Huaiyin District, Sheyang County, Baoying County, Jurong City, and Jiangyan District in Taizhou City, analyzes the current development status and existing problems, and addresses the complex and closely related issues among people, land, and interests. It proposes several suggestions for ensuring food security: optimizing the age structure of the grain farming team, promoting moderate scale agriculture, and ensuring and enhancing the profits of grain farmers.

Keywords: Food Security; Talent Cultivation; Moderate Scale Agriculture; Grain Farming Profits; Jiangsu Province

集体经济蓝皮书

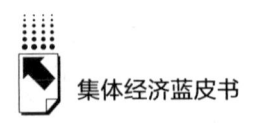

V Exploration Reports

B.17 Exploration and Practice of Enhancing New-Type
Rural Collective Economy in Shanghai *Fang Zhiquan* / 207

Abstract: Enhancing the development of new-type collective economy is a pivotal strategic measure for promoting common prosperity in rural areas. This report summarizes the characteristics inherent in the new-type collective economy and posits that accelerating the establishment of rural collective property rights system, enhancing the market entity capabilities of rural collective economic organizations, and cultivating "pacesetter" leaders for these organizations constitute the main objectives for fostering the growth of the new-type collective economy. Through analyzing the development status of Shanghai's new-type rural collective economy, the report suggests integration with comprehensive rural assistance programs, alignment with comprehensive land consolidation efforts, cooperation with district-level collective asset management platforms, synergy with model village revitalization projects, and engagement in all-factor markets. It also emphasizes breaking from conventional paths, leveraging platform functions, reinforcing supervision and management, and optimizing distribution systems.

Keywords: New-Type Rural Collective Economy; Collective Assets; Collective Property Rights System; Shanghai

B.18 How Township Cooperatives Promote Comprehensive
Rural Revitalization
—*A Follow-up Survey of the National Rural Revitalization
Demonstration Area in Zhenluoying Town* *Chen Xueyuan* / 214

Abstract: As township-level collective economic organizations, township cooperatives serve as a crucial vehicle for the comprehensive revitalization of rural areas. Analyzing and revealing their specific functions and roles are of great practical significance for current research on the general implementation path of the rural revitalization strategy. During the creation of the National Rural Revitalization Demonstration Area, Zhenluoying Town in Pinggu District actively leveraged the benefits of linking interests and coordinating efforts through township cooperatives, effectively dismantling the development system constraints characterized by villages and households acting independently. This demonstrates the general laws and development trends of rural revitalization. The research indicates that the organizational comparative advantages of township cooperatives are primarily evident in the seamless functional connection between districts, towns, and villages; the centralized optimization of collective land resources; the management of collective assets and the vertical integration of the industrial chain; and the optimization of rural governance mechanisms. Furthermore, the report distills a general implementation path for the rural revitalization strategy, which includes coordinated spatial planning, coordinated industrial development, and coordinated institutional mechanisms.

Keywords: Modernization of Agriculture and Rural Areas; Township Cooperatives; Asset Management; Industrial Chain; "Five-in-One"

B.19 Difficulties in Implementing Collective Industrial Projects in Chaoyang District: Constraints and Countermeasures

Pan Jiatang / 238

Abstract: Promoting the implementation of collective industrial projects and fostering endogenous driving forces for rural development has been an ongoing process of exploration and practice, especially in the suburban areas of major cities, where it is considered cutting-edge, exploratory, and representative. As a key area for the relocation of non-capital functions, the rural areas of Chaoyang District currently face the dual tasks of industrial restructuring and environmental governance, along with numerous challenges, including the heavy burden of relocation and significant pressure for development. Taking Chaoyang District as a case study, this paper identifies and discusses the difficulties in implementing collective industrial projects in suburban areas, arguing that the constraints are mainly manifested in policy games between the government and collectives, among rural collectives, and between rural collectives and their partners, as well as in the shortage of talent. To address these challenges and promote industrial transformation and upgrading, the following suggestions are made: (1) Adopt multiple measures to solve the bottleneck of funding, such as land acquisition compensation, land-based wealth generation, and financing support; (2) Improve the overall planning at the township level to protect farmers' interests and promote balanced development; (3) Strengthen talent cultivation to enhance project management and operational capabilities.

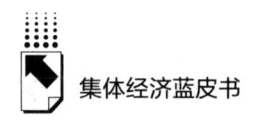

Keywords: Suburban Area; Collective Industrial Projects; Township-Level Overall Planning

B.20 Research on the Development Pathway of New-Type Rural Collective Economy in Jiaxing City

He Xueming, Feng Tao, Yang Xiafei and Zhang Wenyi / 248

Abstract: The 2023 Central Document No.1 emphasizes the exploration of diversified approaches to develop the new-type rural collective economy, such as resource contracting, property leasing, intermediary services, and asset shareholding. Jiaxing has always kept in mind Comrade Xi Jinping's call for Xiaxing to "become a model for balancing urban and rural development in the entire province and even the whole country." By implementing the "Strong Village" program, Jiaxing has continuously activated the vitality of the rural collective economic development and sustained the growth and expansion of the rural collective economy. However, in recent years, the problem of inadequate income growth for village-level collective economies has become increasingly prominent. How to solve the difficulty of increasing income in the rural collective economy and promote the sustainable development of the rural collective economy is an important issue facing us. It is also a crucial task in building a model city for common prosperity and writing a new chapter of Jiaxing's Chinese-style modernization.

Keywords: New-Type Rural Collective Economy; "Fly-Land" Agglomeration; Management of Assets

B.21 Empowering the New Collective Economy with Digitalization
—*Jiangbei District, Ningbo City, Constructs a Rural Collective Asset Intelligent Management and Supervision Platform*
Wang Junbo, Zhu Yun, Qian Li and Zhang Zhaokang / 260

Abstract: Starting from focusing on hotspots, priorities, and difficulties, the Jiangbei District of Ningbo City has, in the implementation of the national pilot program for the reform of rural collective property rights system, introduced a digital management system for the rural collective economy that integrates the entire lifecycle of "registration, management, supervision, disclosure, and transaction" according to local conditions. Through continuous improvement and deepening, the district has created an "Intelligent Management" system for collective assets, changing "checking accounts" to "viewing images"; assembled the body of "Intelligent Management" for asset transactions, changing "offline running" to "data running"; infused the capabilities of "Intelligent Management" with data information, changing "fragmented" to "linked"; and implanted the procedures of "Intelligent Management" for power and responsibilities, changing "provision-based" to "guided map-based". This has effectively enhanced asset income, resulting in a total income of 355 million yuan for the rural collective economy in administrative villages of Jiangbei District, a year-on-year increase of

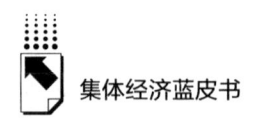

23.47%, with operating income breaking through 206 million yuan, a year-on-year increase of 20.87%. This demonstrates the "Jiangbei Answer" to the high-quality development of the rural collective economy.

Keywords: Digital Empowerment; New-Type Rural Collective Economy; Collective Assets

B.22 Strengthening New-Type Rural Collective Economy to Promote the Common Prosperity of Farmers and Rural Areas in Wuxi City

Fan Zhanzhi, Hua Yufeng, Huang Xiangyu and Xu Guobin / 269

Abstract: In recent years, Wuxi City has achieved remarkable results in the process of developing and strengthening the rural collective economy by strengthening asset supervision, deepening rural reforms, exploring transformative development, carrying out "two cleanups," and enhancing policy and financial support. In light of the existing outstanding problems, the report proposes the following countermeasures and suggestions: Perfect the management and operation of village collectives to eliminate concerns about not daring to develop; innovate joint development platforms to make up for shortcomings in not knowing how to develop; promote institutional reforms to ensure land for the development of the collective economy; strive for financial support to alleviate the burden of collective economic development; enrich project supply and tap excellent market resources; and closely link interests to allow farmers to enjoy the benefits of development.

Keywords: Collective Economy; Common Prosperity; Wuxi City

B.23 Enhancing Factor Support and Promoting Diversified Development through Village-specific Policies
—*A Practical Exploration of Developing New-Type Rural Collective Economy in Zhangjiagang City*

Wang Yiyi, Guo Jinyuan / 278

Abstract: Since the reform and opening-up, Zhangjiagang City has attached great importance to the development of rural collective economy, treating it as a crucial engine for rural revitalization. Adhering to the principles of "policy guidance, market dominance, village-specific policies, and diversified development," the city has pushed for the quality and efficiency improvement of rural collective economy. This paper summarizes the main practices and existing achievements of Zhangjiagang City in recent years in terms of policy support, resource allocation, project leadership, and development concepts for the development and strengthening of rural collective economy. It analyzes the existing problems in development, mainly the relatively insufficient sustainable development resources and the increasing financial and tax burden year by year, and proposes countermeasures and suggestions: highlighting overall planning and policy guidance, and formulating policy support "combinations" for economically strong villages and relatively average villages respectively; efficiently gathering resources, promoting the transformation and upgrading of village-level carriers, and strengthening the rural industry; building a diversified structure, guiding market entities to participate in the development of the collective economy, and promoting common prosperity.

Keywords: Rural Collective Economy; Village-Sepecific Policy; Zhangjiagang City

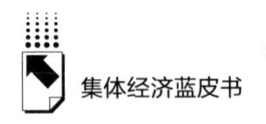

B.24 Exploring the Establishment of a Homestead Qualification Rights Protection Mechanism for Farmers in Wujin District, Changzhou City　　　　　　*Li Zhiguo，Zhang Xinwei* / 284

Abstract: Members of rural collective economic organizations are the main force driving rural revitalization and promoting common prosperity. Strengthening and standardizing the management system of members' homestead qualification rights is fundamental to deepening and securing homestead reform, relating to the basic housing security of farmers, the release of homestead right utilities, and the overall stability of rural reforms and development. Wujin District has continuously explored an integrated management mechanism for farmers' homestead qualification rights, aiming to clarify the relationship between "people, households, and rights," strictly regulate the processes of "change, adjustment, and management," establish a comprehensive system for managing homestead qualification rights, and pioneer in piloting a full-factor practice model for institutional management and application of results. This endeavor is designed to provide a robust foundation for regulating rights protection, reinforcing empowerment, and guiding effective governance.

Keywords: Homestead; Farmer Qualification Rights; Rural Collective Economic Organization; Changzhou City

Ⅵ　Case Study Reports

B.25 Analysis of the Current Status and Countermeasures of Rural Cooperative Companies in Guangshui City, Hubei Province
　　　　　　Zhao Lijia，Tan Xiulu / 292

Abstract: In order to address the issues of weak rural collective economy and the fragile market position of rural collective economic organizations, Guangshui City in Hubei Province began to promote the establishment of rural cooperative companies with a corporate governance structure funded by village collective economic organizations in 2021. After three years of development, the rural cooperative companies have steadily revitalized rural resources and assets, activated internal development momentum, expanded the collective economy, and led villagers out of poverty and towards prosperity. They have also inspired vitality in rural governance and enhanced governance effectiveness. However, there are still issues such as a lack of production factors and an imperfect long-term development mechanism in the rural cooperative companies of Guangshui City. It is necessary to further adhere to CPC leadership, standardize management systems, and stimulate farmers' sense of ownership.

Keywords: Rural Cooperative Companies; Rural Collective Economy; Guangshui City

B.26 Special Policy Advisory Report on "Promoting High-Quality Development of Township and Village Collective Economy"
Research Team of Dongguan People's Political Consultative Conference Committee for Agriculture and Rural Affairs / 302

Abstract: The total volume of town and village collective economy in Dongguan is substantial, with property leasing as the main development model, serving as the primary carrier of industrial space. Aligning with the requirements of high-quality development in the new era, deep-seated issues such as stagnant growth in property income, generally low quality of industrial space, incomplete reform of town (sub-district) owned enterprises, limited investment channels for surplus funds, and insufficient development capabilities at the grassroots level have become the main challenges for high-quality development of the town and village collective economy in Dongguan. In response, the report offers five suggestions: (1) Enhance the quality and efficiency of property by reducing upgrade costs and strengthening productive assets; (2) Expand industrial space through increased land acquisition and optimized benefit distribution mechanisms; (3) Deepen the reform of town (sub-district) owned enterprises through implementing a holding group operation model and carrying out high-quality asset stripping and restructuring; (4) Promote diversification of investment channels for collective surplus funds through establishing investment guidance funds leveraging the advantages of state-owned enterprises and industrial transformation investment platforms leveraging the geographical advantages of town (sub-district) owned enterprises; (5) Enhance the ability of grassroots organizations to promote high-quality development of the collective economy by strengthening the role of departments and local governments in overall planning, guidance, and supervision and by improving the comprehensive capabilities of grassroots personnel.

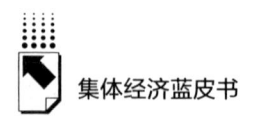

Keywords: Collective Economy; Development Capabilities at the Grassroots Level; High-Quality Development; Dongguan City

B.27 Research Report on Optimizing and Strengthening Supervision of Group-Level Economy in Dongguan City

Research Team of Dongguan Municipal Office for the Management of Rural Collective Assets / 313

Abstract: Approximately 60% of villages (communities) in Dongguan host group-level economies. Within the dual village-group economic structure, group-level entities, despite controlling only 30% of assets, generate 40% of profits and shoulder nearly 60% of dividend distributions. Coordinating group-level resources is a necessary path for Dongguan to overcome the dilemma of fragmented spatial development and advance the integration of urban and rural areas. Hindered by conventional thinking, varying development levels, and ineffective management, Dongguan missed key opportunities for land shareholding cooperation, land rights confirmation, and organizational registration and certification, leading to a new phase in group-level economy consolidation characterized by steady progress and perseverance. Recommendations include: (1) Diversely advancing group-level economy consolidation through models such as "One Village One Group," project-based coordination, and direct mergers; (2) For group economies not yet suitable for consolidation, guiding their quality enhancement and balanced development through establishing new platforms, setting new benchmarks, and devising new mechanisms, thereby paving the way for future consolidation; (3) Comprehensively strengthening the regulation of group-level economies by promoting "Group Finances Managed by Villages," standardizing village financial offices, and enacting local legislation for rural collective economies.

Keywords: Group-Level Economy; Collective Economy; Dongguan City

B.28 Research Report on Village and Group Equity Investment in Dongguan City

Research Team of Dongguan Municipal Office for the Management of Rural Collective Assets / 323

Abstract: Dongguan City has been guiding villages and groups to engage in investment and wealth management for an early start, with substantial amounts and relatively complete supporting policies. The city's villages and groups have invested in wealth management to the tune of RMB 21.53 billion, with an average annualized return rate of 4.5%; among these, equity investments total RMB 3.91 billion, with an expected average annualized return rate of 6.9%. Nearly half of the recently planned village and group equity investment projects have been either postponed or terminated due to various circumstances. To promote village and group equity investment, it is necessary to handle the relationship between an effective market and an active government, encouraging independent exploration while providing appropriate guidance. Recommendations include: (1) Clarifying the objectives and direction, adhering to the linkage between the city, town, and village levels, and combining financial investment with real economic investment, direct investment with indirect investment, to steadily expand, improve, and increase the effectiveness of village and group equity investment; (2) Improving evaluation guidance, directing villages and groups to further optimize their deposit and investment wealth management structures, and realizing the reasonable growth in quantity and effective improvement in quality of surplus funds; (3) Leveraging the platform role of the Dongguan City Rural Revitalization Promotion Association's Special Committee for Rural Collective Assets, focusing on "new entities, new paths, and new mechanisms," to explore new forms of village and group equity investment.

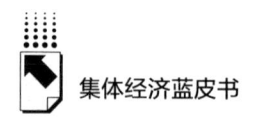

Keywords: Village and Group Economy; Equity Investment; Dongguan City

B.29 Pathways for the Development of New-Type Rural Collective Economy in Metropolitan Suburbs during Urbanization
—*A Case Study Based on the Practice in Nanjing City*

Geng Xianhui, Zhou Enze, Wang Bowen,
Yan Qi and Dong Wenyi / 333

Abstract: Strengthening new-type rural collective economy is an effective path to realize rural revitalization and the common prosperity of farmers. During the process of urbanization, the rural areas of metropolises are at the forefront of transitioning to cities, with their economic, social, and ecological development interconnected and interacting with the city. It is worth exploring how rural areas can rely on the location advantages of metropolises to strengthen new-type rural collective economy. This report employs grounded theory research methods, taking Jiangning and Lishui districts in Nanjing City as examples, through in-depth interviews, field research, and textual organization and analysis. It categorizes and processes the development paths and models of new-type rural collective economy in Nanjing City, distilling and summarizing the pathways for the development of new-type rural collective economy in Nanjing. This research provides empirical insights for the development of new-type rural collective economy in similar metropolises. The case study shows that Jiangning and Lishui districts in Nanjing City rely closely on local advantageous resources and development conditions, integrating and interacting with urban modernization elements, extending and expanding the characteristic agricultural industrial chain, leveraging the multifunctionality of agriculture, exploring the diverse values of the countryside, and promoting the integrated development of agriculture, culture, and tourism. This has formed new industries and business forms in the countryside, rationally allocating the benefits of rural collective economy, and promoting the common prosperity of farmers in both material and spiritual aspects.

Keywords: Rural Areas in Metropolitan; Rural Collective Economy; Grounded Theory

B.30 Promoting the Transformation and Development of Rural Collective Economy through Urbanization
—Taking Qingxi Town, Dongguan City as an Example
Office of the Leading Group for the Management of Rural Collective Assets in Qingxi Town, Dongguan City / 346

Abstract: Since the beginning of reform and opening-up, Qingxi Town has vigorously promoted rural industrialization and urbanization, effectively driving the development of land resources from dispersion to intensification, property asset management and construction from expansion to quality improvement, the utilization of surplus funds from singularity to diversity, the empowerment of human capital from absence to active engagement, and asset financial management from traditional to modern forms, resulting in the continuous, rapid, and healthy development of the rural collective economy. In the new stage, the high-quality development of new-type rural collective economy faces three major constraints:

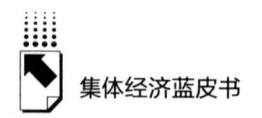

the need for expansion of village development space, the need for deepening of township-level coordination mechanisms, and the need for improvement of city-level supporting policies. Suggestions include: (1) Encouraging internal exploration within villages and groups, further optimizing property leasing economy, developing stable investment economy, and cultivating characteristic rural economy; (2) Promoting coordinated development between townships and villages, further strengthening the coordinating function of township-level platforms, enhancing the acquisition, storage, and preparation of land and property, and improving the mechanism for sharing benefits between townships and villages; (3) Improving the top-level system design, standardizing the follow-up management of equity, guiding the elevation of operational efficiency, and contributing the strength of rural collective economy to boost the development of new-quality productivity.

Keywords: Urbanization; Collective Economy; Qingxi Town

社会科学文献出版社

皮 书
智库成果出版与传播平台

❖ 皮书定义 ❖

皮书是对中国与世界发展状况和热点问题进行年度监测,以专业的角度、专家的视野和实证研究方法,针对某一领域或区域现状与发展态势展开分析和预测,具备前沿性、原创性、实证性、连续性、时效性等特点的公开出版物,由一系列权威研究报告组成。

❖ 皮书作者 ❖

皮书系列报告作者以国内外一流研究机构、知名高校等重点智库的研究人员为主,多为相关领域一流专家学者,他们的观点代表了当下学界对中国与世界的现实和未来最高水平的解读与分析。

❖ 皮书荣誉 ❖

皮书作为中国社会科学院基础理论研究与应用对策研究融合发展的代表性成果,不仅是哲学社会科学工作者服务中国特色社会主义现代化建设的重要成果,更是助力中国特色新型智库建设、构建中国特色哲学社会科学"三大体系"的重要平台。皮书系列先后被列入"十二五""十三五""十四五"时期国家重点出版物出版专项规划项目;自2013年起,重点皮书被列入中国社会科学院国家哲学社会科学创新工程项目。

权威报告·连续出版·独家资源

皮书数据库
ANNUAL REPORT(YEARBOOK) DATABASE

分析解读当下中国发展变迁的高端智库平台

所获荣誉

- 2022年，入选技术赋能"新闻+"推荐案例
- 2020年，入选全国新闻出版深度融合发展创新案例
- 2019年，入选国家新闻出版署数字出版精品遴选推荐计划
- 2016年，入选"十三五"国家重点电子出版物出版规划骨干工程
- 2013年，荣获"中国出版政府奖·网络出版物奖"提名奖

皮书数据库　　"社科数托邦"微信公众号

成为用户

登录网址www.pishu.com.cn访问皮书数据库网站或下载皮书数据库APP，通过手机号码验证或邮箱验证即可成为皮书数据库用户。

用户福利

- 已注册用户购书后可免费获赠100元皮书数据库充值卡。刮开充值卡涂层获取充值密码，登录并进入"会员中心"—"在线充值"—"充值卡充值"，充值成功即可购买和查看数据库内容。
- 用户福利最终解释权归社会科学文献出版社所有。

卡号：984977934174
密码：

数据库服务热线：010-59367265
数据库服务QQ：2475522410
数据库服务邮箱：database@ssap.cn
图书销售热线：010-59367070/7028
图书服务QQ：1265056568
图书服务邮箱：duzhe@ssap.cn

法律声明

"皮书系列"（含蓝皮书、绿皮书、黄皮书）之品牌由社会科学文献出版社最早使用并持续至今，现已被中国图书行业所熟知。"皮书系列"的相关商标已在国家商标管理部门商标局注册，包括但不限于LOGO（ ）、皮书、Pishu、经济蓝皮书、社会蓝皮书等。"皮书系列"图书的注册商标专用权及封面设计、版式设计的著作权均为社会科学文献出版社所有。未经社会科学文献出版社书面授权许可，任何使用与"皮书系列"图书注册商标、封面设计、版式设计相同或者近似的文字、图形或其组合的行为均系侵权行为。

经作者授权，本书的专有出版权及信息网络传播权等为社会科学文献出版社享有。未经社会科学文献出版社书面授权许可，任何就本书内容的复制、发行或以数字形式进行网络传播的行为均系侵权行为。

社会科学文献出版社将通过法律途径追究上述侵权行为的法律责任，维护自身合法权益。

欢迎社会各界人士对侵犯社会科学文献出版社上述权利的侵权行为进行举报。电话：010-59367121，电子邮箱：fawubu@ssap.cn。

社会科学文献出版社